知识产权管理

官玉琴　彭　强　叶文庆　郑华聪　著

厦门大学出版社

XIAMEN UNIVERSITY PRESS

国家一级出版社
全国百佳图书出版单位

前　　言

　　本教材全面系统地阐述知识产权管理的基本概念、基本理论和相关实务知识,在保留教材的基础性、整体性和稳定性的同时,着重介绍一些最新的研究成果和对同一问题的不同观点,目的是让学习者在全面系统掌握知识产权管理基本理论知识的同时,引导学习者进行质疑和讨论;在建构学习者专业知识、专业能力的基础上,加大教材的探索性、拓展性功能。教材在阐述基本概念、基本理论时力求做到表述清楚、准确,具有一定的理论深度,在实务研究方面结合相关案例展开论述,具有一定的针对性和实用性。

　　本教材以我国《著作权法》《专利法》《商标法》等现行知识产权法律为依据,紧密结合最高人民法院的司法解释,吸收国内外知识产权研究的新成果,理论联系实际,系统阐述了知识产权管理的基本理论与实务。内容阐述简明扼要,语言通俗易懂。教材共分为四编,第一编总论部分,分为知识产权、知识产权管理、知识产权管理体制三章。第二编著作权管理,分为著作权基础知识、著作权管理理论以及著作权管理实务研究三章。第三编专利管理,分为专利基础知识、专利管理理论以及专利管理实务研究三章。第四编商标管理,分为商标权基础知识、商标权管理理论以及商标权实务研究三章。

　　本教材由福建工程学院四位长期从事知识产权教学和研究的教师负责编写,具体分工如下(按撰写章节先后为序):

　　官玉琴(福建工程学院法学院副院长　教授):第1编;

　　彭强(福建工程学院法学院讲师):第2编;

　　叶文庆(福建工程学院法学院讲师　博士):第3编;

　　郑华聪(福建工程学院法学院副教授):第4编。

　　本教材编写大纲的拟定和统稿工作由官玉琴教授负责。

　　本教材的编写参考了大量的知识产权方面的专著、教科书和论文,在此谨向各位作者表示诚挚的谢意!

　　由于我们的能力和时间有限,书中难免有不少纰漏甚至错误,敬请各位读者批评指正。

编　者

2014 年 6 月

目　录

第一编　总论

第一章　知识产权·· 1

　第一节　知识产权概念··· 1

　第二节　知识产权性质和特征··· 3

　第三节　知识产权价值··· 5

第二章　知识产权管理·· 8

　第一节　知识产权管理概念··· 8

　第二节　知识产权管理内容··· 9

　第三节　知识产权管理分类··· 10

　第四节　知识产权管理战略··· 12

第三章　知识产权管理体制·· 16

　第一节　发达国家知识产权管理体制·· 16

　第二节　中国知识产权管理体制··· 19

第二编　著作权管理

第四章　著作权基础知识··· 24

　第一节　著作权概述··· 24

　第二节　著作权界定··· 31

　第三节　著作权与其他知识产权··· 44

第五章　著作权管理理论··· 50

　第一节　著作权取得和利用··· 50

　第二节　著作权的限制与保护··· 60

　第三节　著作权行政管理··· 74

第六章　著作权实务研究 …………………………………… 81
　第一节　著作权司法保护 ………………………………… 81
　第二节　企业著作权管理 ………………………………… 99
　第三节　著作权难点热点问题探讨 ……………………… 114

第三编　专利管理

第七章　专利基础知识 ……………………………………… 145
　第一节　专利概述 ………………………………………… 145
　第二节　专利权界定 ……………………………………… 156

第八章　专利管理理论 ……………………………………… 165
　第一节　专利的取得和利用 ……………………………… 165
　第二节　专利的限制 ……………………………………… 180
　第三节　专利的行政管理 ………………………………… 186

第九章　专利实务研究 ……………………………………… 193
　第一节　专利司法保护 …………………………………… 193
　第二节　企业专利管理 …………………………………… 199
　第三节　专利难点热点问题探讨 ………………………… 209

第四编　商标权管理

第十章　商标权基础知识 …………………………………… 226
　第一节　商标及商标法概述 ……………………………… 226
　第二节　商标权界定 ……………………………………… 229

第十一章　商标权管理理论 ………………………………… 237
　第一节　商标权取得和利用 ……………………………… 237
　第二节　商标权限制和保护 ……………………………… 247
　第三节　商标权行政管理 ………………………………… 261

第十二章 商标权实务研究……………………………………… 268

第一节 商标权司法保护……………………………………… 268

第二节 商标权企业管理……………………………………… 282

第三节 商标权难点热点问题探讨…………………………… 286

参考书目………………………………………………………… 301

参考期刊………………………………………………………… 303

第一编　总　论

第一章　知识产权

第一节　知识产权概念

根据中国《民法通则》的规定,知识产权属于民事权利,是基于创造性智力成果和工商业标记依法产生的权利的统称。知识产权从本质上说是一种无形财产权,他的客体是智力成果或者知识产品,是一种精神财富,是创造性的智力劳动所创造的劳动成果。它与有形财产一样受到国家法律的保护,具有价值和使用价值。在知识经济时代,一些重大发明专利、驰名商标或创作作品的价值远远高于有形财产。

"知识产权"最早于 17 世纪中叶由法国学者卡普佐夫提出,后为比利时著名法学家皮卡第所发展,皮卡第将之定义为"一切来自知识活动的权利"。直到 1967 年 7 月 14 日《成立世界知识产权组织公约》在斯德哥尔摩签订以后,该词才逐渐为国际社会所普遍使用。中国于 1980 年 6 月 3 日加入该公约,目前世界绝大多数国家是该公约的成员。"知识产权"英文为"intellectual property",其原意是"知识(财产)所有权"或者"智慧(财产)所有权",也称为智力成果权。我国民法理论在 20 世纪七八十年代曾称之为"智力成果权",1986 年 4 月 12 日通过的《民法通则》将"知识产权"作为正式的法律用语。但在中国台湾地区和香港特别行政区,则通常称之为智慧财产权或智力财产权。

知识产权有广义和狭义之分。

一、广义知识产权

广义的知识产权范围划定,依据的是 1967 年签订的《成立世界知识产权组织公约》,其范围包括:著作权、著作邻接权、商标权、商号权、商业秘密权、地理标记权、专利权(发明权、发现权、外观设计权)、植物新品种权、集成电路布图设计图等各项权利。我国《民法通则》第 5 章"民事权利"第 3 节就"知识产权"做了明文规定,即"著作权、专利权、商标权、发现权、发明权以及其他科技成果权"。知识产权是私权,是一种无形财产权,具有专有财产权利性质,但法律规定将科学发现权也纳入知识产权范畴,这不利于科技成果的推广和应用,也不利于人类社会科学进步与发展。因此,目前绝大多数国家的法律及相关国际公约均已将科学发现权排除在知识产权保护范围外。

二、狭义知识产权

狭义的知识产权,应包括两类:文学产权和工业产权。文学产权(版权)包括著作权和著作邻接权;工业产权包括专利权和商标权。

但是,随着工业经济发展,工业产权与版权的长期渗透和交叉,出现了工业产品类似版权保护的新型知识产权,即工业版权。为了填补空白,之后,一些国家将集成电路布图设计、计算机软件等纳入工业版权客体的范畴,形成一种新型的"交叉权利"。这种权利主要特点在于,受保护的作品必须具备专利法要求的新颖性和版权法要求的独创性特征,实行工业产权中的注册保护制和短期保护制,专利权人享有著作权法中的复制权和发行权。此外,随着科学技术的进一步发展,知识产权的保护范围也不断扩大,涌现出新型的智力成果,如生物工程技术、遗传基因技术、植物新品种等,这些都是当今世界各国公认的知识产权保护对象。目前,多数发展中国家又相继提出的世界非物质文化遗产、民间传统技艺等,也都将成为知识产权应当保护的对象。

同时,随着全球经济一体化出现,知识财产权保护范围不断扩大,知识产权成了许多发达国家利用自己智慧资源和技术优势,垄断世界经济市场,对发展中国家设置更多的技术性商业壁垒,阻碍其经济发展的有力武器。如 1994 年关贸总协定乌拉圭回合谈判达成的《与贸易有关的知识产权协议(TRIPs)》,该协议是在美国、欧盟、日本等发达国家全力推动下通过的,协议充分体现了对发达国家自身知识产权利益的保护,也成了当今世界知识产权管理的主导体制。在国际经济社会生活中第一次将技术、贸易和经济作为"统一体",将知识产权与经济挂钩,这对于发达国家跨国公司在技术供应方面的自然垄断地位起到很好的保护作用,并达到垄断世界市场经济的目的。但该协议对中国等一些发展中国家来说,很多条款存在着不公正性,给我国科技、经济和社会发展带来严峻考验。

第二节　知识产权性质和特征

一、知识产权性质

知识产权是一种新型的民事权利，是一种有别于财产所有权的无形财产权。《知识产权协定》在其序言中宣示"知识产权为私权"，以私权名义强调了知识产权即是知识财产私有的法律形式。权利本位的私有性是知识产权归类于民事权利范畴的基本依据，知识产权的产生、行使和保护，适用民法的基本原则和基本制度。

但作为私权的知识产权，同样受到大量公法条款的规制，凸显出强烈的公权色彩。随着国际经济社会的发展，可以说，知识产权是公法与私法融合过程中公权、私权权利竞合的最为明显的一项权利。[①] 这种融合不是一种对立关系，而是存在着相互规定、相互制约、相互依存、相互补充、共同发展的关系。表现为：一方面，知识产权保护需要以公权手段加以确认；另一方面，知识产权又是公权产生的基础。知识产权的运行离不开公权力的辅助，在权利形成、权利赋予、权利行使、权利请求、权利救济中，都需要公权力的参与，如专利权、商标权申请、审核等。但这些公权力的介入并不影响知识产权作为私权，以及一种民事权利的法律性质。

同时，知识产权权利客体的非物质性是区别于其他财产所有权的本质特征。知识产权的客体是知识产品，即智力成果，是一种无形的精神财富。客体的非物质性是知识产权的本质属性，是知识产权与其他民事权利的本质区别所在。知识产权的无形性使其存在、利用、处分的形态也有别于其他有形财产权，表现为：

一是不发生有形控制的占有。人们对它的占有表现为对某种知识、经验的认识和感受，知识产品通过一定客观形式表现出来的物化载体所对应的是有形财产权而不是知识产权。

二是不发生有形损耗的使用。知识产品可以同时被若干主体共同使用而

---

① 李永民、吕益林：《论知识产权之公权性质——"对知识产权属于私权的补充"》，载《民商法学》2004 年第 4 期。

不发生损耗,因此,无权使用人擅自利用了他人的知识产品,也无法适用恢复原状的民事责任形式。

三是不发生消灭知识产品的事实处分与有形交付的法律处分。知识产品不存在实物形态消费而导致其本身消灭之情形,仅因法律保护期限届满而丧失专有权,如若非权利人擅自处分他人知识产品,法律也难以作出"有形交付"之处分。因此,国家法律对这种财产权的保护应有别于其他传统财产权保护制度。①

二、知识产权法律特征

（一）独占性或专有性

独占性或专有性是指知识产权的所有人对其智力成果具有排他性的权利。知识产权是一种无形财产权,它是智力创造性劳动取得的成果,并且由智力劳动者对其成果依法享有的一种权利。这种智力成果不仅是思想,而且是思想的表现,但它又与思想的载体不同。因权利主体独占智力成果为排他的利用,这点类似于物权中的所有权,故而将其归入财产权。

（二）地域性和时间性

知识产权的地域性是指除签有国际公约或双边、多边协定外,依一国法律取得的权利只能在该国境内有效,受该国法律保护;知识产权的时间性,是指各国法律对知识产权分别规定了一定期限,期满后则权利自动终止。

（三）知识产权客体的无形性

知识产权是人类创造性的智力劳动成果,属于一种无形财产或无体财产,它与物理的产物之无体财产(如电气)、与属于权利的无形财产(如抵押权)不同,它是人的智力活动(大脑的活动)的直接产物,是人类在科学、技术、文化、艺术领域从事一切智力活动而创造的精神财富。

（四）知识产权具有财产权和人身权双重属性

知识产权人身权属性体现为著作权的署名权、发表权、修改权、保护作品完整权等,知识产权财产权属性体现为著作权的复制权、出租权、发行权、展览权及许可他人使用而获得报酬权,而商标权、专利权则更多体现为财产权。知识产权取得的利益既有经济性质,也有非经济性质。因此,知识产权既与人身

① 吴汉东:《知识产权法学》,北京大学出版社 2009 年版,第 6 页。

权中的人格权、身份权不同,也与财产权中具有经济利益的有形财产不同。知识产权中的财产权具有经济价值,可以像有形财产一样进行评估、买卖、投资或抵押。

（五）依法审查确认的法定性

知识产权依法审查确认的法定性体现为知识产权的产生、种类、内容和取得方式均由法律直接规定,不允许当事人自由创设。

第三节　知识产权价值

知识产权无论从哲学意义上还是从经济学意义上看都具有价值。哲学范畴的价值概念,是指在主客体关系中,客体是否按照主体的目的满足主体的需要和对主体的发展具有肯定作用,这种作用和关系的表现就是价值。经济学意义上的知识产权价值则是指知识产权预期可以给其所有者和使用者带来的未来利益在现实市场条件下的表现。[①]

一、知识产权价值内涵

（一）知识产权的创新价值

加强知识产权保护,提高对知识产权权利人的经济回报,体现知识产权社会经济价值,可以激发人们对技术不断改进和创新的积极性,从而推动创新产业经济发展。因此,知识产权制度的完善,能够促进社会创新活动发展,推动社会技术进步,体现知识产权创新价值。

（二）知识产权的信息价值

知识产权的信息价值主要是指知识产权向社会披露的一种或多种有利的信息,社会大众可以利用这些信息进行生产或生活活动。如:商标传递的是产品和服务信息;专利传递的是某一特定领域的技术信息,专利技术价值体现在对专利文献的检索与分析、转化与运用;版权体现在创作作品信息的传播与再现。

---

① 张涛、李刚:《企业知识产权价值及其评价研究》,载《改革与战略》2006 年第 8 期。

（三）知识产权的法律价值

知识产权具有法定财产权和垄断权性质，在知识经济时代，市场竞争激烈，知识产权作为重要竞争工具以体现其法律价值。知识产权法律价值的实现主要取决于以下几个因素：

第一，知识产权登记情况如何，如专利的申请与授予，取得专利申请号还是专利号；商标的注册登记，是否已成为驰名商标；版权有否登记等。

第二，知识产权使用情况如何，如专利保护范围及在专利池中的地位，专利是独占性许可还是排他性许可；商标商誉如何，使用时间长短及市场认可度；版权权利是否完整，是原创作品还是二次创作作品，其保护期限是否到期等。

第三，知识产权权利争议的存在情况，如专利有效性争议；商标所有权争执；版权争议等。

二、知识产权价值实现因素

知识产权价值实现需要通过知识产权使用价值的有效转移，服务于社会经济建设，改善社会生活条件，并实现权利拥有人的预期经济收益。知识产权价值实现需要激发企业家才能、提高专利技术含量、营造良好的社会环境。

（一）提高创新技术含量是实现知识产权价值的前提

知识产权质量决定了技术价值、经济价值和社会价值，只有高水平的专利技术、创新性的版权作品，才能为企业带来稳定的、长期的经济效益，否则，技术容易过时，被新研发的高科技水平技术所取代，影响企业长期的经济效益，影响企业稳定发展，甚至造成企业前期投资的资金浪费。因此，对于企业来说，技术含量高的创新技术是知识产权价值实现的前提。

（二）发挥企业家创新积极性才能是实现知识产权价值的关键

知识产权价值实现过程包括技术研发、资本投入、市场运作、管理保护等过程。在这过程中，最为关键的是企业家才能，企业家必须具备知识产权战略眼光，善于发现商机，敢于承担风险，整合协调技术力量、资金力量等各种创业资源，从而实现经济的创新与发展。

（三）良好的社会环境是实现知识产权价值的保障

切合实际的国家知识产权战略部署、完善的知识产权法律法规、良好的国家知识产权服务平台以及国家对知识产权研发行为的激励机制等，是实现知识产权价值的保障。国家应当鼓励知识产权研发，提供公平的市场交易环境，打击知识产权侵权行为,维护良好的社会秩序,促进知识产权发展。各地区应当重视中小企业知识产权开发与利用、管理与保护,重视知识产权信息服务平台建设,建立完善的知识产权投融资机制,加强地方政府政策扶持和服务意识。企业应当建立知识产权管理制度,制定知识产权战略规划,强化自主技术创新,加强市场开拓运作,全面提升企业对知识产权制度的运用能力和管理水平。

知识产权的无形性决定了知识产权价值表现形式只能通过附加在其他物质商品中,如通过方法改进,降低生产成本;通过创意设计,改进工艺技术;经过技术发明,提升产品质量。知识产权的未来预期收益大小主要依赖于知识产权贡献率大小、供求关系及更新周期和市场竞争,因此,市场经济的变化莫测给知识产权价值实现也带来难以确定的因素。但无论如何,社会要进步,企业要发展,都必须重视知识产权价值,重视知识产权价值实现渠道,只有通过对知识产权信息的关注与跟踪、应用与创新、管理与保护,才能实现知识产权经济价值和社会价值,才能提高企业在市场中的竞争力。

第二章　知识产权管理

第一节　知识产权管理概念

　　知识产权管理是一门新兴的学科,其研究既有重要的理论价值,又有很强的现实意义。对于知识产权管理如何界定,目前不少学者对此提出不同看法。

　　例如:有的学者认为:知识产权管理,是指为了规范知识产权工作,充分发挥知识产权制度的重要作用,促进自主创新和形成自主知识产权,推动知识产权开发、保护、运营,由专门的知识产权管理人员利用法律、经济、技术等方式方法所实施的有计划地组织、协调和利用的活动。[①]

　　有的学者认为:知识产权管理是指政府机关、高校、科研机构、企业或其他组织等主体计划、组织、协调和控制知识产权相关工作,并使其发展符合组织目标的过程,是协调知识产权实务的宏观调控和微观操作活动的总和。[②]

　　还有学者从知识产权管理特点、范围、内容等进行归纳,提出知识产权管理是一种从宏观调控和微观操作进行全面系统协调的活动,是协调各种关系,解决各种矛盾,提高效率,加速知识产权工作发展,保证知识产权成果实现的活动。[③]

　　上述学者从不同角度阐述知识产权管理的概念,本书则着重从研究对象及运行机制出发,认为:知识产权管理是指国家有关部门为保证知识产权法律制度的贯彻实施,维护知识产权人的合法权益而进行的行政及司法活动,以及知识产权人为使其智力成果发挥最大的经济效益和社会效益而制定各项规章制度、采取相应措施和策略的经营活动。

----

　　①　宋伟:《知识产权管理》,中国科学技术出版社 2010 年版,第 85 页。
　　②　曾德国、乔永忠:《知识产权管理》,知识产权出版社 2012 年版,第 4 页。
　　③　马海群等:《现代知识产权管理》,科学出版社 2009 年版,第 6 页。

第二节　知识产权管理内容

知识产权管理主体包括国家机关和知识产权人(主要是企业),知识产权管理对象包括专利权、商标权、著作权、原产地域标志权、生物新品种权、集成电路设计图、技术秘密权及其他人类智力活动成果保护权等,涵盖了智力成果的创造、运用、保护与发展等方面。从运行机制看,包括了知识产权国际贸易合作、国家宏观调控、法律法规制定、政策实施、行政执法、科研开发、企业运作、市场经济等,都作用于知识产权管理。知识产权管理是知识产权战略制定、制度设计、流程监控、运用实施、人员培训、创新整合等一系列管理行为的系统工程。但知识产权管理从实质看是知识产权人,即企业对知识产权实行财产所有权的管理。所有权是财产所有人在法律规定的范围内对其所有的财产享有的占有、使用、收益和处分的权利,知识产权管理不仅与知识产权创造、保护和运用一起构成了我国知识产权制度及其运作的主要内容,而且还贯穿于知识产权创造、保护和运用的各个环节之中。

一、知识产权的开发管理

企业作为知识产权主要权利主体,通过宣传、培训、教育等方法提高企业员工知识产权保护意识;通过制定相应的激励措施,鼓励企业员工积极开展生产技术的发明创造活动;通过制定相应的战术策略,促进企业知识产权的研发与应用,并做好知识产权的登记与核查、管理与保护工作,适时掌握产权变动情况,对知识产权实施有效的管理和监控。

二、知识产权的经营使用管理

具有现代管理模式的企业,应当成立专门的知识产权管理机构,对知识产权的经营和使用进行规范管理。制定知识产权经营管理政策和规章制度,研究知识产权经营方式和管理模式,促进自主知识产权发展,防止企业无形资产流失。

三、知识产权的收益管理

企业应当加强知识产权的收益管理,对知识产权使用效益情况进行统计,制定规章制度合理分配收益比例。并通过融资、投资、许可他人使用等运营方式,不断提高企业知识产权收益,提高企业专利、品牌等无形资产的经济效益。

四、知识产权的处分管理

企业可以通过知识产权信息检索等方式,进一步了解本行业技术领域有关知识产权发展状况,保护自主知识产权不受侵犯,避免重复研发造成不必要浪费,并根据企业发展状况,确定对自主知识产权的转让、拍卖和终止,以加强知识产权的处分管理。

第三节　知识产权管理分类

一、根据知识产权管理主体分类

（一）国家机关对知识产权管理

国家的管理主要从知识产权的取得和保护方面进行。从国家宏观管理的角度看,知识产权的制度立法、司法保护、行政许可、行政执法、政策制定都可纳入知识产权管理的内容;从国家战略部署看,知识产权国家战略、技术信息、文化发展等都是知识产权管理研究的内容。

国家对知识产权管理主要体现在专利、商标、著作权管理。专利权、商标权等知识产权需要国家行政管理机关依法授予申请人相应的权利;知识产权的开发与应用需要各级政府的政策鼓励和支持;知识产权的保护和管理需要司法部门的通力合作。

（二）行业机构对知识产权管理

知识产权行业管理是指各行业协会或者组织根据行业发展的基本情况,依据法律规定所实施的知识产权管理。行业协会根据行业利益和行业发展需要,协调、组织本行业成员的知识产权自律公约的立法和政策的制定。通过行业自律作用,规范管理,制止行业不正当竞争、激发行业技术创新,增强行业整体对外抗衡能力。[1]

（三）权利主体对知识产权管理

权利主体（主要是企业）的管理主要从知识产权的战略部署及知识产权

---

[1]　曾德国、乔永忠:《知识产权管理》,知识产权出版社 2012 年版,第 9 页。

（主要是专利）合理开发、应用、推广、自我保护等方面进行考虑。

第一，企业应当确立以专利为主的战略，并在战略框架内，依据企业的总体经营和创新策略，对知识产权的创造，特别是对专利申请的数量、质量、时机、类别形成一个总的目标和方针。如日本东芝公司十分重视专利申请战略，东芝公司根据企业研发未来产品、下一代产品和先行产品的不同步骤，把专利申请分成概念性发明发掘阶段、战略性专利申请阶段和专利网构筑阶段，从而使专利申请形成由点到线、由线到面、由面到网的总体战略。

第二，企业应当加强知识产权信息管理，建立和完善与本单位科研、生产领域相关的专利信息数据库。充分运用专利文献信息，及时了解与本单位相关的国内外技术动态，从而避免低水平重复研究，节约人力和资金资源，提高创新研发的起点。

第三，企业应当根据国家相关法律法规政策要求，建立企业内部合理的知识产权利益分配与奖励等系列管理制度。通过兑现奖酬，最大限度地调动职务发明人的积极性，充分发挥职务发明人的聪明才智，避免人才技术流失。

因此，从宏观调控和微观操作看，不论国家或政府还是企业乃至社会，都面临着强化知识产权管理的历史使命。

二、根据知识产权管理客体分类

（一）专利管理

专利行政管理是指知识产权管理部门根据国家经济和社会发展总方针，依法对社会主义市场经济中涉及专利的活动进行规划、指导、协调、监督和检查等管理工作。专利管理主要包含专利和技术秘密的管理，由于专利与技术秘密特点不同，采取的保护措施、保护方法也各不相同。对一项技术成果进行知识产权保护时，应当根据该技术特点选择不同的保护方式，可申请专利保护，或采取技术秘密保护，或部分技术申请专利保护、核心技术采取技术秘密保护，如：美国可口可乐生产的核心配方至今还是个谜，其经济价值过亿，该配方没有申请专利保护，而是采用技术秘密保护措施。可见，只有合理选择方式保护发明人的创造成果，才能最大限度获取经济利益。

（二）商标管理

商标行政管理是指商标行政管理部门为维护社会经济秩序，保护商标权人的合法权益和消费者的利益，依法对商标注册、商标使用、商标印制等行为进行监督、检查等管理活动的总称。商标管理主要指对商标的注册和注册后的续展;知名商标广告宣传和市场培育;商标产品的质量监控和侵权监控;商标转让和使用许可等多方面的管理。企业应当设立商标管理机构,建立健全商标管理机制,形成企业商标体系,提高市场竞争力,树立品牌意识,维护企业合法权益。

(三)著作权管理

著作权行政管理是指国家版权管理部门为了有效实施国家著作权法律法规,保护和促进著作权的实现、维护著作权法律秩序而对著作权实施各种行政行为的总称。著作权管理主要涉及著作权取得管理;著作权许可使用、著作权转让及著作权质押等利用管理;著作权的行政保护管理。我国实行著作权自动取得制度,即作品创作完成后,作者自动取得著作权,而无须履行版权登记,但经登记的版权便于利用,且具有防范诉讼风险效力。长期以来,著作权作为一种文化资源要素,并未得到人们的重视,著作权的创新、应用和保护等管理环节薄弱。如何加强版权管理,发展文化创意产业,建立交易平台,繁荣文化市场经济,是我们今后努力的方向。

(四)其他知识产权管理

知识产权管理除了涉及专利管理、商标管理和版权管理外,还包括其他知识产权管理,如商业秘密权管理、植物新品种权管理、地理标志权管理、集成电路布图设计权管理、域名权管理等方面的管理。其管理内容与知识产权的管理大体相同,本书不作阐述。

第四节　知识产权管理战略

实施知识产权战略,开发、利用、管理与保护知识产权资源是我们参与国际经济竞争的有力措施。知识产权战略就是为了长远利益和发展,运用知识产权制度提供的法律保护,在知识和市场竞争中谋求最大经济利益,并保持自己知识优势的整体性战略。[①]

2008 年《国家知识产权战略纲要》提出:到 2020 年,把我国建设成为知识产权创造、运用、保护和管理水平较高的国家,并确定了完善知识产权制度、促

---

① 万光义:《经济全球化背景下知识产权价值论及我国知识产权对策》,载《软科学》2002 年第 16 卷第 5 期。

进知识产权创造和运用、加强知识产权保护、防止知识产权滥用、培育知识产权文化五个战略重点。

一、制定国家知识产权战略原则

（一）制定符合我国经济发展的总战略要求

国家发展总目标是为了促进经济建设、科学进步和社会发展，知识产权发展战略必须符合国家发展总战略要求，制定正确的战略目标，明确合理的行动策略，才能发挥战略的指导作用，有效发展知识产权，从而实现科教兴国国策。

（二）与科技、经济、社会协调发展原则

知识产权与科学技术、科技工作紧密相连，一个国家的知识产权管理状况直接反映了这个国家的科技水平。知识产权具有明显的经济属性，尤其在市场经济条件下，智力劳动成果只有转化为现实生产力，成为商品并通过市场实现其价值，才有实际意义。在知识经济时代，一个国家知识产权转化为现实生产力的状况必然深刻影响着国家的经济发展水平。同时，知识产权还影响到国家法律、政策、文化等社会生活，知识产权管理制度的状况反映了社会的特定形态。因此，知识产权战略离不开国家的科技、经济、社会的发展和制约，知识产权战略管理应当与国家的科技、经济和社会等方面协调发展。

（三）知识产权全面均衡发展原则

知识产权制度发生、发展和完善的过程受到整个社会多方面、多因素的影响和制约，它是一个国家综合实力的反映。传统知识产权制度主要围绕着专利、商标、版权等三类展开，这种三元结构稳定且合理，但随着科学技术的进步与发展，传统的知识产权制度面临挑战，需要进一步完善，且这种完善过程是全方位的，也是今后知识产权发展的一个重要方面。正由于此，知识产权管理必须坚持全面发展和均衡发展原则。[①]

二、国家知识产权战略重点

《国家知识产权战略纲要》明确指出知识产权战略重点是：

（一）完善知识产权制度

进一步修订完善《专利法》、《商标法》、《著作权法》等知识产权专门法律法

[①] 蒋坡：《论我国知识产权发展战略的核心目标》，载《政治与法律》2005 年第 3 期。

规。适时做好非物质文化遗产保护、民间传统文化和传统工艺保护、地理标志权保护等方面的立法工作。加强知识产权司法保护体系和行政执法体系建设，提高执法效率和水平。加强产业政策、区域政策、科技政策、贸易政策与知识产权政策的衔接，强化知识产权在经济、文化和社会政策中的导向作用。

（二）促进知识产权创造与应用

运用融资、投资等金融政策和产业保护政策，引导和支持市场主体创造和运用知识产权。完善国家资助开发的科研成果权利归属和利益分配机制，激发科研人员创新积极性。将知识产权指标纳入科技计划实施评价体系和国有企业绩效考核体系。推动企业成为知识产权创造和运用的主体，促进企业自主创新成果的知识产权化、商品化、产业化，引导企业实现知识产权市场价值。发挥高等院校、科研机构在知识产权创造中的作用。

（三）加强知识产权保护

加强知识产权保护，防止知识产权滥用。制定相关法律法规，合理界定知识产权，维护市场经济秩序和社会公众利益。对知识产权侵害行为，加大司法惩罚力度。提高知识产权权利人的自我保护意识和自我保护能力。降低维权成本，提高侵权代价，有效遏制侵权行为。

（四）培育知识产权文化

加强知识产权宣传，将知识产权有关内容纳入中小学教材中，从小树立知识产权意识。加强企业知识产权创新、应用和保护的专业培训，提高全体员工的知识产权自我保护意识。在全社会形成以创新为荣、剽窃为耻，以诚信为荣、假冒为耻的社会道德观念，自觉抵制仿冒、假冒产品，形成尊重知识、诚信守法的知识产权文化氛围。

三、企业知识产权战略重点

企业知识产权战略是指作为技术创新主体的企业在进行技术创新活动时，运用专利及其他知识产权制度的特性和功能，从法律、经济和科技的角度，对有关技术创新知识产权的获得、保护、实施和管理等所作的总体安排和统一谋划，是企业从自身条件、技术环境和竞争态势出发作出的企业创新知识产权工作的总体部署，以及为实现创新目标采取的有关知识产权的根本对策。[①]

---

① 范在峰：《企业知识产权战略论要》，载《河北法学》2004 年第 6 期。

2006 年国务院副总理吴仪在"企业知识产权保护和自主创新大会"上提出希望："广大企业一定要多学习知识产权方面的新知识,多学习国内外优秀企业,特别是发达国家跨国公司在知识产权管理上的成功经验,尽快建立起本企业的知识产权管理制度,使知识产权管理工作纳入企业研发、生产与经营的全过程。要及时将自主创新成果、核心技术、名优产品在国内外申请相应的知识产权注册,以期得到有效保护。要以企业的核心专利技术为依托,构筑自身的知识产权创造、管理、实施和保护措施体系。在自主知识产权相关权益受到侵害时,要善于运用法律武器加以维护,积极应对跨境知识产权纠纷[①]。"这番话道出了我国企业知识产权战略重点。

（一）建立企业知识产权管理制度

除了政府要加强知识产权行政管理机构的改革,规范管理工作,严格执法外,企业要加强知识产权管理制度的制定和实施,建立健全企业知识产权保密制度、企业知识产权激励和奖励制度,建立重大技术项目的专利申请基金和开发实施基金,并在研发资金上予以政策保障和扶持。

（二）健全企业知识产权管理机构

企业内部要建立完善的知识产权管理机构,设立专门的知识产权管理部门,配备专门的法律工作人员和专业技术人员,并直接受企业决策层领导。管理机构负责制定企业知识产权管理各项规章制度,并监督实施;负责企业知识产权申请、保护工作;开展相关专利、近似商标的检索与分析,引导科研机构开发与研制新技术、新产品;开展企业知识产权管理的理论策略研究。

（三）强化企业知识产权保护意识

企业要加强对员工知识产权管理知识的教育和培训,增强知识产权保护的自觉性、主动性和紧迫性,使员工能充分意识到知识产权作为无形资产在知识经济时代和市场竞争中的重要价值,提高他们对知识产权保护的意识。

---

① 吴仪:《加快建立企业知识产权管理制度》,《中华工商时报》2006 年 3 月 24 日第 002 版。

第三章　知识产权管理体制

第一节　发达国家知识产权管理体制

从历史上看,发达国家在专利管理制度上具有丰富的经验。1474 年,意大利威利斯依法颁布了世界第一号专利。1642 年英国颁布了世界上第一部《专利法》;1787 年美国在联邦宪法中明确界定了版权和专利权;随后,法国、德国、日本也相继建立了知识产权管理制度。[①]

从世界各国经济发展情况上看,美国是实施知识产权制度最为成功的国家。美国利用长期积累的科技成果、完善的知识产权保护法律体系、严格的司法救济程序,不断巩固和加强知识产权保护。同时,为了实现其在全球经济中的霸主地位,美国不断扩大知识产权保护范围,并在知识产权国际实务中强制推行其价值标准,利用知识产权保护制度作用,占领国际经济市场,发挥国际经济优势,引领世界科技发展方向,成为"科技领先型国家"。

在东南亚国家中,日本、韩国也不甘示弱,制定"知识产权战略大纲",出台《知识产权基本法》,完善知识产权政策法规,推动创新企业发展,提高国际市场竞争力。

本书以美国、日本、欧盟国家为例,介绍其知识产权管理制度历史沿革及现行体制,以期对我国知识产权制度完善提供有益的借鉴。

一、美国知识产权管理体制

美国建国虽然只有 200 多年历史,但却是世界上最早建立知识产权制度的国家之一。美国独立后在 1787 年宪法中就规定了版权和专利权条款,1790年颁布了《专利法》和《版权法》。但是,美国早期的知识产权立法政策是保护私人知识产权,以垄断授权换取科技和文化发展;对外则采取明显的本国保护

---

① 　曾德国、乔永忠:《知识产权管理》,知识产权出版社 2012 年版,第 19 页。

主义政策,以知识产权为工具维护本国利益。为此,美国长期拒绝加入欧洲国家发起制定的《保护文学艺术作品伯尔尼公约》,而极力推行美洲版权联盟。

二战结束后,随着美国世界经济强国的形成,美国知识产权政策发生了巨大变化。首先,在国内建立了促进知识经济发展,鼓励科学技术创新的知识产权政策体系。1979年,美国总统提出"要采取政策提高国家的竞争力,振奋企业精神",将知识产权战略提升到国家战略的高度。在国家战略思想影响下,美国立法机构不断修订完善《专利法》、《版权法》,制定《商标法》、《反不正当竞争法》等一系列完整的知识产权法律保护体系。同时,为了进一步调整知识产权利益关系,强化知识产权转化与创新,又相继颁布了《发明人保护法》、《技术创新法》、《政府资助研发成果商品化法》、《技术转让商品化法》等,并积极推行产学研结合,发挥高等院校、科研机构的科技创新作用。在政府工作中,强调知识产权制度应当与国家产业政策、科技政策、文化政策有机结合,等等这些知识产权战略政策和完善的法律法规的制定和实施,使美国一跃成为世界经济、科技强国。其次,在国际上美国坚定地奉行将国内知识产权政策上升为国际规则。为了维护其在全球贸易经济中的利益,美国极力将知识产权优势转化为国际市场竞争优势,使用国际政策手段将知识产权保护与国际贸易体制紧密结合起来,保护本国产品在海外的知识产权,从而使美国成为对现代知识产权保护制度影响最大的国家。

二、日本知识产权管理体制

日本早期为了实现国家现代化发展目标,仿效欧美的专利制度,于1871年制定了《专利简则》,随后又颁布了《版权条例》、《专卖专利条例》、《版权法》,确立了其知识产权制度基础。同时,于1899年加入了《保护文学艺术作品伯尔尼公约》。

二战结束后,为了适应国际经济合作和交流的需要,日本又先后颁布和完善了《专利法》、《实用新型法》、《外观设计法》、《商标法》、《版权法》、《反不正当竞争法》等,加入了《国际专利条约》、《专利合作条约》、《世界版权公约》等。

20世纪50年代初,日本政府开始大量引进西方先进技术,提出"技术立国"口号,推行"引进与创新相结合"的战略,使日本经济快速发展,成为世界经济大国。但随着科技发展,传统的技术引进无法适应日本经济发展需要。为了使日本经济能够保持持续发展态势,日本国会及时调整科技政策,于1995年颁布了《科学技术基本法》,提出科技发展模式从"技术模仿立国"转向"技术创新立国",强调自主创新,发展科学技术,推动经济增长。进入21世纪,日本于 2002 年 7 月发表了《知识产权战略大纲》，明确知识产权立国方针政策，实施《知识产权基本法》，通过知识产权创新与应用、管理与保护，提高企业国际竞争力。

三、欧盟知识产权管理体制

欧盟作为一个区域集团，它既要像其他国家或地区一样，加强对外合作与交流，还要平衡内部各成员国之间的利益。因此，欧盟不仅需要建立适用于其成员国内部的知识产权管理体制，而且还需要制定适用于对外合作与竞争的知识产权战略。对于知识产权的保护，欧盟所有或大部分成员国都加入了国际公约和国际条约。如：《保护工业产权巴黎公约》、《保护文学艺术作品伯尔尼公约》、《保护表演者、录音制品者与广播组织公约》及《与贸易有关的知识产权协议》等，但是，这些国际条约对于完善欧盟成员国内部的知识产权管理体制还是远远不够。欧盟要实现各成员国有效的知识产权保护，必须建立相应的知识产权管理体系，以调整各成员国间的经济利益。

2006 年 12 月，欧盟委员会提出了欧盟专利战略，其内容主要包括：专利检索和专利授权的质量标准；推行专利先申请制度；加强专利司法权制度，鼓励高质量的专利实施，防止"专利投机"，防范信息通讯技术等领域的各种风险；在专利纠纷处理上，提倡成员国间"选择性的争议解决机制"，使得中小型企业知识产权案件能通过调解与仲裁得以解决。同时，对欧盟商标制度作了改进。2007 年欧盟委员会提出统一专利体系，建立统一的各成员国的专利申请和诉讼制度，出台《欧洲专利协定》，加强对专利申请人权利的保护。针对专利申请量增多、专利申请复杂性增大等现象，2008 年，欧洲专利组织行政委员会在慕尼黑通过了一项在欧洲专利制度框架下有效应对审查工作量不断增长的战略性方案，包括提高专利授权标准、提高审查流程效率等措施，以应对专利申请量日趋增多的现象，最大限度地保证专利授权质量。与此同时，欧盟委员会还提出制订计划推进在线音乐、电影和游戏多媒体市场的发展，打击非法下载、打击盗版行为，加强知识产权保护。①

目前，欧盟的知识产权制度主要体现在专利、商标和版权保护等方面。在专利保护制度上，有《欧洲专利公约》、《伦敦协定》和《欧洲专利诉讼协定》等，

---

① 林小爱、林小利：《欧盟知识产权战略新进展及其对我国的启示》，载《电子知识产权》2008 年第 9 期。

以此调整成员国间专利申请和解决成员国间专利纠纷。在商标保护制度上，主要有《协调各成员国商标的指令》、《商标条例》和《商标条例实施细则》，以此协调各国商标立法。同时，欧盟还建立了欧共体商标制度，欧盟各成员国的商标既可得到各国国内商标注册保护，也可得到欧盟商标注册保护。2004 年 10 月 1 日欧盟加入《马德里协定》，它为欧盟各成员国商标申请者获得国际商标注册保护提供了新的途径。在著作权保护方面，除加入或缔结国际版权公约外，欧盟内部版权相关指令还有 9 部，包括版权及相邻权保护、计算机程序保护、数据库保护、租赁权、保护期限等，欧盟仅在数字网络的版权保护方面，就有《软件版权保护指令》、《数据库版权保护指令》和《禁止使用设备规避"技术保护措施"指令》等。同时，欧盟近年来也逐渐开始重视知识产权执法，颁布了《欧盟知识产权执法指令》和《欧盟知识产权保护海关条例》等，并通过加大执法力度，保护欧盟各成员国间的经济利益。

第二节　中国知识产权管理体制

一、知识产权管理体制现状

近年来，知识产权管理工作的重要性在我国政治、经济、科技、文化和社会生活等方面越来越凸显，国务院在 2006 年发布的《实施〈国家中长期科学和技术发展规划纲要（2006—2020 年）〉若干配套政策》中，明确指出完善知识产权法律体系，切实保护知识产权。2008 年国务院印发了《国家知识产权战略纲要》，提出加快知识产权法制建设，加强知识产权行政管理，提高知识产权执法水平。

（一）健全和完善知识产权法律体系

国家重视知识产权立法工作，多次对《专利法》、《专利法实施细则》、《商标法》、《商标法实施细则》、《著作权法》、《著作权法实施细则》进行修订，颁布了《反不正当竞争法》、《知识产权海关保护条例》、《著作权行政处罚实施办法》、《著作权集体管理条例》、《信息网络传播权保护条例》、《专利代理管理办法》、《专利实施强制许可办法》、《计算机软件保护条例》、《电子签名法》等一系列法律法规，加强对专利权、版权、商标权、商业秘密权、植物新品种权、集成电路布图设计权、网络传播权的保护。

（二）构建完整的知识产权管理机构

国家知识产权管理机构主要由专利管理机构、商标管理机构、著作权管理机构组成。专利管理机构，即国家知识产权局，负责全国的专利申请、审查授权、复审等管理工作，地方知识产权局则兼具管理和执法职能。商标管理机构，即国家工商行政管理局商标局，负责全国的商标注册和管理工作，受理商标异议裁定以及注册商标的变更、转让和续展等工作，查处商标侵权假冒案件，依法认定和保护驰名商标，监督和管理商标代理机构等，地方各级工商行政管理部门设商标处、科，负责商标的具体管理工作。著作权管理机构即国家版权局，制定与著作权行政管理有关的办法，负责版权登记，查处重大影响的著作侵权案，指导地方著作权管理工作，批准设立著作权集体管理机构、涉外代理机构，管理国家享有著作权的作品的使用等，地方各级版权管理机构，负责制定地方著作权保护的具体规章制度，依法查处侵犯著作权行为等工作。

（三）建立知识产权保护体系

建立完善的国家知识产权保护体制，规定了知识产权行政保护途径和措施。国家知识产权局、国家工商行政管理局商标局、国家版权局作为知识产权行政管理机构，依法定职权查处知识产权侵权案件、调解纠纷，创设良好的法律秩序、公平的竞争环境，维护市场经济稳步发展。完善了知识产权司法保护制度，畅通了知识产权司法保护途径。各级法院设立知识产权审判庭，集中审理知识产权案件，包括知识产权民事案件、刑事案件、行政案件，不断提高审判水平，维护权利人利益。

二、知识产权管理体制存在的主要问题及原因分析

我国建立知识产权制度短短几十年，取得了可喜成绩，但也暴露出知识产权管理制度中存在的不少问题。

（一）立法滞后性依然存在

在立法方面，虽然我国先后于 1982 年、1984 年和 1990 年颁布了《商标法》、《专利法》和《著作权法》，近年来也多次作了修订完善，并逐步配套制定了相关的法律法规，形成较为完善的知识产权保护法律体系。但随着世界科学技术的迅猛发展，知识产权领域新问题层出不穷，法律的滞后性日益凸显，难以很好地保护我国企业合法利益。同时，发达国家为了争夺国际市场，又不断通过各种途径扩大知识产权保护范围，推行产品技术标准化策略，限制我国产品进入国际市场，对我国企业参与国际市场竞争设置技术壁垒，严重影响了我

国社会经济发展。面对严峻的国际经济局势,如何适应科学技术发展需要,发挥我国产业优势,制定有利于保护我国经济利益和有利于我国企业参与国际市场竞争的法律规范,值得我们立法者深思。

（二）统一管理和协调机制难以建立

在行政管理方面,由于历史原因,我国专利、商标、版权分属于不同的行政管理部门管理,三个知识产权管理机构各自为政,缺乏统一管理和协调机制,管理上难以形成合力。再者,目前全国各地知识产权执法队伍人员缺乏、素质偏低,执法财力不足,执法力度不够,而知识产权执法工作又分散在知识产权局、工商、科技、新闻出版、广播电视、海关等多部门,这种分散管理模式进一步加剧了这一现象。因此,如何整合管理机构,加大市场管理力度,尤其是加大对知识产权侵权行为的打击力度,加强执法,是我们政府必须面对的迫切需要解决的问题。

（三）知识产权法律保护意识没有形成

在知识产权法律意识方面,从目前情况看,政府部门、企事业单位、知识产权所有权人都存在着知识产权意识、信息资源意识和自我保护意识淡薄的现象。多数领导、企业负责人没有真正认识到知识产权制度在市场经济条件下对推动科技进步和社会发展的重大作用,没有意识到知识经济时代知识产权在世界经济一体化中所处的重要地位,没有发挥知识产权制度在技术创新与转化、应用与保护中的积极作用。甚至有些企业领导目光短浅、没有远见,担心支付专利费用而放弃专利申请与保护,只顾眼前利益,不注重品牌的市场培养。不重视企业知识产权管理机构的设置,致使企业面对市场上出现的新技术成果,无法及时作出反应,给企业带来经济损失。

（四）企业对知识产权价值认识不到位

多数企业都没有重视科研团队建设,企业研发能力差,自主创新技术少,无法形成行业生产优势。甚至有些企业对研发成果不申请专利保护,致使被他人盗用而无法主张权利;有些企业只申请中国专利,或中途放弃专利权,或不重视国际专利文献应用,不了解国际知识产权领域最新成果,重复研发造成资源浪费;有些国有企业在改制过程中,尤其与外资合作经营过程中,没有正确评估知识产权价值,包括长期使用的商标价值、专利价值等,导致国有资产流失严重;有些企业领导对专业技术不甚了解,在国际技术贸易活动中,盲目引进过期专利,导致企业经济损失;有些企业与员工签订劳动合同时没有约定商业秘密保护条款、技术人员服务期限等,致使技术人员流失严重,并带走企业核心技术秘密却无法合理要求索赔。

三、完善知识产权管理体制建议

(一)进一步完善知识产权立法体系

借鉴美国、日本和欧盟立法经验,根据国际科技发展需要,以及我国经济实际情况,进一步完善知识产权立法体系。首先,对新技术领域出现的如数字版权的保护问题、网络侵权责任认定问题、网络营销模式专利保护等问题及时研究,修改和完善现行立法,不断扩大知识产权保护范围,并加大保护力度。其次,加快知识产权利益关系调整,制定相关法律,加强对知识创新转化中产权人利益的保护。如制定《技术转让产业化法》《发明家权益保护法》等,从而更好地激励创新,调动科研人员研发积极性,推动社会经济发展。最后,在国际贸易上,制定一套有利于本国经济发展需要的知识产权贸易规则,联合发展中国家,积极研究国际知识产权法制的过渡性规定,将知识产权立法与本国发展战略政策协调起来。发挥中华民族文化资源优势,促进国际社会对民族传统文化和传统技艺保护机制的形成。

(二)整合管理资源,建立高效的知识产权管理协调机构

产权是一个不可分割的有机整体,统一管理才能更好地发挥其作用。如世界有 70% 的国家对专利和商标实行统一管理,有 24.5% 的国家对专利、商标和版权实行统一管理[①],而我国却实行专利、商标和版权分别管理。在实践中专利和商标纠纷常常同时出现,需要联动执法,但由于分属专利局和商标局管理,必然削弱对侵权行为的打击力度,且可能产生处理结果相互冲突的现象。针对目前在短时期内无法整合管理机构的情况下,建议尽快建立一个权威高效的知识产权管理协调机构,协调各行政部门管理工作和执法工作,形成合力,有效打击知识产权侵权行为,维护知识产权法律秩序。

(三)转变政府职能,强化政府服务意识

政府有关部门应当提高知识产权管理水平,国家知识产权管理机构除了加强行政管理,查处知识产权侵权行为外,还应当强化服务意识,提高办事效率。开通公共网站,建立知识产权信息服务平台,为企业提供信息咨询服务,

---

① 贺尚武:《西安市知识产权保护现状及对策研究》,载国家知识产权局办公室编:《优秀调查研究报告》,知识产权出版社 2000 年版,第 132 页。

加强对企业技术研发方面的引导。简化专利申请、审批程序,减少专利年费。建立知识产权管理规章制度,加强对企业管理,加强知识产权保护。

（四）加大宣传力度,提高企业知识产权自我保护意识

在知识产权管理关系中,企业是最主要的主体之一,只有企业重视科技创新与应用,重视管理与保护,才能促进我国科技进步。因此,我们应当加强对企业知识产权的业务培训,提高企业负责人的知识产权保护意识,使他们能够充分认识到科技是第一生产力,是企业发展的第一要素。企业负责人应当重视各类智力成果的知识产权保护,包括专利、商标和版权,并成立知识产权管理机构,及时转化科技成果,提高市场竞争力。

（五）加强技术研发,建立激励机制

在国家宏观政策上,企业应当加强基础研究和具有战略意义的高新技术研究,特别是围绕产业升级和提高国际市场竞争力,加强关键技术研发。同时,国家要从资金等方面政策扶持中小型企业积极参与技术改革,增强自主创新能力。通过立法方式,建立有效的激励机制,重视人才,实施人才战略,通过收入分配制度改革,制定技术、管理等生产要素参与分配的政策,充分体现科技人才的社会价值。企业通过专门的知识产权管理机构,组织技术团队开展知识产权开发和利用等技术创新活动,并及时转化科研成果。建立技术创新参与利益分配的激励机制,通过合理的利益分配,激发科研人员参与研发的积极性。同时,走"产学研"结合道路,充分发挥高校、科研机构作用,鼓励其参与到企业技术创新活动中。

本编思考题:

1. 简述知识产权性质和特征。
2. 如何实现知识产权价值要素?
3. 如何界定知识产权管理?
4. 简述国家知识产权战略要点。
5. 如何完善我国知识产权管理体制?

第二编　著作权管理

第四章　著作权基础知识

第一节　著作权概述

一、著作权制度的起源

（一）著作权的产生

人类在自然进化过程中，源于情感表达和记录需要，通过对自然或他人的活动进行观察，以文字、音乐、图像等方式将情感和事件进行概括抽象、叙述表达，由此诞生了人类历史上的文学作品、音乐作品和绘画作品等艺术作品。

著作权与艺术作品既有关联，但又不等同于艺术作品。对于艺术作品而言，其创作源于人类对自身情感的表达，这种表达出于对外界的崇拜、恐惧和好奇，是对他人的模仿与刻画，这是人类自然天性的流露，不存在理性和经验主义的干扰，没有制度和政权的约束，不是权利与义务的集合，而是情感与美感的结合。而著作权（在本书中著作权与版权同义）与之不同，它是一个权属概念，虽然所针对的主体和客体与艺术作品息息相关，但是其概念的设计和提出并未与艺术作品诞生同步。当艺术作品在史前时期由于模仿[1]、表现[2]、游

---

[1]　亚里士多德：《诗学》，人民文学出版社 1982 年版，第 3 页。

[2]　北大哲学系：《中国美学史资料选编》（上），中华书局 1980 年版，第 130 页。

戏①和巫术②等缘由被创作出后，在同一时代既没有著作权的概念，也不存在著作权的相关限制，作品在人类早期可以被随意使用，使用人无需对此承担任何著作权意义上的义务。当然，对于承担祭祀作用的艺术作品而言，其具有限制在一定范围内供特定人员使用的专用性，这种专用性与现代著作权的主体、客体存在一定的类似性，虽然可以从另一个角度来看是著作权的主体和客体在人类社会早期的特殊表现，但是这并不是严格意义上的著作权的主体和客体，而仅仅是特权阶层在氏族时期或人类社会的地位表征。

在艺术创作早期，限于创作方式和方法的技术手段，每一次艺术作品创作具有独一性，不可能出现大量复制，偶尔出现了作品的抄袭，即便是这样，出于对艺术创作者和作品的尊崇，社会体制和风气均对艺术作品抄袭现象进行限制，我国古代《礼记曲记》曾有"毋剿说，毋雷同"的描述，充分反映出对作者作品独创性的肯定；而对原作品的复制，也是采用手工的形式进行抄写，抄本费用很高，耗费时间长，且因其接触的人员为上层人物，故在当时，对于抄写而言，抄写和传播著作可被看作是一项值得称赞的活动。

当然，在人类社会发展历程中，人类的创造性并不仅仅体现在艺术层面，而更多的是体现在生产力层面，体现在技术层面。技术作为推动人类社会向前发展的动力，在改善生产方式和提高生活水平方面起到了重要作用，人类发明出印刷术等技术手段，不仅推动了艺术作品的表达和生产形式向前发展，而且解决了作品发行和流转的模式，是著作权发展过程中的重要的技术发明。

在作品生产方式发生巨大变化的过程中，"东西方知识产权法学者，都无例外地认为著作权是随着印刷术的采用而出现的"③。由于对历史资料的认识不同，学者们对于著作权起源于哪个国度，存在不同的看法。大多数西方的知识产权学者认为，15世纪德国人约翰内斯·古登堡（Johannes Gutenberg）在欧洲应用活字印刷术是著作权出现的标志；而到了20世纪中后期，随着越来越多有关印刷术的史料和实物被发现，西方才渐渐对著作权起源于欧洲产生了疑问。1981年，联合国教科文组织出版的《版权基础知识》著作中指出："有人把著作权的起因与15世纪欧洲印刷术的发明联系在一起。但是，印刷术在更早的很多世纪之前就已在中国和朝鲜存在，只不过欧洲人还不知道而已。"经过研究考证，在1907年英国人斯坦因从我国的敦煌盗走一部印于唐懿

①　席勒:《美育书简》，中国文联出版社1984年版，第140页。
②　科林伍德:《艺术原理》，中国社科出版社1985年版，第58、67页。
③　郑成思:《著作权法》，中国人民大学出版社1996年版，第2页。

宗咸通九年的《金刚般若波罗密经》，现已被认为是当今世界上第一部雕版印刷书籍，且雕版印刷术的采用，最早可以追溯至我国的隋朝[①]；类似于 15 世纪威尼斯、法国、英国颁布的禁止他人随便翻印的特许令，在我国的宋代就已出现。晚清的版本、目录学家叶德辉在他的代表作《书林清话》中就有明确的记载："书籍翻板，宋以来即有禁例。吾藏五松阁仿宋程舍人宅刻本王偁《东都事略》一百三十卷，目录后有长方牌记云：'眉山程舍人宅刊行，已申上司，不许覆板'。"上述对于作品出版发行的表述"刊行、不许覆板"等，均是集中围绕着印刷术的技术特征展开，较为接近现代著作权的禁止规定，可以成为著作权起源于我国的证明。

（二）著作权制度的演进

我国虽自宋朝即对著作权实施保护，但各封建朝代始终未能制定一个专门保护著作权的法律。反而随着造纸术和印刷术的西传，欧洲印刷业得以迅速发展，给相关利益团体带来了巨额利润。为解决在出版作品过程中的利益冲突，在多方经济利益集团的博弈下，欧洲国家开始制定并颁布了保护印刷商翻印专有权的法律。如 15 世纪末，威尼斯共和国授予印刷商冯·施贝叶为期 5 年的印刷出版专有权，这被认为是西方第一个保护翻印之权的特许令；自此之后，意大利、法国、英国等国的国王都曾颁布过禁止他人随便翻印其书籍的特许令。英国从英王查理三世到玛丽一世，所颁布的图书出版特许及《星法院法》等，所赋予的有关著作权权限均是针对出版商的出版特权，以及限制图书的自由印刷。

到了 1690 年，在英国哲学家洛克《论国民政府的两个条约》书中提出"作者在创作作品时付出了劳动，理应获得相应的报酬"的理论影响下，英国议会于 1709 年通过了世界上首部著作权法——《为鼓励知识创作而授予作者及购买者就其已印刷成册的图书在一定时期内之权利的法》，简称《安娜法》。《安娜法》取代了 1557 年的一项皇家赋予伦敦书籍印刷出版经销同业行会享有本国图书出版垄断权的法律，承认作者在法定期限内享有印刷或支配图书复制品的专有权利，出版商只有通过作者的许可才能获得印刷的权利，法令的重点在于确认作者的 Copyright，即作品的翻印权，保护了作者和相关人员的经济

---

① 郑成思：《著作权法》，中国人民大学出版社 1996 版，第 3 页。对于著作权起源于中国，其论述亦有在郑成思所著的《中国专利与商标》、朱明远所著的《略论版权观念在中国的形成》中提及。

利益,但并未提及作者的精神权利(人身权)的保护。由于《安娜法》废除了印刷特许权制度,标志着现代意义的版权制度的诞生。

受《安娜法》影响,1791 年 1 月 13 日和 19 日法国"制宪议会"通过《表演权法》法令,承认戏剧作品创作者的表演权,并将其视为产权权利;权利保护期限为作者终生加以死亡后五年。随后,在 1793 年 7 月 19 日的《作者权法》法令中,将保护范围扩大到文学艺术作品的作者,赋予其发行和销售作品的专有权利,权利保护期限为作者终生加以死亡后十年,并将保护作者的精神权利(人身权)放在了首位。可以这样说,法国的《作者权法》突出了对作者人身权和财产权的保护,是著作权制度发展过程中的巨大进步。

随着国际科学文化交流的扩大和现代传播技术的进步,著作权法有了很大的发展和变化,从 1886 年国际上缔结《伯尔尼公约》以来,发展中国家和发达国家又缔结了一系列国际著作权公约,如 1952 年的《世界版权公约》、1961年的《保护表演者、唱片录制者和广播组织公约》、1971 年的《保护唱片录制者防止其唱片被擅自复制的公约》及 1974 年的《人造卫星播送载有节目信号公约》等。其中,1886 年签署并经多次修订的《伯尔尼公约》和 1952 年在日内瓦签署并于 1971 年修订的《世界版权公约》是著作权史上的重大事件。这些国际条约的签订,使国际版权保护进一步协调化、制度化。

我国正式制定颁布著作权方面的法律在清朝末年,1903 年,中国和美国在上海签订《中美续议通商行船条约》,这是我国历史上第一部涉及著作权的条约,也是现代著作权法律制度引入我国的开端。1910 年,清政府颁布《大清著作权律》,这是我国历史上第一部以著作权为保护中心的法律,虽然这部著作权法由于清政府被推翻而没有实施,但却对后来的北洋政府、国民党政府、台湾当局的历次著作权立法产生了重大影响。1915 年,北洋政府曾颁布《著作权法》,但未及实施。1928 年,国民党政府颁布了新的《著作权法》,该部法律曾于 1949 年作过修订。

新中国成立后,所制定过的有关著作权的法条,散落于各个时期颁布的法律中,但是没有专门著作权法,从 1979 年起,有关部门开始进行著作权立法的准备工作。1985 年,我国文化部颁布《图书、期刊版权保护试行条例》,作为 80年代著作权保护方面试行的内部规则,但该条例仅适用于我国国内的图书、期刊的著作权纠纷。直到 1986 年 4 月 12 日,我国颁布的《民法通则》第 94 条明确规定:"公民、法人享有著作权,依法有署名、发表、出版、获得报酬等权利",它标志着我国著作权法律制度已进入了一个新的历史时期。1990 年 9 月 7日,我国制定并颁布了《中华人民共和国著作权法》,并于 1991 年 6 月 1 日正式实施,这是新中国诞生以来第一部全面而又系统地规定著作权的法律,它是我国著作权法历史上新的里程碑。为适应经济发展要求,1990 年颁布的《著作权法》先后经过 2001 年和 2010 年两次修正。为加强我国与其他国家之间著作权保护合作,1992 年 7 月 10 日和 7 月 30 日,我国政府分别向世界知识产权组织和联合国教育、科学、文化组织递交了《保护文学和艺术作品伯尔尼公约》和《世界版权公约》的加入书,从 1992 年 10 月 15 日和 10 月 30 日起,我国分别成为《伯尔尼公约》和《世界版权公约》的成员国。

二、著作权制度的特征

著作权作为文艺作品发展过程中衍生出的概念,其内涵与外延由法律制度所决定,而法律的制定是各方博弈的结果。在不同的历史时期,著作权法的条款不同,著作权有不同的定义和适用对象,这是由于在不同时代作品所涉及的利益主体也有所不同,各利益相关方对文艺作品所包含的经济利益有一个认识、利用和维护过程,导致了这些利益主体在不同时代有不同诉求,且利益主体在各个利益博弈阶段的地位不同、力量不同,导致的结果自然不同,这就导致了著作权制度在不同时代有不同定义和不同内涵。从现代著作权制度发展历程来看,大致经过三个阶段,分别是印刷特许权时期、作者权时期、现代著作权时期。

（一）印刷特许权时期特征

印刷术出现后,将原有的对作品的抄写改为印刷,虽然可以大规模复制作品,给印刷人员带来了收益,但是在一定程度上给统治阶层带来管理上的难题。为对印刷进行管理,协调各方利益,限制印刷复制的种类和范围,统治阶层将印刷作为一种特许权赋予特定人群。如我国的宋代就已经出现了对于刻板印刷的特许令,可以认为是著作权的早期定义,北宋神宗继位,为保护《九经》监本和国子监的刻印出版的唯一地位,朝廷下令禁止一般人随便刻印这部书,若想印刷,则先须取得国子监的同意。

综上,在印刷特许权时期,对于著作权的认识和定义是建立在统治者对印刷术了解的基础之上,带有浓厚的政治色彩和特权性质,可以将这一时期的著作权制度理解为:著作权为一种特许印刷权,作品的传播和复制须经统治阶层赋予特别许可,作者无权对作品的传播复制表达意见。

在这一时期,著作权制度的特征有如下三点:一是著作权是统治阶层权力的产物,是一种行政命令权;二是著作权是统治阶层赋予特定人员在特定时期印刷、出售作品复制件的专有权利、采取强制性措施(扣押违法作品复制件)追究违反特许令的责任以及要求赔偿所受损失的专有权利；三是作者在没有获取统治阶层同意之前，不享有作品的印刷特许权，即不享有著作权。

（二）作者权时期特征

在著作权制度发展初期，印刷特许权将作品的复制传播的权利赋予了特定人员，创作作品的作者对此没有任何决定权。随着文艺复兴时期思潮兴起，作者在作品中的重要地位和影响逐渐为世人所认可，以《安娜法》为代表的一系列法令形成了具有普通法传统的著作权——作者权法令影响了法国、德国以及拉丁美洲国家，形成了欧洲大陆法律传统和拉丁法律传统的作者权，两者都是现代著作权法的渊源，可以将这一时期的著作权理解为：著作权是作者在法定期限内享有印刷或支配作品复制品的专有权利，作者享有对作品的精神权利，印刷商在作者的许可下才能获取作品的印刷权。

在作者权形成时期，著作权制度具有如下三个特点：一是作者历史性地享有在特定时期对作品印刷复制的权利，印刷商在印刷之前需取得作者的许可；二是作者同时具有了经济权利和精神权利；三是在不同的国家法律中，授予作者的或是作者权，或是版权，并不统一。

（三）现代著作权时期特征

作者权形成时期的著作权在一定程度上体现了人权与技术交互发展影响的时代特征，但是受到技术和作品类型的限制，这一时期的著作权的内涵和外延停留在当时对作品的理解和有限的运用方式之上。

进入20世纪后，作品的表现形式更加多样，新的复制与传播技术导致作品的表达方式更为复杂，诸如摄影技术、录音技术、通讯传播技术的出现，产生了表演者对作品的演绎，同时包括无线广播和电视广播的播送就已经突破了原有作者权的定义；又如应用计算机技术开发的软件产品，由于开发者和作者权人存在不一致现象，都已经不能被认为是原有作者权的权限内容了，作者权亦无法按照原有作者权的定义对作品的创作者赋予相应的权利，在这种情形下仍然将著作权命名为作者权，就显得不合时宜了。如1985年法国准备修改原有的《作者权法》，将新技术产生的著作权都涵盖进去，但由于原有《作者权法》不再适用，不得不重新确定法令名为《作者权及表演者权、音像制品生产者权、音像制品传播者权法》，将作者权与其他著作权相互并列，这表明将著作权命名为作者权已经不再符合时代的要求。

与之相反，版权（Copyright）中的copy在新的技术发展前，仍然可以较为准确地表述静电复印、电影拷贝和音像复制等含义，故而，版权可以涵盖新兴的表演者权、软件著作权等权利。1996 年 12 月世界知识产权组织缔结的《WIPO 版权条约》，首次使用了版权（Copyright）术语。鉴于作者权从 15 世纪到现在已经有相对广泛的应用，故而在《伯尔尼公约》中，仍然使用作者权，只是在目前相对作者权而言，版权的使用范围日益广泛，其内涵也有所扩充。本书中的著作权与版权同义。

在人权思潮的影响下，到了 20 世纪，著作权的法律地位被进一步提高，普遍承认著作权是一项基本人权。联合国大会 1966 年 12 月 16 日在纽约通过《经济、社会、文化权利国际公约》的第 15 条规定："一、本公约缔约各国承认人人有权：(a)参加文化生活；(b)享受科学进步及其应用所产生的利益；(c)对其本人的任何科学、文学或艺术作品所产生的精神和物质上的利益，享受被保护之权利。"

综上，现代著作权可以被定义为：著作权是一项基本人权，是指作者及其他权利人对文学、艺术和科学作品享有的人身权和财产权的总称，它涵盖了从创作到表演、复制等一系列具有独创性的创作过程中的智力成果的权利。

现代著作权制度特征有如下四个：一是著作权是一项基本人权，不可被剥夺；二是著作权涵盖了人身权和财产权两个部分；三是著作权包含了作品的复制权、表演权、信息网络传播权等新兴内容，其内涵和外延有所发展；四是著作权对授予取得方式进行了明确。

（四）我国现代著作权特征

我国通过著作权法及其相关法律构建的著作权制度体系，符合我国国情和著作权发展的现状，除了具有以上特征外，还具有如下特点：

1. 权利主体规定合理。我国公民、法人和非法人在创作完成作品后，即可依据著作权法律制度，具有著作权主体地位。

2. 衡平社会各方利益。在保护著作权人利益同时，为防止著作权人利用权利保护规定，损害社会各方利益，在著作权法中规定了在特殊情况下可以不经著作权人同意使用作品著作权的条款。

3. 适当扩充了著作权权利种类和客体。根据我国国情，将出版者权纳入到著作权制度中，增加了"杂技艺术作品"、"模型作品"、"建筑作品"等具有我国文化内涵的著作权保护形式，针对计算机软件和数据库等高科技作品著作权的表现形式和使用方式进行了规定。

4. 融合了国际著作权法最新成果，及时对著作权进行修改。在加入《伯尔尼公约》和《世界版权公约》后，我国对原有著作权制度体系进行了修改；在加入世贸组织后，针对著作权法进行了局部修改，并根据国家著作权发展的新趋势和我国实际情况,在 2012 年发布著作权法修正草案征询意见稿,进行广泛意见收集以便进行新的修正,从而试图建立符合知识产权保护的完备法律体系。

第二节　著作权界定

一、著作权主体

（一）著作权主体概述

1. 著作权主体概念

著作权作为权属概念,有其法定主体,即著作权人。著作权人是指依法对文学、艺术和科学作品等享有著作权的民事主体,包括作者、创作者及其他依法享有著作权的自然人、法人、非法人单位、国家等。它与著作权法的主体不同。著作权法的主体是指参与著作权法律关系,并在其中享受权利、承担义务的人。在著作权法的主体中,既有著作权的主体,也包括著作权主体以外的人,如著作权的主管机关等。

著作权主体有狭义和广义之分,狭义著作权主体指的是作品的作者或创作者依法对作品享有著作权的人;而广义著作权除包含狭义著作权外,还包括邻接权和准著作权。本节所述的著作权主体是狭义著作权主体。

2. 著作权分类

著作权的主体种类较多,根据不同的标准,可把著作权的主体分为以下种类:

（1）按照著作权主体的自然属性的不同,著作权主体可分为自然人、法人、非法人单位和国家。自然人通过自己的智力创作活动或其他的法律行为而成为著作权主体,是著作权最主要的主体。自然人可以自己从事创作活动,完成作品成为著作权主体,也可以基于委托关系,对他人完成的作品享有著作权,还可以通过继承、许可使用、接受赠与、遗赠而成为著作权主体。法人和非法人单位可以基于法律规定或通过一定的法律行为而成为著作权主体。国家在特殊情况下,也可成为著作权主体,如国家可通过接受赠与、遗赠或收归国有等方式取得著作权,成为著作权主体。

（2）按照著作权主体国籍的不同,著作权主体可分为本国人和外国人。不仅本国人能够依法成为著作权主体,而且外国人可以根据国际惯例、国际公约和本国著作权法规定的著作权主体条件成为著作权主体。但是,由于受到国籍的限制,在成为著作权主体的条件方面,外国人与本国人不尽相同。

(3)按照著作权的取得来源不同,著作权主体可分为原始著作权主体和继受著作权主体。凡是对作品最先取得著作权的人,称为著作权原始主体,如作者、视为作者等;凡是通过转让、使用许可、接受赠与、接受继承和遗赠等方式取得著作权的人,称为著作权的继受主体。

(4)按照享有著作权的内容的不同,著作权主体可分为完整著作权主体和不完整著作权主体。完整著作权主体是指依法享有著作权中全部财产权和全部人身权的人,该类主体享有的著作权不受限制,如作者;不完整著作权主体是指只享有部分著作权的人,该类主体仅享有著作权中的几项或一项权利。如著作权中的人身权由于与特定主体的人身密不可分,只能由著作权的原始主体享有,不能被转让、继承。此外,对著作权的继受主体来说,往往因原始主体意志的限制、著作权使用许可合同的限制而使其享有的著作权中的财产权具有不完整性。

(5)按照著作权主体数目的不同,著作权主体可分为单一主体和共同主体。单一主体是指独自完成作品创作而取得著作权的人;共同主体是指由两人以上合作,共同完成作品创作而取得著作权的人,亦称著作权共有人或合著人。

(二)著作权人与作者

著作权人是法律确定的权属概念,作者则是自然产生的社会身份,从著作权法角度来说,两者之间既有关联,又有区别,即作者可以是著作权人,但是著作权人却并不一定是作者。

从概念上说,作者通常是指直接从事文学、艺术和科学作品创作活动的人,是最基本、最直接的著作权主体。由于立法渊源和传统不同,导致了各国对作者的内涵和外延作出了不同的规定,俄罗斯、拉脱维亚、瑞典、巴拿马、希腊、捷克、西班牙等国家认为作者是"创作作品的自然人",简单明了地将作者限定为自然人,将法人甚至非法人团体排除出作者之列;法国认为"用心灵去创作作品"的人是作者,稍加推理,即可知道与西班牙等国的定义类似。但是并非所有国家对作者都有类似的认识,将之限定在自然人之列,如1976年的美国《版权法》中,就认为雇佣状态下进行作品创作的作者均认定为雇主,这表明法人被纳入到作者之列。这些不同的作者定义,表明了各国对于自然人和法人是否作为作者的不同态度和认定。

我国法律规定有可能成为著作权主体不仅仅是作者,只要符合著作权主体定义的自然人、法人和非法人均有可能成为著作权主体,包括没有创作作品的自然人、法人和非法人均有可能成为著作权主体。如《中华人民共和国继承法》第 3 条(六)规定著作权中的财产权作为遗产可以继承;第 16 条第 3 款还规定,公民可以立遗嘱将个人财产赠给国家、集体或者法定继承人以外的人。《中华人民共和国著作权法》第 19 条规定:"公民在死亡后,其作品的使用权和获得报酬权在本法规定的保护期内,依照继承法的规定转移。"上述法条说明,除了著作权的人格权不能被继承、遗赠、转让、委托外,著作权权利中的其他权能,特别是财产权均可以被转移,从而使非作者的自然人、法人和非法人均有可能成为著作权主体。

(三)特殊著作权主体

在一般情况下,著作权属于作品创作者,这是确定著作权主体的一般原则。但是,在一些特殊情况下,由于作品本身具有特殊性,使作者与著作权主体不一致,包括以下几种情况:

1. 汇编作品的著作权主体

汇编作品,是指由汇编人对已有资料或者现成的作品经过选择和编排而形成的作品,如杂志、报纸、论文集、词典、选集等。由于汇编人把已有的资料和作品以新的结构和表现形式编排出来,表现了汇编人的独特技巧和方法,汇编作品中包含了汇编人的智力劳动,成为著作权保护的对象,从事汇编的工作人员自然成为汇编作品的著作权主体。

汇编作品的著作权主体具有如下特征:

(1)它是在已有的资料或者作品的基础上进行编排组合而形成的新的作品。汇编人对汇编作品享有著作权,但是汇编作品中原著作权人仍然对其作品享有著作权,汇编人在汇编过程中不得侵犯原著作权人的著作权。

(2)汇编作品的创作是由汇编人进行的,各个汇编部分的著作权成果是可以区分的,汇编作品中可以单独使用的作品的作者可以单独行使其著作权,但是不能侵犯汇编作品的著作权。

(3)对于由单位提供资金或者资料等创作条件形成的职务作品,如承担责任的百科全书、辞书、教材、大型摄影画册等汇编作品,由单位享有汇编作品的著作权。

2. 合作作品的著作权主体

合作作品,是指两个或者两个以上的自然人、法人或非法人共同创作的作品。这些进行共同创作的个体就是合作作品的著作权主体,对于合作作品的著作权,原则上由合作作者共同享有,即合作作品的作者为共同著作权人。对于不能分割使用的合作作品,由合作作者共同享有著作权。对于可分割的作品,既由合作作者共同享有整体著作权,又由各合作作者对各自创作部分单独享有部分著作权。

合作作品的著作权主体具有如下特征:

(1)合作作品的著作权主体需为两个或两个以上的主体构成,不限于主体的对等性,可以是自然人、法人、非法人等,但是不能存在由一方单独完成、单独主持、单独承担责任的情形,否则将会是职务作品。

(2)合作作品的著作权主体可自由决定进行共同创作活动,各个主体对创作行为及后果有明确认识,目标一致,主观上都愿意以相同的要求和标准进行创作活动、衡量各自的创作成果。

(3)合作作品的著作权主体客观上共同实施了创作作品的行为,并且创作活动的结果最终形成了相应的作品,合作作品的著作权归全体合作作者共同享有。对可以分割的合作作品,作者对各自创作的部分可以单独享有著作权。

3. 职务作品的著作权主体

职务作品,是指作者为完成单位工作任务所创作的作品。职务作品的作者与单位或者雇主之间存在劳动关系或者雇佣关系,或者说可将职务作品作者视为单位,并由作者在其职责范围内完成,而对于作品的使用应当属于所在单位的正常工作或者业务范围之内。对职务作品享有著作权的权利人就称之为著作权主体,由于在职务作品创作过程中涉及作者、作者所供职的法人或非法人单位,所以职务作品的著作权主体在不同情况下,具有不同表现,体现出不同的特征。

职务作品的著作权主体具有如下特征:

(1)著作权主体通常具有身份特定性,在各国的著作权法中,遵循合同约定,无论是将著作权主体赋予作者还是法人或非法人,其主体均具有相对特定的身份。

(2)著作权主体具有二重性,在职务作品中,当著作权主体为单位法人或非法人时,不能剥夺作者具有著作权意义上的署名权;当作者是著作权主体时,如对作品进行转让,不能剥夺单位法人或非法人获取作者在财产上的收益权。

(3)职务作品的著作权主体具有法定性,职务作品是作者利用法人或非法人单位的资源进行创作而成,但是并非职务作品的著作权主体均是单位,而是依据法律规定确定著作权主体。

4. 委托作品的著作权主体

委托作品是他人向作者支付报酬，由作者按照其意志和具体要求而创作的作品。在委托作品中，作者(受托方)接受委托人的委托，完成作品的创作，委托人接受作者创作完成的作品，并按照约定向作者履行相应的义务，在这种情况下，委托作品的著作权主体由委托人和受托人在合同中约定，如果没有约定，则有的国家规定由委托方享有；有的国家规定由作者享有，但委托方享有使用权；有的国家规定由委托方和作者共有。

委托作品的著作权主体具有如下特征：

(1)委托作品的著作权主体具有可协商性，著作权主体主要由委托协议确定，委托作品中的委托方与受托方之间是平等的委托合同关系，委托合同中可以将著作权主体身份赋予受托人或者是委托人。

(2)委托作品的著作权主体具有特殊性，可以为限制民事行为人，由于著作权主体可以为自然人，且各国著作权法并未限制限制民事行为人从事艺术创作而成为著作权主体，故在委托作品中，如果限制民事行为人为受托人，完成作品创作后根据相关协议或法律规定可以为著作权主体，相对其他委托合同而言，具有主体特殊性。

5. 视听作品的著作权主体

影视作品指摄制在一定物体上，由一系列有伴音或无伴音的画面组成，并且借助适当装置放映、播放的作品，包括电影作品和以类似摄制电影的方法创作的作品，亦称视听作品。在视听作品创作过程中，进行了独创性创作的作者均是作品在不同阶段的著作权主体。

视听作品的著作权主体具有如下特征：

(1)视听作品的著作权主体具有多重性。视听作品包含了电影、电视剧、音乐和剧本等多种创作，各种创作融合成一个完整的视听作品，故而在视听作品中既包含了制片者享有的作品的著作权，也包含了编剧、导演、摄影、作词、作曲等作者的署名权。

(2)视听作品的著作权主体具有可分离性，视听作品是各个创作的集合，各个作者对于可分离的剧本、音乐等可以单独使用的作品，可以从视听作品的著作权主体中分离出来，单独使用其具有著作权的作品。

二、著作权客体

(一)著作权客体概念

著作权客体，即著作权所保护的对象，一般是指作者创作并受著作权法保护的作品。我国著作权法所称的作品（works），亦称著作，是指文学、艺术和科学领域内具有独创性并能以某种有形形式复制的智力创造成果。独创性是作品受著作权保护的基本前提条件，但有形复制并不一定是作品受著作权保护的前提条件。

对于作为著作权客体的作品，国际公约和各国著作权立法对其称谓并不相同：《世界版权公约》称之为"文学、艺术和科学作品"；《伯尔尼公约》称之为"文学和艺术作品"，有的国家称之为"智力作品"或"智力创作"。我国《著作权法实施条例》第 2 条规定："著作权法所称作品，是指文学、艺术和科学领域内具有独创性并能以某种有形形式复制的智力成果。"据此，我国著作权法上的作品应该具有以下条件：首先，作品须具有独创性，作品的独创性表达的是作品是作者自己创作完成的，而不是剽窃、抄袭他人的成果，独创性应着重体现于作品的表现形式上，并不排斥由不同的人对同一主题、同一思想进行不同形式的创作；同时，作品的内容不得违反法律和社会公共利益。其次，作品须具有特定性，即必须是属于文学、艺术和科学技术范围内的创作，对于创作出来的其他领域的作品，不被纳入到著作权法保护范围之内。再次，作品须具有外在可表达性，即作品必须能够以某种有形形式表现出来，著作权法保护的客体必须是作者已经创作完成，能够为人所感知其存在，能够被他人阅读、欣赏和利用的作品，否则，均不是著作权的客体。最后，作品须能够被复制，即作者创作出来的作品，必须通过现有的技术手段进行有形复制，从而进行传播。

各国对著作权保护客体有不同规定，现以我国为例，受著作权法保护的一般作品主要有以下种类：

1. 文字作品

文字作品是指作品由文字或类似于文字的符号组成，并通过文字或符号的不同组合、排列表达作者的思想、情感。文字作品是目前最为常见的作品表达形式，如小说、剧本、教科书、诗词、散文、学术论文、日记等。

2. 口述作品

口述作品是指创作者通过口头语言创作表达作品。如即兴的演说、祝词、授课、法庭辩论以及相声现场表演等。由于口述作品强调作品创作表现的形式是创作者在现场的言语表达，故而对于口述作品的文字记录、录音等，属于对口述作品的复制，不属于口述作品。

3. 音乐作品

音乐作品是指通过音符组合和曲调升降等表达创作者情感的作品。在音乐作品中，通常的表现形式为歌曲、乐曲等。

4. 戏剧作品

戏剧作品是指通过故事情节和语言的编排,适合在舞台上进行演出的作品。著作权法中的戏剧作品特指戏剧的剧本,而不是指以舞台表演形式出现的戏剧或戏台表演。

5. 舞蹈作品

舞蹈作品是指可以通过演员的肢体语言表达出来的作品,它由连串的动作、节奏和表情组合构成。著作权法中的舞蹈作品特指对舞蹈的动作设计、构思和安排,而不是指现场舞蹈表演。

6. 工程设计、产品设计图纸及其说明

工程设计、产品设计图纸及其说明是指运用工程和产品设计工具,根据工程和产品设计规范,设计出来的工程和产品的图纸及其说明。通俗地说,是指为施工和生产绘制的图样及对图样的文字说明。作为著作权法中的客体,工程设计、产品设计图纸及其说明指的是一整套工程项目的设计图纸及其说明等技术文件。

7. 美术作品

美术作品是指通过颜色和线条的组合所构成的平面和立体的、具有梅甘娜的艺术作品。美术作品的范围较广,主要包括绘画、雕塑、建筑艺术、实用美术、书法、雕刻艺术作品等。

8. 电影、电视、录像作品

电影、电视、录像作品是指通过一定的摄影技术拍摄而成,可以播放和复制,具有连续画面的作品。并非所有电影、电视、录像都能受到著作权法的保护,只有符合法律规定和公序良俗的电影、电视、录像作品才能受到著作权法的保护。

(二)著作权的客体与载体

著作权意义上的载体指的是各种能够承载作者创作作品内涵的外在实物或内在电子数据,而著作权法所保护的客体严格意义上是智力成果,是一种具有抽象性、可重复性利用的知识,在判断作者创作出来的作品是否是著作权保护的客体,必须将智力成果附着在具有外在表现性、可复制的物体上,才能判断作品是否符合著作权法的规定,才能判断是否被纳入到著作权保护客体的范围之内。这种承载作品的外在的、可以被复制的物体就是著作权客体的载体,载体对于著作权客体具有重要意义。

虽然著作权客体与载体之间存在紧密联系,但是两者之间还是有如下区别:

1. 著作权客体与载体之间存在可分离性。由于著作权客体与载体具有复合性,但是载体又不能等同于著作权客体,故区别著作权客体和载体有助于判定著作权的保护对象,在著作权法中具有重要意义。当一部作品被创作完成,表达作品和承载作品的内容的载体通常会成为著作权客体。当这一部作品被复制、传播时,如果传播者或复制者取得了作者的授权,那么各个复制品既是载体,又可以视为著作权的客体,载体和著作权客体存在同一性;但是如果传播者和复制者没有取得著作权人的授权,即便是他将原作品进行百分百复制,与原件一致,那么复制品也仅仅只能被视为载体,而不能被视为著作权的客体,因为没有经过著作权人授权,擅自进行复制是侵权行为,其复制品不是著作权保护的客体,此时著作权客体和载体两者分离。

2. 著作权客体与载体间并不同时产生。前已述及,著作权的客体有多种表现形式,有些著作权客体须具有可以承载的实物形态,才能作为著作权保护的客体,但是有些著作权客体不需要外在的、可视的实物形态的载体,如没有文字脚本的曲艺作品,它是没有实物形态的载体,但是曲艺作品一经创作后,即成为著作权的客体,这说明了著作权的客体和载体并不同时存在。

3. 著作权客体与载体并不同时消灭。著作权客体是著作权法确定的权利保护对象,在权利没有消失之前,著作权客体将会一直存在,而著作权的载体由于是实物形态,将会受到各种各样的外界因素影响,在这种情况下,著作权客体会发生和载体不同时消灭的现象。如印刷出版小说的实物,如实体书遗失、损毁后,仅仅只是小说的载体消失了,并不代表作为著作权客体的小说消灭,反而在小说创作后的 50 年内继续存在。

(三)著作权法保护客体例外

著作权源于对作品独创性过程中所蕴含的智力活动进行保护而设定,从著作权诞生到现在,著作权客体的内涵与外延不断发展,将众多种类和表现各异的作品纳入到著作权客体范围之内,以适应社会不断出现新的作品创作需要。但是,出于社会发展和维护公序良俗的需要,各国著作权法将一部分作品排除在著作权保护客体的范围之外,以我国为例,主要有如下作品:

1. 法律、法规,国家机关的决议、决定、命令和其他具有立法、行政、司法性质的文件及其官方正式译文

无论是从形式上还是从本质上来看,上述作品都是智力劳动成果,属于作品的范畴,但是从其作者的身份和所表达的国家立法机关、司法机关、行政机关意志来看,或从作品所使用的目的来看,不能将其限制在著作权保护客体范畴之内,否则将会影响国家和社会公共利益。由此,上述官方文件和官方译文

不享有著作权。

2. 时事新闻

时事新闻是指具有时效性的单纯事实消息。时事新闻通过报纸、期刊、电台、电视台等传播媒介报道的单纯事实消息传播给广大公民,鉴于其所负有的主要作用是宣传、通告已发生的事实,就应该允许每个公民对其自由使用。因此,时事新闻不适用于著作权法的保护。

3. 历法、数表、通用表格和公式

历法、数表、通用表格和公式是人类在发展过程中所概括出来的规律,是全体人类智力劳动成果的结晶,是社会的共同财富,不能被授予专用权,也就不能适用于著作权法的保护。

4. 依法禁止出版、传播的作品

著作权法是由国家制定和认可,各国在此过程中,会根据本国立法的历史渊源和立法习惯,以及国家政权统治的需要,将一部分作品列为禁止出版、传播的作品,从而排除在著作权保护范围之外,其主要作品种类集中在反对国家政权、宣扬反人类反社会或淫秽暴力的作品等。

5. 超出了著作权法保护地域和期限的作品

著作权是具有地域和时效的权利,作品作为著作权保护客体,也受到了地域和时效性的限制,当作品的著作权超出了保护地域和期限时,作品不被著作权法所保护。

三、著作权内容

(一)著作权内容概念

各国在设计著作权体制时,对著作权的内容有一个认识和发展过程。在《作者权法》颁布前,著作权的内容主要为财产权的内容,而《作者权法》颁布后,则宣告著作权的内容包含了精神权利(人身权)和财产权利,这种概念设计比较符合社会发展和人类自身需要,被越来越多的国家采用。

故而,著作权的内容是指著作权人根据法律的规定对其作品行使权利和进行处分的方式,是著作权人行使著作权过程中享有的权利和承担的义务的总称,它既具有人身性内容,又具有财产性内容。

著作权人身权内容具有人身随附性、永久性、非物质利益性和个体性等特征;而著作权财产权内容具有许可协商性、可重复利用性、期限性、物质利益性等特征。

（二）著作权人身权内容

著作人身权（moral rights），是作者基于作品依法享有的以人身利益为内容并与人的精神密切相关的权利，是与著作财产权相对应的人身权。它具有以下内容：

1. 发表权

发表权是指作者及其相关人员具有决定作品是否对外公布的权利，它是作者对自己著作权人身份是否公布的权利。发表权既可以由作者自己行使，也可以由其他人行使。

2. 署名权

署名权是指表明作者身份，在作品上署名的权利。署名时，作者可以根据意愿，署上真名、笔名、艺名等。署名权是作者身份的外部表现形式，具有强烈的人身属性，不能转让和继承。但是，各国对署名权通常给予永久保护，在作者死后，由其继承人或者国家有关部门予以保护。

3. 修改权

修改权，是指修改或者授权他人修改作品的权利。著作权法中的修改权，是指对作品内容、作者观点以及作者声誉方面进行修改的权利。如果只是对作品的文字、标点、语病、引文出处、段落等方面进行技术性的修改、处理或者删节，并不属于修改权的范畴。修改权属于作者，作者不仅可以自己修改，而且可以授权他人修改自己的作品。

4. 保护作品完整权

保护作品完整权，即保护作品不受歪曲、篡改的权利。著作权法通过赋予作者享有保护作品完整权，以防止和制止任何违反作者意思而对作品进行歪曲、篡改、丑化或作实质性改变的行为，从而维护作品的纯正性，保护作者的人格利益，确保其荣誉、名誉、声望不受损害。

（三）著作权财产权内容

当著作权中所蕴含的经济利益为人类所认知后，极大地推动了著作权法律制度的诞生。在早期著作权定义中，著作权与印刷特许权同义，对特许权的争夺其实就是在争夺背后的经济利益，故而，著作权的财产权内容是与著作权同时期诞生的产物。

著作财产权（economic rights），是著作权人基于对作品的处置而带来的财产收益权。它包含以下内容：

1. 复制权

复制权是指以印刷、复印、拓印、录音、录像、翻录、翻拍等方式将作品制作一份或者多份的权利，是著作权人享有的最重要、最基本的财产权之一，著作权人既可以自己行使，也可以允许他人行使。

2. 发行权

发行权是指以出售或者赠与方式向公众提供作品的原件或者复制件的权利。发行权的内容主要是著作权人有权决定是否发行其作品复制件，有权决定是自己发行还是授权他人发行，有权决定发行的数量、方式以及范围，并由此获得相应的报酬。

3. 出租权

出租权，即有偿许可他人临时使用电影作品和以类似摄制电影的方法创作的作品、计算机软件的权利，法律禁止出租或著作权人不允许出租的作品除外。

4. 展览权

展览权，即公开陈列美术作品、摄影作品的原件或者复制件的权利。展览权的内容主要是作品的著作权人有权决定是否展出自己的作品，在何时、何地以何种方式展出其作品，并由此获得经济利益。因此，对于著作权人的作品展出，无论是展出作品的原件，还是作品的复制件，都应征得著作权人的同意。

5. 表演权

表演权是指公开表演作品，以及用各种手段公开播送作品的表演的权利。公开表演是传播作品和使用作品的重要方式，表演权一般是由著作权人许可的表演者来行使，因此，在著作权人声明不得表演其作品的情况下，表演者应该征得著作权人同意之后才能进行表演。

6. 演绎权

演绎权是著作权人自己或者授权他人对其原作作品进行改编、翻译、注释、编辑整理等再创造的权利。它是在原作作品的基础上派生的权利，包括改编权、翻译权、编辑权、注释权和整理权等，无论是上述哪一种权能，演绎权人均不能侵犯原著作权人的权利。

7. 信息网络传播权

信息网络传播权是以有线或无线方式向公众提供作品，使公众可以在其个人选定的时间和地点获得作品的权利。由于信息网络传播具有特殊性，在遵循国家有关法律制度进行传播时，不能侵犯其他著作权人的权利。

8. 广播权

广播权是以无线方式公开广播或者传播作品，以有线传播或者转播的方

— 41 —

式向公众传播广播作品,以及通过扩音器或者其他传送符号、声音、图像的类似工具向公众传播广播作品的权利。播放权不同于播放组织的权利。播放权是著作权人对其作品享有的向公众传播作品的权利,属于著作权的范畴。播放组织的权利,是指播放组织对其制作的广播节目,有权许可或禁止其他组织或者个人转播、传播、录制的权利,属于邻接权的范畴。

四、著作邻接权

(一)邻接权概念

邻接权一词译自法文(droifs voisins)及英文(neighboring right),意思是与著作权邻近的权利,而德文(Vorwandte Schutzrechte)则可译为"有关权",以意大利文(Diriti Conessi)又可译为相联系之权。① 目前有关国际公约都使用"邻接权"(neighboring right)一词,这一术语也被多数国家接受并采用。

我国著作权法没有直接采纳"邻接权"的定义,而是采用了与德国术语类似的定义,即"与著作权有关的权益",其内容涵盖了出版者、表演者、录音录像制作者和广播电视组织的权利,作为对邻接权的表述。故而,著作邻接权可以概括为作品的传播者对其在传播作品过程中付出的创造性劳动成果依法所享有的专有性权利的总称。

从定义来看,邻接权更为贴近"作品的传播者权",事实上邻接权也是来源于对表演者权利的保护。由于表演作品涉及不同的各方,保护的范围不同导致了邻接权有狭义和广义之分。狭义邻接权指的是传统邻接权的内容,即表演者对其表演所享有的权利、音像制作者对其录制的音像制品所享有的权利、广播电视组织对其播放的广播电视节目所享有的权利,而且对于这三种权利并不是所有的国家都给予承认和保护,有的国家只保护这三种之中的两种,甚至只保护一种。而广义邻接权除了承认狭义邻接权外,"还把一切传播作品的媒介所享有的专有权都归入其中,或者把那些与作者创作尚有一定区别的产品、制品或其他的包含思想的表达形式,又不能称为作品的内容归入其中"②。源于立法习惯不同,各国对于广义邻接权所包括的范围有着各自不同的规定,如德国与意大利就有所不同,德国在承认传统的邻接权外,还承认出版者的版面设计及电影制片者权,而意大利则是将摄影作品、戏剧的布景作品、个人的

---

① 郑成思:《版权法》,中国人民大学出版社 1997 年版,第 49 页。
② 郑成思:《版权法》,中国人民大学出版社 1997 年版,第 52 页。

书信及肖像、工程项目的设计等作品的专有权都归入邻接权中。

邻接权通常具有如下特征：首先，邻接权是一种伴生的权利。邻接权是伴随作品传播过程，因进行了独立创作的表演或传播而产生的权利；其次，邻接权具有独立的权利内容邻接权是传播者和表演者享有的权利，权利主体、内容和客体明确。

（二）邻接权的主体和客体

1. 邻接权的主体

邻接权是作品在传播过程中产生的权利，其主体与传播过程中涉及的主体密切相关。多数国家认为，作品传播过程中一切演员、歌唱家、演奏者、舞蹈家是表演者，均可以认为是邻接权的主体；有人认为，表演者不能仅限于对已经成型作品的传播者，对于未成型作品的表演者，也应认为是邻接权的主体之一，并且巴西把运动员也作为邻接权的主体，在公开转播的比赛中，运动员可以获得转播费用的 20% 作为报酬，而法国则将杂耍演员、马戏演员和木偶戏的表演者均视为表演者，是邻接权的主体。众多国家对表演者及邻接权主体范围进行扩大，促进了世界知识产权和联合国教科文组织对表演者和邻接权主体概念定义的扩充，在《保护表演者、唱片制作者和广播组织罗马公约》中将表演者定义为演员、歌唱家、音乐家、舞蹈家和表演、歌唱、朗诵、演奏或以其他的方式表演文学和艺术作品的人员，较为完备地涵盖了新兴的录制者和广播传播者等邻接权主体。

2. 邻接权客体

在著作权法发展早期，对于著作权客体的认识仅在可以印刷出版的文字作品上，故而对于邻接权的认识也集中在文字作品传播上。当作品可以通过录音方式传播出去时，邻接权的客体为录音制品；当录像技术普及时，邻接权的客体增加了录像作品；广播技术的发展，扩充无线广播节目和电视广播节目为邻接权的客体。

表演是作品产生邻接权的重要因素之一，但是确定表演者表演过程中的邻接权客体与上述录像、录音制品的邻接权有所不同，它不能将表演者表演的节目作为邻接权的客体，否则今人在表演没有著作权保护的古代作品时，因节目没有著作权保护，将会导致表演者的表演得不到邻接权保护，这是表演者所不能接受的。故而，表演者权的客体不能是表演的节目，而是表演者凝聚了创作的表演过程，是表演者通过形象、动作、声音等方对作品进行表演活动本身，这才是作品在表演方面的邻接权客体。

（三）邻接权的内容

1. 表演者权

表演者权是指表演者对其表演依法所享有的人身和财产的专有权利，即表演者有权要求在自己表演节目以及直播、转播、录制、复制其节目时尊重其姓名，并按照惯例公布其身份，在直播、转播、录制、复制表演者的表演时，表演者有保护其表演的形象不受故意歪曲、丑化的权利；表演者有许可他人从现场直接和公开播放其表演的权利，以及许可他人以营利为目的录音、录像、复制、发行录有其表演的录音录像制品，并获得报酬的权利。它与表演权是两个不同的概念，不可混淆。

2. 音像制作者权

音像制作者权是指录音录像制作者对其制作的录音制品、录像制品依法所享有的专有性权利，它包括注明音像制作者姓名或者名称，自己或者许可他人复制、发行、出租向公众传播并获得报酬等权利。

3. 广播电视组织权

广播电视组织权是指广播电台、电视台对其播放的广播或者电视节目依法所享有的专有性权利。它包含广播电台、电视台对其制作的广播电视节目享有自己播放或者许可他人播放、复制发行，并有禁止他人未获许可而实施上述行为的权利。

4. 出版者权

出版者权是指法律赋予出版者对于其出版的图书、报纸等蕴含了智力活动的劳动成果具有专有权。传统的邻接权仅包含了表演者权、音像制作者权和广播组织权，随着出版者在图书、报纸、杂志中的智力活动为人们所认知，出版者权逐渐成为出版行业中主要的知识产权，出版者有权禁止他人未经许可擅自侵犯其在图书出版过程中所创造智力成果的权利。

第三节　著作权与其他知识产权

艺术创作和技术不仅推动了人类社会进步，给社会带来了巨大的经济利益，而且在知识产权人之间也产生了纷繁复杂的经济关系。为衡平其中的利益，保护智力活动产生的知识产权，保护创造者的积极性，各国纷纷制定了以著作权、专利权和商标权为核心的知识产权制度，推动并完善了相关法律体系，较好地满足了社会发展对知识产权的需要。在上述三种权能之间，由于权利的主体、对象和内容之间存在重合，且在立法和实施过程中经常会出现，因此为厘清其中关系，现就这三者之间关系进行探讨。

一、著作权与专利权

（一）专利权概述

专利（patent）一词来源于拉丁语 Litterae patentes，意为公开的信件或公共文献，其意思为"公开"或"公布"。14 世纪英国国王常常以名为 patent 的证书形式（Letters Patent）授予引进新技术的外国技工在不受封建行会的干预情形下，获取一定期限垄断使用该技术的权利，但要求公开所使用的技术。在此意义下，专利含有"公开"和"垄断或独占"双重涵义，或者含有以"公开换取垄断或独占"之意。

现代意义上的专利权的内涵和外延已经有所发展，专利权是指国家或地区专利主管部门依法授予申请人对其发明创造在一定时间内享有排他性的专有权或排他权（exclusive rights）。在法律性质上，专利权属于民事权利，但主要体现为一种财产权利，是一种无形财产权。专利权非自然（动）产生，须满足一定条件，经申请由主管部门审查确认授予，专利权才能产生。

（二）著作权与专利权联系与区别

1. 著作权和专利权的相同点

著作权和专利权都是针对无形知识产权而进行定义的权利，它们都不具有实体性，利用和使用都反映出知识的交换，通常并不引起有形物的转移和消耗，可以由权利人同时赋予多人使用；著作权和专利权均为权利人所享有，在没有权利人授权的前提下，其他人不得擅自使用上述权利；著作权和专利权在各个国家和地区都具有不同的确认和使用制度，地域限制了权利使用的范围，在不同的国家之间，只有签订了相关条约后，著作权和专利权才能具有跨地域的效力；著作权和专利权都是国家和政府赋予特定人员在一定时期内享有的权利，超过期限，权利人可以选择续期以延长权利效力。

2. 著作权和专利权的区别

著作权是一经创作即宣告获取，不论其是否与已发表的作品相似，均可获得独立的著作权，专利权需要经过政府有关部门严格审核才能获取，且专利权具有较强的排他性。如果某一技术获取了专利，其他人无正当理由，不能随意使用该项技术；著作权保护的客体是文学、艺术和科学作品，而专利权保护的客体是发明专利、实用新型专利、外观设计专利等。著作权中的财产权的保护期限较长,公民的著作权的保护期为作者有生之年加死后 50 年,法人作品和职务作品的著作财产权的保护期限为 50 年,但作品自创作完成 50 年内未发表的,不受保护;而发明专利权的保护期限为 20 年,实用新型和外观设计专利的保护期限为 10 年。

3. 著作权与专利权的冲突与避免

著作权与专利权之间的冲突主要集中在著作权保护的客体与专利权中的外观设计专利保护的客体之间存在重合,由于著作权人自其作品诞生之日获得著作权保护,并且不以作品公开为条件,所以在实际中常发生剽窃他人作品将其运用于自己的外观设计产品。因为外观设计专利权的授权只进行形式审查,故该外观设计虽然运用了著作权人的作品但仍能被授予专利权,而具有了排斥其他人使用该设计的权利的效力。著作权这时就与外观设计专利权产生冲突。

(1)著作权与专利权冲突原因

外观设计专利权与著作权产生冲突的根本原因——外观设计本身的特殊性。外观设计是指对产品的形状、图案、色彩或者其结合性作出的富有美感并适于工业上应用的新设计。外观设计专利权和著作权的冲突,最常见的就是以下类似的情况:照片、绘画、书法、影视图像或者图形等作品被用于工业品外观设计上,该外观设计通过专利申请,他人不得随意仿制。而上述作品又受我国《著作权法》保护,未经著作权人许可,他人不得在生产中使用该作品。根据我国《专利法》使用这一外观设计为合法,而根据《著作权法》,这一使用则侵犯了著作权人的著作权,这是由于双重保护制度不协调从而产生了法律冲突问题。

(2)著作权与专利权冲突解决方式

首先,保护在先权利原则,依法规范市场主体的行为。保护在先权利是处理权利冲突最为基本的原则之一。在著作权和专利权冲突案件中,相冲突的诸权利间一般有先后顺序,依照此原则处理纠纷,不仅有利于保护在先权人的合法权益,而且可以通过审判确立对商事主体市场行为的评价标准。

其次,遵循利益平衡原则,保护公众利益。解决著作权和专利权冲突案件要注意权利人与公正利益间的平衡,在权利人与社会公众之间合理分配和分享社会资源,只有遵循这一原则,才能有效解决权利冲突案件,防止权利人对权利的滥用而导致损害大众的利益。

再次,从立法角度入手,做好著作权法和专利法的整合与重构。权利冲突产生的一个重要的制度基础是分散立法模式和分头执法模式,各知识产权之间缺乏统一协调的机制,导致知识产权法内容分散、零乱,存在大量的遗漏、重叠交叉或相互冲突。要从根本上避免和化解权利冲突,需要一个关于知识产权的完备的体系,在该体系的支撑下建立起一部具有高度逻辑性与体系性的法律制度。前面已经阐述了著作权与外观设计专利权产生冲突的制度原因是由于双重保护制度的不够完善。我国知识产权法律、法规由不同机关起草、分散制定,在立法上缺乏统一的权利协调机制,实践中依各单行法获得的知识产权就有可能发生冲突。改变先前知识产权内容零乱的立法现状,消除权利边界的模糊性,才能最大限度地建立权利冲突的预防机制。

最后,完善外观设计专利的审核制度。适当限制授予外观设计专利权的客体范围,对于纳入到外观设计专利领域的设计著作权作品,要进行严格限制;提高授予外观设计专利权的实质性条件,在我国受理的外观设计申请和授予的外观设计专利中,有一些是通过模仿现有设计或者简单拼凑现有设计特征而形成的外观设计,既容易侵犯他人的外观设计专利,也会发生著作权侵权;建立外观设计专利检索报告制度,我国现行专利法规定,对外观设计专利申请只进行初步审查,不进行实质审查,因此外观设计专利权的法律确定性和权利稳定性较差。在此情况下,如果外观设计专利权人过于轻率地行使其权利,则容易产生损害公众合法权益的不良后果,与著作权之间产生纠纷。

二、著作权与商标权

(一)商标权概述

商标是商人对其所生产、经营的产品以特定符号进行标记,用以区别其他商人产品,其产生历史可以追溯到古代,如我国宋朝,在山东济南一家专造功夫细针的刘家针铺,就设计、制作了一枚专门印刷商标的铜版,以白兔为商品注册标志,将其所生产的细针与他人的产品分开。这些标记逐渐演变成为今天的商标注册和保护制度。

现代的商标权是商标专用权的简称,是指商标主管机关依法授予商标所有人对其注册商标受国家法律保护的专有权。商标注册人依法享有支配其注册商标并禁止他人侵害的权利,包括商标注册人对其注册商标的排他使用权、收益权、处分权、续展权和禁止他人侵害的权利。商标是用以区别商品和服务不同来源的商业性标志,由文字、图形、字母、数字、三维标志、颜色组合或者上述要素的组合构成。

（二）著作权与商标权的联系与区别

1. 著作权与商标权的联系

著作权和商标权都是无形知识产权,权利的客体是无形财产;都是法律所赋予从事智力活动人员的权利,其他人员非经权利人许可,不得擅自使用上述权利。它们的使用具有一定的期限性,当法律所赋予的时间到期后,可以通过申请延期,以延长权利使用时间;著作权和商标权具有地域性,各个地域之内的法律赋予的著作权和商标权,通常不具有域外效力。

2. 著作权与商标权的区别

著作权依"自动保护"原则自动产生,不需办理任何法律手续,即可受到法律保护,但商标权的取得必须由申请人申请,并获商标局核准注册方能产生。商标权的客体是区别同一商品或服务的不同生产者或经营者并表明商品或服务质量的商标标识本身,申请注册的商标依法必须具有显著的特征。换言之,商标权的客体主要是一种外观形式。如对同一美术作品在征得其权利人同意后,用它作为识别不同商品和表明不同商品的质量的标志时,即为商标;用于人们观赏时,即可作为著作权客体中的美术作品。著作权的客体作品、专利权的客体技术方案,一旦超过法定有效期限,进入公有领域,人们即可不经过权利人的许可,不支付任何报酬而使用它们。商标权则不同,我国《商标法》规定的商标权有效期为 10 年,但有连续续展的规定,实际上我国对商标权提供了无限期保护。

3. 著作权与商标权的冲突与避免

著作权与商标权的冲突是指两个或两个以上不同的民事法律主体,对同一或相同标的(不包括有一定区别的标的),一个主张拥有商标权,一个主张拥有著作权,两者之间产生的冲突。这种冲突由于跨越商标法、著作权法两个不同的法律部门,因此属于异类权利冲突。

（1）冲突产生的原因

首先,著作权法和商标法不同领域的法律赋予的权利指向同一客体。一般来说,商标权与著作权作为两项不同的知识产权,其性质和作用迥异,不应当发生冲突,但是由于作为著作权客体的部分美术作品可用作商标标识,不同法律赋予的权利共同指向同一客体时,权利冲突就不可避免地发生了,这就导致了商标权与著作权的竞合。

其次,著作权与商标权具有不同的权利取得方式,著作权是自动取得制度,商标权则是登记制度。此一明一暗的权利状态,导致在商标申请注册过程中,存在申请注册人确实不知道存在其他著作权人或者是明知但隐瞒商标管理部门而管理部门无法得知著作权人存在的情况,最终都导致侵犯著作权的后果。

(2)著作权与商标权冲突的避免

首先,对发生冲突双方的主观恶性进行判断,根据商标注册人是否知情分为如下两种解决冲突的情况:一是商标注册人在注册商标时,在明知作品有著作权人的前提下,出于牟利目的,将该作品申请作为注册商标,可以根据我国《商标法》规定,由商标管理部门撤销注册商标,同时侵权人应赔偿著作权人的损失;二是商标注册人在注册商标时,不知或出于善意的目的将他人作品申请商标,主观恶意缺乏,则可以视情况不同对商标注册人进行处罚,如在商标已经有知名度时,商标持有人支付一定的费用给著作权人等方式解决纠纷。

其次,遵循知识产权合理使用原则保护著作权人和商标使用人的各方利益。著作权人处分权利时,可以采用完全转让和有限制的转让方式。为防止商标注册人和商标使用人之间因作品著作权出现纠纷,作品著作权人一般采用完全转让的方式转让作品为妥,即书法、绘画或摄影等作品用于商标,著作权人必须将该作品在商标(最好既包括同类或类似商品的商标,也包括非同类或类似商品的商标,以防日后延伸注册时,再遭遇著作权与商标权的抵触)上使用的权利全部转让给商标权人。权利转移后,该商标由商标法调整,商标图案在上述商品上使用不再作为作品受著作权法保护。对于有限制的转让,商标注册人和使用人应该注意著作权人对作品权利的限制,以避免因突破限制而导致纠纷。

最后,根据驰名商标的社会经济地位,应予以特殊保护,对商标注册人、使用人或持有人在商标上投入的巨大人力物力财力进行保护。对驰名商标与著作权之间的纠纷,应以调解为主,注重利益的均衡分配,并进一步完善我国的驰名商标保护法律制度,达到驰名商标和著作权制度均衡发展的目的。

第五章　著作权管理理论

第一节　著作权取得和利用

一、著作权取得

（一）著作权取得原则

著作权的取得，也称著作权的产生，一般指著作权产生的法律事实和法律形式，具体而言就是著作权因什么原因产生和符合什么形式产生[1]。取得著作权是作品获得著作权法律保护的前提条件，虽然各国立法渊源和习惯不同，出现了各种具体不同的著作权取得立法原则，但是大致可分为自动取得原则和注册取得原则两种。

1. 自动取得原则

自动取得原则是指作者在创作完成作品后，无须办理注册登记和审批等手续即可获得著作权。自动取得原则不仅是大多数国家采用的作品著作权获取方式，而且在国际公约中也有规定，如《伯尔尼公约》第 3 条第 1 款规定：作者为本同盟任何成员国的国民者，其作品无论是否已经出版，都受到保护；第 5 条第 2 款规定：享有和行使这些权利不需要履行任何手续，也不论作品起源国是否存在保护等规定也为各国所采纳。

根据著作权的自动取得原则，作品在获得著作权后，为防止发生侵权纠纷，通常会在作品上增加著作权标记，如根据《世界版权公约》规定在作品上标明 C，为"copyright"的简称，意为标明作品"不许复制"或"拥有著作权"；或在作品表明上增加作者姓名或名称的缩写，并写明作品的出版日期。我国作为《伯尔尼公约》成员国之一，也采纳了著作权自动取得原则作为确定著作权取得依据，《著作权法》第 2 条"我国公民、法人或者其他组织的作品，不论是否发

---

[1]　张革新：《现代著作权法》，中国法制出版社 2006 年版，第 56 页。

表,依照本法享有著作权"之规定,即为我国对于作品取得著作权是以自动取得为原则而设立,由于我国已经加入《世界版权公约》,在出版物中分类增加了相应的著作权标记。

2. 注册取得原则

著作权注册取得原则是指作品在创作完成履行注册登记手续后,才能获得著作权。由于《伯尔尼公约》和《世界版权公约》都没有关于作品登记才能获得著作权的规定,故而对于实施了著作权注册取得制度的国家,其注册登记的法律效力仅适用于本国著作权主体和欲在本国登记著作权的主体,对于加入公约的其他国家的作者和创作主体并不适用,不得要求以登记作为获得著作权的前提条件。

各国对著作权注册取得有不同规定,随着知识产权保护方式进步,一些实行登记制的国家也有所改进,或是简化了手续或是放弃了登记制;有些国家虽然实行登记制,但并不以登记作为获得著作权的条件,而是分别作为确认著作权的条件,是方便著作权确权诉讼的手段和国家有关部门有效收藏作品的措施。我国历史上《大清著作权律》以及后来的《中华民国著作权法》和台湾地区有关著作权的规定,都曾实行过登记制。在我国现行的《著作权法》中实施的是自动取得原则,但是对于软件著作权保护,实施了注册登记后,登记证可以成为著作权纠纷过程中的有力证据,从而有利于纠纷的解决。

(二)著作权取得的积极条件

1. 作品创作完成

无论是自动取得还是注册取得著作权,作品获得著作权的前提是作品必须创作完成,即只有作品创作完成后,作者才能取得和行使著作权,从而获取相关著作权利益并对抗其他主体。作品创作完成包括全部完成和部分完成,只要作者的某一思想或某一构思已经以某种形式完整地表达出来,即使只是他全部构思的一个组成部分,也可以视为作品的创作完成。[1]

2. 作品具有独创性

作品的独创性是指作品是作者独立构思的产物,是作者独立完成的创作。作品的独创性不是指作品与其他作品完全不同,是前所未有的作品,而是指作品是作者独立创作的即可。各国对于作品独创性的规定各有不同,为保护作

---

[1] 法国 1995 年修订的《知识产权法典》"版权篇"在第 111—2 条中,明确规定了只要作品中表达出作者的思想,即使作品尚未完成,也应视为作品已经创作完成。

者的智力活动成果不受侵害和平衡作品之间的利益,通常对同一题材的两个作者独立创作出不同作品或类似作品也可以赋予著作权保护。我国《著作权法》在赋予独创性的上述内容的同时,在《计算机软件保护条例》第29条规定:"软件开发者开发的软件由于可供选择的表达方式有限,而与已经存在的软件相似的,不构成对已经存在的软件的著作权的侵犯",说明在软件开发过程中,由于表达形式和手段上的局限性,出现软件的相似性不被认为是侵权,而是软件在特定条件下独创性的特定表现。

3. 作品进行注册登记

对于实施注册登记原则的国家,由于取得著作权必须履行登记手续,所以作者在创作完成作品后,向相应的注册登记机构申请注册,由注册机构根据本国著作权法律法规进行审查,视情况赋予作品著作权。在具体实施过程中,各国规定又各有不同,如在利比里亚、马里等国家,作品在创作完成后,进行登记后才能获得版权;在阿根廷、哥伦比亚等国家,作品创作完成后必须进行登记才能发表,才能获得版权。

(三)著作权取得的消极条件

1. 适格著作权主体

作品是由作者创作完成,作品著作权获取与作者的身份密切相关,不适格主体即便创作完成作品,也不能获得著作权。在英联邦国家,如英国、爱尔兰和澳大利亚等国家,著作权法明文规定了只有"合格人"才能享有著作权。我国《著作权法》第2条:"外国人、无国籍人的作品根据其作者所属国或者经常居住地国同中国签订的协议或者共同参加的国际条约享有的著作权,受本法保护。外国人、无国籍人的作品首先在中国境内出版的,依照本法享有著作权。未与中国签订协议或者共同参加国际条约的国家的作者以及无国籍人的作品首次在中国参加的国际条约的成员国出版的,或者在成员国和非成员国同时出版的,受本法保护。"这明确了在我国著作权取得主体和享有著作权主体的身份。

2. 适格作品

著作权对作者在创作作品过程中的合法智力劳动进行保护,以维护因作品创作带来的利益在社会和创作者之间合理分配,并保障社会和个人利益不受侵犯。由于危害社会和违反公序良俗的作品给社会带来的不是进步而是退步,不是有益而是损害,那么必然导致国家和社会对这类作品进行控制,也就不会将其纳入著作权保护体系之中。故而,著作权保护的客体必须适格,作品的创作方式、表达方式和成果必须符合国家法律规定和公序良俗,而将侵权作品、违法作品和进行著作权保护将会损害社会利益的作品排除出著作权保护体系,有利于著作权保护体系的建设。我国《著作权法》第 4 条、第 5 条,以及《最高人民法院关于审理著作权民事纠纷案件适用法律若干问题的解释》第 16 条等规定,对不适合我国国情并不予保护的作品进行规定。

二、著作权利用

(一)著作权利用概述

作品的创作过程是物质和精神相结合形成智力活动成果的过程,是作品的价值和使用价值形成过程。而具有价值的作品对于他人和社会而言是有用的,可以作为商品在市场经济中流通,并通过使用满足人们的需求,产生一定的经济效益和社会效益,从而影响和作用到人们的物质生活和精神世界;同时,作品的利用过程也是对作品中的价值认识、挖掘和实现过程,能够源源不断为社会创造精神和物质财富,故而人们通常会尝试多种利用方式对作品著作权进行价值探索和实现。

人们和社会对作品利用的认识和方式波及了著作权利用,由于著作权是作品蕴含作者体力和智力劳动的权利体现,是天然正当权利在法律上的体现,故而对于著作权的利用要在法律许可范围内进行著作权价值挖掘,这样一方面既可以实现作品和著作权的价值,为社会创造财富,另一方面也可以推动人类和社会对著作权制度内涵和外延的认识,从而促进著作权制度建设。如美国现行较为完备的著作权利用制度为美国带来了巨大收益,据美国"国际知识产权联盟"2011 年 11 月 2 日公布的估算结果显示,2010 年美国的电影、音乐和电脑软件等版权的收入高达 9318 亿美元。版权收入约占国内生产总值(GDP)的 6.4%。其中,国外收入约 1340 亿美元,大大超出飞机、汽车和农业等美国代表性产业的收入。[①]

由此可知,著作权利用就是指导人们对作品和著作权价值进行探索、挖掘,从而实现著作权合理正当利用的方法,它贯穿了整个著作权体系制定、使用和转让等著作权利用过程。由于著作权利用是实现著作权的重要方式,除人身权不能随着著作权的流动而发生转移外,著作权中的财产权等权利均可以进行合理利用。根据利用的标的和方式不同,可以分为许可使用、转让和其

---

① 《美国 2010 年版权收入约占 GDP6.4%》,来源于中国新闻网,网址:http://news.163.com/11/1104/03/7I042QBH0001121M.html。

他利用方式等。

（二）著作权的许可使用

1. 定义

著作权的许可使用通常是指著作权人通过一定方式，授予他人具有相应的使用其作品财产权的行为，通常表现为著作权中的身份权不发生流动，而是著作权的财产权在著作权人许可下，在特定的时间、地域和使用方式下发生许可使用，著作权人在许可使用过程中获取相应的费用。

2. 分类

在著作权许可使用中，既存在著作权专有许可使用，也存在著作权非专有许可使用。著作权的专有使用是指在被许可人获得著作权人使用授权后，其他人（包含原著作权人）在该授权范围内没有同样的使用；著作权的非专用使用是指在被许可人获得著作权人授权后，其他人仍然可以在该授权范围内获得相同的著作权。对于著作权非专有许可使用人是否可以继续许可第三人有相应的著作权权限，各国法律有不同规定，通说认为非专有许可使用没有继续许可权，如我国在《著作权法实施条例》第 24 条"……除合同另有约定外，被许可人许可第三人行使同一权利，必须取得著作权人的许可"之规定，即为此意见代表。

著作权许可使用通常在许可双方之间签订著作权许可使用合同确定双方的权利义务，如澳门《著作权法》第 40 条就规定著作权人通过一般授权许可他人使用作品必须采取书面形式，否则无效。[①] 根据上述许可使用的分类，亦可对应地将合同分为专有使用许可合同和一般使用许可合同，在这两类合同中，合同当事人可以根据实际情况对专有许可使用人和著作权人、非专有许可使用人和著作权人之间的权利义务进行约定。

3. 特点

（1）著作权主体不变。在著作权许可使用过程中，被许可人所获取的许可使用权是有一定时间、地域和使用方式限制的作品使用权，且许可使用过程中没有发生著作权身份权的变动，被许可人并未通过许可使用获取著作权主体身份，著作权人仍然拥有全部的著作权。

（2）许可标的为财产权利。著作权是智力成果权，在著作权许可使用过程

---

① 梁成意、周念军：《著作权利用制度的比较研究》，载《广西社会科学》2001 年第 4 期。

中,著作权人能够进行处分的标的仅为权利,在现行著作权法律体制内,由于著作权的人身权不能被许可,故著作权人仅能将财产权的使用权能赋予给被许可人,被许可人获取许可的标的仅为权利,且权利利用受制于双方意愿和合同的约定,被许可人仅能按照合同约定的方式使用被许可的权利。

(3)财产权的暂时流动。被许可人通过合同获取的著作权的使用主要是财产权的使用,而财产权的转移也并非是完全转移和全部转移,而是财产权在一定条件下发生转移,这种一定条件具有时间、地域、权利范围和使用方式限制,不能擅自行使超出约定范围的权利,也不能擅自对被许可的权利进行处分。在时间期满后,财产权如在法律规定的有效期限内,权利将回归著作权人。

4. 我国著作权许可使用制度

我国著作权许可使用制度主要集中在《著作权法》第三章"著作权许可使用合同"中,对我国的著作权许可使用作了相对完善的规定,如《著作权法》第24条规定:"使用他人作品应当同著作权人订立许可使用合同,本法规定可以不经许可的除外",《著作权法实施条例》第23条对著作权许可使用作了一些限制,"……许可使用的权利是专有使用权的,应当采取书面形式,但是报社、期刊社刊登作品除外",《著作权法实施条例》第24条规定:"……除合同另有约定外,被许可人许可第三人行使同一权利,必须取得著作权人的许可。"等,反映出我国对著作权许可使用作了相对完善的规定。在《著作权法》第28条:"使用作品的付酬标准可以由当事人约定,也可以按照国务院著作权行政管理部门会同有关部门制定的付酬标准支付报酬。当事人约定不明确的,按照国务院著作权行政管理部门会同有关部门制定的付酬标准支付报酬。"之规定,表明了著作权许可使用的方式不同,报酬也将有所不同,但是现实中实施细则和相应的价格管理体系对著作权人的报酬和支付方式并不能完全支撑著作权许可使用方式,在这方面的制度建设仍然有待于完善。

(三)著作权的转让

1. 定义

著作权转让是指著作权人通过与非著作权人协商订立著作权转让合同,并将其拥有的著作权一部分或全部无偿或有偿转让给非著作权人的著作权流转方式。著作权转让可以通过买卖、互赠或赠与等方式实现,通过转让,一部分或全部著作权便由著作权人转移到非著作权人,原著作权人在转让后失去了转让的著作权,而非著作权人在转让后获得了著作权。原著作权人可以称之为转让人,获取著作权的非著作权人可以称之为受让人。著作权转让可以促进著作权的动态利用,使资源(著作权)得到更为合理的配置,从而实现了权利在个人和社会间的均衡分配,这也是著作权转让的社会价值所在。[①]

2. 分类

(1)全部转让与部分转让

著作权转让是指著作权人将其拥有的著作权转让给非著作权人,根据著作权人和非著作权人之间签订的合同约定的转让内容不同,可以分为著作权全部转让与著作权部分转让。著作权全部转让是指著作权人将其拥有著作权的全部财产权转让给非著作权人,使非著作权人具有了全部财产权的管理收益权利,而原著作权人则不再享有这些权利;著作权部分转让是指著作权人仅将著作权的部分权利转让给非著作权人,自己仍然保留另一部分著作权的转让方式。

由于著作权转让是当事人的意思自治表示,属于民事法律范畴,各国法律通常对著作权转让的内容不作限制,既规定了全部转让也规定了部分转让,由当事人在转让过程中自由协商确定。

(2)无限制转让和有限制转让

著作权是有时间和地域限制的权利,且不同的著作权授权使用方式将会产生不同的效果,故而在著作权转让过程中,著作权人可以和非著作权人进行协商,确定著作权转让过程中是否受到时间、地域和使用方式的限制,从而产生著作权无限制转让和有限制转让两种方式。著作权无限制转让是指在著作权转让过程中,著作权人没有对非著作权人获取的著作权作出时间、地域和使用方式的限制的转让,在这种方式下,非著作权人获取著作权后,可以在著作权有效时间、地域范围内,根据法律规定的方式对著作权财产权进行行使;著作权有限制转让是指著作权人在转让著作权时,对著作权使用的时间、地域和使用方式进行限制,而转让著作权在非著作权人行使期限届满后,回归至著作权人,非著作权人在获取作品的财产权后,也只能在双方协商的著作权使用地域范围内按约定的使用方式进行使用。

各国建立的著作权制度不同,对著作权转让所作的限制也有所不同,如英美法系国家既允许有期限转让又允许无期限转让,大陆法系国家一般只允许

①　杜占山:《论著作权的转让》,载《知识产权》1999年第1期。

有期限转让[①]。

3. 特点

(1)转让标的为财产权

在著作权转让过程中,著作权人和非著作权人双方约定的著作权转让的权属范围集中在财产权领域,对财产权所包含的著作权权利种类进行转让,著作权权属中的人身权并未进行转让。

(2)转让后财产权主体变更

著作权转让后,该种财产权范围内的所有权属内容必须完整地转移给非著作权人,转让财产权的主体发生变更,即在转让后,无论转让出版权,还是转让改编权或其他任何一种财产权,都必须将使用、收益、处分的权能一并转让。

(3)权利可以回转

由于著作权人与非著作权人之间协商的是作品财产权的转让,非著作权人在转让后,获取了该权利的完整权能,可以对其进行处分,也可以将获取的财产权的部分或全部权利再回转给著作权人。

4. 我国的著作权转让制度

由于著作权转让是实现著作权价值的重要方式,我国对著作权转让持支持态度,在《著作权法》第 25 条规定:"转让本法第十条第一款第(五)项至第(十七)项规定的权利,应当订立书面合同。"第 27 条规定:"许可使用合同和转让合同中著作权人未明确许可、转让的权利,未经著作权人同意,另一方当事人不得行使。"《计算机软件保护条例》第 9 条、第 19 条明确允许计算机软件著作权的转让。在上述著作权转让相关法条中,我国著作权转让必须采取书面合同形式,在涉及特殊作品著作权转让时,必须进行登记,否则不能对抗第三人,这些规定对于推动我国著作权转让制度建设和转让方式发展具有重要作用。

(四)著作权的其他利用方式

1. 定义

著作权的其他利用方式是指著作权人在许可使用和转让方式之外,依据法律规定对著作权财产权进行利用的方式,它是著作权利用的必要和有益补充。著作权其他利用方式是建立在对作品的财产权利用可以为社会和人们带

---

① 梁成意、周念军:《著作权利用制度的比较研究》,载《广西社会科学》2001 年第 4 期。

来经济利益的基础之上,且随着现有知识经济建设步伐加快,作品的价值和使用价值表现形式和实现方式也趋于多样化,这些都推动财产权利用向前发展,促进著作权的其他利用方式的产生和发展。

2. 分类

(1)质押

质押是指著作权人依法将作品的财产权出质,作为债务履行的担保,当债务到期无法履行时,债权人有权将其进行处分并获得优先受偿权的担保方式。著作权质押是一种权利担保方式,建立的基础是作品财产权中所包含的创造性劳动具有的价值和使用价值。

著作权质押可以是著作权人为自己的债务提供担保方式,也可以是著作权人为他人的债务提供著作权担保方式。当著作权是共有著作权时,某一方著作权人对著作权进行质押时,须取得共有人的同意。在著作权质押设定完毕后,未获得债权人许可,著作权人不得擅自处分或行使著作权。

(2)信托

信托是指著作权人将处分著作权的权利委托他人进行行使,并约定获得报酬的标准和方法,受托人获得授权后必须以自己的名义对著作权进行管理或利用。人们对产生作品和著作权利用及利用方式认识的深化推动了著作权信托制度的发展,在作品创作早期,作品的推广和利用大多由作者实施,往往仅是在作品创作完成后进行推广,对作品和著作权的经营并没有一个完整有效的营销;随着专业的经营管理公司和团队出现,更为灵活和专业的经营管理方式将作品和著作权利用带入到了更为广泛的领域及深度,推动了著作权价值和使用价值的开发,故而将著作权委托受托人进行管理和利用,有利于著作权利用管理的专业化和模式化。

(3)破产财团

破产财团是指当著作权人破产后,著作权人所拥有的财产权可以成为破产财团,通过对作品和著作权的价值分割来实现债权。破产财团通常是大陆法系的概念,在大陆法系现行法律中,由于自然人不可能破产,故著作权成为破产财团的主体通常是指企业,如出版公司、软件公司和电影公司等,因为拥有大量的著作权,在公司破产时,公司拥有的这些作品的财产权就可以成为破产财团进行处分,从而实现债权人债权。

当著作权是无形财产权时,其价值和使用价值与通常物权价值有所不同,对破产财团价值评估和认定将决定企业著作权价值的实现,故对于企业著作权领域内的破产财团而言,更应该注意财产权评估的公允性和分配程序的公正性,以防止企业著作权被低估和滥用,从而损害著作权人及相关人员的利益。

(4)强制执行对象

强制执行对象是指当著作权人因纠纷而对他人负有可执行之债时,著作权人所拥有的财产权可以成为执行对象供执行人执行。在著作权的强制执行过程中,著作权人所发表的作品均可以成为强制执行对象,但是对于作者没有发表的作品,鉴于对其作者人身权的尊重和财产权评估的不确定性,通常不作为强制执行对象。

当共有著作权人负有执行义务而不履行时,对于共有著作权而言,仅在共有著作权是可分割的著作权时,其中的财产权才能成为强制执行对象,否则,应与共有著作权人进行协商,以期寻找对其中强制执行人的财产权进行执行的方式。

3. 特点

(1)标的为财产权

著作权其他利用方式对著作权价值和使用价值的实现集中在著作权的财产权领域,财产权成为其他利用方式的唯一标的,对财产权价值的评估和认定,以及实现作品价值的方式都是围绕着财产权而展开。

(2)具有多样性

源自于财产权在不同情况和不同利用方式表现的价值和使用价值不同,著作权人和其他人对作品财产权的实现具有不同需求,故而出现了多样性的作品财产权其他利用方式,无论是质押、信托还是破产财团,都是在不同情况下作品财产权实现的方式。

(3)第三方参与

在作品财产权其他利用方式中,除了著作权人和使用作品财产权的自然人或企业外,通常还应有第三方参与,如在质押中对作品财产权进行评估认定的第三方,在信托过程中以自己名义进行管理作品财产权的第三方,或实施强制执行的法院,都是第三方。在第三方的协助和职能履行下,著作权的其他利用方式才能得以实施。

4. 我国的著作权其他利用制度

我国现行法律对于著作权其他利用方式有一个认识过程,在 2010 修订之前的《著作权法》中,并没有对著作权的其他利用方式作出规定,对著作权质押仅能在《担保法》第四章第二节"权利质押"中找到相应的规定。随着立法的深入,我国在 2010 年对《著作权法》进行修订,修订后的《著作权法》第 26 条:"以著作权出质的,由出质人和质权人向国务院著作权行政管理部门办理出质登记。"该规定对著作权的质押作了明确规定,类似在《破产法》和《民事诉讼法》中对破产财团和强制执行作了规定,但是对于著作权信托,现行的著作权法律中没有进行规定,为扩大著作权利用的范围,更大程度地发挥著作权的财产性价值,建议今后在《著作权法》修订中增加并完善相关内容。

第二节　著作权的限制与保护

一、著作权的限制

(一)著作权合理使用

1. 著作权合理使用概述

(1)定义

著作权法中的"合理使用"是各国著作权法律对著作权限制的一种主要制度,在不同历史时期,合理使用制度有不同内涵和外延。现今的著作权合理使用通常可以概括为根据著作权法的规定,以一定方式使用作品可以不经著作权人的同意,不向其支付报酬的使用方式。

著作权合理使用具有如下特性:一是合理使用的客体是已经发表的作品;二是合理使用人是著作权人以外的其他主体;三是合理使用情形仅能发生在法定条件下;四是合理使用人使用作品无需取得著作权人的同意,并向著作权人支付费用;五是合理使用仅限于作品的财产权领域,不涉及作品的人身权。

(2)合理使用制度演进

合理使用制度始于英国判例法,从 1740 年到 1839 年,英国法官在其审判活动中创制了一系列的规则,即允许后来作者未经前任作者同意而使用其作品,初步提出了合理使用的概念;尔后,这一制度成就于美国判例法。1841 年美国法官 Joseph Story 在审理 Folsom v. Marsh 一案中,集以往相关判例法规则之大成,系统阐述了合理使用制度的基本思想,以至后来成为美国立法的基础,并对各国著作权立法产生了深远的影响。[①] 在 Joseph Story 的影响和推动下,美国法院进一步深化了来自英国判例中"合理使用"的这一普通法规

[①]　吴汉东:《论合理使用》,载《法学研究》1995 年第 4 期。

则。这主要表现在:第一,大量引用他人的作品而不加注说明、评价,只是简单的复制,不能视为合理使用(Compbell v. Scott,1842 年);第二,使用他人的作品不得出于有损于原作价值或销售市场的营利动机和目的(Scott v. Stanfore,1867 年);第三,合理使用限于对他人作品材料的使用,而不能使用他人创作中的构思、风格和结构(Lawrence v. Dana,1868 年)①;第四,对不同的作品应有不同的合理使用要求。对于未发表作品的合理使用要严于已发表作品(即允许合理使用未发表作品,但要顾及维护作者声誉和控制作品公开出现)②。1909 年美国版权法修正案取消了未经允许即进行所谓"合理节略"的规则,并在 1976 年版权法中对合理使用制度的目的和使用范围进行了系统的规定。③ 在现代各国著作权法中,合理使用制度已被普遍采用,以此作为对著作权的一种必要限制;各国之间缔结的公约也不例外,《伯尔尼公约》对合理使用作了总的限定,《罗马公约》则列举了合理利用邻接权的表演、录音制品及广播的四种情形。

(3)合理使用制度管理的意义

鉴于合理使用在著作权制度中的重要地位,有必要加强合理使用管理,以获取更大的经济和社会效益。通过对合理使用进行管理能够指导建立、完善国家、企业的合理使用制度,可以促进国家和企业对著作权的合理使用和强化管理,确定并限制合理使用作品的范围、方式和种类,明晰作品的合理使用和侵权之间的界限,对合理使用作品的情形和判断标准进行整体设计,从而指导建立对国家或企业著作权合理分配、使用的规范,维护著作权使用的公平正义、著作权创作使用的平等、个人权利与社会公益的平衡,从而实现法律正义的目的。

2. 著作权合理使用的内容

(1)公正性使用

美国学者 William. F. Patry 将合理使用称为一项"理性的公平正义原则","该规则充满公平正义观念并具有弹性而无法定义"。④ L. PayPatterson 等人认为,合理使用制度产生之初,即是为了解决后任作者对前任作者的著作

① William F. Ratry:Fair Use Privilege in Copyright Law,P. 28,P. 33,P. 35,1986.

② Hany G. Henn:Copyright Law,P. 180,1988.

③ 吴汉东:《论合理使用》,载《法学研究》1995 年第 4 期。

④ John S. Lawrence:Fair Use and Free Inquiry:Copyright and the New Media,p. 271,1980.

权作品的使用问题,"由于通常只有竞争者才希望使用一部作品的著作权,因此,合理使用规则也被称为公平竞争使用规则"。^① 这些观点表明了公平正义是整个合理使用制度的基础,而对著作权公平正义管理是引导确立公平正义的首要条件。

据此,著作权公正性使用就是通过均衡保护的途径,促进科学、文化事业的发展,通过管理体制建设,将蕴含正义的法律和制度转化为现实的可操作的法律原则、标准和尺度,从而建立起创造者、传播者与使用者之间以及作品起源国与作品保护国之间的和谐关系,形成公平竞争、和谐使用的关系。

(2)平等性使用

在作品创作过程中,各种艺术表现形式作为作品的承载方式,从表现、模仿、游戏和巫术等角度对外界和人类社会自身进行了表达。此时,艺术创作活动是人类自由选择的结果,为保护其中的智力活动成果,法律对作者的每一次创作均赋予了著作权主体的身份,它表明了取得作者权利的机会均等。

从著作权法的历史发展过程来看,著作权权属内容的平等性既表现在从出版者本位过渡到创作者本位的过程中,同时也表现在单一权利主体扩充为多种权利主体的过程中。从 1910 年的法国、1925 年的英国率先立法保护表演者权开始,1936 年奥地利、意大利将保护表演者扩大为保护录音制品的制作者;至1961 年,罗马公约又将广播组织权与上述两种权利同等纳入保护范围。这种对于作者主体地位的扩充,表明了在著作权法中,各主体都处于独立平等地位,并依据法律对作品分别享有专有使用、授权使用、法定许可使用或合理使用的不同利益。在上述过程中,合理使用制度与其他著作权制度一起,保障和促进社会分配的平等正义,并把这种分配原则具体化为法律上平等的权利义务,从而对精神资源进行公正分配,实现了著作权平等设定和使用分配的目的。

由此,对于著作权平等使用,不仅仅包括在同等条件下读者或使用者对作品的平等使用,还应包含创作者平等地享有作品的创作自由,并平等地享有法律规定著作权主体享有的权利义务。在此意义上,著作权平等使用管理原则就是从法律和制度制定角度出发,对赋予作品的平等法律地位、赋予作者平等创作作品自由,以及在同等条件下著作权主体享有的权益等内容进行管理,构建社会体系中著作权平等使用的准则。

---

① 吴汉东:《合理使用法律价值分析》,载《法律科学》(西北政法大学学报)1996 年第3 期。

（3）公益性使用

著作权保护制度的本身,源于公共利益的立法考虑。美国众议院在就美国 1988 年《伯尔尼公约》实施法令所作的报告中宣称:"著作权立法须作出如下考虑:除作品创作及专有权的保护期限外,国会尚须权衡公众因对个别权益的保护所付出的代价和取得的利益。宪法规定设立版权的目的在于促进思想的传播以推广知识。……版权的根本目的不在于奖励作者,而在于保障公众从作者的创作中受益。"国际唱片、音像制作联盟(1FPl)副主席和首席法律顾问吉利恩·达维斯认为,著作权制度的创设即是基于公共利益的目的,"如果承认创作有价值,无论艺术、音乐、文学,还是其他作品,只要这种劳动成果能够丰富我们的生活,那么,这种创作活动就应该得到补偿"。"版权给创作者提供了手段,鼓励了他们的文化活动,满足了公共利益。"[1]著作权是围绕作者对作品享有的权益而展开的权利,对作者和作品相关权利的保护,可以激发作者创作作品的积极性,也能够促进作品更为广泛地被利用,从而对社会公共利益做出贡献,否则,将会适得其反。出于对社会公益的考虑,各国在规定著作权主体权益的同时,也设置了相应的权利限制条款,以防止因著作权滥用,而损害社会公益。

著作权的公益性使用就是引导在作者、作品的权益和社会公共利益之间寻找平衡点的使用方式,通过对作者创作作品所带来的社会利益在作者和社会公众之间进行合理分配,规范各种著作权使用,既保障作者因创作劳动而享有的著作权主体权益,又防止著作权主体由此给社会公益造成损害,最终实现传播知识,促进文化发展的公益目标。

（二）著作权的强制许可

1. 著作权强制许可概述

（1）定义

著作权法中的强制许可,是指在著作权人无正当理由而拒绝与使用者达成使用作品协议的情况下,使用者经向著作权行政管理部门申请并获授权而使用该作品强制许可不必征得权利人的同意,但应向其支付报酬。[2] 具体而言,亦可以表述为著作权主管机关在衡平著作权利益的基础上,在特定条件下,赋予申请人获得已经发表作品的使用权的行为。

---

① 吴汉东:《知识产权国际保护制度的变革与发展》,载《法学研究》2005 年第 3 期。

② 吴汉东:《知识产权法》,中国政法大学出版社 1999 年版,第 251 页。

著作权强制许可具有如下特征:一是强制许可发生在著作权人和申请人不能达成一致意见的情况下;二是强制许可的客体是已经发表的作品;三是强制许可是由著作权主管机构予以保障;四是强制许可的申请和获得应严格依据程序办理;五是申请人在获得强制许可后,应当向著作权人支付相应费用。

(2)强制许可制度演进

著作权强制许可源于 1908 年美国最高联邦法院的"White-Smith Music Publishing Co. v. Apollo Co."案件的判罚,在该案中,针对音乐作品的录制和机械制造,霍姆斯大法官在案中就机械录制是否属于复制发表意见。虽然他自己也认为"任何以机械方式复制声音排列所得的产物都应视为复制品",但因当时版权法的规定过于狭隘,对复制的解释还不能作这样的延伸,因此他提出了对著作权人权利进行限制的构思,这种构思成为了 1909 年美国版权法的内容。美国 1909 年版权法一方面规定,音乐作者享有机械性地复制其音乐作品的权利;另一方面又规定,音乐作者不得将其机械性复制权仅授予一家录制公司,权利人在授权一家公司录制后,其他的公司可以以相同的条件要求授权,权利人不得拒绝[①]。在作品和著作权的相互交流中,英国于 1919 年在著作权法中明确规定了强制许可制度,《伯尔尼公约》1971 年 7 月 24 日的议定书和《世界版权公约》1971 年 7 月 24 日新修订的第五条都规定了强制许可。美国在 1976 年新修订的著作权法中延续了这一制度,并将强制许可的范围由音乐作品扩充到其他产品,这一著作权立法上的演进也影响到了其他国家,德国、法国、意大利、日本等国家纷纷制定并完善了著作权的强制许可制度。

我国在 1992 年 10 月 15 日和 10 月 30 日分别加入了《伯尔尼公约》和《世界版权公约》,但并没有重视著作权的强制许可,在 1992 年颁布的《著作权法》,以及在 2001 年和 2010 年修订的《著作权法》中并没有制定强制许可制度,这一立法上的疏漏在美国 ETS 公司诉新东方案中有所显露,并在我国作品创新和著作权的应用中暴露了更多的不足,在这种情况下,强制许可制度有望成为 2013 年著作权法修订的内容之一。

(3)强制许可管理的意义

由于强制许可是通过强权或法律强制性在著作权人和使用者之间进行利益的重新衡平,这种衡平具有特定的条件和特定的使用对象。为防止强制许可利用失范,而导致不必要的利益损失和不公正的现象发生,有必要对著作权

---

① 1909 *Copyright Act*, I(e).

强制许可进行管理,这种管理既包括对强制许可制度设计的管理,也包含了强制许可实施过程中的管理,并体现在社会整体利益衡平和经济效益的重新分配过程中。在管理过程中,对于强制许可中的专有区域和自由区域而言,确保著作权人在合理权限范围和合理利用过程中的利益,符合著作权制度设计的初衷,而通过对著作权人在专有区域或特定区域中的著作权权限进行限制,并在符合一定的前提条件下,通过管理方式和手段,加强作品的流通和传播,则是著作权体系与社会整体利益衡平后出现的双赢结果,从而最终实现智力成果的广泛而合理的保护与运用。

2. 著作权强制许可的内容

（1）广播的强制许可

作品的广播权是著作权的重要组成部分,各国对于广播权在行使过程中所设定的法律制度,其出发点应该既保护了著作权人的精神权利,也保护了著作权人的经济权利,并衡平了著作权人和使用人之间的利益,而对于在特定情况下著作权人和使用人之间不能达成一致意见时,则由著作权管理机关以强制许可的方式对广播权进行规定。《伯尔尼公约》第 11 条第 2 款规定:"著作权人享有的关于广播权的专有权利的条件由各国的国内法自行规定,但这些规定的效力只适用于对此作出规定的国家",对广播权的强制许可进行了明确规定。在《伯尔尼公约》影响下,美国在 1909 年版权法中出现强制许可规定内容后,于 1976 年又对其进行了修改,将通过有线广播系统二次播送（即卫星电视转播）展出或演出的作品和非营利性质的广播需要使用的某些作品也列入强制许可范围之中[①];而大陆法系的意大利著作权法从第 51 条至第 56 条均列出了有关广播权的强制许可,特别是关于"广播组织可以在不经作者同意的情况下,播放来自剧院、音乐厅或其他公众场合的智力作品"的表述,更是鲜明地表明了广播权具有强制许可的情形。

（2）音乐的强制许可

录制是音乐作品的主要传播方式,著作权人通过对音乐作品进行传播录制,可以衍生出不同的作品的演绎形式和权利使用模式。鉴于在音乐作品使用过程中,作品的著作权人和公共使用情形之间的对抗和矛盾时有发生,各国著作权法律体系对音乐作品的录制的条件和形式进行规定,并依据本国实际情况对音乐作品的使用进行约束,视情形赋予音乐作品强制许可,以达到音乐

---

① 李明德:《美国知识产权法》,法律出版社 2003 年版,第 239 页。

作品合理流转和使用的目的。《伯尔尼公约》第 13 条第 1 款规定:"本同盟的每一个成员国均可视其本国情况对音乐作品作者以及允许其歌词与音乐作品一并录音的歌词作者授权对上述音乐作品及有歌词的音乐作品进行录音的专有权利规定保留和条件,但这类保留及条件的效力严格限于对此作出规定的国家。"其表述即表明了在对音乐作品进行管理同时,允许各国对著作权人的专有权进行限制,赋予他人以强制许可权。美国在 1976 年版权法中,将音乐作品(戏剧作品除外)的录音制品,以及经由自动点唱机公开进行演奏的音乐作品(戏剧作品除外)作为强制许可的客体。① 英国在《英国版权法》的第七章中将音乐作品列入到了强制许可范围之中,作为国家可以颁发强制许可证的客体。德国亦有类似规定,《德国版权法》第 61 条规定:"为了营利而授权他人制作、销售音乐作品的录音制品时,则该作品的权利所有人也应该向其他的录制人授予同样的许可证。"

(3)翻译的强制许可

在借鉴使用国外的文献资料的过程中,针对有合理翻译使用缘由,但是著作权人未进行授权,或国外著作权人在本国内作品使用已达一定年限时,各国可以授权申请人以强制使用权,以平衡其中的利益。《世界版权公约》第 5 条第 2 款中采取了如下方式规定翻译权强制许可:"任一缔约国根据其国内法可限制文字作品的翻译权,但必须遵循以下规定:第一,倘若某部文字作品期满七年,而翻译权所有者并未以该国通用的语言文字出版译本,则该国的任何国民都有权向著作权主管部门申请并取得以该国通用文字翻译该作品的非专有许可证。第二,该国民必须按照国内法的有关规定,先行向翻译权所有者提出翻译该文字作品的请求,但是没有得到授权,或已经尽到最大努力仍无法找到权利所有者。如果以缔约国通用语言翻译的以前所有版本都已经售完,也可以根据同样条件发给许可证。"上述规定针对的是已经在国内出版的作品或在公约缔约国内出版的作品,才能采取强制许可方式,未出版作品和非缔约国著作权人的作品不得采取强制许可方式翻译作品。

(三)著作权的法定许可

1. 著作权法定许可概述

(1)定义

法定许可是依据法律规定,在特定条件和特定情况下,不经过著作权人及

---

① 李明德:《美国知识产权法》,法律出版社 2003 年版,第 217 页。

其相关权利人同意,对作品进行使用,并向著作权人支付等额报酬,表明作品著作权人人身权的作品使用行为。世界知识产权组织编写的《版权和邻接权法律术语词汇》将其称为"法定许可证(statuto license)",以区别于一般"许可证"(license)即许可使用。① 在法定许可下,著作权的使用许可的前提是法律有明文规定,只要是法律授权,符合法律规定的著作权使用申请就可以认为是符合法定许可的要求,从而推定申请人已经符合著作权使用条件,进而获得了使用权。

著作权法定许可具有如下特征:一是法定许可适用由法律规定,只有当法律直接规定的法定许可使用情形、条件具备后,法定许可才有适用可能,这是法定许可与默示许可等由当事人意思自治的一般许可最大的区别;二是法定许可的对象是已经发表的作品,申请人才能依据法律申请法定许可,对于作者尚未发表的作品,由于涉及作品的发表权和署名权等人身权,通常是不被列入到法定许可范围之内;三是法定许可申请人多为表演者、录音制作者、广播组织者,这些作为作品邻接权的申请人在演绎或传达作品时需要获取原著作权人的同意,设立法定许可可以极大简便作品在原著作权人和申请人之间的流转;四是使用法定许可的作品必须支付相应报酬,申请人在符合法定许可条件下,对作品实施法定许可行为后,从公平角度出发,必须向原著作权人支付相应的报酬,补偿原著作权人作品的期待利益;五是法定许可双方通常发生在缔约国之间,《伯尔尼公约》、《世界版权公约》对法定许可进行了规定,加入公约的缔约国通常会制定有关法定许可的制度,以完善本国的著作权制度,但是对于作了权利保留的缔约国或未加入公约的国家而言,是否适用法定许可,以及适用的范围和种类,需要根据各国著作权法律制度的具体情况确定。

(2)法定许可制度演进

由于法定许可是以国家特权或法令的形式允许申请人在特定情况下获取作品的使用权,故而在出现了国家和政权后,人们对作品的经济利益和社会地位进行重新认识,这时法定许可的影子就已经出现,如我国古代的特许刊印,以及西方的安娜女王令,都可以认为是法定许可制度的萌芽。随着人们和社会对著作权认识的深入,自然正当的立法理念逐步影响到了著作权立法,人们逐渐认识到作品是人类社会的公共财富,在对作品创作者劳动成果进行尊重,对其权益进行保护同时,为防止作者滥用其著作权对社会公众造成危害,有必

---

① 曹胜亮、段藏:《著作权限制制度的比较研究》,载《西南民族大学学报》(人文社科版)2004 年第 7 期。

要对作者和社会公众之间的利益进行衡平,对作者的权利进行合理限制。

为体现这种要求,改进以往著作权法律体系中对法定许可的欠缺,1908年的《伯尔尼公约》柏林文本明确增加了允许著作权法定许可使用的规定,并根据实际使用需求不断进行修订。在修订后的《伯尔尼公约》第9条第2款中对法定许可表述为:"本联盟成员国所规定的法律可以允许复制上述作品,但限于特殊情况下①,且这种复制不得危害到作品的使用也不得侵犯作者的合法利益。"②以及第13条第1款的表述:"本联盟每一成员国可以对专有权归属于该曲作者和词作者的,被允许录制的乐曲及乐曲和歌词的保留及保留条件,在本国国内法中作出规定,但这类保留及条件的效力范围严格限制在该国国家范围内,且在任何情况下,均不得损害词作者、曲作者获得公正报酬的权利,限于没有友好协议情况下。"③受《伯尔尼公约》的影响,世界各国纷纷对本国著作权法中有关法定许可的内容进行完善,美国早在1909年的版权法中就对录音制品的法定许可使用作出规定,并在1976年美国版权法中规定了五种强制许可,包括:"(1)有线转播的强制许可④;(2)公开演播和转播录音作品和制品的强制许可⑤;(3)制作和发行非戏剧音乐作品的录音制品的强制许可⑥;(4)通过投币式自动播放机对录音作品和制品中的非戏剧音乐作品的使用的强制许可⑦;(5)在非商业广播中使用已公开的非戏剧音乐作品、绘画、图形和雕塑作品的强制许可⑧。"

我国对书籍法定许可的法令出台较早,这与我国古代是崇尚王权的传统封建社会有关,对于书籍、音乐等作品的许可也往往围绕着统治阶级的需要展开,如北宋神宗继位之前,为保护《九经》监本,朝廷曾下令禁止一般人随便刻印("禁擅镌"),想要刻印的人,必须先请求国子监批准。但是直至20世纪90年代,我国的著作权法律体系由于诸多原因,一直没有得以建立,法定许可制

---

① 这里提到的上述作品,指公约第9条第1款中规定的,受本公约保护的文学艺术作品。

② The Berne Convention, section。

③ The Berne Convention, section。

④ The CoPyright Act of 1976 section 111。

⑤ The CoPyright Act of 1976 section 114。

⑥ The CoPyright Act of 1976 section115。

⑦ The CoPyright Act of 1976 section116。

⑧ The CoPyright Act of 1976 section118。

度也就没有完善。我国具有现代意义的著作权法是以 1990 年颁布实施的《著作权法》为代表,在 2001 年修订的《著作权法》中增加了五种法定许可使用的类型,并在《信息网络传播权保护条例》中又增加了一种"法定许可"和一种"准法定许可",由此建立了符合我国实际情况的著作权法定许可制度。

(3)法定许可管理的意义

法定许可的核心是通过法律形式衡平著作权人和社会公众之间的利益,并通过法律设定的条件允许申请人在特定情况下使用作品,可以促进作品的流转,从而实现作品的价值,并且"作品的经济价值,也只有在市场流转中才能实现和增值"[①],达到知识在不同个体之间流转实现知识创新的目的。上述目的是否达成取决于法定许可管理,在国家和社会从整体层面对法定许可进行制度设计时,应根据本国实际情况对法定许可的种类、范围和适用条件进行设计,并在申请人申请法定许可过程中,加强法定许可的过程管理,对作品使用个体行为进行管理,保护作品和著作权合理合法应用,并且通过引导和规范法定许可制度和行为,保障作品在不同主体之间的自由流转,防止发生作品或著作权人的垄断行为,形成良性的著作权运用制度。

2. 法定许可的内容

(1)报刊转载法定许可

报刊作为信息载体,人们通过阅读获取外界信息,且报刊发行的周期短,每日、每周都有发行,在作者没有特殊声明的前提下,对报刊之间信息的相互转载追究侵权意义不大,而通过对报刊之间设立法定许可,可以促进信息和知识流动,这也符合报刊创设的目的。我国《著作权法》第 33 条第 2 款对报刊的法定许可作了如下规定:"作品(在报纸、期刊上)刊登后,除著作权人声明不得转载、摘编的外,其他报刊可以转载或者作为文摘、资料刊登,但应当按照规定向著作权人支付报酬。"对于作者没有保留声明的作品,报刊之间是可以进行法定许可转载,在转载过程中,需要标注原著作权的信息,保护作品的完整性,并向原著作权人支付报酬。此外,如果转摘、摘编的是关于宗教、政治、经济的时评性文章,则属于合理使用而非法定许可。

(2)录音作品的法定许可

在技术的推动下,音乐作品作者在创作音乐过程中,往往会借鉴和使用其

---

① 冯晓青、杨利华:《知识产权法热点问题研究》,中国人民公安大学出版社 2004 年版,第 123 页。

他作品,如果实施严格的许可制度,将会阻碍音乐作品的创作,故而在各国的著作权法律体系中,往往对录音作品规定了法定许可制度。早在 20 世纪初,"制作录音制品的法定许可"就已经出现,当时的立法目的主要是防止出现唱片公司对音乐的垄断。[①] 我国《著作权法》第 40 条第 3 款规定:"录音制作者使用他人已经合法录制为录音制品的音乐作品制作录音制品,可以不经著作权人许可,但应当按照规定支付报酬。"这表明我国对于授予法定许可的录音作品是已经合法录制的作品,表明了我国对于授予录音作品的法定许可的适用对象是已经发表的作品,并非舞台演出、即兴演讲等作品演绎形式,表明了录音作品保护的特殊性,但是"在没有著作权人声明排除的情况下",与录音作品产生法定许可的历史原因相矛盾,将会在一定程度上消弱录音作品法定许可的作用,从而容易导致原著作权人利用其优势地位进行垄断,并在原著作权人和使用者之间产生纠纷。

(3)播放作品和录音的法定许可

广播电台或电视台属于公众信息服务工具,通过讯号发送,传播已经出版的作品和录音,故而在合理使用前提下,可以不经原著作权人同意,这也符合作品和录音作品的传播特性。除《伯尔尼公约》中对法定许可进行了规定外,我国《著作权法》也作了类似规定,《著作权法》第 43 条第 2 款规定:"广播电台、电视台播放他人已发表的作品,可以不经著作权人许可,但应当支付报酬。"第 44 条规定:"广播电台、电视台播放已经出版的录音制品,可以不经著作权人许可,但应当支付报酬。当事人另有约定的除外。"

这两条规定表明了我国对于广播电台和电视台播放作品和录音作品的法定许可,但是这种法定许可并不包含播放已经录制为录音制品的音乐作品,以及电视台播放已经录制为录像制品的其他作品,故而在《著作权法》第 45 条中规定:"电视台播放他人的电影作品和以类似摄制电影的方法创作的作品,应当取得制片者许可";而且在适用过程中,法定许可适用对象所针对的应该是已经发表的作品,未经发表或出版的作品未包含在广播电台和电视台的法定许可播放之列。

(4)教科书编写法定许可

教科书是人类知识传承的主要工具,在教科书编写过程中,通常会引用或采集其他著作权人的作品,如果一一采用授权许可方式,将会出现各种不同的

---

① 周林、李明山:《中国版权史研究文献》,中国方正出版社 1999 年版,第 3 页。

作品授权许可障碍,不利于人类知识的传承,故而各国纷纷对教科书编写也赋予了法定许可。我国在2001年修订《著作权法》时,对教科书法定许可在第23条第1款规定:"为实施九年制义务教育和国家教育规划而编写出版教科书,除作者事先声明不许使用的外,可以不经著作权人许可,在教科书中汇编已经发表的作品片段或者短小的文字作品、音乐作品或者单幅的美术作品、摄影作品,但应当按照规定支付报酬,指明作者姓名、作品名称,并且不得侵犯著作权人依照本法享有的其他权利。"第2款规定:"前款规定适用于对出版者、表演者、录音录像制作者、广播电台、电视台的权利的限制。"该条文是在不损害作者发表权和经济利益的前提下,通过设立教科书法定许可,促进人类知识传承,从而实现九年义务教育和国家教育规划。

(5)课件制作法定许可

现代教学技术的发展,推动了多媒体教学方式和手段向前发展,课件作为承载教师上课主要内容的工具,其制作和表达亦会援引其他作品,以丰富教师课程内容。对于这些制作课件过程中所引用作品涉及的著作权,我国在2005年通过的《信息网络传播权保护条例》第8条规定:"为通过信息网络实施九年制义务教育或者国家教育规划,可以不经著作权人许可,使用其已经发表作品的片断或者短小的文字作品、音乐作品或者单幅的美术作品、摄影作品制作课件,由制作课件或者依法取得课件的远程教育机构通过信息网络向注册学生提供,但应当向著作权人支付报酬",所采取的做法是限制在九年制义务教育或者国家教育规划前提之下,赋予课件制作以法定许可,并在使用后支付相应报酬的形式予以明确。

为促进我国边远地域教育事业发展,《信息网络传播权保护条例》亦规定了类似于法定许可的农村远程教育的许可,其第9条规定为边远地域教育在取得许可前可以公告30日无异议的方式获得许可,这种许可方式一方面可以减轻边远地域教育过程中缺少资料的现状,另一方面也对原著作权人的利益进行了维护,可以说是在信息网络技术发展下,我国法定许可出现的新趋势。

二、著作权保护

(一)著作权保护概述

著作权保护源于社会对著作权所带来的经济利益和人身利益的认识,在利益主体的博弈下出台对著作权进行控制管理的法律制度和措施。在原始社会和封建社会初期,没有制定相关著作权法律制度,对作品的限制和使用也是出于王权的统治需要,此时的作品保护更像王室特权的反映;当著作权的经济利益为人们所认识后,对于著作权利益的争夺更多的是发生在印刷商和作者之间,此时的著作权保护是公权管理和私权保护的混合,而私权保护作品权利范畴和种类的多少直接反映了社会进步与立法技术发展的程度。

伴随着这种发展,著作权从单一印刷出版权演变为现今的内容丰富的著作权体系,而著作权保护也从仅仅保护经济利益,演变为保护经济利益和人身利益并重;从仅仅保护作品形式,演变为保护作品形式和内容并重;从仅仅进行单一惩罚,变成多种惩罚并行的保护方式,并在保护过程中将著作权的使用控制在法律范围之内。著作权保护体现了公权力的管理职能和对私权的尊重,它涉及了政府、企业对著作权在保护过程、保护体系中整体进行资源调配和综合协调。

(二)著作权保护内容

1. 正当性保护

权利的英文表达为"right",其惯用法有"a right"和"being right",意为自由和正当。在柏拉图"精确政治科学"的思想、亚里士多德的激情理论、古代的自然法思想、马基雅维里的政治理论中关于权利的学说中,都包含着自然正当的观点。霍布斯于1651年出版了《利维坦》,在书中提出了系统的自然法理论。他认为权利是拥有做一切正当事情的"自由",而正当是指人之生命个体的自我保存,正当不仅存在于权利理念中,而且还包含在权利与其他道德等相互制约关系中,并通过权利的实施从而达到自然法中正当的道德标准和规则与自然权利相一致。

著作权是人们诸多权利中的一种,它是由于作者创作出作品,因其创作活动而产生了财产和人身权利。从洛克的劳动理论与黑格尔的财产人格理论可以看出,著作权可以归属于人类的自然权利。洛克认为因为某个东西掺进了某人的劳动并脱离自然状态而成为他的财产。① 该观点被广为引用来论证著作权的正当性,即作品掺进了作者的个人劳动而成为作者的个人财产。黑格尔认为"所有权所以合乎理性不在于满足需要,而在于扬弃人格的纯粹主观性。"②而作品正是打上个人人格印记的财产,是人格的体现,自然应该予以保护。学者认为这两种理论在论证上相映成趣,因为著作权无论是从劳动方面

---

① [英]洛克:《政府论》(下篇),叶启芳、瞿菊农译,商务印书馆1964年版,第19页。

② [德]黑格尔:《法哲学原理》,杨东柱、尹建军、王哲译,北京出版社2007年版,第50页。

还是从人格方面进行解说,在道德上都是可以接受的①。正是由于著作权具有财产和人身属性,属于自然权利,应受到自然法中正当的道德标准和规则制约。但是各个时期自然权利中的道德标准和规则在不断的发展变化,为建立符合时代要求和特征的著作权,人们就需要在各个时期对社会的自然正当进行判别,并根据新的自然正当性对原有著作权进行修正,以建立符合社会发展需要的新著作权保护体系。在此过程中,对著作权正当性保护不仅可以为完善符合社会要求的著作权体系提供保障,而且能够促进著作权自然权利的正常演进,即保护既要确保著作权权利性质的正当性,也要确保实施保护方式的正当性。

著作权保护并非是国家的单向行政管理,而是一个包含了国家、社会、企业、著作权人等各方共同参与,运用多种形式对著作权进行综合保护,以实现著作权正当性保护的管理过程。为合理运用资源,实现著作权保护的整体良好效果,可以采用管理手段对著作权正当性保护进行综合协调,对著作权涉及的各个主体和技术进行组织引导,这样不仅可以确保著作权围绕自然正当核心设立,还有利于著作权保护正当性的实施。据此,设立著作权正当性保护是指可以对国家、企业设立具有正当性保护的管理措施,促进具有正当性核心的著作权形成,从而进一步健全著作权正当性保护体系的一系列过程。

实施著作权正当性保护,可以在宏观上设立国家、社会、企业和著作权人对著作权的综合保护体系,促进国家加快关于著作权保护相关立法体例设置,将适应时代自然正当的著作权纳入到著作权制度体系,强化著作权管理部门的执法力度;提高社会协助加强著作权保护的自觉能动性,形成对正当性著作权的共识,为著作权更新提供基础;促进企业对著作权创作、管理、保护制度进行整体设计,将著作权保护与企业管理体制建设融合,建立合法正当的保护途径和方式,为企业合理合法利用著作权提供基础;引导著作权人运用管理方式对著作权的保护进行综合规划,将维权与许可结合,以实现著作权正当性保护之目的。

2. 程序化保护

对程序化系统理论的研究始于亚当·斯密在 1776 年出版的《国富论》一书,在书中亚当·斯密描述了大头针的生产制造过程,并将其划分为大约 18 道工序,这是最早从社会分工的角度对程序化问题所进行的研究。在科学管

---

① ［德］黑格尔:《法哲学原理》,杨东柱、尹建军、王哲译,北京出版社 2007 年版,第 105 页。

理阶段,泰勒、吉尔布雷思夫妇、巴思等人通过大量的试验,从工作环境条件、机器设备的使用、工人操作方法等方面研究了生产过程的标准化问题。进入现代管理阶段,虽然出现了许多不同的管理学派,但各个学派都很重视程序化在企业管理中的重要性。综合各学派研究程序化系统的理论,可以将其定义为:对按照工作内在逻辑关系而确定的一系列相互关联的活动所实施的管理方式。

著作权保护涉及了法律保护、政策保护、社会保护和著作权人自我保护等方面,但是被纳入现行著作权法律制度和政策中的保护,主要有法律所规定的著作权诉讼保护、著作权行政执法保护,这形成了所谓的法律体制内的保护和体制外保护。体制内著作权保护大都属于程序法的范畴,在"正义不仅要实现,而且要以人们看得见的方式加以实现"格言指导之下,著作权保护的正当程序性能够被贯彻实施,而社会保护和自我保护的程序性则较为缺乏。无论是否是法律体系之内的保护,注重对著作权程序性保护建设,可以规范各类著作权保护行为,加强法律保护著作权程序立法工作,强化社会保护和政策保护的基础工作,为国家、社会和企业著作权管理和实施保护奠定坚实的基础。据此,著作权程序化保护就是通过著作权保护各方建立程序性的保护方式,提高著作权相关各方保护的合理性和规范性,使保护各方在组织经济活动的过程中能够更高效地支配自己所拥有的经济资源,以适应著作权保护要求的过程性保护。

实施著作权程序化保护,可以明确各方在著作权保护中的职责,规范各方著作权保护行为,对国家的相关程序法进行完善,对社会保护、企业保护和自我保护中的有益经验进行总结,将其纳入到著作权保护体系之中,促进著作权保护的正当性和程序性建设。

第三节　著作权行政管理

一、积极行政管理

(一)积极行政管理概述

行政管理理论起源于古希腊罗马时期,亚里士多德、波里比阿、西塞罗等创设的混合政体学说和法治思想成为行政管理理论的萌芽,也促进了当时政权体系的演进;在近代,资产阶级启蒙学者相继提出了霍布斯和卢梭的社会契约论等为行政管理理论注入了新的思想,而现代意义上的公共行政理论(行政管理理论)是以美国学者威尔逊在 1887 年发表的《行政学之研究》一文为诞生标志,从该文发表到 20 世纪 30 年代,在历经了传统公共行政研究时期、修正公共行政研究时期、整合公共行政研究时期后,行政管理理论形成了较完整的学科体系,是一门研究政府对社会进行有效管理的规律的科学,是国家行政机构和行政管理人员从事行政管理事务的理论。在行政管理理论的指导下,各国根据各自实际情况,依据法律赋予行政管理机构及其人员相应的行政管理权。

著作权是由法律确权的自然正当权利,而依法对著作权进行管理,属于国家的行政职能,亦是行政管理权的范畴。各国在不同时期行政管理理论的指导下,对著作权也有不同的管理表现。在早期西方国家,王权与神权结合,成为各国唯一的权力中心,对于著作权的管理以王权的旨令为准,如印刷许可令;在文艺复兴时期,西方民主人权理念兴起,各国在行政管理过程中对民主、人权的尊重有所涉及,并制定了涉及文学、音乐、绘画等各种作品著作权的行政管理方式;在工业革命的推动下,经济发生了巨大变革,社会矛盾更为突出,同时对社会管理提出更为严峻的议题,也对国家控制和管理提出了新的要求,在这种情况下,政府地位被迅速提高,政府的行政权力也得到了增强,对著作权的行政管理从国内管理向国际协作管理迈进,《伯尔尼公约》等一系列国际知识产权公约就是在此时签订;到了 20 世纪,在行政管理学的转型时期,国家相应地制定完善了著作权管理体系,将新出现的录制者权、软件著作权等权利的管理均纳入到相应的行政管理机构职责之中。

在不同时期、不同环境和不同技术条件下,政府肩负了不同的行政管理职责,决定了政府实施不同的行政管理方式和策略。在经济困难时期,社会需要政府加强行政管理,解决社会和经济发展矛盾,故而政府的行政管理范围和职权都会有所扩大;在经济发展和社会矛盾较为缓和时期,市场经济的自身发展要求需要有一个有限职权的政府来进行行政管理,这样才能实现促进社会和经济发展的目的。这样的现象反映出无论是限权还是放权时期,政府在进行行政管理具有一定的规律,即政府在进行行政管理时应具有积极性和主动性,主动对社会经济状况和环境进行判别,根据不同的经济和政治环境,采取不同的行政管理方式和力度,这样才能形成符合实际情况需要的行政管理,从而促进社会和经济的进步与发展。

这个规律在著作权行政管理过程中同样存在,只是著作权是自然正当权利,且相对于其他权利而言具有无形性、人身性和财产性等特性,故在著作权行政管理过程中,所遵循的规律或著作权积极行政管理准则是根据著作权的特性在不同时期、不同技术下的不同内涵和外延,对著作权行政管理部门的职权进行管理,使之具有主动性、创造性、能动性和正当性。

(二)著作权积极行政管理内容

1. 主动行政

行政机构在履行行政管理职责时,所面对的是复杂而紧迫的社会问题,为及时解决问题,除了要依法行政外,还应积极主动地对社会和经济发展情况进行预判,设定提前量,从大局的角度、宏观的角度来审时度势,以有利于促进和推进社会经济发展、有利于维护稳定有序的市场秩序为前提,寻求制度突破。积极行政既然是政府主动的、自觉的行为,就应通过充分发挥政府的主观能动性,积极转变政府职能,创新行政管理方式,来解决社会经济发展中所遇到的难题;积极行政所针对的是在法律法规存在滞后、空白的情况时,政府利用现有的资源所要采取的一种行政方式,为此,要敢于对观念、方式方法进行创新,行使行政权力,使其更符合客观实际。各行政机构和人员进行行政管理所追求的目标是为了实现行政效率与效果,现代公共行政改革强调以社会公众的需求作为政府行为的导向,积极行政在政府主动作为时,更应强调行政的效率,以效率作为积极行政的最终衡量标准。

对著作权进行行政管理亦是主动行政的范畴,故著作权的主动行政就是行政管理机构依托著作权行政管理现有职权,根据著作权自然正当的特性,主动介入到著作权的管理之中,对不同时期、不同环境下不同表现形式的著作权进行管理,以建立具有正当性的著作权行政管理模式,从而促进著作权确权、使用的过程。通过著作权主动行政,各行政管理机构和人员对新技术、新作品、新的表现形式应自觉、主动介入,预判其能否被纳入到原有著作权体系中,如果不能,则寻求对现有制度的合理突破;要创新现有的著作权管理方式,简化著作权管理模式,将著作权行政服务前移,为著作权的注册、使用和维权创造条件;要改正不诉不理的不良管理方式,注意对社会上著作权管理诉求和意见的收集,及时反馈、解决著作权行政管理领域存在的问题,从而实现主动行政的目的。

2. 有限行政

行政管理权是法律赋予特定机构和人员管理社会的权力,无法律授权,就没有行政管理的权力来源,法律亦是衡量行政管理是否依法实施的最终标准,故而法律是行政权的界限;行政管理机构依法具有对社会资源进行调配和处理的职权,具有处理社会事务的权力,行政管理权是否合理合法使用,将会对国家和社会造成影响,也会对人民的合法权益造成影响,故而需要对行政管理的权力进行控制;行政管理应依据一定程序履行,行政管理机构和人员必须按照一定的步骤和方式去实施行政管理,否则,将会因违反行政管理程序而受到处罚。上述表明,行政管理具有有限性,行政管理应在法律规定的范围内实施,应遵循法律优先和保留原则,应接受司法审查,并在行政管理过程中不能侵犯人权,否则,实施行政管理的机构和人员将会因行政权滥用给国家、社会和人民带来损失而受到惩处。

著作权作为具有无形性、财产性和人身性的权利,其行政管理权主要包括行政处罚权、查处权、调解权和裁决权,由于著作权行政保护相较于司法保护而言,具有主动性强、程序简单、成本低廉、执行度高的优点,各国都广泛认同对知识产权采取行政保护,且纷纷加强著作权的行政管理。在此过程中,著作权行政管理经常会发生管理失范现象,如著作权行政权力干预过度对著作权的侵犯,著作权本质上是私权,但是由于各国加强对著作权行政管理,突破了公权和私权的界线,造成了公权力对私权的侵犯;又如著作权行政管理程序不够完善,缺乏明确的处罚标准和正当程序,导致了著作权行政管理机关在行政执法上出现错误和混乱,损害了国家、社会和著作权人的权利。故而,在著作权的行政管理过程中,亦需要限制行政权,才能促进著作权的发展,并围绕著作权行政管理依法行政,引导设置科学合理的著作权行政管理职能和职权,规范相应的行政执法程序。

实施著作权有限行政,就要从维护著作权正当性角度出发,根据现有的经济和社会条件,重新审视著作权法律体系,对不符合著作权管理需求的制度进行修改完善,建立并完善涉及著作权的听证制度,将著作权行政管理限制在法律范围之内,并设计著作权行政管理模式,制定行政执法程序和相应的违法责任,对著作权行政管理设置社会监督权和司法监管权,从而有效地限制著作权行政管理权。

二、协同行政管理

(一)协同行政管理概述

18世纪,英国经济学家亚当·斯密提出了协作生产的思想,他以针生产方法改良的例子,论述了将生产工序进行分解,可以分工协作从而提高生产效率的方式。20世纪,伊戈尔·安索夫提出了管理协同概念,他认为,所谓协同是指使公司的整体效益大于各个独立组成部分总和的效应,可表述为"2+2=5"。随着管理协同在企业的理论和运用逐渐成熟,其慢慢渗透到公共领域的行政管理中。

在公共管理高度复杂化和利益主体多元化的今天,由于公共问题的有效应对和解决涉及多个部门、多个管辖区甚至整个社会,需要政府多个相关职能部门,甚至包括私人部门、非营利组织和公众的协同配合。这既对部门间、地区间的协作管理提出了更高的要求,也产生了推动社会管理方式变革的力量。20世纪90年代中后期,英国、美国、澳大利亚、新西兰和加拿大等国从解决新公共管理模式的实践局限性出发,又开始了以协同政府、整体政府、网络化治理、无缝隙政府、协作性公共管理、协作型政府和协作治理为主要内容的公共行政管理改革,实现了跨部门、跨地区、跨行业的管理协同,建立并逐步完善了行政管理过程中的协同机制。

各国均重视对著作权的行政管理,但存在将著作权行政管理权分散在一定机构范围内的情况,如美国著作权行政管理机关是美国版权局,主要提供行政管理和行政服务,美国司法部和美国海关以及美国"国际贸易委员会"则主要针对海外侵权提供行政救济,帮助权利人进行海外维权;韩国知识产权局是综合性的知识产权行政管理机构,其职能主要包括行政管理、行政处理、行政查处和行政服务等,并设置成立了多种小企业海外维权机构,对各国的知识产权法律进行研究,帮助本国企业维权;我国对著作权行政管理主要是通过国家版权局和地方版权行政管理机构来实施,而我国的知识产权(含版权)边境保护职能由各级海关承担,工商、文化、公安等行政部门也负有一定的著作权行政管理职能,另外,还有我国版权保护中心、音乐著作权协会等社会服务和协会组织协助进行著作权行政管理。

在上述国家中,虽然存在部门合作对著作权进行管理,但是限于社会和部门的专业分工不同,政府机构难以突破原有机构设置的组织边界和管理地域的限制,导致很难去实现社会对行政管理的需求。这正如 Brookings 的《改进政府绩效》系列中也指出,今天服务于公民意味着寻找方法来跨越辖区边界,这要求联邦所有层面的官僚都坚决地致力于培育一种善于跨越边界的政府管理人才,以及那些突破自己组织的界限,从其他组织中寻找能够一起解决问题的同僚。[①]

这说明了在面临经济和社会复杂问题时,对于著作权行政管理需要更为

---

① 刘亚平:《协作性公共管理:现状与前景》,载《武汉大学学报》(哲学社会科学版)2010年第4期。

广泛和深刻的管理协同,需要各个行政管理部门突破原有组织和地域边界,通过多样或多组织的共同合作,解决原先单一著作权组织不能或无法妥善解决的问题,而这需要在确定著作权管理协同原则的基础上实施著作权协同管理。著作权管理协同原则就是指根据著作权正当性的属性,指导建立各个相关部门协同管理结构,完善协同管理过程,加强协同管理领导的基本准则。

(二)著作权协同管理内容

1. 健全协同结构

传统的著作权政府组织模式是建立在例行工作、简单劳动和静态环境的基础上的,具有严格的金字塔层级结构,追求的是本部门生产和执行的效率,部门中管理和监督人员的比例高,不仅同一著作权行政管理系统,而且相关著作权管理机构之间的合作互动不够,这造成了著作权行政管理机构内部相对封闭,互动性不强,且信息传递易失真,导致了著作权行政管理的广度和深度存在问题,不利于多层级、全方位地维护著作权。

为解决上述问题,达到对著作权进行全面、有效管理的目的,就有必要理顺各相关部门的行政管理职能,有必要对著作权行政协同管理进行研究,从而指导建立、健全著作权行政管理的协同模式。由于协同管理主要是在部门现有的著作权行政精细性、专业性管理的基础上,通过建立管理协同合作模式对著作权实施的综合管理,故而,著作权行政协同管理就是指导各部门在各自行政管理职权范围之内,通过明确协同组织内各部门的序列、地位和各自履行管理顺序等组织方式,理顺协同管理行政权流转方式,从而建立符合著作权管理需要的行政管理模式的过程。

实施著作权行政协同管理,就要在理清各部门、各机关之间的行政执法界限的基础上,对跨部门、跨地区、跨行业的著作权实施部门协同管理,针对不同的著作权管理范畴,确定不同情况下著作权主管机构、文化、工商、海关等部门之间协同的主次地位和执法程序,制约各行政部门借管理之名追求利益的行为,避免出现各行政管理机构各自为政、各行其道的现象,从而实现著作权正当合法权益作为协同管理的目标。

2. 开展协同创新

创新始于技术领域,进入 20 世纪,技术创新的模式发展经历了几个阶段,在 20 世纪 60 年代以前,以"技术推动"的创新过程模式为主流;60 至 70 年代早期,出现"需求拉动"模式;70 至 80 年代,综合这两种模式而提出第三代技术创新"技术与市场的耦合互动"模式;80 年代早期至 90 年代早期,提出集成(并行)模式;80 年代末 90 年代以来出现系统集成与网络化模式。在这些技术创新演进过程中，Ansoff 研究企业的多元化问题时提出了企业技术创新的协同问题。近年来，随着理论界对技术协同创新研究的深入和企业竞争的加剧，企业技术协同创新受到了越来越多的重视，以弗里曼、多西、约翰·齐曼及我国学者贾生华、邬爱其、许箫迪、王子龙等为代表的一些学者在国家和地区等更广的范围开展技术、组织、制度、管理、文化的协同创新研究，研究出开放式创新模式、产业集群协同创新等理论，使得协同创新不仅融入到企业发展中，而且进入到行政管理领域。

　　上述事实说明，在日益复杂的社会管理过程中，为解决社会矛盾、处理问题，有必要根据形势和条件进行协同合作。由于著作权行政管理协同是对原有行政管理模式在新环境和新条件下的创新，涉及了新的组织、制度、管理理念如何融入到原有的行政管理体系中，故指导著作权管理协同创新是指在准确把握著作权技术创新和管理创新的范畴以及它们之间的协同、递进式互动关系的基础上，指导构建著作权技术创新和管理创新之间动态的、双向的匹配、协同与互动的创新模式，选择合适的协同创新组织形式，形成政府机构协同创新实现著作权管理、执法上的有序管理过程。

　　通过著作权行政管理协同创新，著作权行政主管部门、海关、文化管理机构、工商管理机构和公安部门与其他著作权组织之间应建立结构合理、体制完善的协作伙伴关系，从管理思想、组织结构、管理流程、管理技术等方面共同为社会提供公共服务；在著作权的技术创新与管理创新之间良性协同互动，共同形成组织创新、技术创新、文化创新、体制创新和运行创新体系，为著作权在组织、体制、战略、领导、环境、运作方式和资源配置上提供保障，并在认定新的著作权表达方式和技术手段上进行创新，在服务体系和服务内容上进行创新，在协同体系与管理体系上进行创新；对行政执法系统的机构设置和权力分配进行优化，落实相应的责权利，推进协同执法工作方式和手段创新，推行部门之间处罚与调解实施方式的创新，从而达到管理协同创新的目的。

第六章　著作权实务研究

第一节　著作权司法保护

一、著作权民事保护

伴随人类社会文明的进步,近现代民法受人文主义法学派的影响,注重对作者和作品权利的保护,制定了著作权法律体系,构建了对著作权及其相关权利的保护模式。但是仔细分析,著作权法的最终目的是通过对创作者及创作者家属(通过继承)、作品传播者和一般公众的利益的保护及其相互的平衡来实现,这种立法的目的,表明著作权法中设立的著作权保护不仅具有利益衡平的考虑,而且受到不同地域和时间的社会和公众影响,从而具有特定的相对性,具体表现在不同国家、地区在不同时期制定了不同的著作权保护规定,但无论是哪种规定,著作权起源于民法,作为民法的重要组成部分和私权的属性一直没有变化,民事保护仍然是著作权最重要的保护方式。

（一）著作权民事纠纷综述

著作权权利主体众多、内容复杂、种类繁多,在权利的使用过程中产生了复杂的民事关系,各项权利主体之间、客体之间、权利授予以及作品的传播方式常因各种原因产生纠纷。各国立法渊源不同,对于纠纷的认定和处理有着不同的规定,但是就著作权民事纠纷而言,从各国的立法体例中,可以概括为平等主体之间发生的,以著作权权利义务为内容的纠纷,具体表现为著作权人身权和财产权领域的纠纷。

著作权民事纠纷主要可以分为三类:一是确权纠纷,即不侵权纠纷;二是侵权纠纷;三是混合纠纷。

1. 确权纠纷

著作权是一种民事权利,它是基于作者对作品的智力创作活动而产生的。依据法律规定,谁创作了作品谁就是著作权人,权属明确清晰,不易发生纠纷。但由于在现实生活中,著作权主体的合并、变化,作品产生方式和权利的授予方式及范围不同,著作权客体的多样化,使著作权经常出现归属不清的现象,由此产生了著作权确权纠纷,并因著作权存在地域性和时间性,各国各地方对著作权的演绎等使用权的规定不同,也容易出现著作权使用人之间因使用权的相互冲突而产生矛盾。

据此,著作权确权纠纷主要是指具有平等地位的当事人之间因作品著作权的权利归属而出现的纠纷,一般表现在个人与法人或非法人之间、法人与法人之间、个人与个人之间。判定是否发生了确权纠纷,可以依据以下四个方面:一是著作权的归属是否已经有明确约定,或著作权人对著作权进行处分,或发生了其他导致著作权流转的情况;二是当事人是否存在对合同约定、著作权人处分著作权过程、其他导致著作权流转有不同看法;三是当事人是否因上述情形受到损失;四是是否因著作权处分而出现权利不确定、归属不清等纠纷现象。

2. 侵权纠纷

著作权是著作权人依法享有的专有权利,具有人身权和财产权两方面内容,著作权人在法律授权范围内,可以对著作权进行处分,他人欲获取相应的著作权应先取得著作权人的授权。对于未经著作权人许可,又不符合法律规定的条件,擅自利用受著作权法保护的作品的行为,即为侵犯著作权的行为。侵犯著作权行为在不同国家、不同地域有不同表现,具体而言有以下类别:

(1)直接侵权

著作权法律对著作权主体、客体和内容进行了明确规定,凡是违反这些规定,未经著作权人许可,擅自实施对作品的复制、出版、发行、改编、翻译、表演等行为,均视为对著作权的直接侵权,即著作权的直接侵权是指行为人违反法律规定擅自对作品进行使用,直接侵犯著作权人所享有的著作权和邻接权的行为。主要有未经著作权人同意而发表其作品,或未经合作作者许可,将与他人合作创作的作品当作自己单独创作的作品发表;没有参加创作,为谋取个人名利,在他人作品上署名,歪曲、篡改他人作品;未经许可,以表演、播放、展览、发行、摄制电影、电视、录像或者翻译、注释、改编、编辑等方式使用他人享有著作权的作品等行为。

对直接侵权的判定以行为人实施的行为是否侵犯了《著作权法》等法律所规定的著作权和邻接权为依据,在认定的过程中,各国对于常见的民事侵权作了类似规定,但由于立法渊源和习惯不同,各国对直接侵权表现还存在不同认定,在法律规定上有不同体现,如英国认为,在双方签订的合同中,如果全文使用其他公司的合同条款,也会被认为是侵权。①

鉴于著作权是人类智力成果,故各国认定虽有不同,但是都围绕着涉嫌侵权作品与原作品之间是否存在独创性智力活动来展开,也就是说判定作品是否直接侵权,可以围绕以下五个步骤展开:一是涉嫌侵权作品和原作品有相同的独创性,但都是各自独立完成,不认为是侵权;二是涉嫌侵权作品与原作品之中均包含了不被著作权保护的内容,不认为是侵权;三是涉嫌侵权作品对原作品进行了再创作,已赋予了原作品新的内容与含义,仅就再创作部分不认为是侵权;四是涉嫌侵权作品与原作品之间不存在上述原因,则认为存在直接侵权;五是对于侵权作品存在的前提下,对侵犯的著作权权利进行鉴别,判断侵犯的具体权利种类。当然,上述五个判断著作权是否仅仅适用于著作权客体直接侵权的判定,对于著作权与商标权、著作权与专利权之间因作品的擅自使用而被侵权的情形来说,上述第三个步骤就不能适用,而应按知识产权领域保护在先权利的规定来进行判别和保护。

(2)间接侵权

在著作权侵权纠纷中,存在有人没有直接实施侵犯《著作权法》等法律所规定权利的行为,但是采取了帮助、教唆等方式协助他人实施直接侵权行为,或者所实施的行为是他人侵权行为的继续,均构成了著作权的间接侵权,或没有履行相应的职责而导致的侵权,即著作权的间接侵权是指没有直接实施侵犯著作权行为,但是其行为与他人共同构成了对著作权的侵犯的行为。

由于间接侵权的行为方式是与他人构成了共同侵权或在他人侵权的基础上所实施的二次侵权,故而出售、出租以及其他将侵权作品擅自向他人提供作品服务的行为均是间接侵权。在间接侵权中,虽然《伯尔尼公约》签约国众多,但是各国对于著作权有不同的立法目的,著作权的传播使用具有明显的地域性,导致作品在传播过程中出现了间接侵权现象。如英国作品授权在日本出版,并对日本出版物的流通范围进行限制,仅限于日本流通销售,如果有人没有经作品版权人同意,擅自将在日本出版的作品运回英国进行销售,那么这种行为也是违反了英国的著作权法,对于擅自进口和销售人员来说,是共同侵权,销售人员虽然卖的是日本正版作品,但是侵犯了英国的著作权法,而形成了间接侵权。这种情况在网络文学作品和影视作品传播过程中大量存在。

---

① 郑成思:《版权法》,中国人民大学出版社 1997 年版,第 208 页。

在著作权间接侵权中,存在一种较为特殊的间接侵权,即具有特殊身份或履行特殊职责的人实施了侵犯著作权行为,为直接侵权,而与具有特殊身份或履行特殊职责的人的行为具有关联的个人或单位属于间接侵权。如不完全民事行为能力人实施了直接侵权,对于不完全民事行为能力人负有监管职责的人就是间接侵权。

判定行为人是否实施了间接侵权行为,可以依据以下三个方面:一是在作品被侵权的过程中,行为人是否实施了协助侵权行为;二是明知侵权作品,仍然从事销售、出租、复制等侵权行为;三是在作品被侵权过程中,行为人是否没有履行相应职责。当然,各国在认定此类间接侵权行为时,具有不同标准和尺度,需根据实际情况而定。

（3）违约侵权

在著作权的使用过程中,著作权人可以通过合同方式将部分著作权让与他人,通常分为转让合同或授权合同两种方式,合同中约定了双方对于著作权转让或著作权授权过程中的权利义务。著作权违约行为是指著作权合同当事人违反合同约定义务的行为,它包含对合同的不履行或不完全履行,以及无理拒绝履行、迟延履行和不当履行等所有违反合同义务的行为。违约行为对于合同相对方而言,侵犯其合法权益,属于违约侵权。违约侵权不一定都是非著作权人侵权,也就是不一定都侵犯了著作权人的著作权,著作权违约侵权仅为著作权合同违约中的一部分;也不一定是只有非著作权人违约才造成著作权侵权,著作权人违约,也可能造成对于被授权或转让的相对方依据合同所获取的著作权侵权。对于著作权违约合同判定需要根据实际情况而定。

著作权转让或授权可以通过完整合同文本,也可以通过相应合同条款来约定,故而著作权违约侵权不仅表现在著作权转让或授权合同中,也可以表现在其他包含了著作权转让或授权的条款中,如在封面设计或外观专利设计合同中可以约定涉及作品的著作权条款,而违反了这些条款会被认为是著作权违约侵权。

著作权违约侵权还包含一种特殊侵权形式,即在著作权创作过程中,合作创作者通常会对著作权归属等进行约定。对于这种有明确约定的著作权合同发生违约现象,既可以视为确权纠纷,也可以视为著作权违约纠纷,并不影响对著作权权益的维护。

判定行为人是否实施了违约侵权行为,可以依据以下三个方面:一是在知识产权转让或授权或合作开发合同中,是否约定了著作权条款;二是合同一方未依约履行有关著作权的义务,给合同相对方造成了损失;三是当事人是否因违约而对合同有不同看法,从而形成了相互之间的纠纷。

3. 混合纠纷

著作权包含了财产权和人身权,其使用和流转方式众多,情况复杂,故而两种或几种纠纷又常常交织在一起,形成一个事实引发多种纠纷法律关系的现象,这便是著作权的混合纠纷。在一个混合纠纷中,所涉及的可能是著作权范围内的各项权利纠纷,如在著作权使用过程中,人身权和财产权经常同时被侵权,涉及财产权和精神侵权纠纷,又如合作开发的作品,各方对于著作权的归属有不同意见,且实施了不同的作品使用行为,在此过程中,既有对作品著作权确权而产生的纠纷,也存在因权属不清导致的侵权纠纷;但是也有可能是著作权和专利权、商标权的混合纠纷,各个知识产权纠纷处理方式相互牵制,从而构成较为复杂的知识产权纠纷。

对于著作权范围内的混合纠纷,确定当事人对著作权享有的权利和义务是处置著作权纠纷的核心,对于著作权流转过程中所涉及的权利流转,需要对流转地域和时间进行分析,以便掌握著作权流转中权利的更替和当事人应负的义务;而对于著作权与其他知识产权的共同纠纷,应注意把握著作权作品侵权的认定需要比其他知识产权侵权认定要宽泛,因为专利等其他知识产权的表述更为明确,而且作品著作权认定方式不同,复制、出租等使用方式比其他知识产权灵活,如果遵循专利等知识产权保护方式,不利于著作权纠纷的处理。

(二)著作权民事纠纷处置归责原则

著作权作为自然正当权利,对其进行维护就是将被侵犯的著作权回归到自然正当状态。由于著作权与其他民事权利一样,具有特殊性,对其纠纷的处理应根据著作权的特性展开,才能妥善解决纠纷。在著作权侵权法律规定及理论不尽完备的情况下,准确地掌握和发挥著作权纠纷归责原则的功能,有助于解决著作权纠纷,维护著作权人的权益。

著作权纠纷处置原则依据当事人在知识产权纠纷中是否存在过错,以及对是否以该过错作为追究当事人责任的依据进行区分,可以分为过错责任原则、无过错责任原则。

1. 过错责任原则

过错责任原则,也称过失责任原则,是指以过错作为归责的构成要件和归责的最终要件,同时,以过错作为确定行为人责任范围的重要依据。过错原则包含一般过错原则和过错推定原则。一般过错原则是指当事人的主观过错是构成侵权行为的必备要件的归责原则。过错推定原则,是指一旦行为人的行为致人损害就推定其主观上有过错,除非其能证明自己没有过错,否则应承担民事责任。

直接侵犯作品著作权的当事人在主观上意图以非法手段获取作品权益,客观实施了侵犯著作权法的行为,对于那些明知违反著作权法,而故意实施共同侵权的行为人,其所适用的纠纷处置原则就是过错责任原则。如对于直接将他人有著作权的音乐作品刻录出版的当事人、为侵权作品提供运输及场地等行为人构成了共同侵权,所适用的纠纷处理原则就是过错责任原则。

2. 无过错责任原则

无过错责任原则,也叫无过失责任原则,它是指没有过错但造成他人损害的,依法律规定应由与造成损害原因有关的人承担民事责任的原则。无过错责任原则的法律特征在于:第一,不考虑双方当事人的过错。这里要强调的是两方的过错均不考虑,只有这样才可称之为无过错责任原则,否则其归责并未超出过错责任的范畴。第二,因果关系是决定责任的基本要件。就是说行为人有无责任,不取决于其是否有过错,而取决于损害结果与其行为及其物件之间是否有因果关系。第三,法律一般须有特别规定才可适用。

由于作品创作完成无需登记即可产生著作权,它具有无形性、地域性和期限性等其他民事权利不具有的特点,故对于作品使用中的无过错而使他人受到损害具有一定范围的普遍性,对于这种因著作权特性而导致的纠纷,就不适用过错责任原则,而应适用无过错原则才符合实际情况;且在当事人无过错纠纷解决过程中,由于各种原因导致原告没有充分证据证明被告有错误,但是由被告证明自己无过错而较为容易,故而,无过错责任原则更为适用当事人无过失著作权纠纷的解决。

各国对于著作权纠纷处置原则的采用和表述各有不同,其适用不仅考虑本国的立法习惯和执法环境,而且对著作权侵权特点和各方利益进行了衡平,针对著作权确权纠纷、侵权纠纷和混合纠纷中当事人的不同表现,规定了适用过错责任原则和无过错责任原则的不同情形。当然,在传统民法理论指导下,过错责任原则在著作权纠纷处理中占据了主要地位,但是由于著作权本身的特性,无过错责任原则亦具有适用的可能性,只是对于过错责任原则范围有所缩小而已。

(三)著作权民事侵权纠纷的解决方式

由于著作权民事纠纷分为三类,在归责原则的指导下,当事人之间的纠纷可以通过自力救济、调解、仲裁或诉讼等四种方式解决。

1. 自力救济

自力救济是指在著作权纠纷发生后,当事人在没有第三方介入的情况下,依靠自身的力量解决纠纷,维护自身的著作权权益。自力救济可以分为当事人之间的自决和和解,自决指的是通过单方力量使对方服从;而和解则是纠纷双方通过协商,自行达成著作权纠纷和解协议。自力救济可以说是民事权利维护的原始形态,在著作权刚开始被侵犯时,如事实清楚,侵犯情形不严重,著作权人可以通过自力救济的形式维护著作权,向涉嫌侵犯著作权一方发出侵权警告信或维权公函等方式,提醒涉嫌侵权方注意所使用的作品有违法之嫌,从而促进著作权纠纷方便快速解决。

当然,在自力救济过程中,不能违反法律规定,擅自扩大维权范围和程度,否则将会受到另一方的反诉;并且采用发出侵权警告信、或维权公函等方式的基础是发出公函一方有对方侵犯著作权的确切证据,否则对方将会以"侵权诉讼威胁其合法著作权"为由,向法院提起侵权诉讼,由发出公函方承担相应的著作权责任。

2. 调解

调解指的是著作权纠纷双方或多方当事人就争议的实体权利、义务,在法院或第三方主持下,自愿就著作权争议事项进行协商,并达成调解协议,从而解决著作权纠纷的方式。在调解中,所注重的是争议当事人对自身权利义务的处分和自由协商的过程和结果,最终体现在调解协议上的也是当事人最合意的结果,故调解协议对参与调解的当事人具有民事契约上的效力。在我国,如果调解是在法院主持下进行,并且调解协议达成后形成了调解书,在送达后具有与法院判决书一样的效力。

随着著作权纠纷的日益复杂和多样,可以通过调解解决纠纷的范围和种类越来越多,调解作用被更多国家所认识和运用,特别是那些首先运用诉讼解决著作权纠纷,由于不能忍受旷日持久的诉讼过程的当事人,常常会选择调解作为纠纷的解决方式。在上述因素作用下,运用调解解决著作权纠纷的国家日益增多,美国、法国等国家纷纷采取了调解作为著作权纠纷的解决方式,而日本则是专门设立了"著作权纠纷调解委员会"作为著作权纠纷处理机构。

3. 仲裁

仲裁指著作权纠纷发生后,当事　　　　　　　的仲裁协议,自愿将纠纷提交给仲裁庭进行仲裁,并受该　　　　　　　仲裁协议有两种类型,其一是当事人在著作权合同中订　　　　　　是在著作权纠纷发生之前或之后,专门订立有关著作权纠　　　裁协议。无论是哪一种仲裁协议,双方在著作权纠纷发生后,必须有将纠纷提交仲裁机构的合意或共同参加仲裁的行为,否则仲裁机构将会拒绝仲裁;在仲裁过程中,一方擅自退庭或有不服从仲裁规则的行为,并不影响仲裁庭的开庭审理;对于仲裁裁决,当事人应当自觉履行,一方不履行的,对方可以向人民法院申请强制执行。如果仲裁裁决有仲裁法规定的可以撤销或者不予执行的法定情形的,当事人可以申请人民法院撤销或者不予执行仲裁裁决。

各国对著作权纠纷纳入仲裁有不同规定,如美国仲裁协会(AAA)的仲裁受理范围中已经包含了著作权侵权纠纷的案件;在印度,设立了"仲裁庭",又称"版权委员会",专门解决著作权侵权纠纷;我国则不同,将著作权合同纠纷和侵权纠纷分别放在不同部门解决,在《著作权法》第54条中,对著作权纠纷进行仲裁作了规定,但是仅限于著作权合同纠纷,而将著作权侵权纠纷放在了行政管理部门进行处理或通过司法途径解决。

4. 诉讼

著作权诉讼是指著作权纠纷当事人依据民事诉讼法律规定,将双方争议提交法院审理,法院作出裁判以解决著作权纠纷的方式。在著作权纠纷中,无论是确权纠纷还是侵权纠纷及混合纠纷案件,或是申请诉前停止侵犯著作权、与著作权有关权益行为及申请诉前财产保全、诉前证据保全案件,或是其他著作权、与著作权有关权益纠纷案件等,均属于著作权诉讼内容。

著作权诉讼包含如下要素:

(1)主体

著作权纠纷案件的主体是指在著作权纠纷案件中,享有诉讼权利、承担诉讼义务,并使诉讼程序发生、变更或消灭的诉讼行为人。著作权诉讼主体包括了当事人、共同诉讼人和第三人等,具体包括作者和作者的继承人、受遗赠人、承担权利义务的法人、其他组织及第三人。在诉讼过程中,案件主体通过提交与著作权纠纷有关的证据,如作品创作证明、合法出版物及权利转让合同等证据,来维护自身权益。

著作权诉讼主体在案件审理过程中有原告、被告和第三人等三种身份,原告是指在诉讼过程中,向法院提起诉讼,请求法院进行裁判的申请人,被告是指在诉讼过程中,被原告指控侵犯著作权,从而参加到著作权诉讼中的人。由于著作权纠纷的复杂性,导致并非所有著作权人均是案件原告,无论是在著作权合同转让纠纷还是授权纠纷中,著作权人有可能因为违反合同约定或授权先后矛盾而成为被告。由于著作权人和与著作权有关的权利人可以授权著作权集体管理组织行使著作权或者与著作权有关的权利,故著作权集体管理组织也具有诉讼主体地位,可以以自身的名义提起诉讼。

（2）诉讼请求

著作权纠纷案件诉讼请求是指著作权诉讼的原告请求法院予以依法裁判的诉求,包含原告请求法院裁判被告承担停止侵权、消除影响、赔礼道歉、赔偿损失等民事责任,是当事人之间展开诉讼的核心。

著作权停止侵权的诉讼请求是指原告请求法院判令被告停止侵犯原告著作权的行为,实践中,针对被告的侵权行为,原告可以提出停止某具体侵权行为的诉讼请求,如诉讼前的诉讼请求可以表现为诉前禁令,就是著作权人要求涉嫌侵权人停止有关行为的措施,它实际上针对的是一种著作权侵害行为,不管行为人有没有过错,只要存在着涉嫌侵害他人知识产权的行为,著作权人就可以申请诉前禁令;又如请求法院判令被告停止销售出租原告的作品等。

著作权消除影响、赔礼道歉的诉讼请求是指在原告认为被告的行为侵犯了其精神权利,致使其人格受到损害,请求法院判令被告承担恢复原告名誉的诉求。著作权是包含人身权和财产权的权利,故而在侵犯著作权案件中,若涉及作者、表演者的自我名誉受到损害,则可以请求赔礼道歉、恢复名誉。在实践中,判断有无著作权受损主要可以依据是否因他人不法行为导致对某特定自然人或者法人社会评价的降低,该特定自然人或者法人可请求消除影响、恢复名誉;是否因他人不法行为导致某特定自然人自我评价降低、自我感受屈辱,该特定自然人可请求赔礼道歉;是否因他人不法行为既导致对某特定自然人社会评价降低,又导致某特定自然人自我评价降低、自我感受屈辱等几方面。

著作权赔偿损失的诉讼请求是指原告认为被告的行为给其造成了财产和精神损失,请求法院依法裁判被告予以赔偿的请求。著作权赔偿损失包括财产赔偿和非财产赔偿。财产赔偿的计算方式根据法律规定,目前有三种选择:一种是权利人的实际损失;第二是侵权人的侵权获利——实际上就是一种不当得利;第三种是在侵权人的侵权获利和权利人的实际损失没有办法确认的情况下,由法官根据案件的综合因素确定赔偿额,这个赔偿额应当是在法律规定的权限之内。

著作权损害赔偿第二个方面是非财产赔偿,也就是精神损害赔偿,目前对于著作权领域的精神损害赔偿主要是依据各国侵权法律中有关精神损害赔偿的标准进行给付。我国在《民法通则》第 106 条中对精神损害作了规定,在2001 年修改的《著作权法》第 46 条中对侵权损害作了规定,但是并没有对是否侵害精神损害进行直接明确规定,在最高人民法院 2001 年出台的《关于确定民事侵权精神损害赔偿责任若干问题的解释》中也没有明确提及著作权侵权精神损害赔偿;2005 年北京高级人民法院出台《关于侵害自然人著作权和表演权利的就是损害赔偿的指导意见》,对于作者的人身权保护进行了突破,将作者的人身权侵权导致的精神损害赔偿纳入到民事侵权应予赔偿的范畴,该意见在北京市高级人民法院于 2006 年 5 月 22 日宣判的庄羽诉郭敬明抄袭一案中予以适用,判令侵权方郭敬明和春风文艺出版社共同赔偿庄羽经济损失 20 万元及精神损害赔偿金 1 万元,该案是我国著作权精神损害赔偿判决第一案,对于著作权精神损害赔偿适用民事侵权导致的精神损害赔偿进行了有益探索;2009 年 3 月,最高人民法院下发了《关于贯彻实施国家知识产权战略若干问题的意见》,提出要突出发挥损害赔偿在制裁侵权和救济权利中的作用,坚持全面赔偿原则,依法加大赔偿力度,加重恶意侵权、重复侵权、规模化侵权等严重侵权行为的赔偿责任,努力确保权利人获得足够的充分的损害赔偿;2010 年我国修订的《著作权法》第 47 条、第 48 条,提出了"对于侵权责任停止侵害、消除影响、赔礼道歉、赔偿损失等民事责任",这些法条结合最高法在 2001 年、2009 年的司法解释综合运用,可以认为我国著作权侵权案件中精神损害赔偿制度业已初步建立。

(3)管辖

著作权诉讼管辖是指各级法院和同级法院在受理著作权案件的分工。法院在受理著作权纠纷案件时,分为地域管辖和级别管辖。

地域管辖是指同级别法院之间受理著作权纠纷案件的分工和权限。由于著作权使用和传播方式种类繁多,导致作品在被发现侵权时往往流通较多范围和区域,需要区别不同情况进行处理。如果是合同纠纷,著作权合同履行地或被告所在地法院往往具有管辖权,如果是侵权纠纷,通常由侵权行为地——包括侵权行为的发生地、侵权行为的结果地或者被告所在地的法院管辖,对于由于作品的传播、复制、出租、演绎、表演、广播等行为而导致作品被侵权,著作权人可根据作品传播过程中不同的侵权类型和程度,选择诉讼管辖法院。

级别管辖是指层级不同的法院受理著作权纠纷案件的分工和权限。各国对于著作权纠纷的级别管辖各有不同,有的规定著作权纠纷由特定法院管辖,在我国著作权纠纷案件一般都是由中级人民法院管辖,除少数经过最高法院批准的基层法院具有管辖权外,其他的基层法院没有著作权纠纷案件管辖权。

(4)诉讼时效

著作权诉讼时效是指在纠纷发生后,当事人向法院提起诉讼的时间界限,该时间界限自著作权人知道或者应当知道侵权行为之日起计算,超过诉讼时效的纠纷案件法院不予受理。不同国家对诉讼时效有不同规定,有不少国家将著作权纠纷案件诉讼时效规定为 3～7 年,我国对著作权纠纷案件诉讼时效规定为 2 年。如果著作权侵权行为发生后,一直在持续,则著作权诉讼时效制度不发生作用,只要在该著作权保护期内,权利人提起诉讼时侵权行为仍在持续,均可向法院请求著作权保护的诉讼请求;且由于侵权行为一直继续,由侵权所带来损失的赔偿可以累积计算。

二、著作权刑事保护

(一)著作权刑事保护综述

随着社会经济发展和技术进步,作品的创作形式和利用方式越来越多,著作权传播使用所涉及的主体、客体和内容日益复杂,在这种情况下,仅仅运用民事和行政保护已经不能适应著作权的使用要求,特别是对那些情节严重、性质恶劣的著作权侵权案件,有必要也有可能运用刑事手段对著作权进行保护,维护著作权及其相关利益不受损害。由此,著作权刑事保护开始受到各国重视并不断得到加强,各国纷纷在国内著作权立法中增加了刑事保护规定,著作权刑事保护逐步成为著作权国内保护体系的重要组成部分。如英国 1988 年《联合王国版权、外观设计与专利法》第 107 条,美国 1976 年《版权法》第 506 条、第 2318 条、第 2319 条,我国《著作权法》第 47 条等均有规定。

由于著作权使用、流转日益国际化,为完善著作权保护,各国除了在国内立法中制定了著作权的刑事保护规定,各国之间签订的国家条约也增加了著作权的刑事保护条款。迄今为止,在国际公约包含了著作权刑事保护条款的有:《保护文学艺术作品伯尔尼公约》、《保护表演者、录音制品录制者与广播组织公约》、《录音制品日内瓦公约》、《与贸易有关的知识产权协议》等。在上述公约中,《与贸易有关的知识产权协议》第 61 条对著作权刑事保护作了明确规定:"缔约方应规定,至少在以商业规模蓄意地假冒商标或剽窃著作权的案件中适用刑事诉讼程序和刑事处罚。适用的法律补救措施应包括足以起到惩罚作用的监禁和/或罚款,其处罚程度应与具有相应严重性的罪行法律补救措施的处罚程度相一致。在适当的案件中,可采用的措施还包括充公、没收或者销毁侵权复制品以及任何其主要用途是用来进行上述犯罪行为的材料和设备。缔约方可以规定将刑事诉讼程序和刑事处罚应用于其他侵犯知识产权的案件,特别是当侵权行为是蓄意的和以商业规模来进行时。"该规定不仅影响并指导各国之间公约中增加有关刑事保护内容,而且指导了各国国内对著作权刑事保护的立法。

在实际适用过程中,设立著作权保护体系,需要对著作权犯罪进行分析,确定著作权刑事保护所采用的理论,并运用到著作权保护的实际中,才能实现著作权刑事保护的目的。

(二)著作权犯罪分析

著作权犯罪是指犯罪行为人实施了侵犯著作权人权益,性质恶劣、社会危害严重,应受到刑罚处罚的行为。由于著作权犯罪是侵犯作品权利人的行为,与其他犯罪行为相比,具有特殊性,有必要对著作权犯罪行为和性质进行分析,从而明确著作权犯罪的实质,才能较好地适用著作权刑事犯罪理论,建立刑事保护体系。

1. 著作权犯罪行为分析

由于著作权包含了人身权和财产权两部分,故而著作权犯罪就是对这两方面的侵犯:

(1)侵犯人身权犯罪行为

侵犯作品人身权的犯罪行为是指未经著作权人许可,擅自对作品的人身权进行处分,社会危害性大理应承担刑罚的行为。由于著作权的人身权包括发表权、署名权、修改权、保护作品完整权、身份权和收回权等内容,故侵犯著作权人身权的犯罪行为就是对上述权能的侵犯且达到触犯刑罚的程度。在上述权利中,收回权被认为是赋予作者的一个极端的权利,只有在保护精神权利比较典型的国家才能见到,如法国、德国、意大利规定了收回权,故对于收回权而言,仅在这些国家中才有收回权的犯罪行为;且上述六种权利在各国全部规定的并不多见,仅有法国规定了全部的六项权利,大多数国家只是规定其中的四项或者五项,《伯尔尼公约》只是明确规定了作品的身份权和保护作品完整权两项精神权利,所以对于著作权人身权犯罪而言,在判断著作权人身权侵权行为是否犯罪应根据不同国家的法律规定。我国规定了发表权、署名权、修改权、保护作品完整权等四项权利。

在作品使用过程中,如果行为人未经著作权人许可,擅自决定将作品对外发表,或擅自决定作品发表的时间和地点的行为;或者行为人实施了将他人作品标注为自己作品的行为,以及将自己作品标注为知名作家或权威人士名称,试图以次充好、以假乱真的行为;或者未经著作权人同意,擅自对作品实施修改,破坏作品原意,破坏作品完整性的行为;或未经著作权人同意,破坏作品的标示,在已经完成的艺术作品的原件上标记著作权人著作权标志,或者散发标记这种标志的作品的原件的行为,可以认定为侵犯著作权的行为,如果性质恶劣、社会危害性严重,违反了本国刑法规定,可以认为是侵犯作品人身权的犯罪行为。

(2)侵犯财产权犯罪行为

侵犯作品财产权犯罪行为是指未经著作权人许可,擅自对作品进行使用、转让,获取非法收益或致使著作权人受到经济损失,应受到刑罚处罚的行为。对于作品的财产权被侵犯而言,经济利益被侵犯以及严重程度是判断著作权纠纷属于民事纠纷还是刑事纠纷,或是属于侵犯人身权还是财产权的核心。

由于作品可以通过复制、发行、出版、表演、放映、广播等方式使用,为便于管理,在著作权法律体系中规定了相应的财产权内容。这些不同的财产权在流转过程中涉及不同主体、不同经济利益,通常也会产生不同的侵权方式和侵权结果。在判断侵权行为是否属于侵犯财产权刑事纠纷时,首先应该对承载著作权的载体——作品是否是刑事法律保护对象进行判断,如果承载著作权的载体被部分纳入到刑法体系中,那么对未纳入到刑法体系的作品,即使是发生了数额较大的侵权行为,也不能认为是侵犯财产权的犯罪行为,而是侵犯财产权的民事行为,如美国对著作权刑事犯罪客体的规定;其次对侵犯著作权的犯罪具体行为应进行辨析,结合刑事法律对作品财产权保护的规定,针对作品在侵权过程中所涉及的权利内容进行分析,区分哪些是侵犯人身权的犯罪行为,哪些是侵犯财产权的犯罪行为;最后,对侵犯财产权的行为造成的社会危害性进行分析,具体比对违法行为对经济利益和社会影响的程度分析,把握刑事犯罪和民事纠纷界限,从而得出违法行为是否侵犯财产权的结论。

2. 著作权犯罪性质分析

前已述及,对侵犯人身权和财产权行为亦有民事调整方式,但是当侵犯著作权行为性质恶劣,达到一定的社会危害性,则进入到刑法领域,由刑事法律调整,即刑事法律调整成为了著作权保护的最后方式。因此,著作权刑事犯罪通常是著作权民事侵权的演进,且和著作权民事侵权之间存在密切的联系,故而对著作权刑事犯罪性质进行分析,有必要结合民事侵权从以下几方面进行分析:

(1)法定性

为正确利用刑法惩治著作权犯罪,防止滥用刑罚,必须严格按照刑法的法定性,确定侵权行为是否达到著作权犯罪标准。法定性也是著作权犯罪的根本属性,正是由于著作权犯罪具有法定性,著作权犯罪才能和著作权民事侵权行为区分,刑罚才能有正确的适用对象。鉴于著作权犯罪所侵犯的是无形智力成果,与其他刑事犯罪相比,有其特殊性为规范著作权刑罚的适用,有必要对"作品"、"发行复制"、"违法传播"等著作权概念和术语进行明确定义,对著作权犯罪方式和行为进行规定,禁止扩大著作权犯罪范围等。

（2）主观故意性

著作权民事侵权和著作权犯罪侵权所针对的客体都是作品的著作权,在区分著作权侵权行为与刑事犯罪的界限时,应考虑的是行为人的主观因素。著作权犯罪的主观方面是故意,且必须以营利为目的。主观上的故意是指自己没有该作品的著作权并且也没有取得该著作权人的许可而故意非法复制、发行他人的作品或者明知不是某人的美术作品而假冒该人署名以便从中获取钱财。过失侵权行为,不能构成著作权犯罪。

（3）社会危害性

侵权与犯罪最大的区别在于对社会的危害程度不同,而侵权与犯罪的数额,则是衡量行为人的行为对社会危害程度的最直观、最重要的尺度。是否达到一定的犯罪数额,是著作权侵权行为构成犯罪的必备条件,这也是判断侵权行为具有的社会危害性是否严重,从而触犯刑法的依据。

当然,行为人的社会危害性不仅仅体现在经济方面,还可以体现在行为人的行为是否造成了重大恶劣的社会影响,是否严重损害他人身心健康,是否严重危害了社会秩序和国家利益等方面,以此都可以作为判断行为人所实施的行为是否从民事侵权行为演变为刑事犯罪,如果当事人所实施的行为经济危害性小,但是具有上述危害性的话,仍然属于著作权刑事犯罪行为。

（4）对象特殊性

著作权实质是无形智力成果权,为便于保护,著作权保护设定的核心是著作权的外在形式,而不是著作权内容,故而承载著作权的各种文字作品、音乐影视作品和绘画作品等成为了著作权保护的对象。据此,著作权犯罪所实施犯罪行为侵犯的对象也是著作权的各种外在的承载载体,与其他犯罪行为所侵犯的对象相比,具有特殊性。

（三）著作权刑事保护理论基础

著作权犯罪侵犯了作品所具有的人身权和财产权,在对作品进行保护过程中,作为维护权利、制衡利益的强效手段,著作权的刑事保护需要对权利属性、正当性进行理论分析和选择,构建刑事保护的理论基础,由此才能建立合适的刑事保护模式。

1. 权利属性分析

著作权行使过程是权利人使用、处分权利的过程,所涉及主体有权利人、社会和国家,产生了私人利益、社会公共利益和国家利益,纠合了私权、公权和社会公共利益权。对著作权进行刑事保护,需要在处理作品使用、处分带来的经济利益同时,对著作权的权利属性进行分析,以辨析刑事保护的权利。

著作权体现了强烈的个人属性,本质上属于私权,而著作权刑事保护是国家司法机构运用国家设立的暴力机构对著作权实施保护,这两者结合,表明了公权力和私权在维护著作权合法权益上的融合。无论是民事保护还是刑事保护,无论是自力救济还是公权力救济,保护、救济的目的都是为了衡平作品的利益,激发作者的创作激情,为社会和国家创造收益,若作者的利益受到损害,社会公共利益和国家利益也将受到损害。在维权过程中,存在公权力向私权的渗透,但并不改变著作权私权本质,表现在著作权行使需要通过私权主体的处分,维权通过私权主体向公权机构诉求的过程中,私权始终是处于中心地位,即便是著作权刑事保护也不例外。

著作权刑事保护既维护了著作权人利益,也维护了社会公共利益。两个利益主体具有不同的利益追求,为衡平双方利益,有必要在设计刑事保护制度时,对这两种利益进行选择。不同国家有不同选择,有的国家著作权法律规定侧重保护著作权人利益,认为著作权是个人拥有的无形财产权,侵权行为会给权利人造成严重经济损失;有的国家认为著作权犯罪不仅侵害权利人利益,而且更重要的是危害社会公共利益,因而将社会危害性作为判定侵权是否达到犯罪的重要标志。不同的立法选择具有不同效果,但都反映出著作权人的利益需要维护,著作权的私权属性不变。

2. 正当性分析

著作权是作者因创作作品而自然具有的权利,只要作者创作完成作品即享有作品的著作权,这表明著作权是自然正当权利。对于著作权刑法保护的正当性可以从两个角度来看:从应有权利层面看,可从人的价值即主体在创造性活动中自由与平等的价值需要的角度加以理解;从实有权利层面看,是基于其现实的制度运行有其推动历史进步、促进经济增长等的社会功能。[①]

从应有权利层面上看,刑法是规范社会关系,保证社会关系能够在有序的环境中予以发展,维护国家、社会、个人之间利益,维护没有犯罪的人不受刑法追究以及犯了罪的人不受法外追究,从对国家的刑事追究权力予以适当限制,以保障公民合法权利不受国家非法侵犯的法律。上述功能决定了刑法具有天

---

① 胡朝阳:《知识产权的正当性分析——法理和人权法的视角》,人民出版社 2007 年版,第 92 页。

然的公平公正性,维护各类主体合法权益是刑法制定的出发点和归宿。著作权是作者在完成了智力创作活动后,应获得的权利,当这种权利因各种原因受到侵犯时,刑法所具有的保护功能就理应对这种侵害行为进行惩罚,以维护创作活动的自由和平等,否则就违背了刑法制定和出台的目的。

从实有权利层面上看,著作权犯罪不仅对著作权人权益造成损害,而且侵犯了我国的著作权管理制度和秩序,进一步危害到知识产权领域的正常秩序,对社会经济利益造成了损害。刑法保护能够确认和保护著作权人的正当合法权益,为著作权合法流动创造条件,进而鼓励全社会积极创造新产品,推动著作权对象创新,起到发展社会经济作用,实现刑法所具有的社会调整功能。

综上,无论是对著作权刑法保护的权利属性分析,还是对刑法保护的正当性分析,都可以看出著作权的刑事保护应围绕着著作权的私权属性展开,建立的刑事保护理论应是保护自然正当著作权的理论,建立的保护措施是符合公平利益和著作权发展要求的措施;而在刑事保护理论引导下,通过尊重作者创作劳动成果的报酬权,对个人和国家的利益进行适度衡平,并根据著作权的特性,在考虑本国的立法习惯和渊源的基础上,设置不同的人身权和财产权保护内容和方式的刑法体系,从而达到维护著作权合法权益的目的。

(四)著作权刑事保护司法实践

出于不同利益和正当性需要,各国刑法对著作权自然正当性的保护有不同表现,体现在各国的著作权刑事保护司法实践中:

1. 美国著作权刑事犯罪规定[①]

美国现行著作权法的相关内容放在美国法典的第 17 编、第 18 编内,对著作权进行刑事保护的条文由第 506 条、第 2318 条、第 2319 条组成。法典的第 506 条规定了侵犯版权的刑事犯罪,第 2318 条规定了刑罚处罚,第 2319 条规定了犯罪成立条件和刑罚处罚程度。

由于美国版权法规定版权只能是通过登记取得,故而美国版权法对影片、音乐、音像作品的版权进行保护,其他的作品只能运用民法保护,故美国版权法第 506 条所规定的著作权犯罪行为,也是围绕着影片、音乐、音像作品的版

---

① 本文所诉著作权犯罪来源于《美国法典》第十八篇《犯罪与刑事诉讼》第 2318 条、第 2319 条。

权展开:①

（1）以营利为目的侵犯版权的犯罪。指为了商业利益或私人赚钱,在任何180天期间复制或发行至少1000份侵犯一件或多件录音作品版权的录音制品或复制件;涉及在任何180天期间复制或发行至少65部侵犯一部或多部影片或者其他音像作品版权的拷贝的行为。

（2）欺骗性进行版权标记的犯罪。指任何人出于欺骗的目的,在任何物品上载有这种人明知其伪造的版权标记或类似字样;或者任何人出于欺骗的目的公开发行或者为了公开发行而进口载有这种人明知其伪造的这种标记或类似字样的物品的行为。

（3）欺骗性取消版权标记的犯罪。指任何人出于欺骗的目的取消或更改版权作品上任何版权标记的行为。

（4）伪造说明的犯罪。指任何人在申请第409条版权登记时或者在与这项申请有关的任何文字说明中,故意对具体事实伪造说明的行为。②

2. 德国著作权刑事犯罪规定

德国在著作权开始立法时,并不重视著作权的刑事保护,直至1985年,在重新修订的《联邦德国著作权及有关保护权的法律》才将著作权刑事保护列入其中。现行德国著作权保护法律体系由1990年7月1日生效的《德国反盗版权法》和1993年修订的《联邦德国著作权及有关保护权的法律》组成。在上述著作权法律体系中,规定了著作权犯罪行为主要有:

（1）未经许可使用著作权罪。德国著作权法规定:"①在法律许可的情况之外,未经著作权人许可,对作品、改编或改写的作品进行复制、传播、公开复述的,处以3年以下监禁或者罚金;②本罪的未遂应受到刑事处罚。"

（2）不经许可显示著作人名称罪。德国著作权法第107条规定:"①未经著作权人许可,在已经完成的艺术作品的原件上标记著作权人著作权标志,或者散发标记这种标志的作品的原件;②在已经完成的艺术作品的复制品、加工品或者改制品上标记使复制品、加工品或者改制品看起来像原件的著作权标志,或者将标记这种标志的复制品、加工品或者改制品加以传播的,处以3年以下监禁和罚金,如果该种行为不能使用其他规定予以更加严厉的处罚的话;③本罪的未遂应当受到刑事处罚。"

---

① 来源于《1990年视觉艺术家权利法》,公法第101～650号,成文法第104卷,第5089、5128、5131页,对第506条作了修正,在该法末尾增加了(f)款。

② 孙思强、于改之译:《美国版权法》,中国人民大学出版社2002年版,第71页。

(3)侵犯邻接权以及与著作权有关的其他权利罪。对于在法定许可情况外不经权利人许可所为的下列行为,处 3 年以下监禁或处以罚金:①非法复制、传播或者公开复述尚未获得著作权保护的科学性履行物或者这种成果的改编或改写作品的;②非法使用他人在著作权保护期满以后发表的遗作或者加工、改编这种遗作的;③非法复制、传播或者展出照片或者照片上的加工、改编作品的;④非法使用艺术表演者之表演的;⑤非法使用录音录像制品的;⑥非法使用电台广播节目的;⑦非法使用电影的;⑧非法使用数据的。

(4)不法营业之罪。如果行为人从事非法的复制或传播系营业性质的,处以 5 年以内的监禁或罚款。行为人对该行为的企图也受刑事处罚。

3. 我国著作权刑事犯罪规定

我国一向是重刑轻民,但是在著作权立法上的刑事犯罪立法处于滞后状态,1910 年制定的《大清著作权律》虽规定有罚金刑,但未及实施便告终结;解放后,我国政府根据国家经济发展现状,制定并完善了一系列著作权保护制度,于 1994 年颁布了《全国人大常委会关于惩治侵犯著作权的犯罪的决定》。在 1997 年 3 月 14 日通过的修订后的《中华人民共和国刑法》第三章第八节专门规定了"侵犯知识产权罪",共规定了 2 条 2 个罪名,即第 217 条的侵犯著作权罪以及第 218 条的销售侵权复制品罪,在 2001 年修订的《著作权法》第 47 条对侵犯著作权行为进行了规定,最高法院和最高检察院在 2004 年制定了《关于办理侵犯知识产权刑事案件适用法律若干问题的意见》(一)、2007 年制定了《关于办理侵犯知识产权刑事案件适用法律若干问题的意见》(二),形成了著作权刑事保护体系,对著作权刑事犯罪行为规定如下:

(1)侵犯著作权罪。我国《刑法》第 217 条规定:"以营利为目的,有下列侵犯著作权情形之一,违法所得数额较大或者有其他严重情节的,处三年以下有期徒刑或者拘役,并处或者单处罚金;违法所得数额巨大或者有其他特别严重情节的,处三年以上七年以下有期徒刑,并处罚金:(一)未经著作权人许可,复制发行其文字作品、音乐、电影、电视、录像作品、计算机软件及其他作品的;(二)出版他人享有专有出版权的图书的;(三)未经录音录像制作者许可,复制发行其制作的录音录像的;(四)制作、出售假冒他人署名的美术作品的。"

(2)销售侵权复制品罪。我国《刑法》第 218 条规定:"以营利为目的,销售明知是本法第二百一十七条规定的侵权复制品,违法所得数额巨大的,处三年以下有期徒刑或者拘役,并处或者单处罚金。"

第二节 企业著作权管理

一、企业著作权战略管理

当著作权所包含的人身权和财产权的内涵为企业所认识后,企业便与著作权紧密结合在一起。企业通过合理开发利用著作权,不仅可以获取良好的社会效益和经济效益,而且可以提高著作权的利用程度和发展创新,所以企业在制定发展战略时,通常把著作权战略作为其重要的组成部分。由于企业著作权战略是对企业所拥有的各种资源综合调度,为合理利用资源,有效实现企业著作权发展目标,需要对企业著作权资源进行统一调配和管理,这样才能利用著作权相关信息,研究分析竞争对手的状况,实施技术研究、开发、应用和对市场的合理配置,从而实现企业利益。

(一)战略管理概述

企业著作权战略管理是指为了实现企业著作权长期利益和发展目标,在对企业内外条件和环境进行分析确定企业著作权发展战略的基础上,合理调配、运用各种资源完成企业著作权战略,以实现在技术、市场竞争中获取最大经济利益所实施的管理行为。企业实施著作权战略管理的目标是通过管理方式对企业资源进行合理利用和调配,完成企业著作权战略所制定的计划、目标。在管理过程中,注意将著作权合理有效利用贯穿企业的经营管理理念之中,有效调节著作权的挖掘、查新和经济综合分析,将企业发展与著作权保护、利用融合,在对企业进行管理的过程中,顺利实现企业发展。

(二)企业著作权战略管理特征

1. 综合性

企业著作权战略管理相对于国家著作权战略管理而言是微观管理,但从企业内部来看,是企业发展战略的组成部分,属于企业宏观管理内容,故企业著作权战略管理既是宏观管理又是微观综合管理。这要求企业在制定著作权战略时,需要根据国家著作权战略管理安排,在对国家科技、经济发展综合把握的前提下,遵循知识产权法制环境和政策环境制度,以通过著作权制度促进企业创新和经济发展为目标,制定企业内部著作权战略管理制度。这就是把企业的战略管理融合在国家著作权战略管理体系之中,以国家战略管理构筑企业战略管理的框架,结合企业本身资源和条件,确定企业战略管理方向,在实施企业著作权战略管理过程中,配合实施国家著作权战略管理,达到企业、国家著作权战略管理融合实施,从而提高企业竞争力,推动企业创新管理。

2. 全局性

企业著作权战略是对企业发展的全局性规划,它既涵盖了企业著作权现状、资源、市场信息、行业动态等,也包含了企业今后的发展计划和战略选择,是企业著作权创作、管理、运用和保护的全局性策略。在实施企业著作权战略管理中,对企业发展作出全面考虑和综合分析后,通过对企业的战略思想、战略目标、战略任务和战略措施等进行全面规划作出企业发展的战略决策,它涵盖了企业发展的方方面面,是企业在著作权领域全面发展的依据。

3. 过程性

企业著作权发展战略是制定企业发展的长期计划,这决定了对战略进行管理是一项长期的过程管理。在管理过程中,对战略实施管理需要对企业自身条件和面临的外部环境进行充分的评估、把握和分析,以便制定出与企业著作权战略相吻合的管理方式,在对著作权战略规划进行选择、评估后,根据管理对象和管理层级不同,制定出具体的管理制度实施计划并予以落实。在管理过程中,对涉及企业的研究开发、技术创新、品牌建设、制度规范、组织体系、经费保障、人力资源配备、信息网络建设等多方面进行沟通,以便及时解决管理中存在的问题,注重对管理过程的动态监控和评估、反馈,以使著作权战略规划的实施沿着既定的目标前进。实际上,企业著作权战略管理本身就是一个企业对著作权实施经营管理的运行过程,包含于企业的日常经营管理过程中,实现在企业著作权经营管理的实施步骤、程序、条件和运行状态中。

(三)企业著作权战略管理分析和制定

企业著作权战略建立在对企业内外环境和条件进行综合分析的基础上,著作权与企业其他战略对象不同,是智力劳动成果,具有无形性,故而为实现企业著作权战略,需要根据企业实际情况开展著作权管理,也就存在战略管理选择和制定问题。

1. 环境与条件分析

在企业与外界进行相互作用过程中,无形性的著作权交换和使用与其他物权不同,存在特殊性,受到国家的特别管理,具有特别的环境和适用条件,这种不同和特殊性不仅体现在企业著作权战略制定上,而且体现在著作权战略管理实施上。

企业著作权战略管理受如下环境和条件因素影响:企业所处的外部宏观

政策环境、主导产品市场竞争状况、技术状况、专业人才状况、企业管理的基础状况等。

(1)外部宏观政策环境

企业是社会组成部分,不仅企业著作权战略制定受国家、社会的大环境影响,而且企业著作权战略管理实施也受到国家、社会影响。国家为了引导企业和技术发展方向,经常会颁布一些鼓励创新政策,在实施企业战略管理过程中,应该优先对国家发布的鼓励创新政策进行跟踪解读,了解国家最近关于企业著作权发展的大环境,并将政府发布的科技开发政策、融资政策、税收政策等融合,在管理过程中体现政策的热点和重点,有意识地通过管理方式引导企业著作权战略向国家政策靠拢;并根据本企业特色,引导企业建立相应的著作权战略管理制度,以实现企业经济利益最大化,实现全局性、整体性的企业发展局面。

(2)主导产品市场竞争状况

对于企业而言,主导产品的成败往往涉及企业的核心利益,是企业能否继续经营的关键。对主导产品在国内外市场竞争进行调查,不仅可以了解主导产品、主要竞争对手的分布状况、市场占有状况,以及产业的发展趋势和产品的生命周期,而且可以根据主导产品的调查结果,有针对性地把握企业生产有利因素和不利因素,调整企业的战略目标和产品生产,理顺生产经营管理过程中的资源调配,对本企业战略制定和发展起到促进作用。

(3)技术状况

企业的发展进步与企业技术水平、创新能力具有密切关系,由于企业的创新成果和作品新的表现形式受到技术创新的制约,导致了企业的技术在企业著作权战略中占据重要地位。通过管理加强对企业关键技术、核心技术的研发与管控,在加强市场技术调研的前提下,强化对作品新的创作、传播、表现、演绎技术进行研究、突破,可以使企业获得价值更高、更有竞争力的成果,有助于企业著作权商业化、产业化发展。

(4)专业人才状况

著作权是伴随作品而产生的民事权利,作品的创作者、传播者和演绎者对作品均付出了创新劳动,所以法律赋予了他们享有一定的著作权。对于围绕著作权开展经营管理企业而言,进行作品创作、传播和演绎的专业人才就是企业获利的源泉,吸引优秀人才到企业就业,建立人才梯队成为企业著作权战略的重要组成部分。在进行企业著作权战略管理过程中,注重人性管理,对人才战略开展重点服务与关注,为建立构架合理的人才结构提供财力、物力和人力上的支持。

（5）企业管理的基础状况

在对企业著作权战略进行管理过程中，企业对生产经营、技术开发、市场营销开展的生产管理、财务管理、市场营销、研究与开发、人力资源管理、管理信息系统等构成了企业经济管理体系。企业管理体系状况直接决定了企业著作权战略实施结果，不同的企业有不同的发展和管理方式，无论哪一种企业，在根据企业著作权战略实施要求进行企业管理时，需要对企业现有管理体系的调研和预判，发现企业现有管理体系中的不足和缺陷，有针对性地开展管理体系自我调整和完善，以适应企业著作权战略实施。

2. 战略管理的选择与制定

企业著作权战略管理的选择与制定是指在企业战略实施过程中，为实现战略目标，根据战略要求和企业的实际情况，企业在原管理原则、制度和机构的基础上，针对性地进行管理体制、模式和机构的设计与设置，以适应战略发展要求。

企业著作权战略管理的选择与制定是一个系统工程，既涉及现有企业管理模式的调查研究，又涉及企业战略发展所需要的管理模式的调查研究，它波及企业管理的方方面面，是对企业整体管理模式在现有基础上的重塑与发展。由于不同企业有不同企业类型、不同规模、不同著作权经营方式、不同企业经营策略、不同企业发展方向，导致了企业有不同企业著作权战略，有不同的战略管理模式可供选择和制定。虽然企业著作权战略不同，但通常都经过战略分析、战略选择和战略决策等三个过程，战略管理通常都涉及对这三方面的管理。无论是上述哪一方面、哪一阶段的管理，企业在对著作权战略管理进行各自判断与决策时，所实施的战略管理的选择和制定都具有如下特征：

（1）一致性

作为企业著作权战略实施方式，企业管理模式的选择与制定应该与著作权战略目标一致，管理进行调整的方向要和企业著作权战略发展的方向一致。在选择和制定企业的管理模式及各个管理机构、管理人员责、权、利时，应该按照一致性要求，围绕企业著作权战略展开；并根据企业著作权战略阶段性发展要求，把握企业著作权发展目标和实现目标的方式，阶段性地一致开展企业管理模式更新和完善，以期在实现企业著作权战略阶段性目标同时，实现企业管理模式阶段性改革和完善。

（2）适当性

企业著作权战略是企业发展的宏观决策，实施过程中受到企业自身各项因素限制。管理既是实现战略的必要手段,也是影响和限制企业发展的重要因素。鉴于管理在企业著作权战略发展中的重要地位,在进行企业管理模式的选择和制定时,应对企业战略目标进行精确把握和定位,适当地根据著作权战略发展要求进行管理调整和完善,可以促进战略目标下管理模式的选择和制定;否则,将会因管理模式不适应企业著作权战略要求而对企业发展造成负面影响。

(3)同步性

在不同阶段,企业著作权战略会有不同的发展目标和发展重点、不同的步骤和节奏,在选择和制定管理模式时,不能过快过慢调整管理模式,而应根据战略的这些要求,制定出与著作权战略同步的管理体制,并根据这些管理体制同步调整管理方式和重点;否则,将会因管理脱节而阻碍企业著作权战略实施。

(四)企业著作权战略管理实施

在企业著作权战略管理实施过程中,通过对企业著作权战略管理进行归纳和分析,企业建立的著作权战略管理实施包含如下内容:

1. 战略思维管理

企业著作权战略思维管理就是企业通过正面引导和侧面激励等管理方式,推动企业及其员工建立对企业著作权全局的、长远的、根本性的重大问题进行分析、综合、判断、预见和决策思维的过程。通过企业著作权战略思维管理,可以激发和引导企业和员工对企业战略思考的动力,形成企业和员工的思维合力,从而有利于形成统一、明确的企业战略目标。企业在战略思维管理中需要注意管理的方式方法,通过对企业信息和行业信息以及国家相关政策信息的比对分析,引导企业和员工对企业著作权发展战略问题进行思考;引导企业和员工运用科学思维方式对作品的创作、传播、演绎等方式进行深入分析,对著作权各个要素在不同情况下的不同表现进行分析,对企业运用作品和著作权的整体状况进行分析,并综合企业的基础情况对作品及其著作权发展的目标、计划、方针等战略思维问题进行思考,以实现思维管理的目的。

2. 战略目标管理

企业著作权战略目标管理是指企业根据自身状况和发展方向,通过科学管理方式确定企业战略经营活动预期取得的成果值,并在实施过程中运用管理实现预期值,以及根据实际情况通过管理及时对预期成果值进行调整的过程。在企业设定目标过程中,需要通过管理手段加强对企业目标设定的科学性进行管控,不能随意确定企业的战略目标,且科学管理思想和方式也会促进企业著作权战略目标的实现。这表明当企业著作权战略目标管理是指企业在确定长期性、宏观性、全面性的著作权战略目标时,应该对企业著作权的优势、劣势进行明确,并通过研究确定哪些是企业著作权最有可能发展的方向,哪些是企业著作权未来发展过程中最大的障碍,从而确定具体的、量化的、可实施的、可控制的企业著作权战略预期成果;在企业战略目标实施过程中,不断根据企业的内外环境和条件对目标进行调整,形成对战略目标的分析—决策—执行—反馈—再分析—再决策—再执行的动态循环,从而实现对著作权战略目标的动态管理,达到完成战略目标的管理目的。

3. 战略任务管理

企业著作权战略任务管理是指企业通过管理方式实现企业在一定时期作品、著作权和经营预期目的的过程。企业著作权战略任务是企业著作权战略目标的分解,相对于战略目标而言是具体的、可实现的。据此,企业对著作权战略任务管理就是根据企业自身条件,对企业战略目标进行分解,确定当前作品、著作权和经营阶段性的目的,细分企业作品、著作权的市场,划分企业作品、著作权和经营服务的受众,明确企业作品、著作权的服务方式及为受众提供服务的范围和程度,对产品出版、传播、演绎等不同情况进行区分,对著作权流转和处分等权利处分行为作出规定,根据行业和产品的竞争状况、著作权时间地域的不同法律规定,确定企业著作权战略任务投放的不同目的、措施,不断调整和跟踪企业运行状况,及时处理企业著作权经营中出现的各种问题,以实现企业著作权战略任务管理的目的。

4. 战略措施管理

企业著作权战略措施管理是指为保证企业科学制定实现战略目标的政策、制度、计划和方式,企业所采取的全局性的可实施的方法和步骤的管理过程。企业著作权战略目标和战略任务都是企业对于著作权发展的一种计划,只有通过企业著作权战略措施才能加以实施,而对著作权战略措施进行管理则有利于推动战略措施实施。通过著作权战略措施管理,充分利用企业在作品和著作权经营中的条件和产业优势,加强企业著作权生产经营调查研究工作,明确执行措施的机构和人员各自职责,制定严格的措施执行程序,完善管理制度和机制,克服经营管理过程中体制的局限性,并通过整合资源,以增强企业作品、著作权在市场中的竞争力来实现经营目标。企业还可以根据不同发展阶段和不同经营特色,选择不同的措施管理策略,并通过注重企业技术在企业发展中的重要作用,以管理推动技术创新和保护机制的完善。

二、企业著作权资源管理

企业著作权经营是对企业所具有的作品和著作权等资源进行整合、利用，并为国家和社会创造出财富的过程。在经营过程中，企业著作权资源成为企业经营成效的重要影响因素，故而正确认识企业著作权资源，并对之进行合理管理、应用，使之服务于企业发展和国家社会经济建设，将促进著作权体系的进一步完善。

（一）资源管理概述

企业著作权资源是指企业在生产经营过程中可以利用，能够为企业带来收益的，与作品和著作权相关的资源。它是企业和员工在作品创作和著作权权利使用过程中产生的能够为企业带来财富的各类要素的总称，表现为企业享有或可以使用的作品或著作权，或与之相关的作者和技术人员，或与企业经营有关的信息等，即企业著作权资源包含了企业的人力资源、智力成果资源和信息资源等。

企业著作权资源管理是指对企业拥有的作品和著作权等相关资源进行整合和运用，使之符合企业经营需要，从而为企业带来利益的管理过程。也就是说对企业资源进行管理的过程就是合理利用企业各项著作权资源，为企业创造财富的过程。通过企业著作权资源管理，可以促进著作权等相关资源的交流与共享，推动作品的创作和著作权的使用，积累和扩大著作权及其相关资源，将著作权资源及时转化为生产力，以增强企业在著作权领域的竞争力。在这个管理过程中，企业的著作权资源还可以通过创作、保护、运用等方式实现知识的自我增值和自我发展。

（二）企业著作权资源管理特点

1. 灵活性强

企业著作权资源管理涵盖了对人的管理和对无形智力成果权的管理，对人的管理包含了对著作权人的管理和对工作人员的管理，对无形智力成果权的管理包含了对著作权的管理和对相关信息的管理，不同的管理对象有不同的特性，并且在企业经营过程中，所涉及的著作权资源面广量多，要对每一种著作权资源设定客观标准是不可能的，也是不现实的，这在著作权大型企业中表现得尤为明显。为实现企业对著作权资源的有效管理，就要求企业在进行著作权资源管理过程中，应该根据各种资源的不同特性灵活展开管理，适应企业发展和资源利用的需要。对于作者或从事创作、传播、演绎作品的人来说，个性、特立独行是其人格烙印,不可抹除,这种千差万别的管理对象,通过灵活性管理,可以调动人的主动性、积极性和创造性,推动企业著作权资源利用。

2. 开放性强

企业通过出版、传播、演绎和表演等方式对作品和著作权进行使用,在使用过程中著作权权能和资源相互交融,通过在不同主体之间流转,在不同时间和地域呈现不同表现内容,体现了著作权资源的高度开放性。企业著作权资源开放性一方面可以满足复杂的权利使用需求和作品使用形式要求,另一方面也可以促进企业著作权资源对外放开,融入到社会整体著作权资源池中,从而促使著作权资源被广泛运用。在技术高速发展的今天,企业应充分利用著作权资源的这种特性,开放地对待外界著作权资源,将外界出现的新成果、新知识及时纳入到企业的资源中,加以分析辨别后投入到企业发展当中;企业也应在注重对自身作品和著作权权益维护的同时,将拥有的资源对外开放、有效运营以实现其经济效益。

3. 综合性

企业著作权资源运营涉及众多主体和客体,需要管理的资源内容纷繁复杂,既有人力资源管理,又有智力成果资源和信息资源管理,这表明企业著作权资源管理具有综合性。企业在制定著作权资源管理体制时,根据人力资源、智力成果资源和信息资源各自特点实施管理,在管理过程中实现对资源的综合利用,并对来源于不同层次、不同结构、不同内容的著作权进行整合和集成,形成新的企业著作权可使用的资源,同时针对著作权资源特性,善于利用企业内部和外部的管理条件,对著作权资源进行科学组织,从而发挥企业著作权资源综合利用的积极作用。

(三)企业著作权智力资源管理

企业在著作权领域的智力资源指的是由无形资源和有形资源组成的特殊社会资源,它既包括作为各种能力的人的智力本身这一无形资源,又包括作为智力成果和智力载体等有形资源。对智力资源的有效利用是企业进行管理的目的,具体而言包括以下内容:

1. 人力资源管理

企业著作权人力资源管理是指对与企业著作权资源有关的人员进行的管理,它既包含对企业内部从事著作权资源运营等相关工作人员的管理,也包含对企业外部从事著作权工作,可以影响企业著作权资源运营的人员的管理。在科技的推动下,企业对著作权资源运用方式日益广泛,运用中所涉及的人力资源管理也日益复杂,在此过程中,人力资源管理日益显现出对企业著作权计划、组织、协调、控制的重要作用。

（1）企业实施著作权人力资源管理的特征

①差异化管理

企业人力资源包含众多主体，各个主体在企业著作权资源利用中的地位不同、作用不同、身份不同，企业在实施著作权人力资源管理时，需要根据人力资源的不同对象实施差异化管理，针对不同主体实施不同的管理策略，这样才能满足企业著作权人力资源管理的需要。

②人性化管理

著作权策划人员、日常管理人员、创作人员、经营人员和著作权权利运作人员等都是企业在获取著作权资源过程中不可或缺的人才，这些人才对于企业而言，意味着企业的财富和明天；招揽人才、留住人才、发挥人才作用是企业进行著作权人力资源管理的目的和出发点，而通过人性化管理，始终贯彻关心爱护人才的管理理念可以激发这些人员的工作热情，使其全心投入到为企业服务当中，从而为企业创造巨大的经济效益。

③专业性管理

企业在运用著作权人力资源时，需要处理大量的信息和问题，在这种情况下，过去粗放式的直线管理模式已经不能满足企业对人力资源管理的要求，精细化、专业化的现代管理模式显现出对著作权人力资源管理的优势，无论企业是招聘作品创作人员、作品演绎人员、著作权流转过程中的经营管理人员还是对内部人员进行考核管理时，都需要专业性、可以量化的考核和评比，这样才能建立符合著作权人力资源要求的管理体制。

④全面性管理

由于企业进行管理的目的是对企业著作权人力资源的建立和运用，故企业对其进行管理涵盖了人力资源的各个方面，具有全面性，它不仅体现在企业对人员的全面活动和招聘、任用、培训、发展中，还体现在企业对著作权运营过程中所涉及管理机构和体制的建设中，只要是存在企业著作权人力资源的地方，就有人力资源管理。

（2）企业实施著作权人力资源管理的作用

①获取

企业在实施著作权资源运营过程中，根据著作权战略确定企业发展需要的人才后，通过企业管理机构对企业状况进行分析比对，获取企业现有人才信息、发展欠缺人才信息和外界人才信息，并制定企业著作权发展人才计划，通过进行相应招聘、测评、选拔等方式，获得企业所需的人才。

②整合

通过对企业著作权人力资源进行管理,培育共同的企业理念、文化,实现通畅的信息沟通,调节人与人之间的关系,可以促进企业形成日趋相同的价值观和组织理念,达到整合企业资源的目的,从而形成高度的合作与协调,发挥集体优势,提高企业的生产力和效益。

③激励

通过对哪些给企业著作权发展做出贡献的人员以适当的薪酬、考核、晋升等一系列奖励措施,提升员工的满意度,肯定员工成绩,激励员工继续发挥积极性、主动性和创造性,从而为企业著作权发展做出更多贡献。

④考核

企业绩效是由员工在日常工作当中创造的,鼓励先进、鞭策后进是企业进行考核的出发点和归宿。通过考核,不仅可以促进对企业著作权人力资源实施公平、合理的评价,也可以为企业对企业著作权人力资源实施相应的奖惩、升降、去留等决策提供依据,为进一步实施人才战略,为企业著作权运营发展提供助力。

⑤促进

企业实施著作权人力资源管理是为了合理运用企业资源,促进企业和员工发展,在实施员工培训、工作丰富化、职业生涯规划与开发等措施后,实现了促进企业人才队伍建设、促进企业员工提高技能和素质的目标,从而实现企业和员工价值。

2. 智力成果资源管理

企业智力成果资源是指企业通过从事智力活动或授权等方式获取与著作权有关的智力成果的总称,它是可供企业利用的著作权或作品集合。在企业能够利用的智力成果资源中,有些智力成果资源由作品展现,可以被人们直接接触;有些智力成果资源表现为一种权利,只有在行使的时候才能为人们所认识。无论哪一种智力成果资源,通过管理方式对企业智力成果资源进行合理运用,企业可以较快地将其转化为生产力,为企业创造财富。

企业著作权智力成果资源管理是指企业对其享有的以作品或著作权为核心的智力成果,进行科学合理协调和调度,以实现企业智力成果资源最大绩效的过程。企业在实施管理过程中,注重引导企业创作新的智力成果,转化企业已有的智力成果为现实生产力,引进符合企业需求的智力成果。

（1）企业著作权智力成果管理的特征

①及时性

智力成果资源具有价值和使用价值，但是在通常情况下会随时间推移而贬值，国家在制定智力成果相关法律法规时，赋予了智力成果各种不同的使用期限，在超过使用期限后，权利人不及时续权，则智力成果上的权限将会取消；技术发展推动了智力成果的创造和传播，企业如果不及时将其拥有的智力成果转换为生产力，就会因各种原因导致智力成果资源浪费，这在软件企业中表现得特别明显。有鉴于此，企业对其拥有的著作权智力成果资源应及时将其向生产转换，或及时进行市场营销，以便实现企业著作权智力成果资源价值，为企业创造财富。

②持续性

智力成果资源是可以重复利用的资源，它在利用中不仅不会减少，而且企业还可以利用其享有的智力成果不断进行复制营销，在一定时间内不断获取收益；智力成果资源是要通过不断投入、开发、创作，才能不断获取智力成果，才能不断为企业和社会创造财富。无论是上述哪一种企业智力成果的持续性使用，都将需要企业对其进行持续性管理，这样才能满足企业经营发展对智力成果资源的需求。

③系统性

在将智力成果资源转化为现实生产力时，不仅需要对智力成果转化方式、转化时机进行考虑，而且还要考虑智力成果转化对象，这表明在智力成果运营过程中管理需要有统一策略和计划，才能系统地实现企业智力成果价值。最大化的实现企业智力成果，不仅需要对企业智力成果资源为运用有明确认识，而且需要对企业智力成果资源的归类发展有明确认识，需要对智力成果资源的创作、运用和保护进行系统性管理，才能实现这一目标。

④专业性

智力成果资源本身就是专业创作和专业传播的结果，对企业智力成果资源的利用不仅需要专业技术，而且需要专业化管理。企业通过专业化管理，实现企业智力成果资源归类，确定企业目前智力成果资源状况、企业今后发展方向；并且企业通过创作或获取智力成果资源时，均需要投入大量资金，如果不进行专业性的管理，容易造成资金的浪费。

⑤协同性

企业著作权智力成果资源管理既包含了对资源的管理，也包含了与资源有关的相关事务管理，承担资源管理的主管部门和其他部门通过协作管理，可以发挥各自部门的积极性和主动性,实现企业运营的流畅,也只有在企业整体管理过程中,有主有次实施协同管理,才能将企业著作权智力成果资源管理好。在企业智力成果资源中,既包含了企业自身创作的著作权智力成果资源,又包含了购买的智力成果资源,在这两者之间进行协调管理,可以实现企业在同等条件和同等资源下,创造出最大利益的目标。

(2)企业著作权智力成果资源管理的作用

①企业发展的保证

目前各国企业发展历程显示,通过智力成果运用,可以为企业带来收益,推动企业向前发展,这表明智力成果资源已经成为企业生存发展的保证。企业著作权智力成果资源众多,通过科学管理可以在其中找出最适合企业当前发展需要的资源,并在资源运营过程中实现资源的合理运用,满足企业经营需要;在对智力成果资源进行管理过程中,可以发现企业著作权智力成果资源建设和发展的缺陷与不足,而通过管理可以加以更正和完善,从而清除企业发展中的障碍,达到保证企业顺利发展的目的。

②科学布局的保证

企业著作权智力成果资源来源众多、种类复杂,在理论上每一种智力成果都可以为企业创造价值,但是不同的智力成果对企业的影响不同,为企业创造的财富也有所不同。为合理运用企业著作权智力成果资源,有必要对企业目前和以后的智力成果进行合理布局,设立不同的企业智力成果资源的规划和运用方式,为企业当前和长远发展打下基础。

③优化利用、节约资源的作用

企业在创作和获取著作权智力成果时通常会支付一定费用,随着智力成果资源扩大,企业为其支付的研发费用和续权费用持续增加,正逐渐成为企业日益沉重的负担。通过企业著作权智力成果资源管理,不仅可以梳理企业拥有的智力成果数量、质量和权力状况,为企业及时对智力成果或使用、或转让、或弃权等优化利用资源方式提供依据,从而节约企业在著作权智力成果上支出的费用,节约了资源。

三、企业著作权运营管理

企业进行作品创作和获取著作权的目的是获取相关精神利益和物质利益,对利益的最大化追求是企业前行的动力。由于不同的运营方式会导致企业在类似的作品和著作权上取得不同的结果,故对作品和著作权进行优化利用,以经营为中心展开企业著作权运营已经成为企业管理的根本原则。

（一）运营管理概述

企业著作权运营管理是指企业对著作权运营过程的计划、组织、实施和控制，它是与作品著作权运用和服务密切相关的管理工作。企业运营管理涉及企业的各个方面，在制定企业发展战略时，需要确定企业的运营理念和运营方式；在实现企业的资源管理时，需要通过运营来实现企业著作权资源的价值；即便是进行企业结构的优化，也要在企业运营过程中实现，这表明企业的运营管理已经成为企业作品和著作权进行整体运作的基本方式。

（二）企业著作权运营管理特征

1. 多元性

在企业著作权运营管理中，在基本的转让、许可以及经营的方式基础上，在市场激励下衍生出更多作品和著作权应用方式，如在作品的许可出版上，除了传统的平面媒体外，随着技术发展还出现了网络出版方式。这表明企业为扩大作品和著作权的运用，正日益采用多元化运营方式以挖掘其潜在价值。多元化的著作权运营方式还体现在企业实施著作权营销过程中，涉及了诸如作者、研发机构人力资源的中介服务结构、拥有资金及市场人脉的投资、经营公司等，即多元化的运营方式与多元化的营销主体在企业著作权运营中几乎同时出现。

2. 营利性

企业是自负盈亏的经营主体，企业战略的重心，就是如何在激烈的市场竞争中实现著作权价值，从而更好地实现微观效益。在运营过程中，设计并推出适应不同市场需求的作品，将企业著作权各项权能内容充分利用，通过企业运行的机制，转化为企业上下协调一致的具体行动，提高企业经营效益，才能完成企业运营管理的任务，也就是说，企业对著作权进行运营管理的一切行为都是以盈利为目的，无论是经济利益还是精神利益，无论是企业自身利益还是社会公共利益，都是企业开展著作权运营的目的。

3. 系统性

企业在进行著作权运营过程中把人员、资金、作品、著作权、信息、时间等有限资源合理地组织起来，形成资源和机构的系统运行，最大限度地发挥它们的作用，以求达到经营性目标。它涉及了企业的各个方面，并对经营的整个流程产生影响，既对企业著作权和作品的种类和营销方式形成有序的推广，又推动了营销过程中资本运营质量的提高，降低质量成本，促进质量效益的系统改善。企业为实施著作权营销所设置的决策、营运、监控和指挥等机构也形成了企业著作权运营系统,使企业内部体制统一化、协调化、效率化。

4. 信息化

企业在进行著作权运营过程中,将现代信息技术运用到业务模式、组织架构乃至经营战略中,不仅促进了企业管理模式和理念的突变,而且推动了企业著作权和作品的运营模式和对象向更多更广的方向发展,出现了诸如网络电视、网络文学、数字作品等新兴著作权载体和权利表现,提供了诸如联机服务、咨询服务、系统集成等著作权服务新形式,这说明现代信息技术对企业著作权运营产生了重要影响,信息技术已经成为企业运营发展不可缺少的工具,企业著作权运营已经跨入了信息化时代。

5. 全球化

在全球经济一体化的影响下,企业出于营利的需要,往往会将其作品及著作权通过许可或其他法律允许的方式,从本国向全球推广,以谋求更多的经济效益,而全球化的经济体能够为企业带来更多的著作权资源,能够为企业采购相应产品提供更为多样的选择,能够为企业管理战略决策提供更为准确、丰富的作品和著作权信息,这些便利作用反过来又促进了企业著作权全球化战略的制定和实施。

(三)企业著作权运营管理内容

1. 著作权运营目标管理

企业对著作权进行运营的目标是为了充分挖掘著作权所包含的资源,对企业拥有的作品和著作权质量、成本和运营时间等进行综合管控,并加以合理利用以实现企业著作权价值。企业著作权运营目标管理是实现企业竞争力的主要方式,是管理实施企业战略的阶段性发展的途径。企业进行目标管理应围绕著作权运营目标调整管理机构职能,调配企业资源,实施相应的生产经营计划,及时获取产品和著作权效益,同时调查企业产品和著作权售后状况并及时进行反馈,以此来衡量企业著作权运营目标制定的合理性,以便发现目标不足和瑕疵及时进行更正,确保企业发展战略有效实施。

2. 著作权运营对象管理

企业著作权运营对象管理是指企业对作品、著作权及相关资本等运营对象实施投入、转让、运用、营销等方式,实现著作权运营目的和价值增值目的的过程。企业著作权运营对象的不同,决定了对其适用不同的营销方式,而营销目的只有在获取相关利益需要有针对性的管理来协调并调配资源之后才能实现,表明了运营对象管理在企业管理体系中的重要地位。著作权运营对象外在表现形式和权利状态构成了企业进行运营管理的基础,对行业状况和著作权运营方式的预判则构成了对象的具体销售方式,而企业著作权运营团队则是对象是否能够销售的保证,这些都是企业著作权运营对象管理中的组成部分,且通过管理可以较好地对著作权运营对象进行过程和系统的计划、组织和控制,并通过与外界的物质交换和权利交换等形式实现著作权对象价值。

3. 著作权运营方式管理

企业著作权运营方式管理是企业根据著作权的特性和权利种类,在企业经营过程中所采取的系列管理活动。著作权是无形智力成果权,其运营方式围绕着著作权的权利属性展开,主要有著作权许可使用、转让和其他方式。著作权许可使用后,许可人和企业均具有在一定时期和一定期限内使用著作权的权利,为维护企业利益,对该运营方式的管理应注意许可对象不能对企业形成竞争威胁;若企业是获取了第三方许可,则应注意许可所支付的费用要合适,并且加强许可著作权的价值实现的管理。著作权转让管理也是一样,均应注意著作权在转让前后是否符合企业利益,并利用企业管理尽可能地减少损失和扩大收益。至于著作权的质押、信托等其他著作权运营方式的管理,侧重点在于厘清企业在权利处分过程中权利义务的承担方式,以及著作权价值的创造和实现。

4. 著作权运营范围管理

随着企业著作权运营效益日益明显,企业对著作权运营管理的范围也随之重视和扩大。企业对于著作权运营管理已经从传统单一的作品创作使用和著作权利用管理向现代多样的作品创作和著作权综合利用管理转变,已经从企业现有著作权运营管理向企业著作权资源综合利用的著作权运营管理转变,企业运营管理的范围已经不局限于作品和著作权的计划、组织与控制,而是扩大到包含企业著作权战略制定、运营系统设计和运行、运营机构和人员实施运营等各个方面和多层次的内容,并且把运营向企业作品和著作权上下游扩展,对有益于企业效益的作品和著作权资源进行综合考量,作为评估利用的基础;为满足企业著作权运营对资金的需求,不限于利用企业内部资本运行,而是扩大资金来源渠道,采取多种方式融资以适应企业发展需要,并将其纳入到企业著作权运营管理的范围之内。

第三节　著作权难点热点问题探讨

一、软件著作权管理

（一）软件著作权管理案例分析

1. 案例简介[①]

无锡市信捷科技电子有限公司（下简称信捷公司）原员工鞠文明在离职后，与徐路路、华轶合谋，共同出资成立云川工控公司，用其非法获取的信捷公司 OP 系列人机监控软件 V3.0，生产与信捷公司同类的文本显示器以牟利。信捷公司在获悉鞠文明、徐路路、华轶生产侵权产品后，向公安机关报案。2010 年 10 月 21 日，鞠文明、徐路路、华轶被公安机关抓获。鞠文明、徐路路随后办理了取保候审，在取保候审期间，继续销售侵权产品牟利。江苏省无锡市滨湖区人民检察院在案件侦破后，向江苏省无锡市滨湖区人民法院提起起诉，江苏省无锡市滨湖区人民法院经过审理，作出判决：被告人鞠文明、徐路路、华轶以营利为目的，未经著作权人许可，复制发行其计算机软件，情节特别严重，其行为已构成侵犯著作权罪。

2. 案例评析

本案被认为是 2011 年十大知识产权侵权案件之一，在最高院发布的《我国法院知识产权司法保护状况（2011 年）》中被重点提及，认为是产生较大影响的知识产权案件。本案中双方争议的焦点是：如何辨别软件是否是同一作品。在本案中，法院根据"接触＋相似"的软件著作权规则，依据第三方鉴定机构出具的鉴定报告和现有证据，足以认定鞠文明利用不正当手段复制信捷公司文本显示器的软件程序，并进行非法利用，从而确定鞠文明等人的侵权事实。

本案说明：软件开发企业需要加强对软件的管理和监控，应当加强对软件开发过程和成果的保护，对软件开发程序和文本的阅读和使用权限进行控制，将软件核心信息控制在一定范围中，严禁外传，与公司软件开发人员签订相应

---

① 见江苏省无锡市滨湖区人民法院网：http://wxbhfy. chinacourt. org/article/detail/2012/12/id/807379. shtml。

的商业秘密协议和竞业协议,从而在一旦发生企业员工流动时,可以保护企业的利益不受侵犯,当然,企业也要注重对员工的人性化管理和弹性管理,不侵犯员工的合法权益;并在发生软件著作权侵权纠纷时,注意准备软件著作权相关资料和收集侵权材料,及时向相关管理机关报案,以便及时维护自身权益不受侵害。

(二)软件著作权管理研究

1. 软件著作权概述

软件是指按照一定的顺序组织的计算机语言的程序、文档或数据的集合,是为了实现计算机硬件功能和特定机器运行目的所进行编写的作品。在早期的软件开发中,硬件工业发达,软件属于硬件的附属品,软件是和硬件一起出售,软件的源代码也向客户公开,众多的程序员也纷纷拿出他们的软件供他人免费使用,互相提供软件的源代码,相互交流编程经验,那时的软件世界是自由的,软件也是没有被纳入到著作权保护体系之中。但是随着软件的经济效益逐渐为世人所认识,鉴于软件所包含的智力劳动,将软件纳入到知识产权保护体系之内的呼声日渐高昂,各国也开始了将软件纳入到知识产权法律保护之内的尝试,并开始加以完善相关立法体例。

"自从菲律宾 1972 年第一个尝试将计算机程序纳入版权保护的范围以来"[1],先后有多个国家对计算机软件的知识产权采用版权法来加以保护。在对外交往过程中,"欧共体委员会在 1991 年颁布了《计算机程序保护指令》,该指令在第 1 条中也采用了同样的做法"[2]。同样,《与贸易有关的知识产权协议》第 10 条第 1 款规定:"计算机程序,不论以源代码形式或目标代码形式表达,都应作为《伯尔尼公约》的文字作品给予保护。"[3]《WIPO 著作权公约》第 4条规定:"计算机程序作为《伯尔尼公约》第 2 条意义下的文学作品受到保护。此种保护适用于各计算机程序,而无论其表达方式或表达形式如何。"版权法在计算机软件知识产权保护的适用领域逐渐扩大,逐步成为通用的保护方式。为加强对知识产权的保护,我国《著作权法》第 1 条规定:"为保护文学、艺术和

---

[1] 王贵国:《国际 IT 法律问题研究》,中国方正出版社 2003 年版,第 70 页。

[2] 宋玉萍:《计算机软件的知识产权保护》,载《河南省政法管理干部学院学报》2003年第 3 期。

[3] 见关贸总协定乌拉圭回合谈判中于 1994 年 4 月签署的《与贸易有关的知识产权协议》第 10 条。

科学作品作者的著作权，以及与著作权有关的权益，鼓励有益于社会主义精神文明、物质文明建设的作品的创作和传播，促进社会主义文化的科学事业的发展与繁荣，根据宪法制定本法"；《著作权法》第3条规定："本法所称的作品，包括以下列形式创作的文学、艺术和自然科学、社会科学、工程技术等作品：（一）文字作品；（二）口述作品；（三）音乐、戏剧、曲艺、舞蹈、杂技艺术作品；（四）美术、建筑作品；（五）摄影作品；（六）电影作品和以类似摄制电影的方法创作的作品；（七）工程设计图、产品设计图、地图、示意图等图形作品和模型作品；（八）计算机软件；（九）法律、行政法规规定的其他作品。"软件因其表现形式，成为了著作权法保护这众多的作品种类的对象之一。2001年我国修改了《计算机软件保护条例》，与其相适应，2002年国家版权局颁布了《计算机软件版权登记办法》，至此我国建立了计算机软件版权保护法律体系。

2. 软件著作权管理及其分类

软件著作权管理是伴随软件著作权保护而出现的，它是指国家机构、企业和相关组织根据法律规定所实施的控制、保护和使用软件的行为。鉴于软件开发形式具有特殊性，国家、企业、个人或组织都有可能进行软件开发活动，根据软件著作权规定而获得权利主体地位，可以对软件著作权进行处置，从而成为软件的管理者；但是在法律和实际情况中，通常所说的软件著作权管理机构是指国家机构、企业和组织，本书所探讨的软件著作权管理也是指国家机构、企业和组织的软件管理。

（1）软件著作权的国家机构管理

作为国家管理体系中的组成部分，软件著作权管理以其管理的高科技、高附加值而为国家所重视。为履行国家对软件著作权的管理，各国在制定软件著作权保护的法律法规时，通常会赋予特定的国家机构以管理职能。如根据美国《版权法》所设立的美国版权局，职责主要包括：执行美国版权法；为国会服务，在国会立法过程中提供专业咨询；协助司法部进行版权保护；与国务院、商务部、美国贸易代表办公室等政府部门合作，提供版权方面的协助；负责版权自愿登记和版权交易等文件的备案；代为收取有线电视和卫星转播等法定许可费用，并转交给版权权利人；收集美国出版社依法向国会图书馆提交的赠书；从事版权方面的宣传教育活动。软件著作权登记就放在美国版权局，仅在2005年，在美国版权局申请登记的软件就达600535件，获批的软件著作权达531720件。我国对软件著作权管理放在了国家版权局，职责包括：贯彻实施著作权法律、法规；起草著作权方面的法律、法规草案；制定著作权管理的规章和重要管理措施并组织实施和监督检查；审批著作权集体管理机构、著作权涉外机构、国(境)外著作权认证机关、外国和国际著作权组织在华设立代表机构;指导地方著作权行政管理部门的工作;查处或组织查处有重大影响的著作权侵权案件;代表国家处理涉外著作权关系,组织参加著作权的双边或多边条约、协议的谈判、签约和国内履约活动;负责著作权管理工作全国性宣传、教育及表彰活动。我国软件著作权登记放在经国家版权局认定的版权保护中心。

(2)软件著作权企业管理

软件既有可能是企业产品,也有可能是企业生产或管理的工具,故而企业在对软件及其著作权进行管理时,会根据不同实际情况而制定不同的管理方式。在软件开发企业中,软件是蕴含了软件开发人员智力劳动的产品,重点在于对企业开发软件的合法权益的维护,即企业对软件及其著作权进行管理,就是在国家法律法规规定下,加强对软件开发过程的人员管理、资源管理、经营管理和保护管理,既要确保企业生产经营的顺利进行,又要确保企业软件产品不侵犯他人权利和被他人侵权。对于使用软件的企业而言,进行软件著作权管理则是需要对企业进行分析,确定企业需要使用的软件,在软件著作权人的授权下以合法方式获取相应的软件使用权,并在著作权权限范围内使用软件,不侵犯软件著作权人享有的权益,对因软件侵犯自身权益行为进行积极维权。

(3)软件著作权软件行业协会管理

在软件开发过程中,为加强资源交流和便于管理,各种软件行业协会由此诞生,并协助对软件著作权进行管理。其中,对软件著作权管理影响最大的是上个世纪 80 年代诞生的自由软件基金会,它是在美国人理查德·斯托曼的倡导下成立的,以期望会同社会上有志于自由编写、交流软件代码的软件爱好者,大家各尽所能为社会提供更多的自由软件。为此,自由软件基金会提出了"Copyleft"这个概念,指出:"所谓 Copyleft,是在著作权(copyright)下附加散布条款,再以此种法律文件赋予每个人有使用、修正及散布此程序或任何衍生的程序的权利,因而,在法律上此程序与'自由'在法律上结为一体。"[①]或者将 Copyleft 定义为"将一个程序成为自由软件的通用方法,同时也使得这个程序的修改和扩展版本成为自由软件"[②]。"由于 Copyleft 的核心思想是'思想共

---

① 石娟:《开放源代码及相关知识产权法理刍论》,西南政法大学 2007 级硕士学位论文,第 19 页。

② 徐剑:《版权开放:Copyleft 的法学释义》,载《上海交通大学学报》(哲学社会科学版)2003 年第 3 期第 11 卷。

享，源代码共享'，设立的目标是加大软件的开发和合作的自由"①，以提高软件的各种性能，发展软件产业。因而对于 Copyleft 软件，著作权限制最小，软件在大家自由使用的前提下可以自由流转。

3. 软件著作权管理存在问题

软件是高科技技术开发形成的作品，在现代计算技术发展推动下，软件产品开发和更新极快，而这飞速发展的软件，给软件著作权管理带来如下问题：

（1）软件著作权管理体制设计问题

软件从最开始是硬件运行的机器语言，伴随硬件免费供用户使用，仅在单机上运用，其经济地位和作用并不明显。随着技术进步和软件开发使用的多样化，软件的社会经济地位有所提升，出现了专门的软件技术开发企业，由此带来的问题日渐复杂和繁琐。特别当网络技术发展起来后，形成了网络虚拟世界的虚拟人权和虚拟交易对原有管理体制造成了冲击，出现了管理体制上的漏洞和瑕疵，给社会和经济发展带来阻碍。如何适应软件发展所带来的社会经济变化，对现有软件著作权管理体制进行修订和完善，既是国家在考虑软件著作权宏观管理体制设计时应面对的问题，也是企业在进行企业软件著作权微观管理时应考虑的问题。

（2）软件著作权行政管理问题

在国家和企业对软件著作权的综合管理中，行政管理既是国家著作权行政机构依据软件著作权法律法规所实施的软件行政管理职能，也是企业行政管理机构依据企业软件著作权发展战略所实施的行政管理。行政管理衔接了软件著作权管理的各个方面，起到了协调管理，促进软件行业发展的重要作用；但是软件开发是专业性强、开发投入大、技术更新快的智力活动，行政管理人员并非是软件开发人员，专业不同导致了行政管理的不畅，容易在制定行政管理体制及资源和管理开发方式上出现问题，从而对软件产生不利影响。

（3）软件著作权设计开发管理问题

软件开发技术发展到今天，软件开发已经由过去的单人开发向集体合作开发转变，特别是在云计算和大数据时代，这个特点表现得更为鲜明。在每一个软件设计开发过程中，涉及了软件项目开发过程、进度计划管理、可行性研究、需求分析、软件设计、软件实现、软件测试、文档管理等方面，软件开发企业

---

① 黄吉瑾、张心全：《当 Copyright 遇到 Copyleft》，载《前沿》2004 年第 11 期。

在上述开发过程的管理中经常会在开发资源调配、开发结构设计、人员安排上出现问题,而导致企业软件开发时间延长,或开发失败。对于软件的二次开发,由于开发过程中会涉及原软件的著作权,因原有软件著作权的权限范围和使用方式而直接影响了软件二次设计开发。

(4)软件著作权运营管理问题

软件开发企业对软件的运营直接决定了软件价值能否实现,由于软件企业对运营认识不同、企业状况不同、经营具体方式不同,导致了企业在软件著作权运营上出现了不同问题。有软件企业在开发过程中,埋头开发,不注意广告宣传推广导致软件开发后无人购买使用;有软件企业在运营过程中,不注意软件的后续服务,导致软件被用户使用后拒绝再次使用;有软件企业在运营过程中,不注意维护企业品牌形象,导致企业软件口碑不佳;有软件企业在授权他人使用时,限制过多或授权过多,对企业今后发展形成障碍;有企业从软件著作权人获取相应权利后,在从事软件销售运营时,突破授权或擅自违反授权协议约定,造成企业失去该软件著作权的运营资格;等等,都是软件著作权在运营过程中产生的问题。

(5)软件著作权维权管理问题

在技术快速发展的今天,软件的复制、拷贝甚至进行反向工程都是比较容易的事情,由此导致软件著作权侵权案件屡屡发生,迫使企业拿起法律武器维护自身权益不受侵犯。在企业对维权进行管理过程中,由于企业对软件著作权被侵权过程中的利益和后果认识不深,而导致企业不想麻烦、不想维护自身的软件著作权;在企业维权过程中,所花费的维权成本也是导致企业不愿意对软件著作权进行维权的原因之一;企业对侵权性质和侵权形式认识不清,导致维权方式运用不当;企业对维权过程中的人员和资源安排不当等,都是企业对软件著作权维权管理过程中存在的问题。

4. 软件著作权管理问题解决方式

(1)制定严谨、科学的软件著作权管理体制

无论是国家还是企业,面对因技术带来的数字时代浪潮,应该适应时代要求,根据软件著作权新形式、新特征,从国家宏观层面和企业微观层面对原有软件著作权管理体制进行修订和完善,从管理体制的严谨性出发,在原有软件著作权管理体制之上,根据国家和企业当前状况,实事求是地确定软件著作权发展战略,制定表述严谨的条款,为软件著作权管理体制构建框架;从管理体制的科学性出发,制定具有合理管理目标、管理机构、职能设置的管理系统,这个系统应该是具有明确的实施方式、步骤,科学可行的,也只有这样,才能满足

软件著作权发展需要。

(2)实施软件著作权合理综合管理

软件著作权管理既涉及国家管理,又涉及企业管理,是宏观和微观结合的管理。为促进软件发展,合理维护软件著作权,有必要形成国家和企业互相配合的综合管理模式,制定并实施软件发展战略,实现稳步发展;即便是在企业中,由于软件及其著作权管理并非仅仅涉及行政管理,而且还涉及软件的设计开发管理、运营管理和维权管理等,涉及的范围和程度则与企业是软件开发运营企业还是软件运营企业有关,当然在软件使用企业中也存在软件著作权的管理问题。这说明了,在企业管理过程中,对软件著作权实施的管理不会也不可能是单一管理,而是多部门、多人员合作的综合管理,也只有综合管理才能管理软件及其著作权。

(3)合理合法维护软件著作权

对软件著作权进行维权,不仅可以维护企业的合法利益,还可以促进社会上形成良好的软件合法使用氛围,从而最终促进软件著作权发展。为实现软件著作权维权目的,企业在制定发展规划或战略时,就要明确对软件及其相关著作权维权的策略,在发生软件著作权侵权案件后,根据案件性质和相关制约条件,通过管理调配和协调,在注意证明侵权证据和侵权事实的基础上,分别采用自力救济、仲裁、诉讼等方式进行维权。

二、网络环境下著作权管理

(一)网络环境下著作权管理案例分析

1. 百度文库事件[①]

百度在线网络技术(北京)有限公司提供百度文库在线服务,百度文库包含有大量文档,可供网友在线查阅或下载,其中相当一部分资料为涉嫌侵权资料。由于百度文库中包含了大量侵权作品,从 2010 年开始,已有著作权人针对百度文库中包含的侵权作品向百度公司提出维权抗议,但百度按照"网络避风港原则"回应称,百度对用户上传没有审核的义务,不承担侵权责任,任何权利人都可以向百度方面指出其安全作品链接,百度会在 48 小时内审核并依法进行处理。在历经 2010 年 12 月 9 日、2011 年 1 月 13 日的诉讼,以及 2011 年 3 月 15 日,贾平凹、刘心武、阎连科等 50 位著名作家和出版人联名,分别发表

---

① 百度文库事件来源于网络资料整理。

了《抗议百度公开信》和《3·15 我国作家讨百度书》等事件后,2011 年 3 月 25 日,百度与北京市版权局、我国作家协会等多方进行内部交流研讨,2011 年 3 月 26 日,百度发表"三点声明",承诺 3 日内删除侵权文档,对伤害作家感情表示歉意,并表示正在积极推进与作家、出版社的合作。2011 年 3 月 28 日,百度 CEO 李彦宏首度就风波表态,"如果管不好,就关掉百度文库"。2011 年 3 月 30 日,百度文库在规定的时间里删除了绝大多数非授权文学作品,并推出版权合作平台,将通过用户付费阅读和广告分成等模式获取收益。

2. 事件评析

百度文库事件爆发在 2011 年,它是网络环境下作品著作权维权具有重要代表意义的事件,在本次事件中,百度公司、知名作家根据我国著作权法规定,在著作权主管机构主持下进行了多次协商,最终得出了暂时的解决方案,从而为网络环境下作品著作权维护提供了较为有利的环境。

百度文库事件表明:随着互联网建设完善和运用日益广泛,作品在网络环境下的传播和分享加快,在此过程中,出现了越来越多的作品侵权现象,严重损害了部分创作人的积极性,并且在目前的法律体系中,互联网侵权案件的法律规定尚不健全,导致了众多网络公司特别是大型网络公司侵权。在这种情况下,应加强对网络环境下作品著作权的管理,一方面要加强立法,针对新型互联网侵权行为完善相关法律规定;另一方面国家机构和企业要共同携手,规范互联网运营行为,确保作品在网络合法传播和合理利用。

(二)网络环境下著作权管理研究

1. 网络环境下著作权概述

在互联网技术推动下,作品的表现形式和传播形式发生了巨大变化,网络成为了作品传播的主要方式之一。对于网络环境下著作权,最先认识并加以规定的是世界知识产权组织,它于 1996 年 12 月在瑞士召开了"关于著作权及邻接权问题的外交会议",通过了两个被新闻界称为"因特网条约"的《世界知识产权组织版权条约》和《世界知识产权组织表演和录音条约》。在《世界知识产权组织版权条约》第 8 条"向公众传播的权利"中对互联网传播方式作了原则性的规定,认为在不损害《伯尔尼公约》有关条款规定的情况下,文学和艺术作品的作者应享有专有权,可以授权将其作品以有线或无线方式向公众传播,包括将其作品向公众提供,使公众中的成员可以在其个人选定的时间和地点获得这些作品。并明文规定将计算机程序作为文学作品保护,对数据库内容的选择或编排构成独创性的予以保护①。在世界知识产权组织影响下,美国于 1997 年制定的《网络著作权责任限制法案》、《世界知识产权组织著作权条约实施法案》和《数字著作权和科技教育法案》中,对网络环境下著作权进行承认,并作了相应规定。我国在 1990 年制定《著作权法》时,互联网尚未建设,故没有对网络环境下著作权进行规定,直到 2001 年,在对《著作权法》进行修订时,才对网络环境下著作权进行规定,并新增了信息网络传播权。上述著作权法规制定表明,由于网络环境下著作权表现为作品在传播、表现过程中的复制、署名、发行、修改和传播等权能,因此属于一种全新的著作权表现形式。为了完整保护网络环境下的著作权,各国在对原有著作权 16 种权能的内涵和外延进行扩充外,还纷纷增加了网络信息传播权,以适应网络发展需要。

2. 网络环境下著作权管理分类

随着网络环境下著作权经济成为一个利益巨大的经济部门,传统的著作权人希望将其对传统作品的权利自然延伸到网络上,网络上的既得利益者则希望网络上的权益能得到传统著作权的扩大保护,而原有的著作权管理体制不能满足这种需求。在这种情况下,迫切需要对网络环境下著作权进行管理,通过管理达到理顺各方权利与义务,规范网络环境下作品和著作权使用的目的。

网络环境下著作权管理是指国家、企业和相关组织对作品在网络传播过程中的著作权人身权和财产权进行管理的过程,它是根据网络环境下著作权涉及不同的权利主体、权利客体,以及网络传播著作权的特性所进行的管理,管理的对象和方式相对于传统的著作权管理而言,具有管理主体、客体和方式不同。根据上述不同,可以将网络环境下著作权管理分为如下三类:

(1)对网络环境下著作权主体管理

在网络环境下所涉及的著作权主体较为复杂,既有传统作品的著作权主体,也有网络作品的著作权主体;既有原创作品的著作权主体,也有网络演绎作品的著作权主体等,上述主体通过不同的创作活动,形成不同的著作权,有不同的权利主体地位和诉求。对于这些主体的管理,应该与传统著作权管理区分开,首先根据网络环境下著作权立法需要,制定符合实际情况的著作权法律体系,明确相应主体在著作权体系中的地位;其次依据著作权法律体系对其权利产生先后认定,判断是否享有网络环境下著作权主体地位,以及主体地位的先后顺序;最后依据著作权权利流转和权利使用规定,确定主体可以实施为

---

① 　郑成思:《WTO 知识产权协议逐条讲解》,中国方正出版社 2001 年版,第 69 页。

著作权处分行为,并对主体实施的行为进行监督管理。在网络环境下对著作权主体进行管理过程中,通常也会涉及对网络环境管理者或硬件设备提供者的管理,这些管理者的身份时常与著作权主体身份混合,给网络环境下著作权主体管理带来不利,此时,进行网络环境下著作权主体管理应区分不同主体在不同情况下的不同身份,从而适用不同著作权主体规定来实施管理。

(2)对网络环境下著作权客体管理

网络环境下著作权的客体表现为以数字形式在网络中进行传递的作品,由于网络的全球连接,早已突破了著作权关于地域性的限制,对在网络上阅读、欣赏的作品很难判断其原作品的服务器位置和网络传输方式;网络购物的兴起,则是网络对地域性挑战的明显表现;随着网络的扩大,众多的服务器和网络信息存取系统构成了作品存在的特殊形式,即作品有可能在服务器或网络信息读取器的缓存中存在短暂时间,而计算机技术可以实现对这些缓存信息进行读取,形成了作品的非法传播,2008 年美国联邦第二巡回上诉法院判决并由联邦最高法院在第二年维持原判从而定谳的 Cablevision 案[①],即是例证。对于这些客体的管理,首先根据法律赋予国家机构、企业和社团组织对网络作品的管理职能,明确各自在网络作品表现中的职责;其次,各个管理主体根据现有的著作权保护体系,结合计算机技术带来的特殊网络作品创作表现形式,明确受网络环境下著作权保护的作品客体的形式和种类;再次,在明确作品创作的原作者的前提下,各个主体在各自职责和权利范围内,依法对通过网络形式创作作品的独创性是否适格进行认定,以明确网络作品是否是著作权保护客体;最后,各个主体积极对网络著作权客体进行维权,对网络作品管理的成功案例进行宣传,形成网络著作权合法创作使用的良好氛围。

(3)对网络环境下著作权传播方式管理

根据网络技术特性所确定的网络传播方式是网络环境下作品和著作权特有的表现形式,它与传统作品和著作权的复制、发行、广播或演绎等具有较强的相似性,但是有其自身特性。网络环境下作品的传播是通过数字信息之间进行相互交换而完成,数字化拷贝为作品的复制、发行、广播或演绎等提供了便捷方式,这与传统作品的传播存在传播载体和方式不同;并且网络环境下作品的传播是以数字形式从服务器通过网络到达用户终端,在这个过程中,网络上的用户就可以通过网络获取该数字信息,传统著作权体系中所描述的作品

① 孙远钊:《初探"云计算"的著作权问题》,载《科技与法律》2010 年第 5 期。

的专有性、地域性等限制表现不明显。有鉴于此,对网络环境下著作权传播方式管理应该注重的是网络技术给作品和著作权传播带来的变化,根据这种变化对网络环境下作品和著作权传播表现形式进行归类,利用国家机构和企业各自不同的管理优势,对网络传播进行引导和控制,在促进作品合法流通的前提下,实现对作品和著作权的管理。

3. 网络环境下著作权管理存在问题

计算机网络技术虽然推动了作品和著作权产生新的表现形式和新的运用方式,但是也带来了以下问题:

(1)网络环境下著作权法律体系问题

现有著作权保护体系建立在对传统著作权保护的立法经验和立法习惯之上,虽然在经济和技术的推动下,进行了著作权立法的调整和修订,但是并不能完全涵盖新技术所带来的诸多法律问题。在网络环境下,这种因技术创新带来的问题表现得尤为严重。计算机领域的摩尔定律表明,计算机技术和网络信息技术更新换代速度极快,而著作权保护体系因法律性质决定了不能朝令夕改,这就导致网络环境下出现了大量法律尚未规定但是实际上又对传统著作权造成冲击的行为,特别是网络作品主体多样化、作品和网络信息使用带来的冲击尤为严重。这种冲击已经严重地阻碍了作品和著作权使用,并影响到了计算机技术和互联网的发展。

(2)网络环境下著作权执法管理问题

网络环境下执法管理通常是指国家机构、企业和社团组织依据法律授予的权限,对互联网上的作品和著作权实施的管理。国家机构是网络著作权执法管理的主要机构,因著作权法律保护体系尚待完善,国家机构在实施执法管理时,没有相对完善的执法依据,并且执法人员的专业水平和专业能力在面对网络环境下著作权也力有不逮,出现了执法雷声大、雨点小的现象;企业是网络著作权执法管理的直接对象,并具有协助执法管理的义务,但是出于对利益的追求,企业在接受和协助执法管理时,往往会出现情况误判和行为错误的现象;社团组织经法律授权后,具有对网络环境下著作权管理的职能,因执法依据不健全、专业素质和经济利益等原因,导致并不能很好履行执法管理职能。

(3)网络环境下著作权运用管理问题

网络环境下的作品和著作权淡化了传统著作权的地域、表达和专有性,出现了不同的运营和使用获利方式,同时也产生了运营和使用问题。不同传统著作权人在面对互联网有不同表现,有的积极将拥有著作权的作品在互联网上进行授权并对网络侵权进行追究,以获取利益,有的则固守传统作品的传播形式,对网络侵权不予理睬,这种著作权的不同运用方式不利于传统著作权整体价值实现,需要进行管理引导。各种新技术吸引了不同主体参与到作品和著作权的网络创作中,不同主体具有不同的网络著作权认识和不同的权利诉求,自发实施的网络环境下作品和著作权的行为也就有所不同,如实施网络黑客行为和散播病毒,由此产生了不同法律后果。相对于互联网作品和著作权运用来说,对网络环境下作品和著作权运用实施的管理方式较为单一,并不能适应著作权种类繁多的运用方式,在管理引导网络环境下作品和著作权的运用方式上存在不足,且对不同行为导致的不同法律后果处理并不理想,这是著作权运用管理上存在的主要问题。

(4)网络环境下技术措施管理问题

技术是一把双刃剑,在给人类社会带来进步的同时也给社会带来危害,计算机网络技术也是如此。人们通过网络信息技术,可以便捷地查阅信息、复制作品、欣赏电影;但是运用计算机技术也可以避开权利人设置的技术制约措施,实施对他人保护作品的技术措施进行解密的行为,或有意为了破坏他人技术措施提供服务或设备的行为,从而达到进行作品和信息非法复制和利用的目的。实施网络环境下技术措施管理,可以避免因技术措施滥用而导致的侵权,但是在实施管理时,由于管理机构和企业并不完全需要熟悉技术措施的应用对象和应用方式,因此未形成良性的技术措施适用环境,出于对利益追求等原因,而导致技术措施管理形同虚设,不能产生作用。

4. 网络环境下著作权管理问题解决方式

(1)加快网络著作权保护立法体系建设

网络环境对作品和著作权使用提出了新的要求,这种要求通过提炼后应当在著作权新的立法中予以体现,一方面既要对传统作品的著作权人在网络环境下进行著作权合法运用的行为进行鼓励,另一方面对网络创作人员在合理前提下的创作行为进行鼓励,同时对网络环境下传统著作权和网络上产生的著作权之间的利益进行衡平,在对权利义务进行合理安排的前提下,维护网络环境下作品创作过程中进行独立创作活动的智力成果和相应的权益;关注计算机网络信息技术的发展,对云计算、大数据等计算机发展新趋势予以重点关注,充分重视计算机网络信息技术,对新型技术在著作权中的运用进行鼓励,规范新型技术在作品创作和著作权使用过程中的行为,对于利用技术获取不正当利益的行为进行约束和惩罚;根据网络环境实际情况,明确国家机构、企业和社团组织在网络环境下的权利义务,规范各自的权利义务行为；通过与著作权相关法律制定部门进行沟通协作，建立统一完善的著作权立法体系。

（2）构建完备的网络著作权执法管理体系

为实现良好的著作权执法管理效果，在遵循著作权法律法规的前提下，建立权责明晰、体系完备的著作权执法管理体系是在网络环境下管理著作权的重要方式。国家机构作为网络著作权执法管理的主体，应注重制定实施著作权执法管理的人才战略，从制度和经费上确保吸引相关专业人才参加著作权执法管理，并将执法管理贯穿网络环境下的著作权权利运用的上下游，开展主动执法和科学执法管理，构建著作权执法管理大环境良好氛围；对于企业而言，在激发企业创作和运用著作权同时，应充分重视企业在著作权执法管理中的作用，督促企业建立良好的网络著作权运用模式将会有利于网络环境下著作权执法管理；对参与网络著作权执法管理的社团组织而言，应注重对执法管理权授予过程中的权利义务表述，以实时监督管理规范其行为，通过行业或社团组织行业规范和相关活动形成执法管理的有益补充。

（3）强化互联网著作权运用引导规范

对网络环境下著作权进行管理是为了实现引导并规范各个相关主体对著作权的运用，它既涉及引导各个主体对网络环境下著作权的正确认识，也涉及对主体的网络行为和网络环境下著作权客体种类及使用方式的引导。这种引导规范主要是对网络原创作品下载、传统作品上网传播、网站间转载及链接方式和域名注册行为进行规范；对网络服务接入者、网络信息提供者、网络设施提供者、传统作品作者和网络作品作者的行为进行约束与引导，通过提倡建立依法经营和依法管理网络环境下著作权的管理理念，达到依法保护网络原创著作权、加强网站著作权管理和合作者（ICP）使用作品及制作内容的引导规范的目的，从而建立一个良好的著作权运营环境。

三、字库著作权管理

（一）字库著作权案例分析

1. 案例简介[①]

方正公司于 1998 年 9 月独家取得齐立创作的倩体字稿的著作权，于

---

① 本案资料来源于北京市第一中级人民法院民事判决书（2011）一中民终字第 5969 号《北京北大方正电子有限公司与广州宝洁有限公司等侵犯著作权纠纷上诉案》。

2008 年 4 月 22 日在我国版权保护中心进行美术作品版权登记。方正公司经过调查发现，广州宝洁公司未经方正公司许可，在其生产的多款产品的包装、标识、商标和广告中使用了方正公司的多种独创字体。2008 年 8 月，方正公司以宝洁公司侵犯著作权为由向北京海淀区法院提起诉讼，要求广州宝洁公司停止侵权销毁侵权产品，赔偿损失 50 万元并赔礼道歉。广州宝洁公司认为并未使用方正公司的字库软件，而是使用了汉字，故拒绝方正公司的所有诉讼请求。一审法院经过审理认为：方正倩体字库字体具有一定的独创性，符合我国著作权法规定的美术作品的要求，可以进行整体性保护；但对于字库中的单字，不能作为美术作品给予权利保护。方正公司以侵犯倩体字库中"飘柔"二字的美术作品著作权为由，要求认定最终用户宝洁公司的使用行为侵权，没有法律依据，其以此为基础，对宝洁公司和家乐福公司提出的全部诉讼请求，原审法院不予支持，判决驳回原告北京北大方正电子有限公司的全部诉讼请求。

2. 案例分析

本案中方正公司和广州宝洁公司争议的焦点在于：一是方正倩体字库是否具有独创性，是否可以作为美术作品获得著作权法的保护；二是方正倩体字库中的单个字体是否能够独立构成著作权法上的美术作品，享受美术作品的著作权保护。由于我国目前并未在著作权法中对字库著作权保护作出明确规定，故方正公司所提出的主张均未获得法院支持。

本案说明：在我国目前著作权法规定下，虽然字库著作权没有可直接依据的法律条文，但是字库企业在进行字库创作过程中，应根据我国对美术作品和软件著作权保护规定，积极申请具有特定表现形式的单字字体和字库软件保护，以期在今后发生侵权案件时，可以较好地实现维权目的。此案审理和其他字库著作权案件纠纷解决过程中所显示的字库著作权也已得到国家有关部门重视，在新一轮的《著作权法》修正草案中，增加了有关字库著作权的表述，这对于字库创作人员来说是一个利好消息。

（二）字库著作权管理研究

1. 字库著作权管理概述

字库是指具有独特艺术风格和独创性字体的集合，它主要是指计算机字库，近年来随着计算机信息技术的发展而被广泛用于计算机、网络等相关产业中，它是由中文字体、外文字体以及相关字符的电子文字字体所组成的集合库①。字库根据不同的分类方法可以划分为以下几类：一是根据字符集不同，可以划分为中文字库、外文字库以及图形符号字库；二是根据品牌不同，可以划分为微软字库、方正字库、汉仪字库、长城字库等；三是根据语言不同，可以划分为简体字库、繁体字库、GBK 字库等；四是根据风格不同，可以划分为宋体、楷体、黑体、哥特体（Gothic）等；五是名人字体，包括舒体（舒同）、姚体（姚竹天）、启体（启功）、静蕾体等。②

字库是具有特定结构和笔画顺序组成的同类字体和符号的集合，这种特殊性表现与通常字体之间存在不同，具有独创性，那么这种字库中的字体即可被现行著作权法所认可，具有著作权，如静蕾体，为徐静蕾所创，因具有特殊性也具有著作权。各国对字库著作权认识程度不同，立法保护程度和重点也有所不同。美国从 1992 年发布的《产生字体之计算机程序的版权登记最终规则》，开始认为矢量字体可以成为著作权保护对象，到 1998 年在 Adobe Systems Incorporated 诉 Southern Software Inc.（SSI）一案的裁判中，最终确立了对字库软件的版权保护，形成了美国字库保护措施：一是对字库字形设计予以版权保护，二是字库作为一种计算机软件予以版权法的保护。英国从 1916 年版权法承认对单字字体的版权保护开始，到英国 1988 年颁布的《版权、设计与专利法案》中确定了对字体采用了版权保护的方式。我国台湾地区是在 1992 年由著作权主管机关订定发布的"著作权法第五条第一项各款著作例示"，将"书法"和"字型绘画"明文定义为美术著作的一种，将字符整体纳入到著作权中予以保护。我国大陆地区《著作权法》中并未明确对字库的著作权保护，在《著作权实施条例》第 4 条中，对美术作品作了如下解释："美术作品，指绘画、书法、雕塑等以线条、色彩或者其他方式构成的有审美意义的平面或者立体的造型艺术作品。"因字体外观与美术作品具有相似性，故而该条被认为是我国对以书法形式展示字体进行保护的直接依据；在我国《计算机软件保护条例》第 2 条中规定了对软件实施著作权保护，故当创作人员申请字库软件的著作权保护时，也会得到批准。

2. 字库著作权管理分类

字库是创作者的构思通过载体加以表现的特殊字符的集合，在字库中，每一个字体均具有独创性，因而具有相应的著作权。在对字库著作权进行管理

---

① 陈标：《计算机字库产业的发展和保护》，载《电子知识产权》2011 年第 4 期。

② 百度名片：字库：http://baike.baidu.eom/view/1 127103.htm。

时,不仅要管理字库整体的著作权,还需要对字库中每一个字体著作权进行管理;并且在承认字库软件著作权的国家,对字库软件著作权进行管理,由此,根据管理对象不同可以将字库著作权管理分为三类,分别是单字字体著作权管理、字库著作权管理和字库软件著作权管理。

(1)单字字体著作权管理

在我国汉字中存在大量的单字艺术作品,构思精巧,寓意深长,如"寿"、"道"、"宝"字,每一个的线条字变化和间架结构的布置都有所不同,各具特色,呈现了创作者独特的构思和艺术风格,给人带来美的享受。此时,这些单字字体著作权与美术作品一样,都是以线条、色彩或者其他方式构成的有审美意义的平面或者立体的造型艺术作品,可以被纳入到著作权体系之内。在对单字字体实施著作权管理时,首先需要明确单字字体成为著作权保护客体的条件,不是每一个单字字体都可以被纳入到著作权体系内,只有进行了独创性和审美意义的单字字体,才能成为著作权管理对象;其次单字字体创作者通常并不了解自己的著作权主体地位,故而在对字体管理中,要对单字字体创作者的著作权主体地位予以明确并保护;最后注意对单字字体的运用引导和加强维权措施,打击违法利用单字字体行为,保护单字字体著作权。

(2)字库著作权管理

字库是具有同类设计风格和艺术特征的单字字体的集合,是同类字体构成的整体。字库设计制作较单个字体设计制作不仅时间更长,而且在进行字库设计时,在前期设计阶段就要根据创意图对字体整体进行风格设计,再进行每个字体的风格确认和制作,最后形成由单个字体所构成的字库。这表明对字库著作权管理比单字字体著作权管理更为复杂。在进行字库著作权管理时,字库开发企业应注意对字库设计风格的确定,调配资源,组织专业技术人员对字库进行设计制作,并将制作成果及时运营,以回收开发投入和获取收益;对字库著作权负有管理职责的国家机构则应促进字库著作权相应立法,对市场上字库发展进行引导,设立相应部门对字库字体进行登记,打击盗版和侵犯他人字库著作权案件,以维护字库著作权人的权益不受侵犯。

(3)字库软件著作权管理

字库软件是指将字体以特殊数字信息存储,并在运行后能够以电子信息形式表现字体的软件,它是将软件和字库合二为一的计算机程序。在实施对字库软件管理时,需要兼顾软件著作权管理和字库著作权管理,重点关注通过软件表现的字库字体不能与他人已有字库类似,不能侵犯他人字库的著作权,并且所运行的软件不能是复制或盗版他人的软件,不能对他人著作权造成影响和损害。当字库企业委托软件企业进行字库软件开发时,软件企业对设计制作好的字库在进行软件转码时,需要注意转码企业的整合成库和测试阶段,不能对字库企业的权益造成损害,同样,字库企业也不能对软件企业的权益造成损害;在字库企业对字库软件商品化阶段,字库著作权管理以营销管理为主,注重维权,打击盗版。

3. 字库著作权管理存在问题

字库著作权管理在给字库使用和著作权正常流转带来便利同时,也存在如下问题:

(1)字库著作权性质问题

字库是具有独特艺术风格和创作的字体集合,类似于美术作品,在创作完成后主要是通过软件运行在计算机上表现出不同字体,故而对于字库著作权到底是美术作品的著作权还是软件的著作权产生了不同的认识。有人认为字库字体是以笔画和字体结构的不同设计所形成具有美感的艺术作品,应该归类为美术作品,采用美术作品著作权保护方式;有人认为字库主要是通过软件运行表现的电子信息,通过信息外放在设备上形成的字体,并且字库软件制作流程是通过将字稿字符扫描、数字化拟合和修字等,表明了字库字体不是创作出来的字体,而是由书写字体转换而来,通过字库软件对坐标数据和函数算法信息的调用等程序运行表现的字体,因而归入字库软件范畴,采用字库软件著作权保护方式。上述关于字库不同认识导致了对字库著作权进行管理存在问题,影响了字库著作权立法和字库著作权维权实施。

(2)字库著作权立法问题

各国对字库是否具有独特艺术风格和创新认识并不一致,在立法上表现为立法程度不一致,有的国家仅对字库整体进行著作权保护,不认为单字字体具有著作权;有的国家仅对字库软件著作权进行保护,不对字库著作权和单字字体进行保护。正是由于各国对字库著作权立法程度不同,在一定程度上也导致了《保护字型及其国际注册维也纳协定》的立约国仅为 11 个国家,且只有两个国家提交了批准书,该协定至今尚未生效。字库著作权立法上的上述不一致,不仅与《伯尔尼公约》等著作权保护国际约定不符,而且不利于保护字库创作者的智力创作。

(3)字库著作权运营管理问题

字库在创作完成后,对字库企业的营销和字库市场的引导是字库著作权管理部门所面临的主要问题。在字库企业进行设计规划字库开发时,由于运营管理不畅和信息不灵,企业往往会进行类似开发和相近开发,字库开发数量和运营市场潜力开发不够,出现了企业投入费用高但收益不高的现象。由于字库包含了众多字数,如汉字字库包含 6763 个汉字,为保护字库著作权在运营时的权利,有必要对字库中的字体进行保护,虽然字库大多采用公开字体以获得保护,但是保护的仅仅是字库的字体的外在结构和笔画设计,并没有对字库中所蕴含的数字化信息设计进行保护,虽然有软件登记机构,但是软件登记不能对字体的结构设计进行保护,且目前并没有相应的字库字体登记机构,这导致了字库企业在创作完成获得著作权后,其权利维护上存在证明瑕疵,无法有效维权。

(4)字库著作权保护程度问题

字库中的字符是每一个人在日常生活中都会使用到的,故而对字库著作权进行保护不仅涉及字库著作权人的权益,而且涉及社会的公共利益。如果将已知失去保护期限的字库纳入到保护范围,或将字库字体独创性程度认定过低,导致字库创作人容易获得字库著作权保护,或将著作权人权益设置范围过大,都会影响社会公众对字符的使用;但是对字库著作权人权益设置范围过小,又会影响字库著作权人利益,从而影响字库创作人员的创作。故而,对字库著作权保护程度问题是管理机构在衡平字库著作权人利益和社会公众利益所必须面对的问题。

4. 字库著作权管理问题解决方式

(1)明确字库著作权性质

著作权立法目的是对有独创性的作品进行保护,以维护创作者的智力劳动成果,无论是对美术作品著作权的保护还是对软件著作权的保护均是如此。单字字体、字库整体和字库软件是在原有字符的基础上进行的创作,具有不同的创作过程和特点,导致具有不同著作权性质。对于单字字体和字库整体的纸稿来说,字体是字符的结构表达,是字符笔画和颜色的运用,它包含了创作者对字体的智力劳动成果,当创作的字体符合著作权中关于独创性的程度时,即可被纳入到著作权保护的客体之中,单字字体和字库符合著作权的认定,都可以采用这种方式,在立法机构予以明确后,由著作权管理部门予以实施认定。字库软件由于蕴含了字体结构独创性和软件设计的智力活动,软件企业在完成创作后,可以依据软件著作权规定确定为软件著作权,并在著作权管理部门指定的登记机构进行登记,以维护企业自身权益。

(2)制定完善字库著作权相关法律法规

在著作权管理部门履行管理职责时,为妥善保护字库中所蕴含的人们的智力创作活动,按照字库著作权管理要求,在收集整理现有著作权立法体例的基础上,根据国家立法计划和经济建设发展需要,提供字库著作权立法所需资料、立法建议和立法草案,以健全和完善现有著作权法律、法规体系。具体而言,著作权管理部门对单字字体、字库整体和字库软件的独创性进行收集整理,在衡平字库创作人和社会公众利益的基础上,具体化和量化单字字体、字库整体和字库软件的独创性标准和内容,做到宽严有度,并针对字库著作权侵权现实情况进行摸底调查,提供单字字体、字库整体和字库软件侵权案件特征,为著作权科学立法提供翔实的基础资料,推动字库著作权立法;在字库著作权立法完善后,根据法律授予的部门职能,在管理范围内制定行政法规和具体措施,从而建立统一完善的字库著作权法律保护体系。

(3)加强字库著作权执法管理

在建立和完善字库著作权法律法规体系后,国家和企业成为执行字库著作权法律法规的重要主体。依据法律法规,负有字库著作权管理职能的部门对字库著作权进行认定和登记,成为字库作品拥有著作权的重要环节,而开展字库著作权运营检查,对字库市场上的侵权行为进行打击,制定相应的字库发展的政策可以促进字库著作权发展。企业在字库管理过程中具有双重性,既是字库著作权管理的对象,也是根据字库著作权法律法规实施开发营销字库的主体,在企业运营过程中,规范企业内部字库开发设计,最大限度地减少因泄密而导致的纠纷,对市场侵权案件进行积极维权,并拒绝使用盗版字库和侵权字库等行为,都是实施企业管理过程中的内部行政执法管理,也是字库著作权整体执法的基础。

四、文化创意产业著作权管理

(一)文化创意产业著作权案例分析 1. 案例简介[①]

通过企业文化定位和创意设计,深圳市腾讯计算机系统有限公司(以下简称腾讯公司)依法拥有创意作品名称为"腾讯 QQ 系列图画"系列美术作品的著作权,该"腾讯 QQ 系列图画"中 Q 哥哥、Q 妹妹卡通形象作品于 2000 年 8 月 15 日创作完成,于 2001 年 6 月 20 日在广东省版权局进行了著作权登记,作品登记号分别为作登字:19-2001-F-486 号、19-2001-F-488 号。登记作品

---

① 本案资料来源于山东省高级人民法院民事判决书(2014)鲁民三终字第 161 号《深圳市腾讯计算机系统有限公司与汕头市澄海区良兴塑胶玩具有限公司侵害作品复制权纠纷二审民事判决书》。

"QQ 企鹅"形象特征为：该形象经拟人化的处理，其头部为黑色椭圆形，身体浑圆，翅膀为黑色，嘴巴和脚部呈黄色，肚子呈白色半圆形，头部和身体被一条围巾隔开，整体呈憨厚可爱的形象。

腾讯公司的委托代理人郭雨涛分别于 2012 年 4 月 15 日、2012 年 11 月 9 日、2012 年 11 月 10 日、2013 年 1 月 30 日、2013 年 4 月 2 日、2013 年 4 月 3 日，通过购买产品的形式，在山东省淄博市的超市购买了汕头市澄海区良兴塑胶玩具有限公司（以下简称良兴公司）生产外形为企鹅的"良兴故事机"、"良兴智能点播故事机"，并针对每次购买产品分别开具了发票，出具了公证书。

鉴于良兴公司生产的"良兴"牌故事机外形采用了卡通企鹅形象，头部均为椭圆形，身体浑圆，嘴巴和脚部均呈黄色，肚子均呈白色半圆形，头部和身体均被一围巾隔开。产品外观与腾讯公司登记的著作权作品相似，故而腾讯公司认为：良兴公司使用了腾讯公司的登记作品，侵犯了腾讯公司的著作权；特诉至山东省淄博市中级人民法院，请求判令良兴公司在"良兴故事机"产品上立即停止侵犯腾讯公司著作权的行为，赔偿腾讯公司经济损失及合理支出共计 30 万元，承担本案全部诉讼费用。

一审法院经过审理，认为良兴公司的产品构成侵权，良兴公司应承担侵犯腾讯公司产品的责任。后该案上诉至山东省高级人民法院，山东省高级人民法院经过审理后，认为良兴公司侵权行为成立，理应对腾讯公司承担赔偿责任。

2. 事件评析

腾讯公司 QQ 企鹅创意作品，是腾讯公司结合公司文化设计的企业美术作品，在近年发生了多起其被侵权案件，大多数案件是其他企业产品外观与腾讯注册的 QQ 美术作品的著作权之间发生了侵权。法院在此类案件审理过程中，焦点主要集中在评判腾讯的 QQ 企鹅创意作品与侵权产品之间是否存在相似性。法院裁判的依据主要集中在一是比对两者的外观、颜色、形状等是否相似，二是以普通消费者的视觉认知，两者是否构成相似。

本案说明：随着文化创意产业发展，企业创意形成作品运用日益深化，不仅导致同一个创意作品可以适用的方式和范围日益多样，而且导致不同创意作品之间存在重合或相似的可能性增加，由此出现了创意作品著作权侵权案件亦呈上扬趋势，这既在一方面警醒企业在进行创意产业设计、应用过程中应加强创意产业中的著作权管理，另一方面也促进了我国创意产业著作权司法保护进程。

(二)创意产业著作权管理研究

1. 创意产业著作权概述

创意一词含义与创造类似,为"既想出新方法、建立新理论,做出新的成绩或东西"①之意;而通过创意,设计或生产出新型产品,以适应社会经济发展需求,是国家和社会进步的根源,1986 年,经济学家罗默指出:"创意是推动一个国家经济成长的原动力"②。

创意产业,又称"创意经济"(The Creative Economy)或者"创意工业"(Creative Industries)。最先提出创意产业的是英国。英国曾经是世界的加工厂,制造业很发达,但是到了知识经济时代,随着信息技术的推广,英国的工业开始没落。为了振兴经济,首相布莱尔上台后,于 1997 年成立了"创意产业特别工作小组"③。1998 年在《英国创意工业路径文件》中明确提出了"创意产业"的概念,把创意产业定义为:那些发源于个人的创意、技巧和才华,并且能够通过对知识产权的开发和运用,使其具有创造财富和就业机会的行业。主要包括广告、建筑、艺术和古董市场、工艺设计、时装设计、电影及录音带、互动休闲软件、音乐、表演艺术、出版、软件和计算机服务、广播电视等 13 个行业④。2002 年,理查德·凯夫斯在《创意产业:艺术与商业之道》中描述了创意产业的几大特征性:(1)产品具有不确定性;(2)产品具有关注性和长期性;(3)产品具有多技能性和技巧性;(4)产品具有独特性和差异性;(6)产品具有时间性和持久性⑤。

自从英国提出了创意产业后,各国纷纷接受这一概念并着力发展这一产业,在此过程中,不断扩充创意产业的内涵和外延,在各国独特的文化理念下,形成了各具特色的文化创意产业。澳大利亚政府在创意产业概念基础上,于 20 世纪 90 年代末则明确提出了文化创意产业的概念,并且认为版权业是其

---

① 《现代汉语词典》,商务印书馆 2005 年版。

② Romer, P. M. Increasing Retruns and Long-run Growth. Jounal of political Economy,1986,94(5):1002-1037。

③ 赵锐:《创意产业的知识产权保护研究》,知识产权出版社 2012 年版,第 1 页。

④ 刘牧雨:《北京文化创意产业发展理论与实践探索》,中国经济出版社 2007 年版,第 286 页。

⑤ 郑洪涛:《基于区域视角的文化创意产业发展研究》,河南大学 2008 级博士学位论文,第 4 页。

主要表现形式,文化创意产业以文化内容为基础,其核心是创意①。其他国家对文化创意产业有着不同认识,如美国将文化创意称为"版权产业",并将其分为四大类,分别是核心版权、交叉版权、部分版权、边缘版权等②。联合国教科文组织称文化创意产业为内容产业:以无形和文化为本质的内容,这些内容经过创造生产与商品化结合而形成的产业。一般以产品或者服务的形式来表现。视觉艺术、印刷出版、多媒体、歌舞剧、音乐制作、工艺与设计、建筑设计、表演艺术、电影、广告和文化观光、运动等行业属于文化创意产业③。

我国对文化创意产业观点较为典型的概括有:文化创意产业是一种通过对知识资源的开发利用而衍生出无穷无尽的新产品、新市场、新机会,进而推动经济社会发展的产业④。鉴于文化创意在社会生产和生活过程中的巨大作用,我国在党的 16 大报告中明确提出了积极发展文化事业和文化产业,2004年,余光远喊出"从中国制造到中国创造"的口号后,国家把文化产业与创意结合起来,2006 年,中央印发了《国家"十一五"时期文化发展规划纲要》,"文化创意产业"正式出现在政府文件中;并且,文化创意产业在北京、上海等地如雨后春笋般发展起来⑤,呈现出越来越好的趋势,仅在 2015 年,文化创意产业中电影产业仅在票房一块就创造了 440.69 亿元的收入⑥。

2. 文化创意产业著作权管理分类

鉴于文化创意产业是具有高附加值的产业,能不断开发衍生品,挖掘出经济潜力,故而通过对文化创意产业进行管理,不断挖掘和扩大文化创意产品在其行业及其衍生行业中的运用形式,进而保护文化创意产业中著作权,将有利于推动文化创意产业整体行业发展。根据文化创意产业中涉及的创意及其产品的著作权表现不同,可以分为文化创意著作权管理、衍生品著作权管理。

(1)文化创意品著作权管理

文化创意著作权管理是指通过对文化和创意的内容过程进行管理引导,

---

① 曾向心:《文化创意产业中版权代理法律问题研究》,北方工业大学 2011 年版,第17 页。

② 吴存东、吴琼:《文化创意产业概论》,中国经济出版社 2010 年版,第 3 页。

③ 吴存东、吴琼:《文化创意产业概论》,中国经济出版社 2010 年版,第 3 页。

④ 吕学武:《文化创意产业前沿理论:碰撞与交融》,中国传媒大学出版社 2007 年版。

⑤ 曾向心:《文化创意产业中版权代理法律问题研究》,北方工业大学 2011 年版,第17 页。

⑥ 《中国位居 2015 年全球电影总票房第二》,网易新闻,http://ent.163.com/16/0122/15/BDUPIK5L00032DGD.html。

从而在保护相应创作人员和企业创作构思的同时,强化对版权的保护。在文化创意产业中,创意居于核心地位,通过创造性思维,创作新的创意和产品,故而在创意产业创意版权保护的过程中,针对创意的特点和内容展开保护是维护创作人员和企业利益的重中之重。在此过程中,既需要强化创作人员和企业对自身创意价值的识别和重视,增强相应的保护意识;亦需要在整体社会环境中营造创意保护的氛围,创造创意保护的大环境。在加强文化产业创意保护的同时,亦应认识到并非所有的创意及其产品均能符合著作权保护的条件,从而得到著作权保护。有鉴于此,在实施文化创意产业管理过程中,应注意管理的针对性和适度性,重点在于建立对独创性的创意保护,引导建立配套的管理机制,以符合我国实际情况的管理体制。

(2)衍生品著作权管理

衍生品著作权管理是指建立在文化创意产业创意内容和产品保护基础之上,对创意产品周边衍生品的生产、宣传、传播、销售等进行管理,以实现文化创意的效益最大化而进行的管理。在商品经济中,创意产品有了越来越多的表现形式和运营方式,创意产品蕴含的创意价值体现范围亦在扩大,原有的文化创意产品不断被解读、衍生出新的产品和应用方式。在此过程中,加强对创意产品衍生品的版权管理,通过规范市场文化创意产业中创意和创意产品的合理使用、生产、宣传、销售、传播等,不仅可以在多层次、多领域的利用创意设计的版权成果,而且可以激励创意者和企业投入到文化创意产业中来,对企业以及创意整体行业而言,具有极大的促进作用。

3. 文化创意产业著作权管理存在的问题

通过文化创意产业著作权管理,可以较好的保护文化创意行业中智力活动成果保护与引导,在一定程度上促进了文化产业发展,但是同时也曝露了如下问题:

(1)创意界定问题

创意是以新方法、新思维或新产品作为其进行创新的标志,但根据我国《著作权法》,并非所有的新方法、新思维或新产品均能得到著作权保护,获得《著作权法》保护的条件是承载新方法、新思维的作品或产品必须是反映一定的思想或情感的智力成果、作品必须具有独创性、作品必须具有可感知性和可复制性;否则作品不能成为获得《著作权法》的保护。这样的规定无疑可以保护大多数的文化创意产品,但是对于一些承载创意的文案、电视节目模板等文化创意产品,均因其是介于思想和表达之间的创造性劳动产品①,欠缺了《著作权法》中规定的保护要件,而得不到《著作权法》的保护,著作权行政管理机构亦无法对其展开有针对性管理;但这些创意对企业而言,创意文案和模板却是企业经营的特色和盈利点,也是企业进行管理创新的关键点,故而《著作权法》上述对作品保护的条件限制,不能满足对创意进行全面保护的要求,也不符合企业进行创意产业管理的目的。

（2）保护和管理方式问题

目前我国对著作权保护方式主要有司法和行政管理双重管理模式,在进行管理过程中,司法模式是"被动救济"形式,即采用的是当事人不告不理的形式;而行政执法管理采用的经常、主动的执法形式,无论是从行政执法管理的现状,还是客观行政管理机构的设置上,大多是在当事人报告后介入。上述两种"事后保护"的保护方式对著作权进行管理和保护,并不能满足我国日益发展的著作权运用和保护需求,更是对以创意作为核心的文化创意产业而言,因其行政管理不能适应文化创意产业的高风险、需求不确定、创意表达为主的特性,而无法完成保护,从而无法完成对文化创意企业进行管理的目的。

（3）保护意识问题

我国在上世纪八十年代初步制定知识产权保护制度,并成为世界知识产权成员国,但历经多年的建设和发展后,我国部分民众和企业对文化创意产业中的创意的性质和作用认识不深,部分企业对于文化创意产品及其衍生品的著作权保护意识不够,没有品牌意识,不能制定行之有效的创意保护管理制度和措施,在创意产品发布后,没有对其进一步跟踪、管理、保护,无法完备的维护其创意产品的利益;且在创意被侵权后,但由于权利人缺乏维权常识,导致相当多的知识产权侵权纠纷得不到解决,权利人的利益无法保障,严重损害了创意主体的创意积极性②。

4. 创意产业著作权管理问题解决方式

（1）明晰界定文化创意产业管理对象

在对文化创意产业进行管理过程中,不仅需要行政管理机构对文化创意产业的创意内涵进行明晰与界定,而且需要从事企业管理的管理人员认识创

---

① 《文化创意产业中的创意如何保护?》,http://www. sipo. gov. cn/mtjj/2014/201401/t20140124_900605. html。

② 董凤华、姚英春:《文化创意产业中的知识产权保护问题与对策》,载《人民论坛》2012 年第 33 期。

意的重要性和作用。在此过程中,不仅需要对原有《著作权法》中"思想表达二分法原则"进行扩充理解,将介于思想和表达之间的创造性劳动产品有限度的纳入到著作权保护对象中,从而完成将创意产品完备纳入到著作权保护体制的法理准备,而且对于行政管理机构,应加强对创意产业中具有新意的实施方式、步骤、元素组合顺序、结构等对象进行保护,从而从政府层面上完成对文化创意产业的管理引导;对于企业而言,针对创意具有的新意和创新性,制定严格的企业管理制度,明确文化创意过程中的保护对象和措施,将创意纳入到著作权和商业秘密双重保护之中。

(2)提高企业的对文化创意的管理意识

在文化创意创意产业发展过程中,每一个创新、每一个新的产品出现,都将会给企业带来巨大发展。但若文化创意的智力活动成果不能得到保护,没有适当的管理激励措施,创意者得不到尊重,不仅企业的的创新积极性不能得到激发,而且创新者的创新勇气亦将受到挫折,故而通过强化企业对创新重视意识,并由此建立对创意权利人尊重和保护的机制,不仅维护了创意者的利益,更大程度上营造了一种创新、创造的氛围,从而保障了创新创业企业的健康发展。

(3)完备文化创意产业的综合管理机制

鉴于文化创意产业具有的跨行业性和跨部门性,且文化创意产业具有巨额衍生品和价值,故而在对文化创意产业进行保护的过程中,不能仅仅依靠传统的著作权行政管理机构和司法系统进行保护与管理,而是应该根据文化创意产业及其上下游产品的关联性,建立健全相应的综合管理机制,形成版权局、工商局、科技局(知识产权局)等行政管理机构与司法系统综合管理模式,协调解决执法管理依据、执法管理力度及执法管理部门间的问题。在此基础上,建立委托执法管理的模式,对委托执法管理程序进行细化,对委托执法管理制度进行完善,以强化行政管理政策的可操作,从而组建文化创意产业知识产权管理联动平台,统一执法管理标准,提高管理效率①。

---

① 董凤华、姚英春:《文化创意产业中的知识产权保护问题与对策》,载《人民论坛》2012 年第 33 期。

五、著作权集体管理

（一）著作权集体管理案例分析

1. 案例简介[①]

我国音像著作权集体管理协会（简称音集协）获取北京竹书房文化传播有限责任公司授权，具有北京竹书房文化传播有限责任公司等相关权利人卡拉OK伴唱产品音像节目的放映权，以及在卡拉OK系统内的复制权，并有权向侵权者提起诉讼。音集协发现北京市高山红歌舞厅在未获取相关音乐作品授权的情况下，擅自播放卡拉OK伴唱产品音像节目，在调查取证后，音集协向北京市第二中级人民法院提起诉讼，请求法院裁判李圣华经营的北京市高山红歌舞厅侵权事实成立，并赔偿相应损失。北京市第二中级人民法院经过审理作出判决认为：李圣华经营的"高山红KTV"，未经许可，通过其点唱机系统向消费者提供涉案电视音乐作品的KTV服务，侵犯了音集协管理的涉案49部电视音乐作品的放映权，依法应当承担停止侵权、赔偿损失的法律责任。

2. 案例分析

在本案中，原被告双方争议的焦点为：一是音集协是否具有诉讼主体地位；二是在获取了复制权的企业购买作品后，是否拥有作品的放映权。由于音集协在设立后通过获取授权方式，已经取得了相关音乐作品代为诉讼的权限，故音集协具有诉讼主体地位；作品的放映权和作品的复制权是两种不同权限，拥有一种权限，并不代表使用人自然拥有另外一种权限。

本案说明：在著作权集体管理组织经营作品过程中，需要明确作品著作权授权种类和范围，而企业根据自身经营需要，获取相关授权时，应签订完备的著作权授权种类和范围的协议，并严格按照授权种类和范围使用作品，以避免发生侵权现象。

（二）著作权集体管理研究

1. 著作权集体管理概述

自从《安娜女王法令》颁布实施以来，作品著作权人与作品侵权人之间的纷争就没有停止过，为了维护自身利益，著作权人往往选择对侵权人追究其侵权责任；但是对于单个的著作权人来说，运营和维权成本过高，实不利于著作

---

① 本案资料来源于北京市高级人民法院（2011）高民终字第2810号民事判决书。

权人利益维护。在经历了一系列著作权纠纷解决后，为便于单个著作权人管理和维护著作权，著作权集体管理制度和组织就此诞生了。

著作权集体管理制度和组织萌芽于 1777 年，当剧院侵犯了法国戏剧家博马歇《费加罗的婚礼》的著作权后，博马歇带领其他剧作家一起与其进行了抗争获得了成功，并于同年倡导成立了戏剧立法局，后改名为"戏剧作者和作曲者协会"（SACD），被认为是著作权集体管理组织的萌芽。到了 1847 年，法国音乐家比才在抗争音乐咖啡厅未经许可，擅自使用其音乐作品过程中，发现个体著作权人监督和控制其著作权不受侵犯是非常困难的，于是在 1850 年，他与一些音乐家倡导成立了世界上首个音乐作品著作权的集体管理组织，即现在法国音乐作者作曲者出版者协会（SACEM）的前身，被认为是正式建立了著作权集体管理组织和制度。在 1926 年 18 个国家在法国巴黎成立的国际作者作曲者协会联合会（CISAC）被认为是国际著作权管理组织成立的标志。

经历了一个多世纪的发展后，西方各国著作权集体管理组织和制度发展得较为健全。美国著作权集体管理组织正式成立始于 1914 年，在美国纽约建立了美国词作家、作曲家和音乐出版商协会（ASCAP），此后美国又诞生了专门管理广播机构音乐使用的广播音乐公司（BMI）以及由私人经营管理的欧洲戏剧作家与作曲家团体（SESAC）等 9 个著作权集体管理组织，根据美国版权法和各组织章程协议对著作权进行集体管理。德国是著作权集体管理制度发展较全面并且立法比较完善的国家，根据 1965 年颁布实施的《关于实施著作权和有关权利法》，德国专利局是集体管理协会的监督机构，目前经过专利局审批的著作权集体管理组织有 11 个，其中有代表性的是德国音乐表演权和机械表演权协会，它们是德国最大的也是最为重要的集体管理组织，负责管理作曲者、词作者和音乐出版人的表演权和机械复制权。我国著作权集体管理组织起步较晚，在 1992 年建立了第一家著作权集体管理组织——中国音乐著作权协会，后在 2005 年成立了中国电影著作权协会，2008 年成立了中国音像著作权集体管理协会、中国文字著作权协会和中国摄影著作权协会，并先后加入了各自著作权集体管理的国际组织。我国音乐著作权协会代表的是词、曲作者的权益，音像著作权集体管理协会代表的是录音、录像、音乐电视制作者的利益。目前这 5 家著作权集体管理组织均需经过国家版权局批准，并在民政部备案，依据《著作权法》和《著作权集体管理条例》对著作权进行集体管理，具有半官方性质和垄断性。

2. 著作权集体管理分类

在著作权集体管理组织和制度的一个多世纪发展过程中,由于不同的原因形成了诸多不同的著作权集体管理组织,实施不同的著作权集体管理方式,可以根据不同的分类标准将其分为竞争型著作权集体管理和垄断型著作权集体管理,民间、半官方和官方著作权集体管理,以及营利和非营利著作权集体管理,单一型著作权集体管理和综合性著作权集体管理。从我国的实际情况和著作权集体管理发展趋势来看,对著作权集体管理以竞争型和垄断型著作权集体管理分类为宜。

(1)竞争型著作权集体管理

竞争型著作权集体管理是指通过管理引导,鼓励著作权集体管理组织之间在实施管理过程中相互竞争的管理。"一般来说,竞争型模式将集体管理组织视为普通的私人实体,从制度上推崇竞争,强调给著作权人和作品使用人以更多的选择,倡导著作权集体管理组织之间展开竞争。如美国,仅在音乐作品方面就有四个著作权集体管理组织。"[①]在实施竞争型著作权集体管理过程中,对各个著作权集体管理组织设立、集体管理权责和范围等方面不作限制或限制较小,通过市场方式建立并引导管理组织之间展开竞争,不对著作权人处置权利作出限制,允许著作权人与集体管理组织之间就权利义务进行协商沟通,通过市场竞争实现著作权资源的合理流动和分配,从而实现作品和著作权的市场化配置,达到管理的目的。

(2)垄断型著作权集体管理

垄断型著作权集体管理是指在管理过程中,对集体管理组织的设立和运行进行限制,以维护著作权集体管理组织垄断地位的管理。"如果要对垄断型模式再作进一步细分的话,可以分为综合型垄断模式和分立型垄断模式。综合型垄断模式一般是指在该国境内只有一家著作权集体管理组织,由这一家组织负责管理各类作品,如意大利作者出版者协会、西班牙作者协会等。分立型垄断模式则是指每一特定种类作品的著作权只能由一家组织管理,代表国家如德国。"[②]在垄断型著作权集体管理中,设立的著作权集体管理组织较少,所负责管理著作权的作品类型较多,如意大利的作者出版者协会,它的管理职

[①]　代水平:《试论中国著作权集体管理模式的选择》,载《西北政法大学学报》2010 年第 1 期。

[②]　代水平:《试论中国著作权集体管理模式的选择》,载《西北政法大学学报》2010 年第 1 期。

能几乎涵盖了音乐、文字、电影等所有作品类型;在垄断型著作权集体管理下,集体管理组织仅此一家,著作权人在与集体管理组织协商过程中展开余地较小,没有选择的自由,受到较多限制,但是垄断型著作权集体管理模式也因管理范围广,从而具有较高效益。

3. 著作权集体管理存在问题

在实施著作权集体管理过程中,集体管理组织和著作权人相互配合,在一定程度上促进了著作权管理和维护的便利,但是同时也暴露了如下问题:

(1)集体管理组织与著作权人关系问题

无论是竞争型的著作权集体管理还是垄断型的著作权集体管理,著作权人只有加入到集体管理组织,成为会员接受集体组织管理后,才能享受集体组织服务。在集体组织实施管理过程中,集体管理组织处于优势地位,所制定并实施的著作权集体管理章程或与著作权人签订的协议中,属于著作权人可协商可沟通的内容较少;在各国所设立的集体管理组织中,同一类的著作权通常仅设定一个著作权集体管理组织,可供著作权人选择余地较少,容易损坏著作权人的自主选择权;在集体管理组织中,属于营利性的集体管理组织较多,属于非营利性的集体组织较少,这就造成了集体管理组织和著作权人之间存在利益矛盾,不利于集体组织实施管理和著作权人维护自身权益。

(2)集体管理组织服务问题

著作权集体管理组织通常被赋予对某一领域作品实施统一的著作权管理的职能,在竞争型的著作权集体管理组织之间,虽然可以给著作权人更多选择余地,但往往因相互之间存在竞争而导致在著作权管理过程中发生不正当竞争现象,导致服务质量下降;对于垄断型的著作权集体管理组织,由于在某一领域作品仅有一家集体管理组织可以选择,故著作权人不能对集体管理组织的服务提出更多更高要求,且集体管理组织工作人员明显缺乏应有的服务意识,在和著作权人订立集体管理合同时缺乏积极协商,只关注收费而不关心对著作权人的服务,一副管理者高高在上的模样,容易引起著作权人和著作权使用人的反感,不利于集体管理组织工作开展。

(3)集体管理组织队伍建设问题

随着技术和经济进步,表现出了更多的作品和著作权的创作和使用形式,对各国已经建立的著作权集体管理组织队伍也提出了更高要求。著作权集体管理组织是为著作权人和著作权使用人服务的机构,入会会员的数量直接关系到集体管理组织为会员和社会提供服务的范围和广度,而著作权人运营著作权和著作权市场的发展趋势,也要求集体管理组织吸收更多人员参与到著作权的运营和维权中来,但是目前各国所设立的集体管理组织吸收的会员仍然不够,未能将更多的著作权人吸收入会,集体管理组织也就未能提供更为广泛的服务;广泛使用的作品和著作权的用户要求集体管理组织设立更多的机构,以提供著作权集体管理服务,可是目前著作权集体管理组织不能满足这一要求。

4. 著作权集体管理问题解决方式

（1）建立竞争型的综合管理机制

市场经济是进行资源配置的有效途径,良性竞争则是市场经济的主要手段,著作权集体管理也不例外。建立著作权集体管理组织的竞争型关系,有利于著作权人选择好的而适合自己作品著作权的集体管理组织,有利于对集体管理收费和服务进行优化,有利于著作权使用人选择所需的著作权和所需的集体管理组织;而综合管理则是为便于集体管理在市场经济中存活,允许集体经济组织从事多项著作权管理,也有利于著作权使用人进行相关著作权使用时,不必向多家集体管理组织提出使用要求,达到便于服务的目的。

（2）强化集体管理组织服务性

在各国建立的著作权集体管理组织中,存在半官方和官方的著作权集体管理组织,因具有特殊性质,这些组织往往都会成为垄断型的著作权集体管理组织,而垄断型集体管理组织服务性差已是共识。无论是垄断型还是竞争型集体管理组织,为著作权人和使用人提供服务是集体管理组织存在的根本,只有强化集体管理组织的服务性,健全服务设施和服务方式,为著作权人和使用人提供便利服务,才能得到社会和人们的认可,否则,将会遭到众人的拒绝,从而失去集体管理组织成立的意义。当然,在强调集体管理组织服务性同时,也要将集体管理组织的半官方、官方性去除,还原其民间组织的本来身份,这样才能在体制上为集体管理组织的服务建设创造公平环境。

（3）健全集体管理组织体制

著作权集体管理组织所实施的行为在著作权某一领域具有权威性,不加监管容易失控,故而应根据著作权集体管理的发展现状和趋势,进一步健全和完善著作权集体管理立法,从立法上完善集体管理组织设置和集体管理范围,赋予入会会员监督管理权能,加强政府部门对集体管理组织的监督管理,进行反不正当竞争监督检查;并建立争议解决机制,确定使用费标准的自由化机制和使用费争议的解决机制,注重仲裁在解决争议上的便利,控制引导集体管理组织、著作权人和使用人之间的争议通过仲裁解决。通过以上方式,达到健全著作权集体管理组织体制的目的。

（4）注重集体管理的宣传引导

各国对著作权集体管理组织认识不同，所建立的集体管理组织的类型和程度也就有所不同，而注重对集体管理的宣传引导，不仅可以强化集体管理组织在著作权人心中的地位，为集体管理组织争取到更多更优秀的作品，而且可以提高集体管理组织在社会公众心中的知名度和地位，从而为集体管理组织实施著作权管理和维权打下基础；在集体管理组织实施著作权营销时，通过宣传引导，可以便于著作权人选择合适的集体管理组织管理著作权，也可以将新型作品和著作权使用方式进行推广，并将著作权维权案例进行宣传，由此可以形成全民共同管理著作权的良好氛围。

本编思考题：

1.著作权的定义和著作权的特征是什么？

2.著作权主体定义是什么？著作权人与作者之间的区别是什么？

3.著作权客体的含义？著作权客体与载体之间的关系是什么？

4.著作权取得原则包含哪些内容？

5.著作权的其他利用方式包含哪些种类？具有哪些特点？

6.著作权积极行政管理包含哪些内容？

7.请简述著作权刑事保护理论基础和司法保护实践？

8.企业著作权战略管理的定义和特征是什么？

9.企业著作权资源管理的定义和特征是什么？

10.企业著作权运营管理的定义和特征是什么？

第三编 专利管理

第七章 专利基础知识

第一节 专利概述

一、专利制度的起源与发展

（一）专利制度的起源

专利制度是依据法定条件和程序授予技术发明人在一定时期内对其发明享有独占权，并保障其权利不受侵犯的法律制度。专利制度是人类在制度领域的伟大发明，是人类文明进步到一定历史阶段的产物。当人类社会还处于农业文明阶段时期，耕作技术是人类赖以生存、社会赖以维持的基础性技术。耕作技术在构成上多以经验为主，缺乏系统化和理论化；耕作技术的载体主要表现为一些结构简单的农具，如锄头、犁和耙等。农业文明之前，人类社会处于游牧文明阶段，那时的生产力和技术水平则更为低下，狩猎的弓箭乃至石器就代表了当时的技术水平。在人类文明处于这些较低阶段时，人与人之间的竞争较多体现为体力的竞争，而不是智力竞争；即便有些人意识到技术在竞争方面的优势，通常也只是采用保密的方式来保护自己的技术成果，因而不可能诞生专利制度。

最早的专利制度大约起源于中世纪的欧洲。由于商品经济的发展导致了技术的日益商品化，人们开始意识到谁拥有先进的技术，谁就可以在市场竞争中占据优势。商品交换关系的产生导致了专利制度的萌芽。[①] 至 13 世纪,西方有些国家的君主为了发展经济,授予某些商人或者手工业者在一定的期间内免税并独家经营某种新产品,或者独家生产某种新产品的权利。例如,英国国王亨利三世于 1236 年曾授予波尔多市一个市民制作色布 15 年的垄断权。[②] 英国国王授予垄断权的形式是针对国民的新发明或新引进英国的技术颁发诏书。这种诏书实际上是特许令状,分两种:公开证书(Letters Patent)和密封证书(Letters Close)。公开证书的封套上有蜡印并附着丝带,但蜡印和丝带并不能起封口作用,无需启封即可阅读证书内容;封闭证书的蜡印和丝带将折叠后的封口覆盖,不启封无法阅读其中的内容。Letters Patent 是英文中"专利"(Patent)的词源。这种钦赐特权的内容含有对某种新产品的生产或者销售的独占性权利,因此这种钦赐特权是带有萌芽性质的初期专利权。

1474 年 3 月 19 日威尼斯城邦共和国元老院颁布了世界上第一部专利法。该法规定,"任何人在本城制造本城邦内先前未曾有人制造的、新颖且精巧的、经改进完善即可使用和操作的机械装置,应向本城行政部门登记,以使该发明得以应用。未经发明人同意,本城其他人在 10 年内不得制造与该装置相同或者相似的产品;若有仿造者,发明人可向本城执行官告发,执行官可令侵权者赔偿 100 枚金币,并立即销毁侵权装置"。[③] 该法已经具备了现代专利法的一些基本特征。例如,"本城邦内先前未曾有人制造"、"新颖且精巧"、"经改进完善即可使用和操作"就分别相当于现代专利法的"创造性"、"新颖性"和"实用性"。因而这部法律可谓是专利法的鼻祖。

英国早期的钦赐特权制度在一定程度上促进了技术革新,特别是为英国纺织工业的崛起发挥了重要作用。然而到了 16 世纪,这种制度演变成王室增加收入的一种手段。根据英国专利局提供的数据,伊丽莎白一世在 1561 年到 1590 年这 30 年里共授予了 50 件专利,覆盖了包括肥皂、毛料、制盐、纸、铁、硫黄等十二个项目的商品生产和流通部门。皇室滥用专利垄断权的后果是严重破坏了市场竞争秩序,导致商品价格大幅上涨,有时甚至使真正的发明人得不到保护。这种钦赐特权制度已经成为技术革新的障碍。詹姆斯一世继承伊丽莎白一世的王位后,在议会、司法、商业团体和公众的压力下,1610 年詹姆

---

① 吴汉东、胡开忠:《无形财产制度研究》,法律出版社 2001 年版,第 342 页。
② 汤宗舜:《专利权教程》,法律出版社 1988 年版,第 4 页。
③ 刘春田:《知识产权法》,高等教育出版社 2007 年版,第 140 页。

斯一世被迫宣布废除了先前授予的所有专利的效力。① 1623 年,英国议会颁布了《垄断法》。该法废除了原有的依赖英王个人喜好授予封建特权的制度,同时建立起对真正的发明予以保护的专利制度。该法第 6 条规定:"兹宣告并规定:前述的任何宣示不应扩大,及于今后对任何种类的新产品的真正第一发明人授予在本国独占实施或者制造该产品的专利证书和特权,为期 14 年或以下,在授予专利证书和特权时,其他人不得使用。授予此种证书和特权不得违反法律,也不得抬高物价以损害国家,破坏贸易,或者造成一般的不方便。上述 14 年自今后授予第一个专利证书或者特权之日起计算,该证书或者特权具有本法制定以前所应具有的效力。"②这部法律对西欧各国专利制度的建立产生了重大影响,从而被认为是世界上第一部具有现代意义的专利法。

(二)专利制度的发展

英国专利制度的建立对于技术革新的促进效应是显著的。英国是工业革命的发源地,并在之后两个多世纪里一直引领世界科学技术的发展潮流。欧洲各国意识到专利制度对促进和保护技术的重要性,于是开始纷纷仿效英国建立起各自的专利制度。美国独立之后不久就在宪法中确立了保护专利技术的原则,并于 1790 年颁布专利法;法国资产阶级大革命胜利后,于 1791 年颁布了专利法。之后,荷兰于 1809 年,奥地利于 1810 年,俄罗斯于 1812 年,普鲁士于 1815 年,瑞典于 1819 年,西班牙于 1826 年纷纷建立起专利保护制度。③ 然而专利制度的发展并不是一帆风顺的。19 世纪中叶,西欧发生了一场关于专利制度的大论战,曾一度推迟专利制度的传播。在亚当·斯密和大卫·李嘉图的国际贸易自由主义影响下,并在科布登为首的英国曼彻斯特学派的积极倡导下,反对任何形式的保护主义,赞成竞争完全不受约束的思想蔚然成风。贸易自由主义派认为"凡是垄断的法律必定是恶法",恶法必定会阻碍社会发展。专利法赋予发明人垄断权,因此许多人认为专利法也是恶法。这种观念导致瑞士一度拒绝建立专利制度,其议会几次否决了为制定专利法扫除障碍的议案,并且 1866 年和 1882 年两次全民公决都拒绝授予议会制定工业产权法的权力。荷兰甚至在 1869 年废除已经实施了半个多世纪的专利法。这种对专利制度的排斥态度并未占据主流地位。由于专利制度在提高生产力水平和促进社会发展方面的显著作用,那些未确立专利制度的国家逐渐

---

① 徐海燕:《近代专利制度的起源与建立》,载《科学文化评论》2010 年第 2 期。

② 汤宗舜:《专利权教程》,法律出版社 2002 年版,第 8 页。

③ 汤宗舜:《专利权教程》,法律出版社 2002 年版,第 10 页。

意识到在国际贸易和人才竞争方面的劣势。19 世纪后期至 20 世纪初,实施专利制度的国家开始迅速增加,包括那些曾经废止或拒绝建立专利制度的国家。智利于 1840 年,巴西于 1859 年,阿根廷于 1864 年,加拿大于 1869 年,德国于 1877 年,日本于 1885 年建立起专利保护制度,而曾经废除专利制度的荷兰于 1912 年重新颁布专利法。

至 20 世纪,专利制度的存在已经不再成为争议的焦点,但对于专利技术保护力度的强弱以及专利权的效力,世界各国却有不同的做法。第一次世界大战后,各国为了发展经济更加重视专利制度对技术进步的促进作用。有些国家,例如美国,开始对专利权的垄断效力加以限制,以防止专利权人滥用专利权。这样专利权的保护力度相对而言被弱化了。第二次世界大战后,西方国家经过 30 年左右的发展,取得了经济和技术上的领先地位。为了维持这种领先地位,西方发达国家开始采取各种措施强化对专利权的保护,例如延长专利权的保护期限,增加对基因和生物技术的保护,在专利制度中引入商业方法,等等。

由于各个国家都是根据本国国情建立相应的专利制度,这就导致各国专利制度存在一些差异性。这种差异性给科学技术的国际交流带来许多不便。为了解决专利技术的国际保护问题,世界各国就此做出了不懈努力。早在 1883 年,以法国为首的 10 多个欧洲国家经过长期协商就签订了《保护工业产权巴黎公约》(以下简称《巴黎公约》)。该公约对专利和商标等工业产权保护对象从实体法和程序法等多方面规定了法律保护的基本原则和最低标准。《巴黎公约》开创了专利技术国际保护的先河。第二次世界大战后,专利国际保护取得重大进展。1967 年 7 月 14 日世界知识产权组织(World Intellectual Property Organization)在瑞典首都斯德哥尔摩成立,致力于促进全世界对知识产权的保护,加强各国和各知识产权组织间的合作。世界知识产权组织的成立将进一步提升专利的国际保护水平。此后,国际社会又签署了一系列有关专利保护的国际条约,例如 1970 年《专利合作条约》,1971 年《国际专利分类协定》,1994 年《与贸易有关的知识产权协议》,2000 年《专利法条约》,等等。这些国际条约对于专利保护的国际协调有着重要意义。

(三)我国专利制度的历史沿革

古代中国的政治、经济和文化传统决定了中国不可能产生专利制度。清末中国国门被西方列强的坚船利炮打开之后,一些有识之士意识到中国科学技术落后的原因在于缺乏相应的技术保护制度。第一个将西方专利思想引入中国的是太平天国天王洪秀全的堂弟洪仁玕。他曾居住香港多年,接受过西式教育,深受西方文化影响。洪仁玕在《资政新篇》中就写到:"倘有人能造出外邦火轮车,一日夜能行七八千里,准其自专其利,限满准他人仿照。"这句话体现的就是西方国家的专利制度。清末改良思想家郑观应则在其所著的《救时揭要》和《易言》两书中较系统地介绍了西方国家的专利制度。清末光绪皇帝在资产阶级改良派的影响下,于1882年赐予上海机器织布局的机器织布工艺10年专利,此后又批准了多项造纸、酿酒、纺纱、织布的专利。1898年光绪皇帝颁布《振兴工艺给奖章程》,并依据章程在兵工、纺织和造船等行业中颁发了几项专利。后来由于戊戌变法的失败,《振兴工艺给奖章程》并没有得到很好的执行。清朝灭亡后,中华民国政府先后颁布《奖励工艺品暂行章程》、《奖励工业品暂行条例》、《奖励工业技术暂行条例》,对工业技术进行保护。1940年11月,国民政府正式建立起专利管理机构,并在经济部内设立工业专利法筹备委员会,负责起草完全意义上的专利法。1944年,国民政府公布了中国历史上第一部专利法,但由于国民政府在内战中全面溃败,该部法律并未能在大陆地区得到全面实施。

　　新中国成立后,由于众所周知的原因,政府在长达30年的时间里并未重视科学技术的法律保护。这期间,政府曾经颁布了《保障发明权与专利权暂行条例》和《发明奖励条例》,但都未得到有效执行。改革开放后,中国迫切需要外国的技术与资金发展国内经济,而以美国为首的西方国家就强烈要求中国加强知识产权保护。例如,1979年7月7日签订的《中美贸易关系协定》就规定,每一方提供的专利、商标和著作权的保护,应与对方给予自己的此类保护相适应。[①] 在这种背景下,1978年我国开始研究建立专利制度的必要性;1979年3月成立专利立法起草小组;1980年国务院批准成立中国专利局。1980年国家召开了专利问题座谈会和专利法研究会,解决了专利制度"姓资"还是"姓社"问题,确定社会主义国家也可以建立专利制度。然而专利法起草工作还是一度遭到挫折,1981年3月专利法草案第十一稿送交国务院征求意见时,反对声音占据上风,导致专利法起草工作一度停止。直至1984年3月12日,第六届全国人民代表大会常务委员会第四次会议通过了《专利法》。专利法吸收了国际上专利立法的最新经验,结合中国技术发展水平,对科学技术提供了较为充分的保护。《专利法》颁布后,分别于1992年、2000年和2008年进行了3

---

① 赵建国:《回首中美知识产权谈判》,http://www.sipo.gov.cn/ztzl/zxhd/hh60/iphm/200909/t20090921_476029.html,下载日期:2013年10月17日。

次修订。前两次《专利法》修订可以说是迫于外界压力而进行的。第一次修订是因为 1992 年 1 月签订的《中美关于知识产权保护的谅解备忘录》所作出的承诺;第二次修订则是为了加入世界贸易组织,必须使专利制度与《与贸易有关的知识产权协议》相一致。而 2008 年修订则没有受到任何外界压力,完全是为适应经济发展和技术保护的需要进行的修订。这也意味着我国专利制度已经走向成熟。当前我国《专利法》对专利技术的保护水平已经跻身国际前列,这必将对中国经济可持续发展以及建设创新型国家起到重要的支撑作用。

二、专利的涵义与特征

(一)专利的涵义

专利制度的核心概念是专利,因而对专利一词进行溯源与剖析有助于理解专利制度。专利一词在我国古代文献中曾多次出现,大致有以下三种意思①:第一,专谋私利。《左传·哀公十六年》:"若将专利以倾王室,不顾楚国,有死不能。"《史记·周本纪》:"夫荣公好专利而不知大难。"第二,垄断某种生产或流通以掠取厚利。汉桓宽《论·复古》:"古者名山大泽不以封,为天下之专利也。"《明史·张四维传》:"御史郜永春视盐河东,言盐法之坏,由势要横行,大商专利。"第三,专一而敏锐。北齐颜之推《颜氏家训·勉学》:"人生幼小,精神专利,长成之后,思虑散逸,固须早教,勿失机也。"可见,古代文献中"专利"的含义与现代汉语中的"专利"意思存在较大差异。只有第二种意思与现代"专利"有些相似之处,因为现代"专利"是在法定期限内垄断专利产品的生产或流通。

专利一词的现代含义来自英文单词 Patent。Letters Patent 是英文中"专利"(Patent)的词源,而英文 Letters Patent 则源于拉丁语 Litterae patentes。Litterae patentes 意为公开的信件或公共文献,是中世纪的君主用来颁布某种特权的证明。英国中世纪的 Letters Patent 就是由国王亲自签署的盖有御玺印鉴的授予某人对某项技术享有独占权利的证书。"Patent"的本意包括两个意思:一是"垄断";二是"公开"。

"专利"作为法律术语,经过长期的使用和解说,早已超越最初词源的实际含义,具有丰富的内涵与外延。在专利法学理论中,"专利"一词在不同语境中

---

① 百度百科:http://baike.baidu.com/link? url=Z6FFLEMh5tO5peansj2jHckdSw VJ70gHrlbuMA-MB8BR8mNR2JVJZZ7MYbp3Myeg。

具有不同的含义,主要包括三种意思:第一,专利权人对其技术依法享有的排他性独占权。这种意义上的"专利"就等同于"专利权"。例如"某人对某种技术享有专利"中的"专利",就是指专利权。第二,被授予专利权的发明创造本身。这种意义上的"专利"实际上就是指专利法保护的对象本身。在我国,专利法保护的对象有发明、实用新型或外观设计三种。例如"某人拥有一项专利"中的"专利"就意味着某人拥有一项发明、实用新型或外观设计专利技术。第三,记载发明创造内容的专利文献。例如"去查查专利"中的"专利",就是指专利文献。大多数情况下,"专利"的第一种含义是使用最广泛的,理论界也基本上将"专利"等同于"专利权"。本书如未作特别说明,"专利"即指专利权。

(二)专利的特征

专利有两个最基本的特征,即"垄断"与"公开"。通过"公开"换取一定期限内对技术实施的"垄断"是专利制度的最基本的核心。专利制度中的垄断是一种合法行为,与反垄断法禁止的垄断行为有着本质的区别,是反垄断法豁免的垄断行为。专利法所授予的具有垄断性质的权利,从其终极目的看是为了公共利益,是一种兼顾个人权利和公共利益的机制。从专利法所赋予的垄断性权力内容看,专利法所规定的垄断绝非是对技术的全面垄断,而仅仅限定在对技术的营利性实施方面。首先,专利法不限制技术信息的传播,相反还鼓励或有助于技术信息的广泛传播。各国的专利制度都有相应的公告程序,这有助于社会公众自由了解专利技术的全部内容。据世界知识产权组织统计,全世界 1 年的发明创造有 95% 左右可以在专利文献中找到[1];而在专利文献中公布的技术方案以后又在其他科技信息源中发表的只占 5.77%[2]。由此可见,专利文献是最能及时反映当今技术发展的信息渠道。其次,专利制度并不禁止利用专利技术进行新技术的研究开发。专利权人的权利仅限于禁止他人为营利目的实施专利技术。

专利的公开是其最基本的特征之一。各国专利法都要求申请专利的发明创造必须清楚、完整地公开其申请专利的全部细节[3],否则该申请将因公开不

---

[1] 江镇华:《英文专利文献阅读入门》,专利文献出版社 1984 年版,第 14 页。

[2] 世界知识产权组织:《知识产权法教程》,高卢麟等译,专利文献出版社 1990 年版,第 97 页。

[3] 有些国家除普通专利制度外还另外设有国防专利制度。国防专利技术通常只在有限范围内公开。

充分而被驳回。公开欲申请专利的技术信息是专利申请人的义务。从社会公共利益上讲,将有关技术细节公开是非常有必要的。这可以在很大程度上避免社会财富的浪费。任何从事技术开发的人员在开发某个技术项目之前,可以通过专利文献了解全世界范围在该技术领域的最新动向。专利的公开性不仅表现在技术信息的公开,还表现在专利权利内容的公开。各国专利法在要求申请人公开其申请专利的技术细节的同时,还要求申请人明确其请求保护的范围。实际上,全面、清楚地公开其技术细节的同时,也就明确划定了其权利的范围。在法律程序上,公开技术细节是通过专利说明书实现的,而明确权利范围则是通过权利要求书来实现的。专利权利要求书作为公开权利范围的文件,不仅对专利权人自身有意义,对于公众而言更有重要意义。它可以告诉公众那些领域已属于他人的专有领域,从而避免进入"雷区"。[①]

三、与专利相近的知识产权

(一)专有技术权

专有技术权是指专有技术权人对其拥有的专有技术享有的独占权利。专有技术一词来自英文单词"know-how",意思是知道怎么做。专有技术作为法律术语首次出现是在美国的一个判例中。20 世纪 50 年代后,该词开始在国际技术贸易中频繁出现。改革开放后,我国在同外国签订的技术引进合同中开始出现"know-how",而国内对该词有不同的翻译,如"专有技术"、"技术秘密"、"技术诀窍"、"非专利技术"等。1980 年财政部颁布的《中华人民共和国中外合资经营企业所得税法实施细则》首次将"专有技术"进行规定。此后,专有技术在我国成为一个专门的法律术语。

专有技术的含义在不同的国际文件中有不同的规定。世界知识产权组织国际局在 1964 年制定的《发展中国家发明样板法》给出的定义是,"所谓专有技术是指有关制造工序,以及产业技术使用知识"。而其 1980 年出版的《发展中国家示范法》第二部分第 201 条将专有技术界定为"来自经验或技艺,能够实际应用,特别是工业上应用的工业情报、数据、资料或知识。"当前最有影响且被大多数国家所采纳的定义是 1969 年在布达佩斯召开的保护工业产权国际联盟会议上通过的匈牙利代表团提出的定义,"专有技术指享有一定价值的可以利用的,为有限范围专家知道的,未在任何地方公开过其完整形式和不作

① 刘春田:《知识产权法》,高等教育出版社 2007 年版,第 151 页。

为工业权取得任何形式保护的技术知识、经验、数据、方法或者上述对象的组合"。① 可见,专有技术实质上就是一种技术秘密,是指从事生产、管理和财务等活动领域的一切符合法律规定条件的秘密知识、经验和技能,其中包括工艺流程、公式、配方、技术规范、管理和销售的技巧与经验等。

当前绝大多数国家都没有针对专有技术进行专门立法保护。在我国,专有技术被作为商业秘密的一种进行保护,因为专有技术符合商业秘密的构成要件。商业秘密是指不为公众所知悉,能为权利人带来经济利益,具有实用性并经权利人采取保密措施的技术信息和经营信息。商业秘密具有如下特征:第一,商业秘密是一种知识信息;第二,商业秘密具有可传授性和可转让性;第三,未获得传统的知识产权的直接保护;第四,商业秘密具有秘密性;第五,商业秘密具有价值性;第六,商业秘密具有一定的新颖性。② 当前我国针对商业秘密保护的法律主要有《反不正当竞争法》《合同法》《劳动法》以及《刑法》。

专有技术与专利技术的主要区别在于:第一,专利技术受到《专利法》保护。专利授权后,未经专利权人的同意或法律规定,任何人都无权实施其专利。专有技术则只能通过专有技术持有人采取保密措施或在合同中使用保密条款来加以保护。第二,专利技术具有期限性。专利技术过了保护期限则将成为公有技术,任何人都可以使用。而专有技术则没有期限性。只要专有技术人采取的保护措施得当,理论上保护期限就可以无限延长。第三,专利技术是公开的技术,而专有技术通常是保密的,一旦失去秘密性,则不再是专有技术。第四,专利技术的保护范围仅限于授予专利权的专利申请文件中权利要求所限定的内容,而专有技术所涵盖的技术内容范围更广,它不仅包括技术秘密,而且还涉及商业、经营管理和财务等方面的技巧、信息和经验。第五,专利技术已经是公开的技术,所以不可能成为专有技术;而专有技术只要符合专利法规定的条件,可以申请并取得专利。

(二)植物新品种权

植物新品种权,简称品种权,也称"植物育种者权利",是指完成育种的单位和个人对其获得授权的品种,享有排他的独占权。建立植物新品种保护制度的目的在于建立一个鼓励新品种培育和使用的运行机制,使育种者创造的育种成果能够以法律形式得到社会的尊重和认可。对植物新品种给予保护有

---

① 何燕华:《论专有技术的国际保护》,载《重庆教育学院学报》2004 年第 5 期。

② 回沪明、孔祥俊:《反不正当竞争法及配套规定新释新解》,人民法院出版社 2004 年版,第 361～364 页。

利于制裁侵权行为,规范市场运行机制,同时也敦促从业者重视产权,重视通过产权的拥有来获取企业的利益。植物新品种保护制度还可以平衡育种者利益、农民利益和公共利益,使优良品种能够发挥最大功效。①

植物新品种保护制度可追溯自十九世纪。当时孟德尔遗传规律的发现和应用引发了植物育种革命,从而导致种子贸易应运而生。这使得植物新品种保护的重要性逐渐显现。美国是世界上最早对植物新品种进行保护的国家。1930 年 5 月 23 日,美国颁布《植物专利法》,将无性繁殖的植物品种(块茎植物除外)纳入专利保护范畴;1953 年,美国国会通过的《实用专利法》还允许对植物发明可授予实用专利。植物新品种的国际保护则源自 1957 年在法国召开的第一次植物新品种保护外交大会,当时法国外交部共邀请了 12 个国家和保护知识产权联合国际局联合国粮农组织、欧洲经济合作组织等三个国际组织在巴黎召开大会。1961 年,第二次植物新品种保护外交大会在巴黎举行,大会最终通过了《国际植物新品种保护公约》,该公约于 1968 年正式生效,并成立了国际植物新品种保护联盟(UPOV)。②

当前世界各国对植物新品种保护的立法模式有三种:一种是采用专利法保护;另一种是专门颁布植物新品种保护法。通常对于植物新品种的生产方法各国都允许申请专利,但是对于植物新品种本身,多数国家或者国际组织采用植物专门法的形式给予保护,例如中国、德国、澳大利亚、欧盟等。第三种是针对植物新品种颁布专门立法进行保护,同时也利用专利法进行保护,例如美国。我国于 1997 年颁布《植物新品种保护条例》对植物新品种进行保护。植物新品种在我国不可以申请专利,但事实上植物新品种的生产方法在我国是可以申请专利的。

植物新品种权与专利权的主要区别在于:③第一,植物新品种和发明创造之间的本质属性不同。植物新品种不属于发明创造,只是对现有植物的改造。植物新品种是对自然界原有产物的改进和利用,不是人们创造出来的一种全新的产物,不能以工业方法生产出来。发明创造则是指对产品、方法或者其改进所提出的新的技术方案,可以通过工业方法进行生产。第二,植物新品种权和发明专利权的授权条件不同。植物新品种必须具备新颖性、特异性、一致

---

① 刘洋、熊国富、闫殿海:《植物新品种保护概述》,载《青海科技》2011 年第 6 期。

② 叶盛荣、周训芳:《国际植物新品种保护的趋势及我国的对策》,载《湘潭大学学报》(哲学社会科学版)2010 年第 3 期。

③ 武合讲:《植物新品种权和发明专利权的区别》,载《中国种业》2011 年第 6 期。

性、稳定性以及有适当的命名。而发明创造必须具备新颖性、创造性和实用性才能授予专利。第三,植物新品种权和发明专利权的保护范围不同。植物新品种权的保护范围是授权品种的繁殖材料。品种权说明书虽包括植物新品种的系谱、培育过程和所使用的亲本或者其他繁殖材料来源与名称的详细说明等内容,但依据说明书公开的内容不能再培育出该申请品种,说明书的内容不是植物新品种的遗传信息的载体,不必也不能成为品种权保护的范围。专利权的保护范围,是以权利要求书确定的范围为准的。权利要求书应当对发明创造作出清楚、完整的说明,以所属技术领域的技术人员能够实现为准。

（三）集成电路布图专有权

集成电路是一种电子产品,是指将晶体管、电阻、电容等其他元器件及其相互的连线固化在一固体材料上,从而使其具备某种电子功能的成品或半成品。电子信息产业的高速发展,依赖于现代微电子技术的核心基础——集成电路的发展。早在20世纪70年代末,美国就曾有人断言:"像现在 OPEC(石油输出国组织)左右世界一样,将来掌握了半导体技术的国家将左右整个世界。"[①]集成电路布图是指集成电路中至少有一个是有源元件的两个以上元件和部分或者全部互连线路的三维配置,或者为制造集成电路而准备的上述三维配置。通俗地说,它就是确定用以制造集成电路的电子元件在一个传导材料中的几何图形排列和连接的布局设计。集成电路的布图设计极易被复制,侵权者可以轻而易举地以较小代价仿制出来,从而严重损害了研制开发者的利益。为了维护集成电路研制开发者的智力劳动成果,保障集成电路研制生产的正常发展,世界许多国家及国际组织都对集成电路的布图设计从知识产权角度给予有力保护。

集成电路布图由于无法满足专利法所规定的保护条件,所以很难得到专利法的有效保护。专利技术必须具备创造性,即具有突出的实质性特点和显著的进步,而大多数集成电路布图即使是本专业普通技术人员都能够从现有技术中通过常规的逻辑推理所必然得出的结果。美国国会曾试图用著作权法来保护集成电路布图,但由于著作权法的保护从不涉及作品的实用功能,故在听证会上这一议案引起了激烈的争论。实践中集成电路布图厂商用反向工程的方法来了解其他厂商的产品性能和技术水平,从而开发出与已有芯片兼容

---

① 郭禾:《半导体集成电路知识产权的法律保护》,载《中国人民大学学报》2004年第1期。

或性能更优越的产品。若用著作权法保护集成电路,则实施反向工程的行为即构成侵权。① 最终人们选择用专门立法的方式来保护集成电路布图。

美国是世界上最先对集成电路布图设计予以立法保护的国家。美国国会通过并于1984年11月8日实施的《半导体芯片保护法》,虽然作为《美国法典》第17编(版权法)的最后一章,但它实际上是一个独立的体系,既不属于版权法体系,又不属于专利法体系。日本紧接着于1985年颁布了《半导体集成电路的线路布局法》,以保护发达的电子工业。欧共体于1986年12月16日通过了《半导体产品布图设计法律保护的理事会指令》。世界知识产权组织从1983年即开始研究对集成电路布图设计给予法律保护的问题。1989年5月26日,该组织在华盛顿召开的关于集成电路知识产权外交会议上通过了《集成电路知识产权保护条约》。我国于2001年3月28日经国务院通过了《集成电路布图设计保护条例》。世界各国及主要国际组织对集成电路布图专有权的规定基本一致,即权利人主要有三项权利:②第一,复制自己独创的布图设计的复制权。由于依照该布图设计制造集成电路类似于复制行为,故不再规定制造权。第二,对包含有该布图设计的集成电路及其产品具有商业使用权,也即进口、销售、出租包含该布图设计的集成电路或包含该集成电路的产品的权利。第三,依法转让、出售或继承以上两项权利。

第二节　专利权界定

一、专利权的主体

专利权的主体即专利权人,是指依法享有专利权并承担相应义务的自然人或单位。为了更清晰地了解专利权人,有必要对专利权产生前后出现的相关主体概念进行阐述。这些主体主要包括发明人、设计人、专利申请人等。

（一）发明人（设计人）

我国《专利法》规定了三种专利,即发明、实用新型和外观设计。《专利法》

---

① 郭禾:《半导体集成电路知识产权的法律保护》,载《中国人民大学学报》2004年第1期。

② 盛大铨:《论集成电路及其布图设计的法律保护》,载《南京邮电学院学报》(社会科学版)2002年第4期。

将发明专利的完成人称为发明人,而将实用新型和外观设计的完成人称为设计人。[①] 我国《专利法实施细则》第 13 条规定:"专利法所称发明人或者设计人,是指对发明创造的实质性特点做出创造性贡献的人。在完成发明创造过程中,只负责组织工作的人、为物质技术条件的利用提供方便的人或者从事其他辅助工作的人,不是发明人或者设计人。"这意味着即使参与了发明创造,且对发明创造的非实质性特点做出贡献的人不能成为发明人。

在理论界,对于发明人是否必须是自然人,存在两种观点。一种观点认为,发明创造只能由自然人完成,所以发明人只能是自然人。发明创造行为是一种具有探索性的智力劳动,需要进行创造性思维,具有明显的人身属性,因此只有具体的自然人才能从事发明创造行为,故发明人只能是自然人。而且发明创造是一种事实行为,所以不论从事发明创造的人在法律上是否具有完全民事行为能力,只要他完成了发明创造,他就可以被认为是发明人。也就是说即使是儿童也可以是发明人。当前一些主要的国际公约和绝大多数国家的法律都承认发明人必须是自然人。例如,《巴黎公约》第 4 条之三规定:"发明人有关要求在专利证书上记载自己是发明人。"1977 年《英国专利法》第 13 条规定:"一件发明的发明人或共同发明人有权在该发明获准的任何专利证书中署名。"[②]我国《专利法》第 17 条也规定,"发明人或者设计人有权在专利文件中写明自己是发明人或者设计人"。这种"署名权"被看作是发明人享有的、不可剥夺的、不可转让的"精神权利"。[③] 另一种观点认为,法人或其他组织也可以作为发明人。理由是许多发明创造是利用单位物质条件,且由许多人长期合作完成的。这种观点可能是受"法人实在说"的影响。但这种观点并未得到多数人的赞同,因为法人或者单位自身绝对不可能直接从事发明创造行为。

(二)专利申请人

专利申请人是指就一项发明创造向专利管理当局申请专利的人。现实中,发明人与专利申请人不一定是同一人。大致而言,专利申请人包括四类:

第一,发明人是专利申请人。发明人是发明创造的完成人,对发明创造具有实质性的贡献,通常情况下有权对发明创造提出专利申请。各国专利法大多规定发明人享有专利申请权,除非法律另有规定。《美国专利法》第 115 条

[①] 本文以阐述发明人为主。因为相对于实用新型和外观设计来说,发明专利的创造性要求要高得多,所以发明人相比较设计人而言更重要。

[②] 刘春田:《知识产权法》,高等教育出版社 2007 年版,第 140 页。

[③] 郑成思:《知识产权论》,法律出版社 2003 年版,第 139 页。

甚至规定:"专利申请人应当宣誓深信自己是某方法、机器、制造品或物品的组合或改进等请求取得专利的原始和最早的发明人。"也就是说,在美国,专利申请人通常情况下必定是发明人。

第二,发明人所在雇主或所在单位是专利申请人。这种情况主要发生在职务发明上。职务发明是指职工在履行职务中所完成的,或是在执行雇主或所在单位指令中所完成的,或主要是利用雇主或所在单位的物质条件完成的发明。各国法律规定的职务发明的范围不尽相同,但核心内容大致一样。《日本专利法》第35条第1款规定,职务发明是指"其性质属于单位业务范围,且完成发明的行为属于该单位管辖下的工作人员现在或过去职务范围内的发明"。《英国专利法》第39条第1款规定,职务发明是指"该雇员正常工作过程中或虽在其正常工作之外,但是特别分配给他的工作中做出的发明。"有些发展中国家规定的职务发明范围相对要大些。《泰国专利法》第11条规定,职务发明是指"在执行雇佣合同或完成一项任务的合同中完成的发明",或"雇佣合同并未要求受雇者进行发明活动,但受雇者曾利用过职务上供其支配的设备、资料及报告"。我国《专利法》第6条规定,"执行本单位的任务或者主要是利用本单位的物质技术条件所完成的发明创造为职务发明创造"。职务发明专利申请的归属,各国有不同的做法。法国和英国规定职务发明归雇主所有;日本则规定单位对职务发明享有法定使用权,并可依合同受让职务发明权;而德国则规定雇员在雇佣关系存续期间完成的与单位业务范围相关的发明创造,应当向雇主申报,由雇主在一定期限内判断是否属于职务发明。职务发明专利权可以由发明人申请,也可以由单位或雇主申请。我国《专利法》规定,职务发明创造的专利申请权属于该单位。如果雇主或单位享有职务发明的专利申请权,那么发明人有权得到相应的报酬。许多国家规定的这种报酬不是以发明人的发明水平高低为依据,而是以该发明相应的专利在利用(转让、许可等)中取得的使用费或实施中取得的实际收益为依据的。[①]

第三,发明创造的受让人作为专利申请人。实践中,发明人基于各种考虑可能不愿意去申请专利,所以愿意将发明创造的专利申请权转让给他人。大多数国家法律都规定,专利申请权是可以转让的财产权利。例如,我国《专利法》第10条规定,专利申请权可以转让。专利申请权的转让可以分为两种,即专利申请提出之前的转让和专利申请提出后的转让。对于前者,这属于普通

---

① 郑成思:《知识产权论》,法律出版社2003年版,第139页。

的民事权利转让,属于不要式行为,其效力仅限于转让合同当事人双方。受让人获得专利申请权之后必须及时申请专利,否则很可能被独立完成同样发明创造的人抢先提出专利申请。对于后者,由于发明人已经提出了专利申请,所以相关转让行为必须符合法律的规定,属于要式行为。根据我国《专利法》的规定,专利申请提出后的专利申请权转让必须将转让合同报专利局登记,经专利局公告后转让才能够生效。

第四,发明人的继承人是专利申请人。专利申请权实质上是一种财产权,所以专利申请权可以合法继承。专利申请权的继承也分为两种,即专利申请权提出前的继承和专利申请权提出后的继承。对于前者,继承人也必须及时申请专利,否则很可能被独立完成同样发明创造的人抢先提出专利申请。对于后者,由于发明人已经提出了专利申请,那么继承人必须到专利局提出变更申请人的请求。《日本专利法》第34条就规定:"在申请专利之前继承专利申请权的,若继承人未提出专利申请,则不能对抗第三人。""提出专利申请后的继承,如不呈报专利厅长官,则不发生效力。"我国《专利法》没有关于专利继承方面的法律规定。

专利申请人即可以是本国人,也可以是外国人。当前,世界上没有哪一个国家在其专利法中明文规定不允许外国人申请专利。各国专利法对外国人在本国申请专利有着不尽相同的规定,大致可以分为两种:一种是无条件赋予外国人一国民待遇,采用这种做法的国家主要有美国、德国、英国等;另一种则是在互惠的基础上给予外国人以国民待遇,采用这种做法的国家有日本、法国、意大利等。《巴黎公约》规定,成员国之间必须相互给予国民待遇,但允许在具体程序上对外国人作出特别规定。

(三)专利权人

专利权人是指依法享有专利权的人。一般而言,如果一项发明或设计申请专利成功后,专利申请人理所当然成为最初的专利权人;如果专利申请不成功,那么专利申请权人就不会成为专利权人。专利权人与专利申请人也可以是不同的人,因为专利权可以通过转让或继承获得。郑成思教授认为,"专利权人可能有以下五种:发明人本人;发明人的雇主或发明人所在的工作单位;发明权转让中的受让人(包括法人);专利权转让中的受让人(包括法人);以国家形式出现的法人"。[①] 实际上应当还有一种,那就是专利权的继承人。专利

① 郑成思:《知识产权论》,法律出版社2003年版,第139页。

权人在专利法律关系中处于核心地位,离开了专利权人,有关专利的法律活动变无法展开。

二、专利权的客体

专利权的客体,也称为专利法保护的对象,是指依法应授予专利权的发明创造。实践中并非所有的发明创造都可以成为专利权的保护对象,通常各国法律都会根据本国国情规定本国法律保护的发明创造。例如,美国专利法的保护对象包括发明、植物新品种(限于无性繁殖培育的新品种)和外观设计专利;德国、日本等发达国家的专利法保护的对象则仅限于发明专利;我国专利法保护的对象则同时包括发明、实用新型和外观设计三种。以一部专利法同时保护三种不同的客体,是我国专利法的特点之一。在美国,专利权的客体尽管包括植物新品种,但却是单独颁布《植物专利法》进行保护的。下面拟对发明、实用新型和外观设计分别进行阐述。

(一)发明

发明的概念,在各国法律或学术界均有不同定义。《日本专利法》第 2 条规定:"发明是指利用自然规律的具有高度创造性的技术构思。"《美国专利法》第 101 条称发明为"任何新颖而实用的制法、机器、制造品物质的组合,或者任何新颖而实用的改进方案"。世界知识产权组织主持起草的《发展中国家发明示范法》称发明是"发明人在实践中用以解决技术领域某一特定问题的一种方案"。简而言之,发明,是指对产品、方法或者其改进所提出的新的技术方案。发明具有如下特征:[①]第一,发明是一种具体的技术方案。发明不是停留在脑海中的技术思想,因为思想是人类大脑的一种思维活动,具有随意性,外界人无法感知其具体内容。发明必须具备完全外化的形式,可以让他人明确感知。总而言之,发明必须是能够付诸实践,能够达到一定效果并具有重复性的技术方案。第二,发明是一种利用自然规律的技术方案。自然规律本身不是发明。发现自然规律属于"科学发现",这与"技术发明"是两个截然不同的概念。发明必须是在利用自然规律的基础上发展起来的各种工艺操作方法或生产技能。没有利用自然规律的方案不属于技术方案,例如体育比赛规则、数学运算方法或商业方法均不是专利法意义上的发明。然而美国从 20 世纪 90 年代开始对商业方法授予专利,但这并未得到国际社会的普遍赞同。另外违背自然

---

① 吴汉东:《知识产权法》,法律出版社 2007 年版,第 149~152 页。

规律的创造也不是发明,因为这样的发明往往没有任何意义,例如违背热力学第二定律的"永动机"。第三,发明是一种与现有技术相比具有实质性创新的技术方案。如果一项发明是前所未有的技术方案,那它毫无疑问具有创新性。现实中,大多数发明都是在借鉴前人的技术成果上进行的改进,只不过改进必须达到比现有技术更好的效果。如果是将现有技术变劣的技术方案,当然不能称之为发明。

发明可以根据不同的分类标准进行分类。专利法上最基本的一种划分是将发明分为产品发明和方法发明。产品发明授予的对象包括:制造品,如机器、设备以及各种用品;材料,如化学物质、组合物等;具有新用途的其他产品等。专利法上的产品可以是一个独立、完整的产品,也可以是一台设备或仪器中的零部件。方法专利授予的对象是由一系列步骤构成的一个完整过程,有时也可以是一个步骤,主要包括制造方法、测量方法、分析方法等。理论上还可以将发明进行多种分类。例如,按发明的人数来划分,发明可以分为独立发明和共同发明;按照发明的权利归属来划分,可将发明分为职务发明和非职务发明;按照发明之间的关系来划分,可以将发明分为基本发明和改良发明;按照发明人的国籍来划分,可以分为本国发明和外国发明。

(二)实用新型

实用新型,又称为小发明或小专利,是指对产品的形状、构造或者其结合所提出的适于实用的新的技术方案。实用新型与发明有以下区别:[1]第一,从范围上看,实用新型不包括方法,也不包括不具有确定形状和立体结构的物品(如粉末、液体类的产品)。第二,从创新水平看,取得实用新型专利的新技术方案,不要求具备高度的创造性,而只要有实质性特点和进步即可。故实用新型是有"型"的小发明。第三,实用新型专利的审查程序比发明专利的审查程序简单、快捷,不作实质审查。所以专利法对实用新型的保护期限大大短于对发明的保护期限,实用新型专利的审查程序简单,申请费用和年费低。建立实用新型保护制度的目的就是为了保护那些创造高度尚达不到发明专利要求的一些简单的小发明创造。实用新型制度建立之初,并不要求权利申请人提供文字形式的说明书和权利要求,例如1891年德国颁布《实用新型保护法》,原因在于实用新型的保护范围局限于具有固定立体形状的某种产品上,即某种具有实用功能的技术造型或结构。然而实用新型归根结底是一种技术方案,

---

[1] 马俊凤、王佳:《谈谈专利权的客体》,载《中国航天》2012年第6期。

所以随着实用新型制度的发展完善,也开始要求申请人提交有关说明书以及权力要求书等书面文字形式的技术说明文件。实用新型保护制度的保护范围也在逐步扩大。实用新型不再停留在"造型"上,而是同发明一样,保护一个完整的技术方案,只是在"创造性"的要求上低于发明专利。例如,德国的实用新型保护制度取消了以前关于"三维形状"、"微观结构"等方面的限制性条件。法国和澳大利亚则更是将实用新型的保护范围扩大到方法,当然名称也作了改动,不再称为"型"了。法国改为"实用证书",澳大利亚则称为"小专利"。[①]

(三)外观设计

外观设计是指工业品的外观设计,也就是工业品的式样。我国《专利法》第2条第4款规定,外观设计是指对产品的形状、图案或者其结合以及色彩与形状、图案的结合所作出的富有美感并适于工业应用的新设计。外观设计的主要特征包括:第一,外观设计必须与产品相结合。外观设计必须与产品相结合,才能成为专利法的保护对象。某项设计如果不与产品相结合,则只能得到著作权法上的保护。第二,外观设计必须能在产业上应用。外观设计必须能够用于生产经营目的的制造或生产。如果设计不能用工业的方法复制出来,或者达不到批量生产的要求,就不是专利法意义上的外观设计。也就是说外观设计应用的产品必须是用工业方法生产出来的物品,而非不能重复生产的手工艺品、农产品、畜产品、自然物。第三,外观设计富有美感。外观设计富有美感包含的是美术思想,即解决产品的视觉效果问题,而不是技术思想。这是外观设计与发明和实用新型的重要区别。在确定外观设计专利权的保护范围方面,各国均以交存的照片或图片为准,而不是以说明书或权力要求书为准。例如,我国《专利法》第56条规定:"外观设计专利权的保护范围以表示在图片或者照片中的该外观设计专利产品为准。"但在实务中,专利当局往往要求申请人就外观设计的设计特点提供必要的说明,这样有利于专利审查员判断申请的外观设计与现有外观设计有何区别,也有利于法院在侵权案件中判定是否侵权。

三、专利权的内容

专利权的内容是指专利权人依法享有的权利及应当承担的义务。在专利法律关系中,专利权的内容无论对于专利权人还是对于其他相关主体来说,都

---

① 吴汉东:《知识产权法》,法律出版社2007年版,第154页。

是他们最为关心的问题。

（一）专利权人的权利

《与贸易有关的知识产权协定》第 28 条规定，"专利应赋予其所有人下列专有权：(a)如果该专利所保护的是产品，则有权制止第三方未经许可实施以下行为：制造、使用、许诺销售、销售，或为上述目的而进口该产品；(b)如果该专利保护的是方法，则有权制止第三方未经许可使用该方法的以下行为：使用、许诺销售、销售或为上述目的的进口至少是依照该方法而直接获得的产品"。"专利所有人还应有权转让或通过继承转移其专利，应有权缔结许可证合同。"我国《专利法》第 11 条规定："发明和实用新型专利权被授予后，除本法另有规定的以外，任何单位或者个人未经专利权人许可，都不得实施其专利，即不得为生产经营目的制造、使用、许诺销售、销售、进口其专利产品，或者使用其专利方法以及使用、许诺销售、销售、进口依照该专利方法直接获得的产品。""外观设计专利权被授予后，任何单位或者个人未经专利权人许可，都不得实施其专利，即不得为生产经营目的制造、许诺销售、销售、进口其外观设计专利产品。"

从上述规定可以看出，专利权人的权利主要是财产权利，即能够为专利权人带来财产利益的权利，通常包括制造权、使用权、销售权、许诺销售权、进口权、转让权、许可权、标记权等。具体而言，制造权是指专利权人享有独占地制造专利产品、禁止他人未经其许可制造相同或相近似于专利产品的垄断权。使用权是指专利权人享有的使用专利产品或专利方法及依照专利方法直接获得的产品的专有权。许诺销售权是专利权人有明确表示愿意出售具有权利要求书所述技术特征的专利产品，以及禁止他人未经专利权人许可许诺销售专利产品的权利。许诺销售行为可以表现为以口头或书面等形式，向特定或不特定的对象，以产品展览、展示、广告等方式明确表示愿意销售专利产品的愿望的行为。销售权是指专利权人享有的独自销售专利产品或依照专利方法直接获得的产品的权利。进口权是指除法律另有规定之外，专利权人享有自己进口或禁止他人未经许可为制造、许诺销售、销售、使用等生产经营目的的进口其专利产品或进口依照其专利方法直接获得的产品的权利。转让权是指专利权人将自己的专利所有权依法转让给他人的权利。许可使用权是指专利权人享有的许可他人实施其专利的权利。标记权是指专利权人享有的在其专利产品或该产品包装上标明专利标记和专利号的权利。

专利权人的权利的特征主要有：第一，专利权人的权利是一种垄断专利技术实施的独占性权利。专利权人申请专利的直接目的就是为了垄断该项技术的实施权,凭借这种垄断性权利获取独占性利益。第二,专利权人的权利是一种禁止他人为营利目的实施专利技术的权利。这实际上是第一个特征的反向表述。如果换个角度,这种禁止性权利还隐含着"许可"的含义,即在得到专利权人的许可之后是可以实施专利技术的。第三,专利权人的权利是可以自由处分的。专利权的处分包括专利权人可以将其专利转让给他人或者放弃其专利权等。专利权是可以转让的。转让专利权的,当事人应当订立书面合同,并向国务院专利行政部门登记,由国务院专利行政部门予以公告,专利权的转让自登记之日起生效。中国的单位或者个人向外国人转让专利权的,必须经国务院有关主管部门批准。专利权人也可以放弃其专利权。专利权人放弃其专利权必须经过专利局登记和公告。

（二）专利权人的义务

专利权人在享有专利权的同时,依法应当承当相应的义务。专利权人的义务主要包括以下几项:第一,专利权人应当向专利局缴纳专利年费,这是专利权人的基本义务。我国《专利法》第43条就规定,专利权人应当自被授予专利权的当年开始缴纳年费。如果专利权人没有按照规定缴纳年费,则将会导致其专利权在期限届满前终止。专利年费在数额上采用累进方式逐年提高。专利年费的作用主要在于两个方面,一是可以作为专利局的日常管理和服务所需的费用,二是可以促使专利权人尽早放弃专利权,从而使技术尽早地进入公有领域。由于专利年费是逐年增多的,所以专利权人继续维持已经没有市场价值的专利是不经济的。第二,专利权人应当公开发明的技术方案。尽管公开发明的技术方案是专利申请环节就必须实施的行为,但是仍可以算是专利权人的一项义务。如果发明创造未在专利申请文件中充分公开,对于正在申请专利的技术方案将被驳回;对已经被授予专利权的技术方案,则可能导致专利被宣告无效。实践中有些专利会因为专利文件公开不充分而被视为申请无效。第三,专利权人不得滥用专利权。尽管专利权是一种合法的垄断权,但专利权人不得利用合法的地位滥用专利权,从而侵害他人或公共利益。第四,如果专利权人是职务发明创造的单位,在授予专利权后,应当按照规定对发明人或设计人进行奖励,并且在专利实施后,根据其推广应用所取得的经济效益,按规定对发明人或者设计人发给合理的报酬。

第八章　专利管理理论

第一节　专利的取得和利用

一、专利的取得

（一）专利申请原则

专利申请必须遵循一定的原则。各国专利法关于专利申请原则的规定基本相同，主要包括以下几个：

1. 先申请原则

先申请原则是指当两个或两个以上的申请人分别就同样的发明创造申请专利的，专利权授予最先提出专利申请的人。当前世界上大多数国家都采用先申请原则。我国《专利法》第 9 条规定，"两个以上的申请人分别就同样的发明创造申请专利的，专利权授予最先申请的人"。先申请原则有两个优点：第一，可以避免为确定谁是先发明人而进行的繁琐的取证调查，最大限度地消除申请抵触情况。第二，可以促使发明人尽早尽快地将发明创造申请专利，从而达到使先进技术尽早公之于众的目的。这样就可以便于社会公众合法利用其专利成果，从而避免重复研发浪费资源。先申请原则有可能导致先发明人反而不能得到专利制度的保护，好像是不公平的。但由于先完成发明创造的人同样被赋予了及早提出专利申请的权利，所以先申请原则依然是公平、公正和合情合理的。

尽管先申请原则可以最大限度地消除申请抵触情况，但在实施过程中还是会遇到申请抵触问题，即两个或两个以上的专利申请人就同一发明主题提出专利申请。先申请原则的操作关键在于判断申请时间的先后。理论上，判断时间先后可以精确到分、秒或更小的时间单位，但具体操作中不可能如此精确。当前国际上判断申请时间先后的标准有两个：[①]一是以时刻为单位，如德国和法国等；另一个是以日为单位，如中国。我国对于专利申请日的确定以专利行政部门收到完整专利申请文件的日期为准。如果申请文件是邮寄的，以寄出的邮戳日为申请日。邮戳日不清晰的，除当事人能够提供证明的外，以专利局收到专利申请文件的日期为申请日。专利申请人享有优先权的，以优先权日为申请日。

以时刻为单位判断申请先后一般情况下不会出现就同样的发明创造同时提出专利申请的情况，而以申请日为单位则经常会遇到同一日有不同人就同一技术方案提出专利申请的情形。例如，《日本专利法》第39条第2款规定："相同的发明于同日提出两件以上的专利申请时，由专利申请人协商确定申请人，唯一人可取得该发明的专利。协商不成或无法进行协商时，任何人均不授予专利。"当前国际上通行的做法是由申请人之间进行协商解决。协商的结果可能有四种：第一，协商后，由一方提出申请，其他方放弃申请；第二，协商后，其中一方通过给予他方经济补偿换取申请权；第三，协商后，双方或多方成为共同申请人，并签署好各方相关权利义务的协议；第四，协商不成，专利局驳回所有方的专利申请。我国专利管理机构曾经采用抽签和强制各方共同申请的做法。抽签的方式太过偶然性，实质上会导致更严重的不公平，且有损专利法的严肃性；而强制各方共同申请则违背了专利权是私权的属性，不利于当事人意思自治。因此我国当前在处理同日申请时也采用协商原则。

先发明原则是与先申请原则相对应的另一种原则。它是指两个或两个以上申请人分别就同样的发明创造提出申请时，专利管理当局将授予最先完成发明创造的申请人。根据这一原则，最先完成发明创造是提出专利申请且取得专利权的前提条件。先发明原则意味着最先完成发明人只要能够证明自己是最先完成发明创造的人，就可以不急着提出专利申请，甚至可以不管别人是否已经申请并获得专利权。显然这种原则并不鼓励早日申请，早日公开，但这既不利于新技术的传播与交流，也不利于专利权（在先获权）的稳定和实施。[②]先发明原则的基本理念在于先占理念以及朴素的公平意识。先发明原则在操作中会存在很多困难，因为要确定谁是先发明人并不是易事，而且也不符合当今快节奏的现代社会。进入20世纪后，绝大多数国家抛弃先发明原则，改用

---

① 刘春田：《知识产权法》，高等教育出版社2007年版，第189～192页。

② 李济群：《专利学概论》，中国纺织出版社1999年版，第106页。

先申请原则。美国和菲律宾是极少数依然采用先发明原则的国家。由于1994年签署的《与贸易有关的知识产权协议》采用先申请原则,这意味着美国作为世界贸易组织的成员国必须放弃先发明原则。2012年9月16日,美国总统奥巴马签署发布《美国发明法案》(America Invents Act,AIA),美国最终放弃了对"先发明制度"(First-To-Invention,FTI)的坚守,这是美国自建立专利制度以来最大规模的一次专利法修改。经过各方利益团体的相互妥协之后,最终《美国发明法案》建立起一种"发明人先申请制度"(First-Inventor-To-File,FITF)。立法者认为这一制度兼具"先发明制度"和"先申请制度"的优势,既能够充分保护发明人权益,同时又可以摒弃繁琐的申请程序,构成新的美国专利体系的基础。[①] 但这种制度能否达到预期效果仍有待检验。

2.单一性原则

单一性原则是指一份专利申请仅限于一项发明创造,不能将两项或两项以上的发明创造作为一件申请提出。《专利合作条约》第3条"国际申请"第4款第3项明确规定,国际申请应该符合规定的发明单一性的要求。我国《专利法》第31条规定:"一件发明或实用新型专利申请应当限于一项发明或者实用新型";"一件外观设计专利申请应当限于一种产品所使用的一项外观设计"。确立单一性原则的理由有两个方面:一方面是在技术上便于专利申请的分类、检索和审查;另一方面是在经济上防止申请人仅支付一项专利申请的费用就获得多项发明创造的专利权。

专利局按照某种分类法对专利申请进行分类,以方便专利审查员受理属于自己领域的专利申请。[②] 如果两项毫不相干的、属于不同技术领域的技术作为一件申请提出,那么该项申请无法按照专利分类法进行分类,从而导致专利管理当局无法对该申请进行受理和审查。专利申请人将两项发明创造作为一项专利申请提出的好处在于可以少交专利申请受理费,但这可能会带来一系列麻烦。因为专利局在受理专利申请后,如果发现专利申请不满足单一性时会要求申请人将申请进行分案处理,即将一个不满足单一性的申请案分作两个或多个,使每一个申请案均满足单一性要求。这样就会耽搁专利审查时

---

① 左玉茹:《美国发明法案中"发明人先申请制"研究》,载《电子知识产权》2012年第11期。

② 当前国际上比较通行的专利分类法包括国际专利分类法、美国专利分类法、英国专利分类法和德温特(Derwent)专利分类法等。

间,而且最终还是需要补交相关费用。①

尽管单一性原则是专利申请的一项基本原则,但还是存在一些例外。单一性原则的出发点在于便于专利申请管理,如果某些特定情况下,将两项发明创造作为一项专利申请提出更有利于专利申请管理时,法律也允许专利申请人合案申请。我国《专利法》第 31 条规定:"属于一个总的发明构思的两项以上的发明或者实用新型,可以作为一件申请提出";"同一产品两项以上的相似外观设计,或者用于同一类别并且成套出售或者使用的产品的两项以上外观设计,可以作为一件申请提出"。作为一件专利申请提出的属于一个总的发明构思的两项以上的发明或实用新型,应当在技术上相互关联,包含一个或多个相同或相应的特定技术特征,其中特定技术特征是指每一项发明或者实用新型作为整体考虑,对现有技术做出贡献的技术特征。作为一件专利申请提出的两项以上外观设计,必须适用于同一产品,或适用于属于国际专利分类表中的同一小类,或适用于"成套出售或者使用"的一套产品,例如成套的茶具中的茶壶和茶杯等。上述这些情况可以视为具有单一性。

3. 书面原则

书面申请原则是指申请人为获得专利权所需履行的各种法定手续都必须依法以书面形式办理。确立书面原则的理由是为日后发生专利纠纷时能够有据可查。专利申请行为在法律上是有其特殊意义的,它是专利权产生的前提,同时又具有排除在后同类申请的效力,所以各国一般都要求以书面形式办理专利申请手续。然而书面原则并不等于纸面化。随着信息技术,特别是电子签名技术的应用,许多国家已经建立起专利审查的无纸化系统,受理以电子文本提交的专利申请。我国《专利法实施细则》第 2 条规定,"专利法和本细则规定的各种手续,应当以书面形式或者国务院专利行政部门规定的其他形式办理"。我国知识产权管理机构也开始受理与其签订了《电子专利申请系统用户注册协议》的用户提交的电子申请案。实务中,专利申请的书面原则往往落实在具体的专利申请文件上。所谓专利申请文件是指在专利申请时向专利局递交的各类书面文件,主要包括专利请求书、权利要求书、说明书、附图、照片或图片、摘要等。一般而言,各国专利管理当局都对专利申请文件有特殊的要求,都会印制专利表格,同时要求递交的文件必须按照规定格式填写。②

4. 优先权原则

<del>

</del>

① 吴汉东:《知识产权法》,法律出版社 2007 年版,第 154 页。
② 吴汉东:《知识产权法》,法律出版社 2007 年版,第 154 页。

优先权原则源自 1883 年签订的《保护工业产权巴黎公约》(简称《巴黎公约》)。按照《巴黎公约》的规定,享有国民待遇资格的人,以一项发明创造首先在任何一个《巴黎公约》成员国提出了发明、实用新型或外观设计的申请,自该申请提出之日起 12 个月(对发明专利和实用新型申请而言)或 6 个月(对外观设计申请而言)内,他如果在其他成员国也提出同样申请,则这些成员国都必须承认该申请案在第一个国家递交的日期为本国申请日。这种将后续申请的申请日提前至首次申请的申请日的权利便是优先权,在要求优先权时,首次申请日被称作优先权日;享有优先权的一定期限被称作优先权期。可见,基于先申请原则的优先权制度设计,解决了就同样的发明创造同时向多国提出专利申请必须多次确定申请日的问题。换句话说,有了优先权制度,先申请原则的作用才得以彰显,先申请原则具有广义上的意义,已经冲破了专利地域性的束缚。① 当前加入《巴黎公约》的国家已经达到 100 多个,因此优先权制度已经成为国际上普遍承认的制度。

《巴黎公约》确立的优先权制度适用于两个申请先后在不同成员国提出的情况,所以又被称为外国优先权制度。我国《专利法》第 29 条第 2 款还规定了本国优先权制度:"申请人自发明或者实用新型在中国第一次提出专利申请之日起十二个月内,又向国务院专利行政部门就相同主题提出专利申请的,可以享有优先权。"可见我国规定的本国优先权不包括外观设计。

优先权原则的意义集中在优先权的效力上。具体地讲,主要有两个方面:一是在优先权期内,发明创造不因任何将该发明创造公告之于世的行为而丧失新颖性;二是可以排除他人在优先权日后就同样的发明创造提出专利申请。发明人在第一次正式申请的申请日(优先权日)后,再向他国提出后续申请时可能会遇到第三人也在这些国家就同样的发明创造提出专利申请的情况。这时,如果第三人的申请日晚于优先权日,则这些国家的专利局将驳回第三人的申请,而将专利权授予享有优先权的申请人,而不论优先权人在这些国家的实际申请日是否早于第三人的申请日。② 优先权原则可以视为是本国先申请原则的例外,但却体现了国际先申请原则。

---

① 吴离离:《专利优先权制度的作用和对它的认识误区——解读优先权制度与先申请原则的关系》,载《中国发明与专利》2011 年第 6 期。

② 刘春田:《知识产权法》,高等教育出版社 2007 年版,第 189～192 页。

（二）授予专利的实质条件

一项发明创造要取得专利权，必须满足实质条件和形式条件。实质条件是指申请专利的发明创造自身必须具备的属性要求，分为消极条件和积极条件。形式条件则是指申请专利的发明创造在申请文件和手续等程序方面的要求。下面拟重点讲授授予专利权的实质条件。

1.消极条件

由于消极条件不易于从正面进行规定，因此世界各国一般都根据自己的国情从反面规定不能被授予专利的发明创造或情形。

第一，违反法律、社会公德或者妨害公共利益的发明创造。我国《专利法》第 5 条规定，"对违反法律、社会公德或者妨害公共利益的发明创造，不授予专利权"。《欧洲专利公约》第 53 条（a）也规定：欧洲专利权不应当授予其公开和实施与"公共秩序"或者道德相违背的发明，发明的实施仅仅为部分缔约国或所有缔约国的法律或法规所禁止不能认为是违背了"公共秩序"或者道德。美国专利法没有明确规定禁止违反公共秩序或道德的条款，但美国判例法中有相似的判例。在 LOWELL v LEWIS 案中，著名的 Story 法官宣布"法律的全部要求就是发明不应当损害社会的安宁、良好的政策和健康的道德"①。违反法律、社会公德或者妨害公共利益的发明创造的情形包括：首先，发明创造的目的、效果、作用等若违反法律，则不能被授予专利权。例如，伪造货币的方法、专用于走私金条的背心、吸食鸦片的工具等等，这些发明创造本身可以说是技术方案，但这些方案本身的目的、效果、作用为法律所禁止，自然不能被授予专利。其次，直接与公共秩序、善良风俗相抵触的发明创造也不能被授予专利。例如，在法国有人发明了一种装在汽车上可以探测雷达测速装置的仪器，当发现前方路段有测速雷达信号时，该仪器便自动提示驾驶员减速以免被罚。发明该仪器的目的以及该发明的实施显然是为了规避法律的制裁，因而直接与公共秩序相抵触，不能被授予专利。最后，有的发明创造本身虽然不违背法律，也无害于公共秩序。但从该发明的技术构成可以推知，如果将其公之于世，任何人都可非常容易地将该发明创造适用于某种非正常的使用领域，且这种非正常使用可能对社会构成较大危害。对这类发明创造，在实务中也不能被授予专利。例如，"万能钥匙"之类的发明能够为丢失钥匙的人提供方便，但

---

① 张晓都：《专利实质条件》，法律出版社 2002 年版，第 125 页。

这种发明创造很有可能被利用于非正常领域。[①]

第二，科学发现。科学发现是指对自然界中客观存在的现象、变化过程及其特性和规律的揭示。科学理论是对自然界认识的总结，是更为广义的发现。它们都属于人们认识的延伸。作出科学发现是一切科学活动的直接目标，重要事实或理论的发现也是科学进步的主要标志。这两类发现又是互相联系、互相促进的。例如，19世纪末以来，电子、X射线、放射性等发现促成了原子结构和原子核理论的建立，而后者又推动了各种基本粒子的发现，为粒子物理学的诞生做好了准备。科学发现中被认识的物质、现象、过程、特性和规律不同于改造客观世界的技术方案，不是专利法意义上的发明创造，因此不能被授予专利权。

第三，智力活动的规则和方法。智力活动的规则和方法是指导人们思维、推理、分析和判断的规则和方法，包括文娱规则、体育比赛规则、数学方法、生产经营方法、管理方法、心理测量方法、情报分类和检索法等等。智力活动的规则和方法与人们在完成发明创造的过程中进行的智力活动是有区别的。智力活动的规则和方法没有采用技术手段或者利用自然法则，也未解决技术问题和产生技术效果，因而不构成技术方案，不属于专利法中所说的发明。

第四，疾病的诊断和治疗方法。将疾病的诊断和治疗方法排除在专利保护范围之列，是出于人道主义的考虑和社会伦理的原因，医生在诊断和治疗过程中应当有选择各种方法和条件的自由。由于疾病的诊断和治疗方法是以有生命的人体或动物体为实施对象，理论上认为不属于产业，无法在产业上利用，不属于专利法意义上的发明创造。例如，《欧洲专利公约》第52条(4)规定人体或动物的外科手术或治疗的方法，或对人体或动物的诊断的方法不被认为是具有工业实用性的发明。

第五，动物和植物品种。当前国际上对于动物、植物品种能否被授予专利有两种截然相反的观点。一种是反对授予专利。主要理由包括：第一，动物、植物品种是大自然的创造，品种的再生是靠其自身的繁衍能力，而非人力所为。第二，动物、植物品种是具有生命的活体，它不仅因气候、土壤等客观条件的差异而不能生长出完全相同的东西，而且还受着其内部的遗传和变异这对矛盾的制约，故而要再生产出具有再现性的品种是很困难的。所以，动植物品种不是人类的发明，不能授予专利。我国当前采用这种观点，《专利法》第25条规定，动物和植物品种不授予专利，但动植物品种的生产方法，可以依照本

[①] 吴汉东：《知识产权法》，法律出版社2007年版，第154页。

法规定授予专利权。另一种是赞成授予专利。理由是:第一,动植物新品种与新合成的化合物或组合物没有什么不同,新合成的化合物和组合物可以授予专利,为什么人培育出来的动植物新品种不可以授予专利。第二,气候、土壤、遗传和变异等因素对动植物新品种作为发明所应具备的再现性的影响,当前科技水平已经能够克服。所以,动植物新品种也可以被授予专利。美国是这一观点最早的实践者。美国1930年颁布《植物专利法》,将无性繁殖的植物品种(块茎植物除外)纳入专利保护范畴;美国最高法院在20世纪80年代分别判决授予一种浮游微生物和一种利用遗传工程创造出的老鼠以专利权。

第六,用原子核变换方法获得的物质不能被授予专利。所谓原子核变换包括原子的自然衰变(指放射性物质)和人工核反应。人工核反应所获得的物质不能被授予专利的原因在于:一是出于国家和公众安全方面的考虑。核反应包括核裂变和核聚变。如果这些发明创造申请专利,使这些技术公之于众,将给国家和公共安全造成极大威胁。二是为保护本国核工业而不对其授予专利。我国核工业不发达,因此《专利法》对这一领域的技术作出限制,以便保护我国核工业。

第七,其他不授予专利的技术领域。我国《专利法》第5条第2款还规定,对违反法律、行政法规的规定获取或者利用遗传资源,并依赖该遗传资源完成的发明创造,不授予专利权;第25条第6项规定,对平面印刷品的图案、色彩或者二者的结合作出的主要起标识作用的设计不授予专利。实际上每个国家的专利制度在发展过程中,都会出于某种原因将一些领域排除在授予专利权的范围之外。例如,日本在1976年之前,就将饮食品或调味品、药物以及混合方法、化学物质等排除在专利法保护范围之外。我国1992年9月之前也曾将食品、饮料、调味品、药品和以化学方法获得的物质排除在专利法保护范围之外。

2.积极条件

(1)新颖性

新颖性是一项发明创造、实用新型和外观设计被授予专利的最基本条件。如果一项技术公众已经可以得到,无论发明人、设计人为该项技术投入多少智力和财力,都不应当被授予专利权;反之,则可能侵犯公共利益。新颖性的判断标准有三种,即绝对新颖性标准、相对新颖性标准、混合新颖性标准。绝对新颖性标准是指一项技术未在世界上任何地方,以任何方式公开过。法国、日本、英国等采用绝对新颖性标准。相对新颖性标准是指一项技术只要在本国未公开过就具有新颖性。澳大利亚采用相对新颖性标准。混合新颖性标准是指有些国家规定对于书面公开采用绝对新颖性标准,而对于使用公开和其他方式公开则采用相对性新颖性标准。美国和韩国采用混合新颖性标准。[1]

我国《专利法》第 22 条第 2 款规定:"新颖性,是指该发明或者实用新型不属于现有技术;也没有任何单位或者个人就同样的发明或者实用新型在申请日以前向国务院专利行政部门提出过申请,并记载在申请日以后公布的专利申请文件或者公告的专利文件中。"可见我国《专利法》采用的是绝对新颖性标准。新颖性的关键在于"新",即不能与现有技术相同。可见发明创造的新颖性是以现有技术为参照系的。所谓现有技术是指在特定时间之前,在特定地域内的已有技术和知识的总和。判断一项技术是否属于现有技术的范围就是看该技术的内容是否在某一特定时间之前已经公开为公众所知。现有技术的公开是指不特定的社会公众都可以从相关渠道获得技术。

现有技术公开的方式有多种,大致可以分为三类。[2] 第一,以出版物方式公开。这是最为普遍的一种方式。出版物包括专利文献、科技刊物、科技著作、学术论文、专业文献、技术手册、教材、技术专利报告等等。出版物的载体不仅可以是纸张,还可以是各种光盘、磁盘、磁带、微缩胶片等等。专利局在审查新颖性时将对这些出版物进行全面检索,只有那些已经在出版物中检索不到的技术才有可能被认为具有新颖性。第二,以使用方式公开。一项技术在特定时间和特定地域内已经被公开使用过,也不具备新颖性。例如某工厂已经将其新开发的产品投放市场,任何人都可以在市场上买到这种产品。这种产品就属于公开的现有技术。第三,以其他方式公开。其他方式是指除"出版物"和"使用"外的任何方式,包括口头方式、广播电台或电视台或电子网络等传播方式。

采用先申请原则的国家大多都规定在一定条件下,发明创造在申请日之前的某些公开行为不影响该发明创造的新颖性。不过,各国的实际做法很不统一,产生了多种类型的新颖性宽限期,主要包括狭义宽限期和广义宽限期。狭义宽限期,是指适用范围仅仅包括申请日之前在各国政府主办或者承认的国际展览会上展出的发明创造,以及他人未经申请人同意而公开从申请人那里获知的发明创造等情形。我国《专利法》第 24 条规定,"申请专利的发明创

---

[1]　王超、葛晓巍:《专利新颖性标准与利益平衡》,载《山西省政法管理干部学院学报》2010 年第 3 期。

[2]　刘春田:《知识产权法》,高等教育出版社 2007 年版,第 175～177 页。

造在申请日以前六个月内,有下列情形之一的,不丧失新颖性:(一)在中国政府主办或者承认的国际展览会上首次展出的;(二)在规定的学术会议或者技术会议上首次发表的;(三)他人未经申请人同意而泄露其内容的"。可见我国采用的是狭义宽限期。广义宽限期是指适用范围除了包括狭义宽限期的适用情形外,还包括申请人自己在申请日之前通过在公开出版物上发表或者公开使用等方式公开其发明创造,以及他人从申请人那里获知其发明创造进而予以公开的情形(但不一定是未经申请人同意)。日本属于实施广义宽限期的代表,其规定非常严密细致,并且在历次专利法的修改中对涉及新颖性宽限期的条款不断修改完善。①

(2)创造性

创造性是指一项技术要被授予专利,必须比现有技术更先进。把创造性规定为"可以获得专利的必备条件",其要求的原理是:并非一些新颖、实用的东西都有取得专利保护的价值。旧东西与仅仅在技术上或字面上新颖的东西之间,差别可能是非常微不足道的,乃至新颖的东西可以轻易地甚至自动地从旧的已知物中推演出来。② 各个国家"创造性"的规定在立法上有着不同的体现。《美国专利法》第103条规定:一项发明虽然满足新颖性要求,但申请专利的内容与已有技术之间的差异甚为微小,以致该发明在完成时对本专业普通技术人员而言是显而易见的,则不能取得专利。《日本专利法》第29条(2)规定,如果在专利申请提交前,与该发明相关的技术领域的普通水平的技术人员根据本款(1)所说的一项发明或多项发明(现有技术),能够容易地获得该发明,则该发明不应当被授予专利权。我国《专利法》第22条规定,创造性是指与现有技术相比,该发明具有突出的实质性特点和显著的进步,该实用新型具有实质性特点和进步。

有突出的实质性特点,是指一项技术相对于现有技术,在技术方案的构成上具有实质性的差别,对所属技术领域的技术人员来说必须经过创造性思维活动才能获得,具有非显而易见性。如果发明是所属技术领域的技术人员在现有技术的基础上通过逻辑分析、推理或者有限的试验就能够自然而然得出的结果,则该发明是显而易见的,也就不具备突出的实质性特点。突出的实质

---

① 曲燕、艾变开、王大鹏:《日本新颖性宽限期制度研究》,载《电子知识产权》2012年第10期。

② [美]P. D. 罗森堡:《专利法基础》,郑成思译,对外贸易出版社1982年版,第124页。

性特点反映的是发明的质的特征,即发明的技术方案同现有技术相比,不是通常人们所理解的简单的小改小革,而是具有本质上的区别:这种本质上的区别是发明人创造性构思的结果,是非显而易见的。因此,发明的水平凡是与普通技术人员的专业能力相适应的,就属于显而易见,就不具有突出的实质性特点;凡是超过了普通技术人员的专业能力,应认为是非显而易见的,因而就具有突出的实质性特点。[1] 所谓的普通技术人员是一个虚拟的人,他具有某一技术领域属于现有技术范围的一切知识,但对这些知识的理解和应用水平仅限于当时该领域的中等水平;他能力平平,尤其是在创造性思维方面的能力较差,只能在现有技术的基础上做一些简单的逻辑推理和组合。

显著的进步是指一项技术与现有技术相比具有长足的进步,能够产生有益的技术效果。开拓性发明必定具备显著的进步,因为开拓性发明是与现有技术完全不同的技术,往往开创了一个新的技术领域。例如,瓦特发明的蒸汽机,贝尔发明的电话等。如果发明创造的目的和效果具有不可预测性,则该发明创造与现有技术相比也具有显著的进步。所谓目的和效果的不可预测,是指对于本专业的普通技术人员来讲,某一技术方案取得了意想不到的结果,从而使发明创造与现有技术相比有了质的区别。例如,在汽车发明之前,发动机、离合器、车轮和底盘均为现有技术,但是这些技术组合在一起就成了一种交通工具,这是普通技术人员所不能预料的。

(3)实用性

我国《专利法》第 22 条第 4 款规定,实用性是指一项发明创造能够在产业上进行制造或者使用,并且能够产生积极效果。实用性意味着一项技术方案不能是一种纯理论的方案,而是必须能够在实际中运用。如果一项发明的目的是制造一种产品,那么这种产品就必须能够被制造;如果一项发明是一种技术方法,那么这种技术方法就必须能够在实践中实施或使用。实用性的判断标准如下:[2]第一,具备实用性的发明创造应当能够制造或使用,即具备可实施性。一项发明创造要付诸实施,必须具有详细的方案,而且不违背自然规律。例如永动机是不可行的,因为违反能力守恒定律。可实施性的另一层含义是要求一项发明创造必须可以重复实施。有些技术方案尽管详细,但不可能在产业上重复实施,同样也不具备可实施性。第二,具备实用性的发明创造

---

[1]　涂靖:《对发明专利创造性要件的考察》,载《中国发明与专利》2009 年第 3 期。

[2]　吴汉东:《知识产权法》,法律出版社 2007 年版,第 177 页。

必须能够产生积极的效果，具备有益性。有益性是指一项发明创造对社会和经济的发展，对物质和精神文明的建设所能够产生的积极效果。这种积极效果可以表现为提高产品质量、改善工作和生产环境、节约能源、减少环境污染等。

当前国际上实用性标准主要有两种，即欧洲坚持的 Industrial Applicability（工业应用性）标准和 Utility（实用性）标准。Industrial Applicability 的概念诞生于工业革命时代的欧洲大陆，是大陆法系国家专利法中的一个传统术语，普遍的解释是："能在任何类型的工业（产业）上制造或者使用。"它强调的是发明的工业/产业性实施和利用，在实践中，除了永动机之类的发明因不满足工业应用性而被拒绝之外，以工业应用性为基础被拒绝的就是关于人体医疗方法和利用人体的诊断方法的发明。Utility 的概念源自《美国专利法》第 101条的规定："发明或发现新颖、实用的制造方法、机械、产品、物质成分，或对其改进提出新的和具有实用的技术方案的任何人，只要符合该法规定的要求和条件，可授予专利。"只有那些有真正价值（real world value）或者说实际用途（practical utility）的发明才应该得到专利保护，它要求发明应该拥有可以识别的价值而对公众提供直接的益处。美国则认为传统的工业应用性标准严重限制了能够授予专利权的主题范围，跟不上现代科学技术特别是生物技术及其产业的发展；而且认为应该对具有实用性的疾病诊断和治疗方法特别是基因诊断和治疗方法给予专利保护，以刺激对人类的生活将产生重大影响的本技术领域的发明创造。[①]

二、专利的利用

专利的利用方式主要有以下几种情形：

（一）专利的许可

专利许可就是专利权人或其他合法的权利人许可他人在约定时间和地域范围内实施专利技术。专利许可根据不同依据可以有不同划分方法。专利许可按照许可范围及实施权大小可以分为以下几类：第一，独占许可，即指在一定时间和地域范围内，专利权人只许可一个被许可人实施其专利，而且专利权人自己也不得实施该专利。独占许可的许可费比其他许可形式要高得多。第二，排他许可，即指在一定时间内或地域范围内，专利权人只许可一个被许可

---

① 张勇、朱雪忠：《专利实用性要件的国际协调研究》，载《政法论丛》2005 年第 4 期。

人实施其专利,但专利权人自己有权实施该专利。排他许可与独占许可的区别就在于排他许可中的专利权人自己享有实施该专利的权利,而独占许可中的专利权人自己也不能实施该专利。通常排他许可的许可费要比独占许可低些。第三,普通许可,是指在一定时间内或地域范围内,专利权人许可他人实施其专利,同时保留自己实施专利的权利以及许可第三人实施该专利的权利。普通许可是专利实施许可中最常见的一种类型,通常许可费也是最低的。

专利许可按照专利许可人是否是专利权人来分,可以分为主许可和分许可。主许可即专利许可人自己颁发的专利许可;分许可,也称"再许可"或"从属许可",即被许可人依照与专利权人的协议,再许可第三人实施同一专利。被许可人签订这种分许可合同必须得到专利权人的同意。分许可一般适用于原许可为独占实施许可的情况。专利许可按照专利权人是否自愿,还可以分为自愿许可和强制许可。自愿许可是指专利权人自愿将专利实施权许可给他人。强制许可即在特殊情况下,未经专利权人同意,他人可以在履行完毕法定手续后取得实施专利的许可,但仍应向专利权人缴纳专利实施许可费。

专利许可还存在一种特殊形态,即"交叉许可",也称"互惠许可"或"相互许可"。交叉许可是指两个专利权人互相许可对方实施自己的专利。一般情况下,交叉许可的专利价值大体是相等的,所以互相不需要支付许可费。如果交叉许可专利的价值差距较大,也可以约定由专利价值小的一方给予另一方适当的补偿。交叉许可通常适用于三种情况:第一,一项专利技术在实施上必须依赖其他的专利技术。在这种情况下,两个专利权人互相给予对方以实施权。第二,原许可合同的许可方与被许可方在合同中或事后约定,双方各自对合同技术作出后续改进并取得专利权的,相互给予对方以实施权。第三,利益密切相关的企业为了共赢而将自己取得的专利相互许可。

各国一般都会规定专利许可必须备案。国家知识产权局颁布的《专利实施许可合同备案办法》规定,"申请备案的专利实施许可合同应当以书面形式订立,而当事人应当自专利实施许可合同生效之日起3个月内办理备案手续。申请专利实施许可合同备案的,应当提交下列文件:(一)许可人或者其委托的专利代理机构签字或者盖章的专利实施许可合同备案申请表;(二)专利实施许可合同;(三)双方当事人的身份证明;(四)委托专利代理机构的,注明委托权限的委托书;(五)其他需要提供的材料"。

(二)专利的转让

专利转让,是指专利权人作为转让方将其发明创造专利的所有权移交受让方,受让方支付约定价款并取得专利所有权的行为。专利转让的法律后果是原专利权人就失去了对该项专利的所有权;而受让方向转让方支付约定的价款后,成为新的专利权人,享受实施该项发明创造的排他性权利。专利转让不影响转让方在合同成立前与他人订立专利实施许可合同的效力。除合同另有约定的以外,原专利实施许可合同所约定的权利义务由专利受让方承担。另外,订立专利转让合同前,转让方已实施专利的,除合同另有约定的以外,合同成立后,转让方应当停止实施。当专利权为两个以上的专利权人共有时,一方转让其独有专利权的,另一方可以优先受让其共有的份额。

世界各国一般都对专利所有权的转让实施比较严格的管理。我国《专利法》第 10 条规定,"专利申请权和专利权可以转让。中国单位或者个人向外国人、外国企业或者外国其他组织转让专利申请权或者专利权的,应当依照有关法律、行政法规的规定办理手续。转让专利申请权或者专利权的,当事人应当订立书面合同,并向国务院专利行政部门登记,由国务院专利行政部门予以公告。专利申请权或者专利权的转让自登记之日起生效"。

专利转让必须签订书面合同,专利转让合同一般应具备以下条款:第一,项目名称。项目名称应载明某项发明、实用新型或外观设计专利权。第二,发明创造的名称和内容,应当用简洁明了的专业术语,准确、概括地表达发明创造的名称、所属的专业技术领域、现有技术的状况和本发明创造的实质性特征。第三,专利申请日、专利号、申请号和专利权的有效期限。第四,专利实施和实施许可情况,有些专利权转让合同是在转让方与第三方订立了专利实施许可合同之后订立的,这种情况应载明转让方是否继续实施已订立的许可合同,实施许可合同的权利义务如何转移等。第五,技术情报资料清单,至少应包括发明说明书、附图以及技术领域一般专业技术人员能够实施发明创造所必需的其他技术资料。第六,价款及支付方式。第七,违约金或损失赔偿额的计算方法。第八,争议的解决办法,当事人愿意在发生争议时,将其提交双方信任的仲裁机构仲裁的应在合同中明确仲裁机构。明确所共同接受的技术合同仲裁,该条款具有排除司法管辖的效力。

(三)专利质押

专利权质押是指债务人或者第三人以特定专利权中的财产权向债权人出质用于担保债权的实现,从而获得贷款的融资方式。在专利权质押合同关系中,设定专利权质押的债务人或第三人为出质人,接受专利权质押的债权人为质权人。以专利权出质的,出质人与质权人应当订立书面质押合同。质押合同可以是单独订立的合同,也可以是主合同中的担保条款。在我国,国家知识产权局负责专利权质押登记工作。《专利权质押登记办法》第 7 条规定:"申请专利权质押登记的,当事人应当向国家知识产权局提交下列文件:(一)出质人和质权人共同签字或者盖章的专利权质押登记申请表;(二)专利权质押合同;(三)双方当事人的身份证明;(四)委托代理的,注明委托权限的委托书;(五)其他需要提供的材料。"第9条规定:"当事人提交的专利权质押合同应当包括以下与质押登记相关的内容:(一)当事人的姓名或者名称、地址;(二)被担保债权的种类和数额;(三)债务人履行债务的期限;(四)专利权项数以及每项专利权的名称、专利号、申请日、授权公告日;(五)质押担保的范围。"

专利权质押合同的有效性同样也必须符合一般合同的生效要件,即主体适格、当事人意思表示真实、合同内容及合同形式不违反法律或社会公共利益。专利权质押的设定必须以专利权的合法有效为前提,因此设定专利权质押时对其效力是否存在瑕疵需要特别加以关注。[①] 首先,由于专利权具有时间性特征,各国对专利权均规定有一定的保护期限,我国《专利法》分别对发明专利、实用新型及外观设计专利规定了20年和10年的保护期,一旦该专利权超过了法定保护期就会失去法律效力。因此在设定质权时应注意审查该出质标的的有效期限,尤其要注意设质专利权的有效期是否长于质押担保期限,否则将会使债权人的担保利益无法实现。其次,由于专利权具有一定的地域性特征,它只能在其依法产生的地域范围内有效,因此,在我国设定专利权质押,必须以我国承认的合法有效的专利权为标的。再次,我国专利法规定,专利权人未按规定缴纳专利年费或以书面声明放弃专利权的,专利权在期限届满前终止。如果专利权人在专利权质押期间采取以上消极或积极的方式放弃已经出质的专利权则必然导致质押合同的无法实现,从而侵害质权人利益。因此,我们建议法律对质押期间专利权的放弃进行严格限制,同时提醒质权人应当在质押合同中明确禁止或限制对该出质专利权放弃的权利,抑或约定如若放弃出质专利权应当提供其他担保以维护自己的合法利益。

(四)专利出资

专利出资是指以专利技术入股设立企业,包括以专利实施许可权入股和专利所有权入股两种形式。专利出资实质上是将专利技术资本化的过程,即专利权人将其获得的专利技术作为资本进行投资,与资金投资方提供的资金共同投资入股的过程。专利权作为一种重要的无形财产权,其出资的合法性已为一些国家所确认。我国《公司法》第27条规定,股东可以用货币出资,也

---

① 郑辉:《专利权质押合同效力解析》,载《电子知识产权》2010年第12期。

可以用实物、知识产权、土地使用权等可以用货币估价并可以依法转让的非货币财产作价出资。《美国标准公司法》（修订本）6、21（b）规定："董事会可以认可发行股票，为此而收受价金。该价金可包括一切有形或无形财产，或者能使公司享受的利益，还包含现金付款证书、已提供的劳务、提供劳务的合同或公司的其他证券。"

专利权人以专利出资在现实生活中已经比较普遍，但涉及的相关问题比较复杂。具体应当注意以下三个问题：[①]第一，专利权出资程序问题。专利使用权出资必须依法进行，办理好相关手续，必须订立专利权出让合同或专利使用权许可合同，并报专利管理当局备案。第二，专利权出资的评估作价问题。我国《公司法》规定，对作为出资的非货币财产应当评估作价，核实财产，不得高估或者低估作价。法律、行政法规对评估作价有规定的，从其规定。专利权作为非货币形式的出资，合理作价是其核心问题。专利的类型、剩余保护期限等都会影响专利的评估价值。当专利权价值被高估或低估的时候，所记载的专利权价值与实际价值存在较大差额时，出资方应依照规定补缴差额，公司设立时的其他股东或合伙人对此承担连带责任。而当被低估时，采取何种措施尚无法律明文规定。第三，专利权出资风险防范问题。为了维护接受专利权投资的企业和其他股东的合法权益，专利权出资者须保证用作出资的专利使用权不存在权利瑕疵，且在技术上具有可靠性，价值的稳定性，以及承担出资不实的填补资本义务。

第二节　专利的限制

"知识产权制度是一种分配权利与利益的平衡机制。在信息的生产、专有和使用之间达成平衡，是知识产权制度追求的一个重要目标。利益平衡因而成为知识产权制度的理论基础。它涉及智力产品的创造和传播之间的平衡、智力产品的创造和使用之间的平衡以及知识产权人的个人利益和公共利益之间的平衡等。"[②]专利制度属于知识产权制度的重要组成部分，因此专利制度

---

① 杨为国、李品娜、薛佳佳：《专利权出资的法律问题》，载《电子知识产权》2006 年第9 期。

② 冯晓青：《试论以利益平衡理论为基础的知识产权制度》，载《江苏社会科学》2004年第1 期。

必须通过一系列的制度设计以达到专利权人与社会公众之间的利益平衡。专利的限制制度主要有以下几种。

一、专利保护期

专利权人通过公开其专利技术从而换取国家在一定期限内对其专利技术的保护。这个期限就是专利保护期。专利保护期意味着专利在时间上不是无限的。当前世界各国专利制度所确立的专利保护期还是存在较大差异的,主要体现在发明专利保护期上。古巴及非洲知识产权组织各成员国确立的发明专利保护期限为 10 年[①];日本的发明专利保护期是以申请公告之日起 15 年,但不得超过自申请日起 20 年;美国、加拿大等国专利法规定的发明专利保护期是 17 年,自授权之日起计算;北欧诸国如芬兰、瑞典、挪威等国的专利法规定的保护期也是 17 年,不过是从申请之日起计算;英国、法国、德国等国专利法规定的发明专利保护期为 20 年,自申请之日起算。世界贸易组织的 TRIPs 协议将发明专利保护期规定为自申请日起 20 年。

我国《专利法》将发明专利的保护期规定为 20 年,自专利申请之日起计算。这一规定已经完全达到了国际通行的水平。我国发明专利实际保护时间甚至超过某些发达国家,例如《日本专利法》规定的发明专利保护期从申请日起算只能小于或等于 20 年。当前我国《专利法》对专利保护期规定的一个主要缺陷是对各类发明专利保护期采取"一刀切"的做法,而没有考虑到某些领域的发明(如药品和化学领域的发明)从提交申请到检验直至最后上市可能耗费大量的时间,所剩的专利保护期往往十分有限。尽管《专利法实施细则》第 6 条第 4 款和《专利缴费指南》第 6 条也提到了延长专利权保护期的规定,但对于提交申请的主体、申请事由和具体程序等均未涉及,有待明确。[②] 一种药品开发完成后,为了确保申请人的资格和申请案的新颖性,必须及时提出专利申请,但药品还需要进行一系列的试验方可投入临床应用。这导致药品的专利保护期实际上被缩短了,从而使得药品开发者开发新药的积极性受到影响。自 20 世纪 90 年代起,欧美一些发达国家为了鼓励药品开发者开发新产品,相继在专利法中对药品专利网开一面,允许药品专利适当延长保护期。欧洲专

---

① 张冬:《专利请求权和保护期滥用争议的认定范围》,载《河北法学》2009 年第 3 期。

② 向凌:《我国专利权限制制度的革新路径——基于比较法的分析》,载《知识产权》2013 年第 2 期。

利的保护期为自申请日起 20 年,但药品专利的保护期可以再续展 5 年。美国也规定药品专利可以延长 5 年。

二、权利用尽

所谓权利用尽,即专利权人自己或者许可他人制造的专利产品(包括依据专利方法直接获得的产品)被合法地投放市场后,任何人对该产品进行销售或使用,不再需要得到专利权人的许可或者授权,且不构成侵权。权利用尽又称为首次销售,因为专利权人的利益已经在首次销售中得以实现。权利用尽原则的宗旨是,在保护专利权人合法权益的前提下,维护正常的市场交易秩序,保护经营者和一般消费者的合法利益,便于贸易活动的正常开展,防止专利权对国内商品的市场流通造成阻碍。美国最高法院 1873 年在 Adams v. Burke 一案中首创了 exhaustion of patent rights(专利权用尽原则)。[①]

专利权用尽原则有三种学说,即国内用尽说、区域用尽说或国际用尽说。国内用尽说认为专利权人依照各国的法律分别取得各国的专利权,并且该专利权仅限于在各国内部的领域内有效,即在一国的专利权用尽并不导致在另一国权利的用尽。该理论侧重于对专利权人的保护,反对专利权的国际用尽,它意味着,将专利产品在出口国投放市场,不能以此推论进口国授予的专利权也已被使用而用尽。区域用尽说为欧盟首创。区域用尽说实际上是一种扩大了的国内权利用尽,包括了某一特定区域的若干成员国,其目的是在成员国内部达成商品自由流动的互惠协定,以保持在特定区域内的自由贸易。国际用尽说与国内用尽说相反,认为专利权在一国宣告用尽,则同时宣告了在其他国家的用尽,即本国用尽则国际用尽。由于权利国际用尽说是伴随着国际贸易的出现而出现的,牵涉不同国家的利益,所以各国在是否同意国际用尽理论上并无一致意见。对这一问题的不同回答,直接关系到对于专利产品平行进口问题的定性。当前世界各国一般都在国内立法上确立了专利权的国内用尽原则,但是尚未明确规定国际用尽原则。例如 1992 年《法国知识产权法典》第 L.613-6 条规定:"在专利权人或者经专利权人明确同意将保护的产品投放法国市场之后,在法国领土上完成的涉及该产品的行为,不属于专利权的范围之内。"我国《专利法》第 69 条也明文规定:"专利产品或者依照专利方法直接获

---

① 张冬、范桂荣:《评述专利权用尽原则适用范围的发展问题》,载《学术交流》2010年第 9 期。

得的产品,由专利权人或者经其许可的单位、个人售出后,使用、许诺销售、销售、进口该产品的,不视为侵犯专利权。"

三、先行实施

先行实施是指在专利申请日之前已经开始制造与专利产品相同的产品或者使用与专利技术相同的技术,或者已经做好制造、使用的准备的,依法可以在原有范围内继续制造、使用该技术。实施者的这种权利被称作先行实施权或简称为先用权。先用权制度是为了平衡先发明人与先申请人之间的利益关系。专利权是一种垄断权,而且这种垄断常常是剥夺了其他人对自己劳动成果的权利。例如,两人各自独立完成了相同的发明,只因其中一人先行提出了专利申请,从而导致他人对其发明不再可能享有独占权。如果再进一步剥夺他人对该技术的实施权,则在一定程度上有悖公平理念。先用权制度设立的意义主要体现在两个方面:[①]一是有利于生产经营者自主选择技术的利用模式和生产经营战略。生产经营者在获得技术成果之后,若无意提交专利申请,既可选择产品销售等模式以尽快占领产品市场,也可采用商业秘密的模式保护自己的特定技术。二是有利于社会资源的合理利用。在技术的实施或准备实施过程中需要投入一定的人力和物力,如果因他人的专利申请而要求技术实施者中断生产经营活动,不仅可能给其造成严重的经济损失,而且也会导致社会资源的浪费,不利于产业经济的整体发展。

先用权的成立条件是:第一,实施行为人在他人取得专利权的专利申请日以前已经制造相同产品、使用相同方法或者已经做好制造、使用的必要准备。"必要准备"是指先用权人已经完成实施发明创造所必需的主要技术图纸或者工艺文件,或已经制造或者购买实施发明创造所必需的主要设备或者原材料。第二,实施行为人所实施的发明创造,或者是行为人自行研究开发或者设计出来的,或者是通过合法的受让方式取得的。以非法获得的技术或者设计不属于先用权保护的范围。第三,在他人就相同的发明创造取得专利权之后,实施行为人只能在原有范围内制造或者使用。原有范围包括专利申请日前已有的生产规模以及利用已有的生产设备或者根据已有的生产准备可以达到的生产规模。

---

① 王凌红:《先用权制度探析》,载《电子知识产权》2010 年第 11 期。

四、临时过境

当交通工具临时通过一国领域时,为交通工具自身需要而在其设备或装置中使用有关专利技术的,不视为侵犯专利权。有关交通工具临时过境的规定源自《巴黎公约》。《巴黎公约》第5条之三规定船舶、飞机以及陆上车辆等交通工具偶然性地进入一国领域时,该交通工具本身所用的有关专利技术不被视为是侵权。我国《专利法》第69条明确规定,"临时通过中国领陆、领水、领空的外国运输工具,依照其所属国同中国签订的协议或者共同参加的国际条约,或者依照互惠原则,为运输工具自身需要而在其装置和设备中使用有关专利的,不视为侵犯专利权"。临时过境是为了方便国际交往对专利权所作的限制。如果各国专利法没有这一规定,国际往来就会非常困难。由于当前世界上绝大多数国家都是《巴黎公约》的成员国,所以"临时过境"已经得到世界公认。事实上,任何一个参与国际生活的国家对这一规范均须认可。

五、非营利实施

非营利实施专利技术的行为不被视为侵犯专利权。我国《专利法》第69条规定,"专为科学研究和实验而使用有关专利的,不视为侵犯专利权"。即为了科学研究和实验使用专利技术,以及为课堂教学而演示专利技术的行为均不视为侵权行为。专利法有关"非营利实施"的规定实际上是对版权合理使用制度的借鉴。版权合理使用制度是一个非常成熟的制度。例如,《美国版权法》第107条对版权的合理使用是这样规定的。"……为了批评、评论、新闻报道、教学(包括用于课堂的多件复制品)、学术或研究之目的而使用版权作品的,包括制作复制品、录音制品或以该条规定的其他方式使用作品,系合理使用,不视为侵犯版权的行为。……是否属于合理使用……应予考虑的因素包括:(1)该使用的目的与特性,包括该使用是否具有商业性质,或是为了非营利的教学目的……"[①]专利合理使用制度实际上还不完备,比如我国《专利法》只规定"专为科学研究和实验而使用有关专利的,不视为侵犯专利权",甚至连教学中实施专利是否侵犯专利权也没有明确规定。有学者认为在专利法中应当规定:"为了科学研究和实验、改良或开发新技术、教学、个人非商业性使用或

---

① 胡坚:《专利合理使用原则及其在软件市场的应用》,载《电子知识产权》2005年第8期。

其他重大公益等目的而使用专利发明的,包括测试技术方案、反向工程中制造少量专利产品或使用专利方法,系合理使用,不视为侵犯专利权。"[1]

六、强制许可

强制许可,又称非自愿许可,是指国务院专利行政部门依照法律规定,不经专利权人的同意,直接许可具备实施条件的申请者实施发明或实用新型专利的,被许可人向专利权人支付一定使用费的制度。强制许可的目的是促进获得专利的发明创造得以实施,防止专利权人滥用专利权,维护国家利益和社会公共利益;强制许可制度起源于 1925 年的《保护工业产权巴黎公约》第 5条,该条第 2 款规定,成员国有权采取必要的措施防止因行使专利垄断权可能导致的滥用,如未实施专利技术。第 3 款规定,只有在强制许可不足以防止这些滥用行为时,可以采用撤销专利的措施。此后,《巴黎公约》的成员国才逐步以专利强制许可制度替代专利撤销制度,成为限制专利权滥用的制度之一。绝大多数国家,特别是发展中国家,都建立起专利强制许可制度。然而,不同国家对专利强制许可制度的态度仍有极大差别。发展中国家主要是利用专利强制许可制度抵御外国专利垄断,保护本国公共利益,发达国家则视强制许可制度为其海外经济利益的最大威胁,时时想限制强制许可的使用范围。[2]

强制许可的理由主要有未实施专利、拒绝交易、反垄断或救济反竞争行为、依赖性专利、政府使用、国家紧急情况、公共利益需要等。我国《专利法》主要规定有三类强制许可:第一,基于拒绝交易的强制许可。即具备实施专利技术条件的单位以合理条件请求发明或者实用新型专利权人许可实施其专利,而未能在合理的时间内获得这种许可时,国务院专利行政部门根据该单位的申请,可以给予实施该发明专利或者实用新型专利的强制许可。第二,基于公共利益需要的强制许可。在国家出现紧急状态或者非常情况时,或者为了公共利益的目的,国务院专利行政部门可以给予实施发明专利或者实用新型专利的强制许可。第三,从属专利的强制许可。一项取得专利权的发明或者实用新型比前一种已经取得专利权的发明或者实用新型具有显著经济意义的重大技术进步,其实施又有赖于前一发明或者实用新型专利,国务院专利行政部

---

[1]　胡坚:《专利合理使用原则及其在软件市场的应用》,载《电子知识产权》2005 年第8 期。

[2]　刘宇晖:《论专利强制许可制度——兼评〈专利法〉第三次修订的相关条款》,载《河北法学》2010 年第 4 期。

门根据后一专利权人的申请,可以给予实施前一发明或者实用新型的强制许可。在依照前述规定给予实施强制许可的情形下,国务院专利行政部门根据前一专利权人的申请,也可以给予实施后一发明或者实用新型的强制许可。

第三节　专利的行政管理

专利行政管理有狭义和广义之分。狭义的专利行政管理指专利行政管理机关对专利事务的管理。广义的专利行政管理是指一切社会组织、团体对专利事务的管理。即包括国家行政机关对专利事务的管理,也包括企业、事业单位对专利行政事务的管理工作。例如在美国,涉及专利管理事务的政府部门除美国专利商标局之外,还有美国联邦贸易委员会、国际贸易委员会、美国贸易代表办公室、国际知识产权执法协调委员会和美国海关署等。[①] 下面主要阐述我国国家知识产权局对专利的行政管理。

一、专利行政管理机构

当前我国负责专利行政管理的政府部门主要是国家知识产权局。实际上还有一些政府部门也在各自职责范围之内负责相关的专利行政管理。例如,根据《国防专利条例》第 3 条规定:"国家国防专利机构(以下简称国防专利机构)负责受理和审查国防专利申请。经国防专利机构审查认为符合本条例规定的,由国务院专利行政部门授予国防专利权";"国务院国防科学技术工业主管部门和中国人民解放军总装备部(以下简称总装备部)分别负责地方系统和军队系统的国防专利管理工作"。根据《知识产权海关保护条例》第 2 条规定:"本条例所称知识产权海关保护,是指海关对与进出口货物有关并受中华人民共和国法律、行政法规保护的商标专用权、著作权和与著作权有关的权利、专利权(以下统称知识产权)实施的保护。"本书重点探讨国家知识产权局的专利行政管理。

根据我国《专利法》第 3 条规定:"国务院专利行政部门负责管理全国的专利工作;统一受理和审查专利申请,依法授予专利权";"省、自治区、直辖市人民政府管理专利工作的部门负责本行政区域内的专利管理工作"。"国务院专

---

① 　朱雪忠:《知识产权管理》,高等教育出版社 2010 年版,第 166～168 页。

利行政部门"即指国家知识产权局。依据国务院批准的国家知识产权局"三定"方案的规定,其主要职责包括:第一,研究起草有关专利的法规草案,制定专利管理工作的规章。第二,统一受理和审查专利申请(具体工作委托其所属的中国专利局承担),对符合本法规定的授予专利的条件的,依法授予专利权。第三,设立专利复审委员会,依法处理当事人有关专利事务的复审请求。第四,根据当事人的请求,处理及指导地方专利管理部门处理专利侵权纠纷,依法查处假冒他人专利及冒充专利的行为。国家知识产权局是全国最高的专利管理机关,一般只负责处理有重大影响的专利侵权纠纷案件和假冒专利案件,在必要时可组织有关管理专利工作的部门处理、查处。对于行为发生地涉及两个以上省、自治区、直辖市的重大案件,有关省、自治区、直辖市管理专利工作的部门可报请国家知识产权局协调处理或查处。第五,负责专利工作的国际合作事宜。第六,组织制定全国专利工作发展规划和专利信息网络规划。第七,组织、推动专利法律知识的宣传普及工作等。

根据《专利法》第3条第2款的规定,省、自治区、直辖市人民政府管理专利工作的部门负责本行政区域内的专利管理工作。省级政府"管理专利工作的部门",可以是本级政府所设的专门管理专利工作的部门,如专利局或知识产权厅(局),也可以是本级政府确定的其他负责管理专利工作的部门,如科委等部门。具体由哪个部门作为本级政府管理专利工作的部门,应由省、自治区、直辖市人民政府根据《中华人民共和国地方各级人民代表大会和地方各级人民政府组织法》的规定确定。省级知识产权局根据《专利法》、《专利法实施细则》、《专利行政执法办法》及省级专利保护条例的有关规定,负责本行政区域内的专利管理工作,依法实施专利保护,处理专利纠纷,查处假冒他人专利和冒充专利的行为,并履行国家知识产权局和本级人民政府赋予的其他职责。在我国市、区和县级政府一般也都相应设有专利管理部门。这些部门可以依据《专利法》、《专利法实施细则》、《专利行政执法办法》和地方专利保护条例的相关规定,依法查处假冒专利行为,处理专利侵权纠纷,并定期向社会公告。其具体职权包括对专利侵权纠纷的裁决权、对专利纠纷的调解权、对涉嫌假冒专利产品的查封和扣押权、对假冒专利行为的行政处罚权等。

二、专利行政管理内容

(一)专利申请的受理与审查

1.专利申请的受理

申请发明或者实用新型专利的,应当提交请求书、说明书及其摘要和权利要求书等文件。申请外观设计专利的,应当提交请求书、该外观设计的图片或者照片以及对该外观设计的简要说明等文件。

专利申请的请求书应当写明下列事项:(1)发明、实用新型或者外观设计的名称;(2)申请人是中国单位或者个人的,其名称或者姓名、地址、邮政编码、组织机构代码或者居民身份证件号码,申请人是外国人、外国企业或者外国其他组织的,其姓名或者名称、国籍或者注册的国家或者地区;(3)发明人或者设计人的姓名;(4)申请人委托专利代理机构的,受托机构的名称、机构代码以及该机构指定的专利代理人的姓名、执业证号码、联系电话;(5)要求优先权的,申请人第一次提出专利申请(以下简称在先申请)的申请日、申请号以及原受理机构的名称;(6)申请人或者专利代理机构的签字或者盖章;(7)申请文件清单;(8)附加文件清单;(9)其他需要写明的有关事项。

发明或者实用新型专利申请的说明书应当写明发明或者实用新型的名称,该名称应当与请求书中的名称一致。说明书应当包括下列内容:(1)技术领域:写明要求保护的技术方案所属的技术领域。(2)背景技术:写明对发明或者实用新型的理解、检索、审查有用的背景技术;有可能的,并引证反映这些背景技术的文件。(3)发明内容:写明发明或者实用新型所要解决的技术问题以及解决其技术问题采用的技术方案,并对照现有技术写明发明或者实用新型的有益效果。(4)附图说明:说明书有附图的,对各幅附图作简略说明。(5)具体实施方式:详细写明申请人认为实现发明或者实用新型的优选方式;必要时,举例说明;有附图的,对照附图。

发明或者实用新型专利申请的权利要求书中应当记载发明或者实用新型的技术特征。权利要求书中使用的科技术语应当与说明书中使用的科技术语一致,可以有化学式或者数学式,但是不得有插图。权利要求中的技术特征可以引用说明书附图中相应的标记,该标记应当放在相应的技术特征后并置于括号内,便于理解权利要求。附图标记不得解释为对权利要求的限制。权利要求书应当有独立权利要求,也可以有从属权利要求。独立权利要求应当从整体上反映发明或者实用新型的技术方案,记载解决技术问题的必要技术特征。从属权利要求也是非常必要的,因为当独立权利要求被否认时,从属权利要求有时可以递补成为独立权利要求。

申请人要求优先权的,应当在申请的时候提出书面声明,并且在三个月内提交第一次提出的专利申请文件的副本;未提出书面声明或者逾期未提交专利申请文件副本的,视为未要求优先权。申请人可以在被授予专利权之前随时撤回其专利申请。国务院专利行政部门以收到专利申请文件之日为申请日。如果申请文件是邮寄的,以寄出的邮戳日为申请日。如果邮戳日期不清晰,专利局以收到申请文件之日为申请日。申请人在收到受理通知书后应当核实受理通知书上所确认的申请日。若发现申请日与发信日不一致,应当立即向专利局提供有关证明材料要求专利局更正申请日。需要特别注意的是,只有在申请人收到专利局发出的受理通知书(其中载有申请日、专利申请号)后,该申请才算被正式受理成为享有优先权的正式申请。

2.专利申请的审查

各国专利法都规定了本国的专利审查制度。从世界范围来看,专利审查制度可以分为两大类,即不审查制和审查制。不审查制可以分为登记制和文献报告制;审查制可以分为即时审查制和早期公开延迟审查制。目前绝大多数国家的发明专利都实行审查制。即时审查制较为简单,是各国专利制度早先采用的一种审查制度。其操作步骤大致如下:专利局接到专利申请后,立即进行形式审查,然后自行启动实质审查程序进行新颖性、创造性和实用性审查,通过实质审查的专利申请予以公告授权。当前《美国专利法》即采用这种制度。而另一种审查制度,即早期公开延迟审查制在程序上相对复杂。目前世界上大多数国家的专利法均采用这种制度。其审查步骤如下:在申请案通过形式审查后,将申请案的内容全部公开(公开的日期通常为申请日后第18个月),待一定期限后再作实质审查,实质审查通过后再进行授权。早期大部分采用审查制的国家都实行即时审查制。但在实施若干年后,许多个国家的专利局都积压了大量的申请案来不及审理。进入20世纪后一些国家为解决积压多年的陈案,才采用早期公开延迟审查制。

我国《专利法》针对不同的专利类型分别采用了不同的审查制。对于发明专利采用了早期公开延迟审查制,而实用新型和外观设计专利则基本上采用了登记制。依照我国《专利法》的规定,发明专利申请被受理后,专利局将对该申请案进行初步审查。审查的内容包括申请发明专利的申请案是否符合专利法有关形式方面的要求,如专利申请文件的撰写是否合格,提交的文件是否齐全,文件的分数是否足够,等等;此外还有申请案是否明显违反法律、社会公德,是否属于专利法的保护范围等。如果专利申请案不符合上述要求,专利局将要求申请人予以补正,补正后仍不符合要求的,将被驳回。符合要求的申请案将在自申请日起第18个月后被公之于众。公开后的申请案,任何人都可以查阅到申请人向专利局递交的全部申请文件,包括权利要求书和说明书全文。在申请案被公开后自申请日起3年内的任何时间,申请人都可以向专利局提出实质审查请求。专利局在接到实质审查请求之后将对申请案进行实质审查,其最主要内容为新颖性、创造性和实用性的审查。审查过程中,专利局将通知申请人对不符合要求的申请案予以补正修改,修改后仍不符合要求的申请案将被驳回。对于一些经过补正后有可能具备专利性的申请,审查员往往会给予不止一次的补正机会。对于符合要求的申请案将被授予专利权,并予以公告。由于实质审查必须在申请案公开之后进行,有时申请人为了早日启动实质审查程序尽早获得授权,在申请提出时便同时提出实质审查请求。根据规定在自申请日起第 18 个月前提出实质审查请求的申请案,必须同时提出提前公开的请求。如果申请人在自申请日起 3 年内不提出实质审查请求,3 年届满后该申请案将视为撤回。由于此时该申请的全部内容已经在自申请日起的第 18 个月内被公开,故申请人已无法以保密的方式独占技术。当然他人也不可能再因该技术获得专利。实用新型专利和外观设计专利的审查程序相对简单。专利局在受理后便进行初步审查。审查的内容与前面发明专利的审查内容和程序大致相同。对于符合要求的申请案授予专利权予以公告。应当指出,由于对实用新型和外观设计专利不进行实质审查,因而总体上专利质量不高。许多不具备专利性的申请也在其中滥竽充数,但这可以通过授权后的监督程序来加以弥补。我国实用新型和外观设计专利的审查制度虽然不对新颖性等实质性要件进行审查,但并非不审查所有的实质要件。初步审查中的有些内容从理论上讲仍属于授予专利的实质性要件,比如,当申请案存在明显违背法律道德和法律的因素时,该申请肯定会在初步审查中被驳回。故初步审查严格上讲与形式审查是有区别的。[①]

(二)专利申请的复审与专利的无效宣告

依据我国《专利法》第 41 条规定,国务院专利行政部门设立专利复审委员会。专利复审委员会由国务院专利行政部门指定的技术专家和法律专家组成,主任委员由国务院专利行政部门负责人兼任。专利复审委员会在行政关系上隶属于专利局,复审委员会主任由专利局局长担任。但在复审程序上专利复审委员会的审级比专利局要高出一级。专利复审委员会专门负责对专利局决定不服的案件的复审,并负责请求宣告专利无效案件的审理工作。

专利申请人对专利局作出驳回专利申请的决定不服的,可以自收到驳回申请决定之日起 3 个月内向专利复审委员会提出复审请求。向专利复审委员会请求复审的,应当提交复审请求书,说明理由,必要时还应当附具有关证据。

---

① 刘春田:《知识产权法》,高等教育出版社 2007 年版,第 189~192 页。

复审请求不符合法律规定的,专利复审委员会可以不予受理,并书面通知复审请求人并说明理由。复审请求符合法律规定的,专利复审委员会将对其提出的复审理由进行审查,并将审查结论通知有关当事人。专利申请人对专利复审委员会作出的复审决定仍然不服的,可以在收到有关通知之日起 3 个月内以专利复审委员会为被告,向北京市第一中级人民法院提起行政诉讼。

自国务院专利行政部门公告授予专利权之日起,任何单位或者个人认为该专利权的授予不符合本法有关规定的,可以请求专利复审委员会宣告该专利权无效。请求宣告专利权无效或者部分无效的,应当向专利复审委员会提交专利权无效宣告请求书和必要的证据一式两份。无效宣告请求书应当结合提交的所有证据,具体说明无效宣告请求的理由,并指明每项理由所依据的证据。专利无效宣告请求不符合法律规定的,专利复审委员会可以不予受理。专利无效宣告请求符合法律规定的,专利复审委员会对该专利无效宣告请求的理由进行审查,并在作出维持专利权或者宣告专利权无效(包括部分无效)的决定后通知请求人和专利权人。无效宣告请求人或专利权人对专利复审委员会作出的决定不服的,可以向北京市第一中级人民法院提起行政诉讼。

(三)专利行政执法

我国《专利法》第 60 条规定,未经专利权人许可,实施其专利,即侵犯其专利权,引起纠纷的,专利权人或者利害关系人可以请求管理专利工作的部门处理。管理专利工作的部门处理时,认定侵权行为成立的,可以责令侵权人立即停止侵权行为,当事人不服的,可以自收到处理通知之日起十五日内依照《中华人民共和国行政诉讼法》向人民法院起诉;进行处理的管理专利工作的部门应当事人的请求,可以就侵犯专利权的赔偿数额进行调解。这是我国专利行政管理部门履行行政执法职能的法律依据。

专利行政执法是指专利行政执法机关处理专利侵权纠纷、调解专利纠纷及查处假冒专利的行为。专利行政执法对专利保护具有重要的不可替代的作用。国家知识产权局于 2015 年 5 月 29 日修订了《专利行政执法办法》,通过规范权力的行使,更好地保障专利权人和社会公众的合法利益,维护社会主义市场经济秩序,促进科技进步与创新。《专利行政执法办法》对专利行政执法行的原则、范围、程序和法律责任进行了详细规定。

专利行政执法保护与司法诉讼保护"双轨制"是中国的一大特色,行政执法保护具有维权成本低、解决问题快等优点,决定了行政保护在专利权保护中有着不可替代的地位和作用。在我国目前的法律规定和行政实践中,专利侵权纠纷行政处理主要有行政裁决和行政调解两种处理形式。专利侵权纠纷的行政裁决,是指专利行政部门依照有关法律规定,对专利侵权纠纷作出具有法律效力的行政决定的处理方式,认定侵权成立的,责令停止侵权;认定侵权不成立的,当事人撤销案件或专利行政部门驳回当事人的处理请求。行政裁决属于行政部门的具体行政行为,当事人不服的,可以提起行政诉讼。专利侵权纠纷的行政调解,是指专利行政部门依照有关法律、法规规定,以第三方的身份居间对专利侵权纠纷的双方当事人进行调解的活动。这是居间行为,调解不成的,由行政部门作出处理决定,当事人也可以依法提起民事诉讼。专利侵权纠纷行政处理具有以下优势:[①]第一,成本优势。与审判制度相比,纠纷行政处理的成本是较低的。与法院相比,通过专利行政部门处理专利侵权纠纷的费用开支总的来说相对较小。第二,效率优势。行政部门行使职权时效率优先、积极主动,程序要求相对宽松灵活,故能迅速解决纠纷。第三,专业优势。由于专利侵权案件专业性强,常涉及高技术问题,给审判工作带来了很大的难度。专利行政执法人员除了具有法律知识背景外,往往有理工背景,对技术的理解相对专业,对当事人陈述的专业术语和技术内容能较快地领会和接受。且专利行政部门从事专利的行政管理工作,对上与国家专利局和专利复审委员会保持业务往来,对下负有指导企业和中介机构的职权,经常开展业务培训,进行业务探讨和交流的机会多于司法机关,对专利领域的专业知识相对熟悉,具有专业性优势。第四,政策优势。专利行政部门可通过扶植引导政策提高企事业单位的知识产权保护意识。如可在各类知识产权示范单位的评定中,将积极配合行政部门处理专利侵权纠纷作为条件之一,对企业进行引导。此外,行政部门可以通过对有代表性的专利侵权纠纷处理案例进行分析和总结,并将其结果科学地反馈到行政政策和管理制度当中去,形成新的规范和秩序,以预防和避免类似侵权纠纷的发生或有利于类似侵权纠纷的合理化解决。

---

① 冀瑜、李建民:《试论我国专利侵权纠纷行政处理机制及其完善》,载《知识产权》2011 年第 7 期。

第九章 专利实务研究

第一节 专利司法保护

一、专利纠纷案件的管辖

（一）受理范围

《最高人民法院关于审理专利纠纷案件适用法律问题的若干规定》第1条规定："人民法院受理下列专利纠纷案件：一、专利申请权纠纷案件；二、专利权权属纠纷案件；三、专利权、专利申请权转让合同纠纷案件；四、侵犯专利权纠纷案件；五、假冒他人专利纠纷案件；六、发明专利申请公布后、专利权授予前使用费纠纷案件；七、职务发明创造发明人、设计人奖励、报酬纠纷案件；八、诉前申请停止侵权、财产保全案件；九、发明人、设计人资格纠纷案件；十、不服专利复审委员会维持驳回申请复审决定案件；十一、不服专利复审委员会专利权无效宣告请求决定案件；十二、不服国务院专利行政部门实施强制许可决定案件；十三、不服国务院专利行政部门实施强制许可使用费裁决案件；十四、不服国务院专利行政部门行政复议决定案件；十五、不服管理专利工作的部门行政决定案件；十六、其他专利纠纷案件。"

（二）管辖法院

专利起诉必须向有管辖权的人民法院提起，否则人民法院将不予受理。专利侵权诉讼的管辖与其他民事诉讼的管辖一样，也包含级别管辖和地域管辖两个方面。专利诉讼与一般民事诉讼在级别管辖上有很多区别。普通民事纠纷第一审案件可以根据标的额和案件影响大小分别由基层法院和中级法院管辖；而专利纠纷案件涉及的专业性太强，所以专利纠纷第一审案件只能由各省、自治区、直辖市人民政府所在地的中级人民法院和最高人民法院指定的中级人民法院管辖。最高人民法院2013年颁布的《最高人民法院关于修改〈最高人民法院关于审理专利纠纷案件适用法律问题的若干规定〉的决定》规定：

"最高人民法院根据实际情况,可以指定基层人民法院管辖第一审专利纠纷案件。"

在专利纠纷案件的地域管辖方面,《最高人民法院关于审理专利纠纷案件适用法律问题的若干规定》第5条规定,"因侵犯专利权行为提起的诉讼,由侵权行为地或者被告住所地人民法院管辖。侵权行为地包括:被控侵犯发明、实用新型专利权的产品的制造、使用、许诺销售、销售、进口等行为的实施地;专利方法使用行为的实施地,依照该专利方法直接获得的产品的使用、许诺销售、销售、进口等行为的实施地;外观设计专利产品的制造、销售、进口等行为的实施地;假冒他人专利的行为实施地。上述侵权行为的侵权结果发生地"。第6条规定,"原告仅对侵权产品制造者提起诉讼,未起诉销售者,侵权产品制造地与销售地不一致的,制造地人民法院有管辖权;以制造者与销售者为共同被告起诉的,销售地人民法院有管辖权。销售者是制造者分支机构,原告在销售地起诉侵权产品制造者制造、销售行为的,销售地人民法院有管辖权"。

专利行政案件的管辖相对而言有些特殊性,因为大部分专利行政诉讼都是针对国家知识产权局专利局和专利复审委员会的。专利行政案件管辖可以分为三种情况。第一,以国家知识产权局专利局为被告的专利行政案件的诉讼管辖,这类案件均由北京市第一中级人民法院管辖,北京市高级人民法院作为第二审法院。第二,以专利复审委员会作为被告的专利行政案件的诉讼管辖,这类案件均由北京市中级人民法院作为第一审法院,北京市高级人民法院作为第二审法院。第三,以地方专利管理部门为被告的专利行政案件的诉讼管辖。这类案件由各省、自治区、直辖市人民政府所在地的中级人民法院和最高人民法院指定的中级人民法院管辖。

二、专利侵权的判定要素

专利司法保护的关键在于解决如何判定专利侵权。这主要可以归结为两方面的问题,即专利权利范围的界定和专利侵权判定的原则。

(一)权利范围界定

专利侵权纠纷案件中,法官首先要确定专利权的保护范围。通常世界各国法律都承认权利要求书是界定专利权利保护范围的法律文件。各国在理解和解释权利要求上有两种方法。一种是"中心限定",另一种是"周边限定"。所谓"中心限定"是指在理解和解释权利要求的范围时,以权利要求所陈述的基本内核为中心,向外作适当的扩大解释。这种做法在效果上使得专利权的范围不局限于权利要求书的字面意义,可以较好地覆盖专利方案的全部实质性特征。这种做法的好处是可以给予专利权人以较为充分的保护。然而采用中心限定原则的做法，很可能导致社会公众在阅读了权利要求书之后仍无法准确判定专利的保护范围到底在哪，因为其边界是模糊的。从而可能损害社会公众的利益。采用"中心限定"的典型代表是德国。"周边限定"则是要求在理解和解释权利要求时，只能严格地按照权利要求的字面含义来进行，任何扩大解释都是不允许的。这种做法的优缺点刚好与"中心限定"相反。采用"周边限定"的典型代表是美国。

由于两种方法都有其优缺点，所以实际上许多国家都采用一种折中主义，即使是美国和德国也开始修订各自的方法。《欧洲专利公约》第 69 条规定，"欧洲专利和欧洲专利申请的保护范围决定于其权利要求书的内容，说明书和附图可以用来解释权利要求书"。我国《专利法》第 59 条规定："发明或者实用新型专利权的保护范围以其权利要求的内容为准，说明书及附图可以用于解释权利要求的内容。""外观设计专利权的保护范围以表示在图片或者照片中的该产品的外观设计为准，简要说明可以用于解释图片或者照片所表示的该产品的外观设计。"可以看出欧洲和我国已经在权利要求的解释上采用折中主义。

（二）侵权判定原则

经过多年的司法实践和相关司法解释的修正与完善，当前我国确立的专利侵权判定原则主要有全面覆盖原则、等同原则、捐献原则和禁止反悔原则。

1. 全面覆盖原则

全面覆盖原则是指被诉侵权技术方案的技术特征包含了专利权保护范围的技术特征，即认定其落入了专利权的保护范围，从而侵犯了专利权的侵权判定原则。2009 年颁布的《最高人民法院关于审理侵犯专利权纠纷案件应用法律若干问题的解释》第 7 条规定，"人民法院判定被诉侵权技术方案是否落入专利权的保护范围，应当审查权利人主张的权利要求所记载的全部技术特征。被诉侵权技术方案包含与权利要求记载的全部技术特征相同或者等同的技术特征的，人民法院应当认定其落入专利权的保护范围"。被诉侵权技术方案是否包括其他增加的技术特征不会影响侵权成立。然而对于以封闭式权利要求表征的组合物专利，如果被控侵权技术方案含有权利要求记载的组分之外的组分，则应当认为其未落入专利权的保护范围，而不应当以"增加的技术特征不影响侵权判定"为由认定落入保护范围。

《最高人民法院关于审理侵犯专利权纠纷案件应用法律若干问题的解释》颁布前，我国法院在审理专利侵权案件时会适用多余指定原则。多余指定原则,是指在专利侵权诉讼中法院把权利要求的技术特征区分为必要技术特征和非必要技术特征,在忽略非必要技术特征(多余特征)的情况下,仅以权利要求中的必要技术特征来确定专利保护范围,判定被控侵权客体是否落入权利要求的保护范围的原则。多余指定原则与全部技术特征原则是性质不相容的。《最高人民法院关于审理侵犯专利权纠纷案件应用法律若干问题的解释》第7条已经明确规定,应当审查权利人主张的权利要求所记载的全部技术特征,从而否定了所谓的"多余指定原则"。之所以如此规定,是出于以下考虑:权利要求书的作用是确定专利权的保护范围,即通过向公众表明构成发明或者实用新型的技术方案所包括的全部技术特征,使公众能够清楚地知道实施何种行为不会侵犯专利权。只有对权利要求书所记载的全部技术特征给予全面、充分的尊重,社会公众才不会因权利要求内容不可预见的变动而无所适从,从而保障法律权利的确定性。[①]

2. 等同原则

等同原则是指在专利侵权判定中,通过将被控侵权物的技术特征同专利权利要求中记载的必要技术特征进行比对,确定是否存在用实质相同的方法或者相同的技术手段替换属于专利技术方案中的一个或几个必要技术特征,造成被控侵权物与专利技术特征实质相同的一种技术判断方法。等同特征是指采用与所记载的技术特征基本相同的手段,实现基本相同的功能,达到基本相同的效果,并且本领域的普通技术人员无需经过创造性劳动就能够联想到的特征。2001年颁布的《最高人民法院关于审理专利纠纷案件适用法律问题的若干规定》确立了专利侵权判定中的等同原则。在专利侵权判定中适用等同原则,目的在于防止侵权人采用等同的要件或者步骤逃避侵权责任。等同原则是克服专利权利要求在表达上的局限性,实现专利权公平保护的一项重要制度。然而等同原则也是专利侵权判定中的非正常方式,所以不是任何情况下都需要适用等同原则。只有在被控侵权技术未落入专利权利要求的文字说明范围时,但又是以实质相同的方法或者相同的技术手段替换属于专利技术方案中的一个或几个必要技术特征,造成被控侵权物与专利技术特征实质相同时,才能适用等同原则判断是否构成专利侵权。[②]

[①] 孔祥俊、王永昌、李剑:《〈最高人民法院关于审理侵犯专利权纠纷案件应用法律若干问题的解释〉适用的若干问题》,载《电子知识产权》2010年第2期。

[②] 黑小兵:《论等同原则的法律适用》,载《重庆工商大学学报》(社会科学版)2010年第5期。

3.捐献原则

捐献原则是指对于说明书记载而权利要求未记载的技术方案,视为专利权人将其捐献给社会公众,不得在专利侵权诉讼中主张上述已捐献的内容属于等同特征所确定的范围。《最高人民法院关于审理侵犯专利权纠纷案件应用法律若干问题的解释》第5条规定,"对于仅在说明书或者附图中描述而在权利要求中未记载的技术方案,权利人在侵犯专利权纠纷案件中将其纳入专利权保护范围的,人民法院不予支持"。这一条规定实际上就是我国法院所确立的捐献原则。专利申请人有时为了容易获得授权,权利要求采用比较下位的概念,而说明书及附图又对其扩张解释。专利权人在侵权诉讼中主张说明书所扩张的部分属于等同特征,从而不适当地扩大了专利权的保护范围。为了限定专利制度的价值不仅要体现对专利权人利益的保护,同时也要维护权利要求的公示作用。捐献原则有利于维护权利要求书的公示作用,平衡专利权人与社会公众之间的利益关系。

4.禁止反悔原则

禁止反悔原则,是指当一方当事人已经做出某种行为,且被他人所信赖,该当事人以后就不能再否认该行为。专利侵权判定中的禁止反悔原则是指专利申请人或者专利权人在专利授权或者维持程序中,为满足有关授予专利权的实质性条件,在专利文件中或者通过书面声明、记录在案的陈述等,对专利权保护范围所作的具有限制作用的任何修改或者意见陈述,对权利人有约束作用,在专利侵权诉讼中禁止反悔。《最高人民法院关于审理侵犯专利权纠纷案件应用法律若干问题的解释》第6条规定,"专利申请人、专利权人在专利授权或者无效宣告程序中,通过对权利要求、说明书的修改或者意见陈述而放弃的技术方案,权利人在侵犯专利权纠纷案件中又将其纳入专利权保护范围的,人民法院不予支持"。从而确立了我国专利侵权判定的禁止反悔原则。禁止反悔原则也是对等同原则适用的一种限制。专利权人对其在授权或无效宣告程序中已放弃的内容,不能通过等同原则的适用再纳入专利权的保护范围。

三、专利司法保护的措施

（一）诉前保护措施

诉前保护措施主要包括两种,即诉前财产保全和诉前证据保全。所谓诉前财产保全,也就是诉前保全,是指利害关系人因情况紧急,不立即申请财产保全将会使其合法权益受到难以弥补的损害的,可以在起诉前向人民法院申请,由人民法院所采取的一种财产保全措施。我国《专利法》第66条规定:"专利权人或者利害关系人有证据证明他人正在实施或者即将实施侵犯专利权的行为，如不及时制止将会使其合法权益受到难以弥补的损害的，可以在起诉前向人民法院申请采取责令停止有关行为的措施。"诉前保全措施的申请人提出申请时，应当提供担保；不提供担保的，驳回申请。人民法院应当自接受申请之时起四十八小时内作出裁定；有特殊情况需要延长的，可以延长四十八小时。人民法院裁定责令停止有关行为的，应当立即执行。当事人对裁定不服的，可以申请复议一次；复议期间不停止裁定的执行。如果申请人自人民法院采取责令停止有关行为的措施之日起十五日内不起诉的，人民法院应当解除该措施；申请有错误的，申请人应当赔偿被申请人因停止有关行为所遭受的损失。

诉前证据保全，是指因情况紧急，在证据可能灭失或者以后难以取得的情况下，利害关系人可以在提起诉讼或者申请仲裁前向证据所在地、被申请人住所地或者对案件有管辖权的人民法院申请保全证据。《专利法》第 67 条规定："为了制止专利侵权行为，在证据可能灭失或者以后难以取得的情况下，专利权人或者利害关系人可以在起诉前向人民法院申请保全证据。"人民法院采取保全措施，可以责令申请人提供担保；申请人不提供担保的，驳回申请。人民法院应当自接受申请之时起四十八小时内作出裁定；裁定采取保全措施的，应当立即执行。申请人自人民法院采取保全措施之日起十五日内不起诉的，人民法院应当解除该措施。

（二）司法制裁措施

1. 民事制裁措施

根据我国《专利法》第 65 条规定，"侵犯专利权的赔偿数额按照权利人因被侵权所受到的实际损失确定；实际损失难以确定的，可以按照侵权人因侵权所获得的利益确定。权利人的损失或者侵权人获得的利益难以确定的，参照该专利许可使用费的倍数合理确定。赔偿数额还应当包括权利人为制止侵权行为所支付的合理开支。权利人的损失、侵权人获得的利益和专利许可使用费均难以确定的，人民法院可以根据专利权的类型、侵权行为的性质和情节等因素，确定给予一万元以上一百万元以下的赔偿"。《最高人民法院关于审理专利纠纷案件适用法律问题的若干规定》第 20 条规定，"权利人因被侵权所受到的损失可以根据专利权人的专利产品因侵权所造成销售量减少的总数乘以每件专利产品的合理利润所得之积计算。权利人销售量减少的总数难以确定的，侵权产品在市场上销售的总数乘以每件专利产品的合理利润所得之积可以视为权利人因被侵权所受到的损失。侵权人因侵权所获得的利益可以根据该侵权产品在市场上销售的总数乘以每件侵权产品的合理利润所得之积计算。侵权人因侵权所获得的利益一般按照侵权人的营业利润计算,对于完全以侵权为业的侵权人,可以按照销售利润计算"。

2.刑事制裁措施

专利侵权人如果假冒专利,情节严重的,还会构成假冒专利罪。假冒他人专利行为包括:(1)未经许可,在其制造或者销售的产品、产品的包装上标注他人专利号的;(2)未经许可,在广告或者其他宣传材料中使用他人的专利号,使人将所涉及的技术误认为是他人专利技术的;(3)未经许可,在合同中使用他人的专利号,使人将合同涉及的技术误认为是他人专利技术的;(4)伪造或者变造他人的专利证书、专利文件或者专利申请文件的。

我国《刑法》第216条规定,"假冒他人专利,情节严重的,处三年以下有期徒刑或者拘役,并处或者单处罚金"。假冒他人专利如果有下列情形之一的,属于刑法第216条规定的"情节严重":(1)非法经营数额在二十万元以上或者违法所得数额在十万元以上的;(2)给专利权人造成直接经济损失五十万元以上的;(3)假冒两项以上他人专利,非法经营数额在十万元以上或者违法所得数额在五万元以上的;(4)其他情节严重的情形。假冒专利犯罪还可能构成单位犯罪。根据《刑法》第220条规定,"单位犯本节第二百一十三条至第二百一十九条规定之罪的,对单位判处罚金,并对其直接负责的主管人员和其他直接责任人员,依照本节各该条的规定处罚"。另外《最高人民法院、最高人民检察院关于办理侵犯知识产权刑事案件具体应用法律若干问题的解释》第16条规定,"明知他人实施侵犯知识产权犯罪,而为其提供贷款、资金、账号、发票、证明、许可证件,或者提供生产、经营场所或者运输、储存、代理进出口等便利条件、帮助的,以侵犯知识产权犯罪的共犯论处"。

第二节　企业专利管理

企业专利管理是企业专利管理机构与专利管理人员,在企业相关部门的配合和支持下,为在企业贯彻国家专利制度、促进企业技术进步和创新、促进企业提高经济效益而对专利事务进行的战略策划、规划、监督、保护、组织、协调等活动的总称。① 企业专利管理主要包括企业专利战略管理、企业专利信息管理和企业专利运营管理。

一、企业专利战略管理

（一）企业专利战略的定义

关于什么是专利战略，迄今为止国内外尚未达成共识。日本和美国企业对专利战略的研究和运用得较早而且很成功。日本和美国学者对企业专利战略的定义比较简洁精准。日本专利工作者高桥明夫认为："专利战略是根据企业方针进行的战略性专利活动，从战略上进行进攻和防卫，充分发挥专利的各种作用。"②美国学者理纳德•玻克维兹认为，"专利战略是保证你能保持已获竞争优势的工具"。国内有关专利战略管理的观点有：翁国民认为，"企业专利战略是为了企业的长远利用和发展，充分依靠和运用专利制度，使专利机制成为促进企业技术创新的一个主要动力机制和保护机制，在技术竞争和市场竞争中谋求最大经济利益，并保持自己技术优势的深层次、全局性谋略"。胡佐超、余平认为，"企业专利战略就是指以专利信息的定性、定量分析为基础，以整合科技、经济、法律、贸易等信息为背景，通过对企业的经济实力、技术能力、市场竞争状况、专利技术的竞争和发展态势、核心与关键技术分布等诸多因素的综合分析，确立的促进企业可持续发展的目标与实施"。③ 马文斌、张海滨认为，"企业专利战略是企业在技术更新不断加快、市场竞争日益激烈的环境中，为寻求自身发展和长期生存，最大限度地利用专利制度所提供的特殊保护功能，为维护企业自身发展优势，战胜竞争对手，确保企业在激烈的市场竞争中立于不败之地而制定的一系列行动方针、纲领或策略"。④ 简而言之，企业专利战略就是企业依据自身发展需要，针对专利技术研发、专利申请、专利引进、专利运营和专利维护等方面制定的长远发展规划。

（二）企业专利战略的目标

企业专利战略的目标在于通过企业专利战略方案的制订和实施，提高企

---

① 冯晓青：《企业专利管理略论》，载《现代管理科学》2007 年第 4 期。

② ［日］高桥明夫：《日立的专利管理》，魏启学译，专利文献出版社 1990 年版，第 14 页。

③ 胡佐超、余平：《企业专利管理》，北京理工大学出版社 2008 年版，第 88～89 页。

④ 马文斌、张海滨：《企业专利战略初探》，载《科技创新与生产力》2012 年第 9 期。

业主动运用专利战略的能力,强化具有自主知识产权的技术创新活动,以具有专利保护的核心技术或产品增强市场竞争能力,获得市场竞争的有利地位,最大限度获取市场份额和由此产生的经济利益。企业专利战略的目标可以分为两个层次:第一层次在于利用专利提高市场竞争力,从而占领市场,击败竞争对手。知识经济时代,企业竞争优势的取得越来越取决于对专利的取得、专有和应用。专利技术能够让企业在竞争中掌握主动权,从而超越竞争对手。第二层次在于使企业从容应对专利战,维护自身利益。我国企业一旦被外国企业诉讼侵权,常常会陷入绝境,这就是由于企业没有未雨绸缪尽早建立专利诉讼战略。最后,企业专利战略的目标在于利用专利本身来为企业谋取更大的商业利益。俗话说,三流企业卖产品,二流企业卖技术,一流企业卖标准。不管是卖技术还是卖标准,专利都是不可忽略的重要因素。苹果公司基本上不自己生产产品,绝大部分产品都是通过富士康代工的,但是苹果公司却能够成为首屈一指的高科技公司。苹果公司的专利战略功不可没。

(三)企业专利战略的模式

根据策略方式的不同,企业专利战略可以分为进攻型专利战略、防御型专利战略和攻守兼备型专利战略。

1.进攻型专利战略

企业进攻型专利战略是指积极、主动、及时地申请专利并取得专利权,使企业在激烈的市场竞争中取得主动权,为企业争得更大经济利益的策略。企业进攻型专利战略能够使企业在激烈的市场竞争中取得市场主动权,避免受制于人。实施进攻型战略的企业应当具备的条件包括:第一,必须拥有较强的研究、开发能力,包括在基础研究方面的实力。第二,企业经济实力较雄厚,能够为以研究开发为核心的技术创新投入较多的资金和技术设备。第三,企业对技术的发展趋势、市场走向有较强的预见能力。第四,企业在专利产品商品化、市场化方面有较强的开拓能力,能够及时对研究、开发成果进行商品化生产或通过利用专利战略提高市场竞争力。因此进攻型专利战略适用于一些经济实力较强、技术优势较大的企业。企业进攻型专利战略包括基本专利战略、专利包围战略、专利再创新战略、专利诉讼战略和专利实施战略。

2.防御型专利战略

企业防御型专利战略是指为防御企业在市场竞争中受到其他企业的专利进攻和挑战,采取打破市场垄断格局,改善市场竞争力被动地位,保护本企业的专利策略。[①] 企业防御型专利战略主要适合经济实力、技术力量较弱的企业或行业,目的是为了在与较强的竞争者进行竞争的过程中采用防御性的技术开发路线,保护自己的经济利益。企业防御型专利战略主要包括:无效对方专利战略、防御性公开战略、交叉许可战略、失效和无效专利使用战略、绕过障碍专利战略等。

3.攻守兼备型专利战略

实践中,大多数企业很少纯粹使用进攻型战略和防御型战略,都是将进攻型战略和防御型战略混合使用,以便达到攻守兼备的效果。企业应当积极利用自身专利技术优势,有效地抢占国内外市场,维护市场主动地位;同时在面对专利进攻时,要积极防御,为自己筑起一道防护圈。

(四)企业专利战略的制定

对不同的企业来说,由于其经营目标、技术和经济实力不同,其专利战略内容也是不同的,即使是同一企业,在不同阶段,专利战略的内容也各有特色。因此企业专利战略的制定应当与企业自身情况及其面临的市场竞争环境相适应。总的来说,企业专利战略的制定仍有一些基本的思路和步骤,主要包括专利战略课题的选定、前期准备工作、专利战略目标的确定、专利战略方案的拟订与决策等内容。[②]

1.企业专利战略的立项

立项就是确定企业专利战略的课题,它既可以是针对较长时期的宏观层次的企业专利总战略,也可以是针对某一特定时期或某一特定产品的专项专利战略。课题可以由企业专利管理部门或主管人员向企业各部门征集;也可以在企业专利管理部门从专利管理中发现了问题,认为需要对其进行研究,以免影响本企业产品市场的新专利技术时主动提出;还可以委托相关机构或人员完成,但此时一般要订立委托协议书,注明有关事项。选定课题时极为重要的一点是有明确的目的,一个好的专利战略能使企业获得相当多的研究开发成果。

2.前期准备工作

前期准备工作是制定企业专利战略的基础性工作,其工作成效直接影响

---

① 孙建国:《企业专利管理与战略制定》,载《现代管理科学》2007 年第 4 期。

② 杨端光、冯晓青:《企业专利战略制定的若干问题探讨》,载《科学进步与对策》2007 年第 11 期。

到企业专利战略制定的质量。前期准备工作主要包括以下内容：(1)确定制定企业专利战略的团队。企业专利战略与企业经营战略、科技战略、品牌战略具有千丝万缕的联系。因此，确定企业专利战略制定的组成人员时，不能局限于某一方面的人员。无论是企业管理人员、专利工作人员还是技术人员或企业主管领导，单独制定都会有各自的缺陷，比较可取的做法应是上述人员的组合，这样才能使制定出来的专利战略形成技术、经济、法律方面的有机组合，具有较强的可操作性。特别值得一提的是，在组成人员中不能缺少主管领导的参与，因为这关系到制定的专利战略是否会受到企业领导层重视的问题，如果他们不重视专利战略，专利战略制定得再好也会无济于事。(2)资金的准备。企业专利战略的制定要有一定的资金作物质基础，例如委托研究、资料收集、市场调查与分析等均需要资金。(3)进行专利调查与市场调查，收集有关资料。专利调查与市场调查旨在了解与企业相关的情况和发展动态，对确定为企业专利战略的课题应从专利、市场两方面开展调查，进行分析、整理，同时，应广泛收集与专利战略相关的市场情报、专利情报、企业现状资料，以便为下一阶段企业专利战略目标的确定打下良好的基础。

3. 企业专利战略目标的确定

企业专利战略目标的出发点是有效保护自己的专利技术，同时最大限度地实现企业利润。战略目标的确定是建立在详细的市场、专利、企业自身实力等情况分析之上的，并以明确的经营目标和研究目标为基础。企业专利战略目标需要根据企业专利战略涉及的内容来确定，它应当是相对明确的，如果过于宽泛，就可能导致整个战略的实施出现失误。由于企业制定专利战略的目的主要是获得、占领和控制市场，因此，企业专利战略目标就相应地表现为获得市场竞争优势，它应当围绕确立专利竞争优势而确定。在确立企业专利战略目标时，需要明确在特定领域竞争优势的内涵，并努力保持本企业这些竞争优势的构成要素。企业的竞争优势可能是制造设备的特殊方法，也可能是制造过程中的一个技术，或者制造过程本身，当竞争优势只是在一个发明中体现时，企业需要考虑对专利或非专利保护形式作出正确的决策。企业专利战略目标确定以后，通过全面、周密的分析、比较，即可根据专利战略目标，综合专利情报分析所掌握的情况，确定专利信息战略、技术研发战略、技术引进战略、专利申请战略、专利运营战略、专利维持战略和专利维护战略等。

二、企业专利信息管理

（一）企业专利信息管理概述

专利信息是最重要的科技信息源,它是指以专利文献为主要内容或以专利文献为依据,经过分解、加工、标引、统计、分析整合和转化等信息化手段处理而形成的与专利有关的各种信息。一般来说,专利信息包括技术信息、法律信息和经济信息等。技术信息是指在专利说明书、权利要求书、附图和摘要等专利文献中披露的与该发明创造内容有关的信息,以及通过专利文献所附的检索报告或相关文献间接地与发明创造相关的信息。法律信息是指在权利要求书、专利公报及专利登记簿等专利法律文献中记载的与权利保护范围和权利有效性相关的信息。这些法律信息包括:权利要求书清楚、简要地表述该专利保护范围内发明创造的技术特征;与专利审查、复审和无效等审批确权程序相关的信息;与专利权的授予、转让、许可、继承、变更、放弃、终止和恢复等法律状态相关的信息等。经济信息是指在专利信息中存在着一些与国家、行业或企业经济活动密切相关的信息,比如专利许可、专利权转让或受让等相关的技术贸易信息,这些信息反映出专利申请人或专利权人的经济利益趋向和市场占有量及趋势。企业有必要建立适合本企业的专利信息利用机制,遴选与本企业有关的信息提供给决策者,为制定企业经营管理战略提供决策依据。

企业专利信息管理涉及企业专利信息系统的建立,产品、技术开发、项目承担、专利技术或产品的进出口等方面,在内容上则涉及专利信息的收集、专利信息的整理、专利信息的保存、专利信息的运用等。[①] 专利信息管理在企业发展中的作用可以概括为以下三个方面:一是获取技术信息,促进科技进步。利用专利信息可以帮助企业科研人员在制定科研计划以及确定科研课题时去伪存真,明确研究方向,提高技术创新活动的起点,避免盲目性和重复性研究,避免企业做出不必要的研究投入,使研究投入更为有效,对已经具有的专利,企业可以考虑是否通过直接洽谈获得授权或购买。另外,通过查阅专利文献,科研人员可以开阔思路,站在巨人的肩膀上做出新的发明创造。二是获取法律信息,保护自身权益。如前所述,专利文献除了具有科技信息外,还具有法律信息。在对外贸易中,进行专利信息检索,可以知道哪些专利申请已被授予专利权,哪些还没有被授予专利权,帮助企业在国际贸易中确定产品贸易或技

---

① 冯晓青:《企业专利管理略论》,载《现代管理科学》2007 年第 4 期。

术贸易的目的地,避免专利纠纷,以便保护自身利益;或者在技术引进过程中,正确选择、准确评估所引进的专利技术,避免造成不必要的经济损失。三是获取经济信息,分析经济发展方向。通过对专利信息的战略研究,能够及时了解竞争对手的技术状况,进而避免落入专利布局的陷阱,而且可事先了解在产品技术领域中潜在的竞争公司,有效监测竞争对手取得不当专利权利以及洞悉竞争对手的专利申请策略。另外,可以帮助企业制订宏观经济、科技发展计划,进行重大战略决策以及各层面知识产权战略的制定与实施,为确定企业的经济技术发展方向提供依据。专利信息管理是指通过对专利信息的检索和取得,建立企业专属的数据库,并充分运用相关的专利信息,从而有效避免公司侵犯他人专利的法律风险以及避免公司投入研发却无法获得专利权的风险等。专利信息管理是企业专利工作的重要内容之一,总体而言,应当包括专利信息收集、专利信息整理、专利信息运用三个方面的内容。

(二)企业专利信息收集

专利信息的检索根据检索的用途,可以分为法律状态检索、专利性检索、侵权检索、技术贸易检索和专利战略检索。

法律状态检索属于比较简单和客观的检索,可分为专利有效性检索和专利地域性检索。专利有效性检索是指对一项专利或专利申请当前所处的法律状态进行检索,其目的是了解该项专利是否被授权,授权专利是否有效。例如,是否尚在有效期内。专利地域性检索是指对一项发明创造都在哪些国家和地区申请了专利所进行的检索,其目的是确定该项专利申请的地域范围。可检索的其他专利法律状态信息还包括:专利或专利申请的著录事项、变更信息,专利申请、审查或复审过程中的信息,授权后的专利权转移、许可、异议等法律活动信息等。

专利性检索一项发明必须具备新颖性、创造性和实用性才可被授予专利权,其中,新颖性、创造性和实用性为通常所称的"专利性"。专利性检索是以被检索的专利或者专利申请为对象,对包括专利文献在内的各种科技信息进行检索,从中获得评价该对象专利性的对比文件。

侵权检索是为作出专利权是否被侵权的结论而进行的检索,一般是指为确定所生产的产品或者所使用的工艺等是否纳入已授权的专利权的保护范围内而进行的检索,属于一种与专利技术的应用有关的检索种类。侵权检索首先需要确定所检索专利的专利权是否有效(包括时间和地域),在专利权有效的时间和地区再来确定是否侵权以及侵权的范围。

技术贸易检索在进行技术贸易过程中,尤其是在引进国外先进技术时,技术贸易检索极为重要。通过专利信息检索了解有关技术的发展程度,是否申请了专利,专利权是否有效等信息,以便切实掌握实际情况。例如在引进外商技术前应对这项技术中是否包含专利技术进行检索,从而避免在后期实施技术时被专利技术束缚。

专利战略检索专利信息积累了各个技术领域中发明创造的详尽信息,包括技术内容、申请人情况、申请国家及法律状况等。如果能对某一技术领域的专利信息进行系统的检索并把有用的信息收集起来,经过系统的统计分析,可以判断某一技术的发展现状和趋势,了解竞争对手或同行研究情况,从而使企业合理地选择研究开发目标,以最佳的方案、最少的投资,谋求最大的发展和成果。这种通过对相关领域的专利信息进行检索和分析,揭示技术发展点,进而制定自身技术研发方向以及专利布局战略的检索,即为专利战略检索。

(三)企业专利信息整理

企业专利信息整理就是对收集来的各种专利信息进行加工处理,并用各种技术分析手段,从多角度加以研究,从而形成企业决策所需要的专利信息产品的过程。企业专利信息整理包括以下三个步骤:专利信息的筛选和判别,信息的分类和排序及信息的分析和研究。

1.专利信息的筛选和判别

专利信息筛选是指从大量专利信息中筛选出某一个行业、某一个技术领域的专利信息。专利信息识别就是在专利信息筛选的基础上,摒弃虚假、重复的专利信息。专利信息的筛选与识别的主要目标在于明确所收集的专利信息的类型和范围,并鉴别、评价、识别信息来源和真伪、比较获取相应信息的成本,确定今后最佳信息检索策略和潜在信息资源的开发,为企业专利决策提供参考。

2.专利信息的分类和排序

专利信息的分类和排序,是指对采集到的大量专利信息按照不同的标准和要求进行分类和排序,以便于企业进行分析和利用。专利信息的分类和排序往往考虑从以下几个角度展开:第一,按照专利的类型加以分类和排序,即发明专利信息、实用新型专利信息和外观设计专利信息;第二,按照专利权存在状态加以分类和排序,即已授予专利、未授予专利、失效专利等;第三,按照所属技术领域,例如,按照国际专利分类号分布对专利信息所属技术领域加以分类和排序;第四,按照竞争状况进行分类和排序,例如,竞争对手拥有的专利分布情况,潜在专利竞争对手的专利技术分布情况。此外,还可以根据企业需要,设定其他标准对专利信息进行分类和排序。[①]

3.专利信息的分析和研究

专利信息的分析和研究是一种以信息为研究对象,根据拟待解决的特定问题需要,收集与之有关的专利信息并进行分析研究,从而形成能够解决特定问题的新信息的智力劳动过程。专利信息分析与研究是将专利信息加工、转化,使其上升为高附加值的信息产品的过程。专利信息分析的方法有许多种,常见的有定性分析方法、定量分析方法、拟定量分析方法和图表分析方法。专利信息定性分析方法是指通过对专利技术内容进行归纳和演绎、分析与综合以及抽象与概括等分析,了解和分析某一技术发展状况的方法。专利定量分析方法是建立在数学、统计、运筹学、计量学、计算机等学科基础上,通过数学模型和图表等方式,从不同角度研究专利文献中记载的技术、法律和经济信息,从而提取有用的有意义的信息,并将个别零碎的信息转化为系统的、完整的有价情报。专利图表分析是指在进行定性或定量分析时,往往将被分析的原始专利数据采用定性和定量方法加工、处理,并将分析结果制成相应的图表。专利信息分析和研究的主要内容包括,竞争对手分析、行业发展情况分析和技术发展前景分析、专利有效性分析、同族性分析[②]等。

(四)企业专利信息运用

企业专利信息的运用主要包括以下内容[③]:第一,参与专利开发方向和方案的制订。我国以及世界上大多数国家的专利都实行"先申请原则",当一项知识成果已经被他人获取专利后,该专利权人即获得了独占性权利,后来者即使通过自己的智慧独立研究掌握了同样的智力成果,也不能商业运用,更不能获得同样的专利权。因此,获取相关的专利信息能有效预警侵权风险,同时防止侵权投入、重复投入和无效投入。《专利法》第 22 条规定,发明和实用新型授予专利权必须具备新颖性。企业在开发一项技术前或申请一项技术专利前,若通过专利信息的收集查询,发现有同样内容的发明创造已经公开,或已有包含其全部必要特征的实物公开出售或公开使用,就应及时停止相关的活

---

① 胡佐超、余平:《企业专利管理》,北京理工大学出版社 2008 年版,第 88~89 页。

② 同族专利是具有共同优先权的在不同国家或国际专利组织多次申请、多次公布或批准的内容相同或基本相同的一组专利文献。

③ 谢小东:《专利信息管理及在企业技术创新中的应用》,载《电力机车与城轨车辆》2013 年第 3 期。

动,以免浪费人力物力。第二,阻止他人获得专利或使其专利无效。一项智力成果要获得专利,必须符合法律规定的一系列条件。考虑到将来会受到他人专利的限制或者已经受到他人专利的限制,企业就可以利用自己掌握的他人正在申请的或已经获得的某项专利不符合法律要求的信息,阻止专利主管部门授予相关权利,或请求撤销已经授予的权利。第三,发现可以免费使用的专利。这一用途对专利事务具有特别重要的意义。因为专利有地域性和时效性,超过保护期和未在我国授予专利的技术,任何人都可以免费使用,马上投入生产为企业创利。而这样的"宝贝"不会自己从天而降,只能通过辛苦的专利信息收集才能得到。第四,防范和阻击专利侵权。企业对自己的专利当然十分珍惜,严密保护,防止被侵害,但专利侵权往往相当隐秘,专利权人必须重视信息的收集,密切监视市场动态,才能及时发现对自己专利构成侵权的行为,必要时给予狠狠打击。

三、企业专利运营管理

对于现代企业专利管理而言,仅有开发和保护还是不够的。单纯的专利开发和保护可能会使企业专利产品被闲置,在法律规定的保护期内达不到预期的占有市场优势、获得高额市场回报的效果。现代企业专利管理模式的高级阶段即为专利运营。专利运营是指专利的所有者、经营者为使专利资源得到充分有效的利用,推进和实现专利成果向市场化、产业化转化,实现专利使用的经济效益与社会效益,所实施的专利运作和经营。专利运营是企业实现价值的重心。在现代企业专利管理系统中,获取专利是专利利用的基础,但是起决定作用的不是企业专利资源的开发与保护,而是专利资源的运营。现代企业专利运营,就是要摒弃只从法律层面保护专利的传统管理模式,而应从企业知识资本运营的战略高度统筹专利运营,采取有效的竞争战略和措施,创新专利运营的策略,促进企业专利技术的合理流动和扩散,实现专利成果的商业化、产业化目标,为创造企业价值开创新的途径。专利运营的关键环节是专利价值的确定,专利价值包含两种形式:专利获利价值和专利战略价值。专利获利价值是专利能够为企业盈利形成多少现实的价值,表征为:专利本身的知识特征,即专利的知识创新性、复杂性和成熟度;专利的市场状况,包括市场应用性、实施能力和垄断性;专利的权属状况,即权属的类型、完整性、状态和有效保护期限。专利战略价值是专利为企业战略发展带来的价值,含对企业长期发展战略和企业竞争两部分价值。现代企业专利价值的确定,是合理确定企业专利资源转让、投资等价格的基础。[①]

企业专利运营能够将专利技术转化为现实生产力，将知识优势转化为经济优势和竞争优势。专利运营管理是企业专利管理的关键环节。企业之间的竞争，很大程度上表现为技术创新的竞争，而运用专利技术占领市场已成为企业的制胜秘籍。专利运营和专利申请、专利维权一起构成企业经营发展不可或缺的三大环节。国内专利运营与市场经济发达国家相比相距甚远。专利运营模式的选择是企业资本运营的关键环节。一般而言，专利运营模式包括专利商业化、专利转让、专利许可、专利联盟等。专利商业化主要侧重于通过企业自主实施专利技术，达到利用专利技术盈利的目的。专利转让与许可则是通过专利的授权、许可，以获得授权、许可费用为企业增加收益。专利联盟从本质上说是专利许可的一种特殊形式，侧重于通过专利技术的交叉许可以及联合对外许可，达到与合作伙伴之间的共赢或多赢。[②] 专利运营的过程实际上是选择一种最佳的实现专利价值的方式。如果一项专利技术极具市场前景，通过商业化应用能够为企业创造市场竞争优势，或者带来企业效益的大幅度提升，则应积极实施商业化。相反，如果一项专利技术不具备市场发展前景，商业化的结果不仅不能为企业创造市场竞争优势，增加效益，还要支付大额成本，则没有必要商业化。如果企业自身不具备实施专利的条件，也可以通过许可或转让来实现专利价值。企业还可以通过参与专利联盟增强自身的技术实力，从而达到避免专利纠纷，节约技术运用成本的作用。

第三节 专利难点热点问题探讨

一、专利联盟管理

资料：专利联盟：梦想如何照进现实？[③]

中国现有哪些专利联盟？这些专利联盟的生存状况如何？出路在何方？

---

① 于雪霞：《现代企业专利管理模式的要素与结构分析》，载《现代管理科学》2010 年第 5 期。

② 胡佐超、余平：《企业专利管理》，北京理工大学出版社 2008 年版，第 88～89 页。

③ 专利联盟：《梦想如何照进现实？》，http://ip. people. com. cn/GB/12102390. html，2013-11-3。

对这些问题的求解,无疑将给中国专利联盟的生存和发展产生重要影响。

国家知识产权局专利复审委员会"中国专利池状态研究"课题组的一份课题报告(以下简称课题组报告)引起了记者的注意。报告在分析多个专利联盟之后,揭示了这样一个业界可能不太乐于接受的事实——受制于核心专利技术尚不完备等原因,目前国内专利联盟多处于尝试、探索的初级阶段。

DVD产业的切肤之痛过后,一些较早受到专利池打击的行业纷纷把视线转向了组建行业性专利联盟,或包含专利联盟特征的产业联盟。根据课题组报告和本报记者的不完全统计,我国目前建立的较有影响的专利联盟多集中在信息技术领域,包括数字音视频编解码技术标准产业联盟、闪联、中彩联、第三代无线通信技术标准时分同步码分多址(TD-SCDMA)产业联盟、无线局域网络安全强制性标准(WAPI)、中国蓝光高清光盘标准(CBHD)、中国地面数字电视传输国标知识产权联盟、中国光伏产业联盟等。此外,传统制造业领域也涌现出了一些专利联盟,包括空心楼盖专利联盟、顺德电压力锅专利联盟、佛山陶瓷专利联盟、中国地板专利联盟等。

那么,这些联盟的生存现状如何呢?中彩联的成长经历或许可见一斑。2007年3月,TCL、长虹、康佳、创维、海信、厦华、海尔、上海广电信息产业股份有限公司、新科、夏新等10家国内彩电厂商在深圳注册成立了中彩联,专门负责成员企业与美国数字电视专利权人进行知识产权谈判。

"由于几乎所有的中国彩电企业都不是美国先进制式委员会(ATSC)的成员,拥有的能与美国专利权人互换、抵消的专利相当有限,即使是能够互换的重要专利,是否完全要放入中彩联,各厂商之间也没有完全协商。中彩联在成立之初面临的状况就是这样。"一位业内人士告诉记者。2010年1月22日,中彩联联合8大国内彩电企业与法国汤姆逊公司签订了为期5年的知识产权合作协议,当时就有专家认为,"中彩联终于摆脱了3年来'不作为'的形象,扮演了一个许可中介的角色","只是在与汤姆逊的谈判中,帮助中国彩电企业完成了一次团购行动,中国彩电业专利困境并未得到实质性改变";但也有更多专家看到了积极的一面,认为中彩联为拒绝专利权人"漫天要价"而提升了中国彩电企业的自信,也为中国企业"抱团"发展产生了积极作用。

"基于标准组织而形成的专利联盟是专利联盟的一种紧密结合形式。此外,国内还有不少产业联盟中也包括知识产权的合作,但这些联盟的本质大多是价格联盟,或者是个别企业排除竞争的手段,虽然在广义上也属于专利联盟,但其生命力一般不强,被称作非紧密形式的专利联盟。"北京大学法学院教授张平在接受记者采访时指出。

"专利联盟在中国不断出现,也是发展的必然。"张平在分析我国出现大量专利联盟的现象时告诉记者,由于分工越来越细,产业链延伸,导致某一产业内厂商众多,上下游企业之间的技术关联度也越来越高,一项产品所涉及的专利越来越密集,便形成了"专利丛林"。专利联盟有利于消除专利交叉许可的障碍,促进技术的推广应用,可令减少专利纠纷、降低诉讼成本等优势愈发凸显。此外,传统的专利许可都是使用者向不同的专利权人分别请求许可,而专利联盟则可以汇集某一行业的专利技术对外进行一站式许可,也可大大降低交易成本。张平指出,专利联盟并非洪水猛兽,其在发达国家已有百余年的历史,它在实践中往往由一个公司或者是缔结的产业联盟主导制定标准,然后征集该标准内的必要专利构建联盟,标准制定者通过专利联盟控制标准甚至垄断产业,从某种意义上说,是技术标准催生了专利联盟。

专利联盟应追求技术联盟而非价格联盟,是许多专家的共识。中国电子音响协会副理事长林元方指出,国外家电企业的联盟,如 6C 联盟(包括日立、松下、东芝、JVC、三菱电机、时代华纳)、3C 联盟(包括索尼、先锋、飞利浦)、1C(汤姆逊)、杜比、MPEG-LA 等,之所以生命长久,而且联盟的每一个行动都颇具杀伤力,关键原因就是这些联盟是建立在技术联盟基础上的,技术联盟已经成为国外企业联盟最为普遍的形式。但是直到今天,这种在国际上最常见的技术联盟在我国却迟迟没有形成气候。通过联盟推行标准战略,是企业更高层次的追求。然而,我国当前组建的专利联盟在推行标准方面,与发达国家的专利联盟存在很大差距。

为什么国内的专利联盟会存在诸多问题,真正的症结在哪？政府又应当在专利联盟组建过程中起到怎样的作用？

专利联盟(Patent Pool),也可译为专利池、专利联营,是指各专利权人放弃专利的排他权以共享专利权的一种互惠性的协议。专利联盟的出现,标志着专利竞争领域的一个重要转变,即从单个专利为特征的战术竞争转向以专利组合为特征的战略竞争,从一家公司单打独斗转向若干家相关公司实行强强联合来抢占或分割市场的态势。

(一)专利联盟的微观价值

技术的不断进步与知识产权制度的不断深化,使专利竞争成为产业竞争

的重要方面。专利联盟在规范专利竞争中的作用主要有以下几点①:

1.清除阻止性专利

在技术商品化过程中,一种技术的商品化往往是建立在其他技术的基础上,当其他技术为他人所有时,他人的专利技术便成为技术商品化的障碍,这种现象在技术密集型行业,如电子及半导体、生物技术等行业表现得尤为明显。根据经典的 Cournot 模型、Shapiro 的互补的经济学理论和 Heller 等人的反公共品悲剧的理论,一个合作性协定,比如专利联盟(包括交叉许可)就可以清除技术商品化过程中的专利技术障碍,进而鼓励技术创新并避免已开发的专利技术使用不足的现象。因为专利联盟的形成,一方面可使联盟各方的专利利用成为可能;另一方面可以使各方的专利资源的价值在使用中得到充分展示,这就是通常所说的双赢或共赢。

2.降低知识产权的交易成本

专利联盟可以将其看作基于知识产权的集体产权的组织,于是一个需要多种专利技术的产品开发者可以一次性和专利联盟谈判以获取相关专利技术,从而减少和专利联盟中各个专利技术所有者进行重复性谈判的交易费用。这种交易费用的降低不仅表现在专利联盟的对外专利技术的交易行为之中,而且,对专利联盟内部成员之间由于专利技术产品开发而需要的外部专利技术获取也同样起到降低交易费用的目的。另外,如果专利联盟有规则规定内部成员之间的专利技术交易是免费的话,还可以节省部分专利许可费。

3.降低专利技术的实施和诉讼成本

当企业和其他企业从事相似的技术研发和产品生产时,产生专利侵权和专利诉讼等专利冲突的现象就是很自然的。这种冲突不仅很难预测,而且解决冲突的成本往往又很高,于是企业为了最大限度减少相关成本、提高对冲突的预见性以及提高解决冲突的能力,而成立了专利联盟,这对于没有能力提起高成本的专利侵权诉讼的小型企业和专门化研究企业来说收益会更大。至于企业是否会加入专利联盟,主要考虑其收益和成本的权衡:收益主要是指自行实施专利技术的收益和加入专利联盟后的成本的节约之和;成本主要是指自行实施专利技术的成本和加入专利聪明后由于失去专利技术的部分控制权等而损失的收益之和。如果收益大于成本则选择加入,反之亦然。一些经验研

---

① 岳贤平、顾海英:《专利联盟的微观机理研究》,载《情报科学》2006 年第 5 期。

究表明由于专利联盟可以大幅度降低整体成本，在一定的条件下企业往往选择加入。

4.整合互补性专利、促进技术转移

随着科技的不断深入发展，一方面，一个技术或技术产品的产生往往需要多种互补性技术的支持，这就是所谓的技术的发展不是站在巨人的肩膀上，而是站在金字塔的塔尖上，而互补性的专利技术联盟正是这种金字塔的塔基，通过专利联盟可以使单个或少量技术无法完成的技术产业化变为现实；另一方面，在技术或技术产品消费过程中，特别是在新经济时代，会产生网络外部性的现象，比如在计算机行业，一个市场畅销的软件的应用可以带动硬件的销售，于是一个专利技术标准联盟不仅可以促进技术在单个主体之间的转移而促进技术的产业化，而且通过产品和技术兼容也可使消费者受益，还可通过部分软件升级而达到整体更新的目的。除了以上几点可以说明专利联盟能有效促进竞争外，专利联盟还可以有效分担企业在研发方面的风险，因为专利联盟不仅可以使其成员获得专利联盟的专利许可收益，而且可以通过未来相关专利的获取渠道以减少专利技术的重复的、高成本的研发风险；同时，从长期来看专利联盟的评估、交易联盟专利的行为会形成一系列规范化的体制，这些体制可以起到便于专利的开发、交易并相对明确专利技术商业化的未来预期效果。

(二)专利联盟的结构关系

专利联盟里的组成专利之间存在着专利障碍、专利互补和专利竞争三种关系。[①] 第一，专利障碍。二次开发获得的专利技术被称为从属专利（Subservient Patent），原来的专利技术被称为是基本专利（Dominant Patent）。从属专利和基本专利之间就是一种相互制约、相互障碍的关系：如果没有得到基本专利的许可，从属专利没有进行商业开发和经营的权利；同样，如果没有得到从属专利的许可，基本专利也不能够将在从属专利基础上开发的专利技术进行商业化运作。第二，专利互补。通常来说，一项发明是若干个不同专利技术的组合体，不同的专利技术分别覆盖该项发明的一个方面或者一项功能。这些专利技术彼此不可以相互替代，它们之间是一种专利互补关系。具有这种专利关系的专利之间有一种"一荣俱荣、一损俱损"的关系，即

---

① 李玉剑、宣国良：《专利联盟：战略联盟研究的新领域》，载《中国工业经济》2004 年第 2 期。

一项专利技术的改进需要另一项专利技术作相应改进；否则，没有改进的专利技术就会成为改进专利技术的障碍。第三，专利竞争。专利竞争是指专利技术在市场上可以彼此之间进行替代。当一个新专利技术成为原来专利技术的市场替代技术，或者新专利技术是在原来专利技术周围开发出并且不损害原来专利利益的时候，新专利和原来专利之间就构成了专利竞争的关系。

（三）专利联盟的政府管理

对于政府而言，一方面要履行其作为行政机关的相应依法行政的职能，另一方面也要从政策、宣传等方面来积极地引导、推动企业组建专利联盟。政府在专利组建中的角色主要有以下三种：①

1. 政府履行监督管理职能

政府相应机构在对专利池所集合的专利类型的判断上，应界定相关技术市场之后，进一步判断各成员所拥有的专利之间是否存在互补性关系。界定主要考察所集合专利是否符合专利池所支持的标准，同时应当审查专利池在有关专利流入及流出机制问题上是否始终保持专利的互补性及有效性。在专利池协议是否排除他人竞争的审查上，主要是判断专利池协议是否具有排他交易，客观上是否可能导致市场闭锁的效果。在执法主体上，审查机关为国家专利行政主管机关即国家知识产权局，而判断专利池应用是否存在不当行为，按照情况不同分别由商务部和国家工商总局来主管。

2. 政府进行积极引导

政府在推动企业参与专利池组建过程中要发挥引导作用，通过制定产业技术政策支持与重大技术开发相关的 R&D 计划，以及制定竞争政策规制跨国公司滥用知识产权的行为，有选择地对一些以国内企业为主的产业联盟给予税收、财政及金融等方面的政策支持。

政府应该积极引导各种技术和标准的合作联盟建立，鼓励国内企业参与各种技术与标准联盟。通过国与国之间、区域与区域之间在标准和技术研发上的合作与联盟，建立具有一定自主知识产权的国际标准，改变标准的均衡状态，积极谋求自主知识产权标准的突破。鼓励市场力量的成长，保持国内市场垄断和竞争的均衡，扶植本国研发力量的成长，运用产业政策，建立企业创新机制，培养、提高企业创新能力。

---

① 张建华、胡泽保：《专利池制度运用对策及建议》，载《中国发明与专利》2012 年第4 期。

3.建立示范专利池模式,规范专利池管理

将国内构建较为成功的专利池典型作为示范,加大对其的支持与宣传力度。如 AVS 专利池就在鼓励技术创新的同时保证了标准的公益性,避免了国际上"标准组织只负责标准,专利权人在标准发布后制定收费政策,产业界等待观望"的割裂局面,有利于技术、标准、知识产权和产业的协调发展。AVS 的发展思路不仅在国内逐步得到认可,而且在国际上引起高度重视。对国内这类专利池模式,有关部门应总结经验,加大宣传力度,为各行业专利池管理建立样本模型。

二、专利许可费监管

(一)过高许可费的表现形式

1. 垄断性高价

垄断性高价是指具有市场支配地位的企业实行的远远高于正常竞争水平下的公平标准价格,以获取超额垄断利润。跨国公司为了获取最大化的专利收益,对被许可人收取高额专利许可费,实质上是滥用知识产权垄断地位,收取垄断性高价的行为。高额专利许可费远远超过被许可专利对专利产品的贡献,对被许可人来说是非常不公平的。垄断性高价是个具有争议性的问题,各国的立法与实践具有较大的差异。美国反托拉斯法或权利滥用原则中没有对价格或使用费率的一般限制。[①] 反垄断主管机构和美国法院通常尽量回避对专利许可费是否过高作出认定,而让市场自己决定。在 Carter-Wallace Inc. v. United States 案中,法院认为:"如果不存在任何过分的非法行为,专利权人可以对其专利产品许可要求市场所能接受的任何价格。"欧盟竞争法明确禁止垄断性高价。《欧共体条约》第 82 条规定禁止具有市场支配地位的公司把不公平的交易价格强加给交易对象,欧共体委员会曾根据第 82 条判定 Microsoft 公司和 Rambus 公司收取的专利许可费不合理。中国《反垄断法》第 17 条则明确禁止具有市场支配地位的经营者实行垄断性高价。垄断性高价在中国是违法行为。

2. 歧视性收费

歧视性收费,是指掌握核心技术的跨国公司或专利联盟出于政治或经济

---

① [美]Jay Dratler. Jr.:《知识产权许可》(上册),王春燕等译,清华大学出版社 2003年版,第 288 页。

上的目的,在进行专利实施许可时差别对待,对不同国家和地区的被许可人给予不同的专利实施价格。这显然有违"公平"精神。一件专利不管是被许可给美国企业还是被许可给中国企业,只要是生产同样的产品,它的贡献是一样的,但实践中专利许可费却可能大相径庭,这不符合公平、合理和非歧视(FRAND)原则。中国企业经常遭遇跨国公司的歧视性收费,例如华为就曾呼吁欧盟反垄断机构介入其与美国无线技术开发和专利授权厂商InterDigital的专利纠纷,称 InterDigital 对其手机专利的收费过高,违反了公平、合理和非歧视(FRAND)政策。中国企业遭遇歧视性收费的原因有三个:第一,政治原因。中国属于社会主义国家,在意识形态上与发达国家不同。发达国家跨国公司出于对社会主义国家的敌视,往往对中国企业收取高额许可费。第二,经济原因。中国属于经济上后起国家,中国企业近几年加快走出去的步伐,参与全球竞争。跨国公司为了遏制中国企业的竞争力,特别是价格优势,对中国企业收取高额许可费。跨国公司对中国企业内销产品和外销产品收取不同的专利许可费很明白地诠释了跨国公司遏制中国企业的阴谋。例如高通公司对中国出口的 CDMA 手机收取 7% 的专利提成费,而对内销的CDMA 手机则收取 2.75% 的专利提成费。[①] 第三,知识产权保护原因。跨国公司认为中国知识产权保护水平低下,所以对中国企业实行歧视性收费作为惩罚措施。

3. 捆绑收费

专利池或称专利联盟是当今国际技术贸易领域的一种常态。专利池制度以其统一市场、降低成本、避免侵权诉讼等制度优势,日益成为当代全球知识产权战略中不可或缺的重要环节。专利池制度的初衷是好的,但如今这种制度越来越被异化。专利联盟在组建专利池过程中,常常有意无意地将某行业的核心专利、非必要专利、无效专利、过期专利等混在一起,然后实施一揽子许可,这实际上是实施捆绑收费。非必要专利对专利产品没有任何贡献,捆绑在一起收费无异于敲诈;对无效专利、过期专利,"专利权人"本无权利可言,收费无法律依据。专利联盟在全球实行统一许可费率标准,以收益最大化的方式向终端生产商收费,旨在获取技术垄断利润。全球一揽子收费的费率标准不受地域的限制,不随许可中专利数量的增减而变化,也不随国家使用专利数量

---

① 卢进勇、郜志雄:《跨国公司在华知识产权收费问题的研究》,载《国际贸易》2010年第 2 期。

的多少而变化,还不随产品的市场价格的波动而变化。中国企业面对这样的收费方式只能是"Take or Leave",少有谈判权。① 而且专利联盟往往与行业标准相结合,使得终端生产商没有任何选择余地。

4.择机收费

虽然中国政府大力提倡知识产权保护,但是中国大多数企业的知识产权意识依然比较淡薄。中国企业由于缺乏核心技术,在进入一个行业时,在技术上往往采取拿来主义,且希望享受免费的午餐。这成为跨国公司实施"养羊策略"的最佳前提。在中国某一行业发展的初期,跨国公司往往对中国企业的侵权行为视而不见,这看似与他们强烈的知识产权意识相违背,其实不然。只要中国某一行业发展成熟形成规模之时,就是跨国公司开始采取知识产权维权行动之时,因为这时候羊肥了,可以宰割了。任何一个行业如果要形成一定规模,必须投入大量资本,其中包括进入某个行业需特别投入的且不易转移到其他用途的沉淀成本。如果这时候被迫停止生产,损失会非常大。跨国公司实际上就是利用中国企业的这种窘境收取高额专利许可费。而且跨国公司往往在中国企业将大量产品出口到国外时开始采取专利维权活动。当大量产品被扣押时,中国企业在专利许可费上更没有讨价还价的余地。择机收费使得跨国公司可以任意夸大其专利的贡献,实际上是一种变相要挟。

(二)过高专利许可费的判定

专利权人收取多少专利许可费才是公平合理的? 这是一个跨越法学与经济学的问题,很难有一个精确的标准答案,但毫无疑问,贡献原则应当是评判专利许可费是否公平合理的一个基本原则。贡献原则实际上已经在中国的司法实践中得到运用。在扬州中集通华专用车股份有限公司诉北京环达汽车装配有限公司侵犯实用新型专利权纠纷案中,该案法官正是运用贡献原则裁定被侵权专利只用在车辆运输车的一个部件上,因此计算赔偿额时应当考虑本专利产品在整个车辆运输车中所占的价值比例。最高人民法

---

① 卢进勇、郜志雄:《跨国公司在华 DVD 专利收费研究》,载《国际商务》(对外经济贸易大学学报)2010 年第 3 期。

院 2009 年颁布的《关于审理侵犯专利权纠纷案件应用法律若干问题的解释》第 16 条①就是贡献原则的体现。在具体判定专利许可费是否过高时可以采用以下路径：

1. 要素主义

美国 Georgia—Pacific Corp. v. United States Plywood Corp. 案中，法院列出了合理许可费的 15 个考虑因素。② 这 15 项因素基本上将合理专利许可费应当考虑的因素全部涵盖在里面。结合中国具体情况，判断专利许可费是否过高时，还应当考虑以下几个因素：第一，专利技术对专利产品的贡献度。第二，专利许可人是否对被许可人有差别对待，对被许可人收取歧视性的高额许可费。第三，专利联合许可中，许可人有没有将核心专利和非必要专利混在一起捆绑收费，有没有及时将过期专利和无效专利剔除出专利池。第四，跨国

---

① 最高人民法院 2009 年颁布的《关于审理侵犯专利权纠纷案件应用法律若干问题的解释》第 16 条规定："人民法院依据专利法第六十五条第一款的规定确定侵权人因侵权所获得的利益，应当限于侵权人因侵犯专利权行为所获得的利益；因其他权利所产生的利益，应当合理扣除。侵犯发明、实用新型专利权的产品系另一产品的零部件的，人民法院应当根据该零部件本身的价值及其在实现成品利润中的作用等因素合理确定赔偿数额。侵犯外观设计专利权的产品为包装物的，人民法院应当按照包装物本身的价值及其在实现被包装产品利润中的作用等因素合理确定赔偿数额。"

② 该案确定合理专利许可费应当考虑：(1)专利权人因许可案件涉及的专利所获得的专利使用费，能证实或可以证实是既定的专利使用费；(2)被许可方使用与案件中的专利类似的其他专利所支付的费率；(3)许可的性质和范围，例如是否是排他或非排他许可，对技术使用地域或者关于制造出的产品可以销售的对象；(4)许可方通过不许可他人使用发明，或在设计好能保持垄断地位的特殊情况下进行许可，来保持其专利垄断权的既定政策和营销计划；(5)专利许可人与被许可人之间的商业关系，例如他们是否是同一地域同一商业类型的竞争者或者他们是否属于发明者与专利推广者的关系；(6)销售专利产品对促进被许可方其他非专利产品销售的作用，对许可人来说，由发明专利带来的非专利产品的销售以及上述销售的范围；(7)专利有效期和许可条款的期限；(8)专利产品的利润率、商业化程度和当前市场受欢迎度；(9)该专利产品超出任何已使用的旧产品或设备的优点或用途；(10)该专利技术的类型，该专利技术产品在商业实践中的特性以及这项专利技术对使用者的好处；(11)专利侵权人利用该专利技术的程度和任何能够证明使用价值的证据；(12)在特定行业或类似行业中，依照惯例，使用该发明或类似发明所收取的利润率或者销售价格比；(13)区别于其他非专利技术因素、制造流程、商业风险或由侵权者增加的显著特征或改进，而应当归功于该发明的可实现利润的比例；(14)资深专家就该专利技术价值提供的证明材料；(15)在专利侵权开始时，如果许可人和被许可人已经就许可合理地并且自愿地达成协议时，可能订下的专利许可费。

公司对中国企业收取专利许可费时是否存在择机收费行为。第五,如果一个终端产品须缴纳多项专利许可费,那么专利许可费的加总提成率是否超过产品净销售价的合理比例。

2. 方法主义

判定专利许可费是否过高除应考虑上述因素之外,还可以结合专利许可费计算的四种通用方法,即收益现值法、重置成本法、现行市价法和25%规则。以单项专利许可为例:第一,如果该项专利的未来收益是可预测的,则可以根据收益现值法的计算结果判定专利许可费是否过高。第二,如果该项专利有适合的参照物,则可以根据重置成本法的计算结果判定专利许可费是否过高。第三,如果该项专利的未来收益不确定,也没有适合的参照物,则可以运用现行市价法来判定专利许可费是否过高。如果专利许可人收取的许可费处于行业许可费的平均比例附近,则基本可以判定为是合理的。如果许可费接近或超过行业许可费比例的最高值,则必须基于前述各项考虑因素判定是否属于合理的专利许可费。第四,适用25%规则,又称为"拇指规则"(rule-of-thumb),即一个专利许可方至少应该收到被许可方税前毛利25%的专利许可费。如果专利许可费远超过专利产品税前毛利的25%,则大致可以判定属于过高的专利许可费。25%规则作为判定专利许可费的一个经验性规则曾被美国法院所接受,但Uniloc USA v. Microsoft一案的终审法官推翻该规则。该案法官认为25%的许可费率与案件事实没有实质联系,是武断的、没有根据、且不相关的。虽然25%规则在Uniloc USA v. Microsoft案中被推翻,但作为一个经验性的规则,还是可以作为初步判定专利许可费是否过高的一个依据。

3. 定额主义

发达国家一般尊重合同自由和市场定价准则,没有法律特别对专利许可费的高低作出规定。然而许多发展中国家或新兴工业化国家都规定技术使用费的提成率一般不超过5%。如印度政府2009年拟将专利和商标许可费提成率提高到不超过5%,原来分别为2%和1%。[①]菲律宾规定专有技术的提

---

① 《印度:知识产权使用费费率将上升至5%》,中国知识产权保护网[EB/OL]:http://www.ipr.gov.cn/guojiiprarticle/guojiipr/guobiehj/gbhjnews/200904/522453_1.html,下载日期:2012年9月13日。

成率最高不得超过 5%；①巴西规定许可使用费以其产品的净销售额为基数，专利许可和专有技术许可的提成率一般为 5%；马来西亚规定许可费以净销售价为基数，提成率为 1%～5%。② 阿根廷规定汽车工业的技术引进的提成费最高为产品净销售价格的 2%，其他各类技术的提成费最高不超过 5%。③ 这些国家规定的提成费比例大致符合国际技术贸易领域技术使用费的商业惯例。根据联合国贸易和发展组织的调查统计，提成费一般以产品净销售价格为计价基数，不同行业之间的提成率差异较大，提成率的范围为 0.5%～10%，绝大多数行业的提成率是 2%～6%。中国也可以借鉴国外经验规定专利许可费提成率一般为产品净销售额的 5%。

(三)"过高的"专利许可费的法律规制

过高的专利许可费是专利许可纠纷最常见的导火索。对于过高的专利许可费如何规制，发达国家与发展中国家的立场是不同的。发达国家是国际技术贸易市场的许可方，是过高的专利许可费的既得利益者，所以发达国家对于不公平的专利许可费倾向于不干涉主义，尊重合同自由和市场定价准则，除非过高的专利许可费阻碍了国内竞争。发展中国家是国际技术贸易市场的被许可方，是过高的专利许可费的受害者，所以倾向于对不公平的专利许可合同进行法律干预。可以预见，我国在相当长的时间内仍然是技术进口大国，所以我国应当从国内法和国际法两个层面寻求对过高的专利许可费的法律规制。

1. 国内法层面

第一，合同法规制。《合同法》可以从三个方面对过高的专利许可费进行规制。首先，格式条款的解释规则。《合同法》第 39 条至第 41 条就格式合同作了详细规定。第 39 条规定"提供格式条款的一方应当遵循公平原则确定当事人之间的权利和义务"；第 40 条规定"提供格式条款一方免除其责任、加重对方责任、排除对方主要权利的，该条款无效"；第 41 条规定"对格式条款的理解发生争议的，应当按照通常理解予以解释。对格式条款有两种以上解释的，应当作出不利于提供格式条款一方的解释。格式条款和非格式条款不一致

---

① 王玉清、赵承璧：《国际技术贸易》，对外经济贸易大学出版社 2006 年版，第467 页。

② 龚维新、蒋德明：《国际技术转让的理论与实务》，上海人民出版社 1990 年版，第131 页。

③ 白映福、黄瑞：《国际技术转让法》，武汉大学出版社 1995 年版，第 216 页。

的,应当采用非格式条款"。格式条款的解释规则倾向于保护被动接受格式条款一方的利益,原因在于格式条款制定人是理性的经济人,制定格式条款时总是追求自身利益最大化,不合理地分配合同的风险和负担。专利联合许可是当前专利许可的常态,专利联盟将核心专利与非必要专利、无效专利、过期专利混在一起,实施一揽子许可,收取高额的专利许可费。被许可人不能就专利池中的单项专利或几项专利进行许可谈判,不能挑战许可费率标准。专利联合许可实际上就是一个格式条款。格式合同的解释规则可以用来规制专利联合许可中的不公平收费行为。其次,合同的撤销与变更。《合同法》第 54 条规定:"对于显失公平的合同和以胁迫手段签订的合同,受损害方有权请求人民法院或者仲裁机构变更或者撤销。"根据最高人民法院《关于贯彻执行〈民法通则〉若干问题的意见》第 72 条的解释,显失公平是指一方当事人利用优势或者利用对方没有经验,致使双方的权利义务明显违反公平等价有偿原则。如果专利权人收取过高的专利许可费,明显违反公平等价有偿原则,被许可人可以请求人民法院或者仲裁机构撤销或变更。跨国公司和专利联盟收取专利许可费往往是择时而收的,专门挑那些已经成气候的企业和大量产品被扣押的时间点,然后要求中国企业缴纳过高的专利许可费。这实际上就是一种变相的胁迫,中国企业被迫签订这样的专利许可合同之后可以申请法院变更。最后,由法院裁定合同条款无效。《合同法》第 329 条规定:"非法垄断技术、妨碍技术进步或者侵害他人技术成果的技术合同无效。"如果过高的专利许可费事实上起到了垄断技术、妨碍技术进步的效果,那么这样的专利许可合同应当是无效的。《合同法》第 344 条规定:"专利实施许可合同只在该专利权的存续期间内有效。专利权有效期限届满或者专利权被宣布无效的,专利权人不得就该专利与他人订立专利实施许可合同。"在单项专利许可中,那么在该专利被宣布无效或有效期限届满之后,专利许可合同自动失效。在专利联合许可中,专利联盟经常将无效专利、过期专利与核心专利捆绑收取高额的许可费,按照第 344 条的规定,专利联合许可实际上应当是一个部分有效的合同,许可费条款对那些无效专利和过期专利是失效的,所以被许可人应当可以申请变更过高的专利许可费。

第二,反垄断法规制。《反垄断法》可以从两个方面对过高的专利许可费进行规制。首先,禁止专利联盟利用垄断协议收取过高的专利许可费。《反垄断法》第 13 条规定禁止具有竞争关系的经营者达成固定或者变更商品价格等排除、限制竞争的垄断协议。"如果专利联营后,专利的许可费畸高,专利联营本身就实际构成了联合定价行为(price fixing),属于行为本身违法的审查范围。"①一个合法的专利池应当具有下列要件:(1)基于合法目的。例如为了提高效率,节约成本,共同开发技术。(2)具有提高效率,促进竞争的净效果。(3)不排除他人竞争。专利池协议应当设置"开放条款",不排除他人加入,并对外允许就单个专利分别许可。(4)专利池集合的专利应当限于互补专利,而且为必要专利。② 如果专利池不具备上述要件,具有排除、限制竞争的效果,那么专利联盟订立的专利池协议属于垄断协议,应当被禁止。其次,禁止跨国公司和专利联盟滥用支配地位收取过高的专利许可费。《反垄断法》第17条规定:"禁止具有市场支配地位的经营者从事下列滥用市场支配地位的行为:(一)以不公平的高价销售商品或者以不公平的低价购买商品;……(六)没有正当理由,对条件相同的交易相对人在交易价格等交易条件上实行差别待遇。"跨国公司和专利联盟具有技术垄断优势,在相关技术市场上具有支配地位。跨国公司和专利联盟对中国企业收取过高的专利许可费的行为毫无疑问违反了上述第一项规定。而一些跨国公司和专利联盟对中国企业实行歧视性收费的行为则违反了上述第六项的规定。

大多数发达国家都针对知识产权垄断颁布了专门的法律法规。例如,美国司法部和联邦贸易委员会于1995年联合发布的《知识产权许可的反托拉斯指南》;欧共体委员会于1996年颁布的《欧共体技术许可协议集体豁免条例》,并于2004年修订,同时颁布了具体的配套指南;日本公正交易委员会于1999年重新颁布的《专利和技术秘密许可协议中的反垄断法指导方针》。我国应当借鉴这些国家和地区的经验颁布《知识产权反垄断指南》,对专利许可中的垄断行为进行详细规定。

第三,其他法律规制。我国还应当考虑修改和制定相关法律对过高的专利许可费进行法律规制。首先,未来修订《专利法》应当确立禁止专利权滥用原则。专利权滥用原则源于英美法系衡平法中的"洁净之手"理论,即在通过诉讼主张权利时,自身行为必须无瑕疵。美国最高法院1917年在Motion Picture Patents Co. v. Universal Film Mfg.一案中首次确立专利权滥用原则。我国理论界已经对专利权滥用进行了详细的研究,因此在未来修订《专利法》时有必要确立该原则。在《专利法》中规定专利权滥用原则可以与《反垄断

---

① 张平:《专利联营之反垄断规制分析》,载《现代法学》2007年第3期。

② 王玉梅:《专利池滥用的反垄断法规制问题研究》,载《知识产权》2011年第2期。

法》进行衔接,并可以将那些不具有排除、限制竞争效果的滥用专利权行为纳入《专利法》规制范畴。专利权滥用原则可以成为被许可人抗辩专利权人收取过高许可费的一个理由。其次,修改《技术进出口管理条例》,增加限制过高的技术许可费的相关条款。1988 年对外经济贸易部发布的《技术引进合同管理条例实施细则》第 18 条规定了审批机关应当责成当事人限期修改,不修改的,不予批准的九项情形,"引进技术的价格和支付方式不合理"是其中的一项。但这一项规定在 2001 年颁布的《技术进出口管理条例》却没有再出现,原因大概有两个:第一,中国当时为了加入 WTO 故修订法律时尽量以稳妥为主。第二,技术许可费缺乏相应的标准判定技术价格是否不合理。考虑到中国的具体情况,未来修改《技术进出口管理条例》时有必要借鉴一些发展中国家的经验,在"第二章技术进口管理"中增加限制过高技术许可费的条款。考虑到绝大部分技术许可费的支付方式是按照产品净销售价的一定比率支付的现状,该条大致内容如下:第一款,技术进口合同的让与人收取的技术许可费应当公平合理,与让与技术对使用该技术产品的贡献大致相当。第二款,技术许可费采用提成支付的,提成率不得超过产品净销售价格的 5%。第三款,一件终端产品须缴纳多项专利许可费的,累计缴纳的技术提成率不得超过产品净销售价格的 20%。多项技术许可费的费率分配方法另行规定。违反该条规定的,主管部门对该技术进口合同不予批准或不颁发进口许可证。如果跨国公司包括其中国子公司对中国企业进行专利许可时实行歧视或以低于 5% 的提成率为理由拒绝许可的,中国政府可以考虑对这样的跨国公司实施黑名单制度,对他们今后在中国开展业务实行限制。从长远角度看,我国可以考虑制定《技术转让法》,将涉及技术转让管理方面的法律法规进行整合。

2. 国际法层面

能够对过高的专利许可费进行法律规制的国际条约或条约草案主要包括以下几个:第一个是 1980 年世界知识产权组织通过的《商业秘密及技术转让合同登记示范法》。该法第 305 条列举了 17 项限制性贸易条款。如果技术引进合同包含其中的任何一条款,该国主管机关就可以要求当事人修改,否则对有关合同不予登记。其中第二项是"要求受方支付过高的使用费"。[①] 第二个

---

① 张传:《论知识产权滥用在反垄断法领域的规制——兼评我国的相关立法问题》,载《政治与法律》2004 年第 5 期。

是 1978 年联合国制定的《国际技术转让行动守则（草案）》。该草案第 4 章关于管制技术转让中的限制性条款是最重要的内容之一。经过发展中国家和发达国家反复博弈,1985 年草案最后列举了 14 项限制性条款,其中第 9 项搭售条款、第 13 项工业产权期满后的付款和其他义务条款对专利权人收取过高的专利许可费有一定的规制作用。第三个是 1980 年联合国制定的一套多边协议的控制限制性商业惯例的公平原则和规则。收取过高的专利许可费违背了该条约确立的公平原则和规则。第四个是世界贸易组织通过的 TRIPs 协议。该协议第 40 条第 1 款规定,"全体成员一致认为:与知识产权有关的某些妨碍竞争的许可证贸易活动或条件,可能对贸易具有消极影响,并可能阻碍技术的转让与传播"。同时规定,"本协议的任何规定均不妨碍成员在其立法中规定,在特定情况下对相关市场的竞争具有有害影响而构成知识产权滥用行为的许可惯例或者条件"。TRIPs 协议第 8 条规定:WTO 成员"(1)可在其国内法律及条例的制定或修订中,采取必要措施以保护公众的健康与发展,以增加对其社会经济与技术发展至关紧要之领域中的公益,只要该措施与本协议的规定一致;(2)可采取适当措施防止权利持有人滥用知识产权,防止借助国际技术转让中的不合理限制贸易行为或消极影响的行为,只要该措施与本协议的规定一致"。TRIPs 协议具体列举了三种应予禁止的限制性商业行为:(1)排他性返授条件;(2)阻止对许可效力提出质疑的条件;(3)强制性一揽子许可。

纵观上述国际条约或条约草案,可以发现能够对过高的专利许可费进行实质性规制的要么没有强制性执行效力,要么还处于草案阶段。TRIPs 协议虽然具有强制性执行效力,但内容又太抽象。中国政府可以利用不断增强的国际地位推动国际技术转让价格更加公平合理,具体可以从以下两方面着手:第一,努力推动《国际技术转让行动守则（草案）》成为一个有法律效力的国际条约,并将收取过高的技术转让费作为禁止性条款进行明确规定。第二,推动国际社会明晰公平合理无歧视许可原则（FRAND）的具体内涵,并在《国际技术转让行动守则》明确规定该原则。FRAND 原则存在很多争议,有学者呼吁欧共体委员会运用反垄断职能去执行 FRAND 承诺,也有学者对此嗤之以鼻,认为 FRAND 原则只是合同上的自愿义务。笔者认为 FRAND 作为一个被国际社会所广泛接受的原则,应当进一步明确其具体内涵,并使其具有强制执行的法律效力。

本编思考题：

1.简述专利的含义与特征。

2.简述专利与专有技术的区别。

3.简述专利权人的义务有哪些。

4.简述不能授予专利权的情形。

5.简述授予专利权的实质条件。

6.简述专利权的权利范围界定。

7.试述专利侵权判定的原则。

8.试述企业专利战略的模式。

9.试述企业专利信息的应用。

第四编　商标权管理

第十章　商标权基础知识

第一节　商标及商标法概述

一、商标概述

（一）商标的概念

"商标"是 19 世纪传入我国的外来词，英文"Trade-mark"。我国对此曾有"商标"、"商牌"、"货牌"等译法，后来逐渐统一固定译为"商标"。在我国，最早使用商标可追溯到两千多年前的远古时代。曹操诗歌中"何以解忧，唯有杜康"的"杜康"指的是以杜康为名的酒。北宋时期，山东济南刘家功夫针铺使用"白兔"作为商品的商标。该商标的图案是一个持药杵的兔子，图形两侧有"认门前白兔儿为记"的文字说明，上面印有"济南刘家功夫针铺"的字样，下侧刻有"收买上等钢条，造功夫针铺，不误宅院使用，客转与贩，有加饶，请认白"的广告语。该商标是我国使用时间较早、设计较完整的早期商标，是我国古代商标的稀世珍宝，在世界商标史上也占重要地位，现藏于中国历史博物馆。明清时期是我国商标发展的一个重要阶段，无论商标的数量还是社会影响都较过去有很大发展，形成了一大批有影响力的、至今还在使用的商标，如"同仁堂"、"张小泉"、"鼎丰"。

商标是商品和商业服务的标记，它是商品生产者、经营者或者服务的提供者为了将自己生产销售的商品或者提供的服务与他人生产销售的同类商品或者提供的同类服务区别开来而使用的标记。这种标记一般用文字、图形、字母、数字、三维标志和颜色组合以及上述要素的组合来表示,这种标志一般都可以用视觉来进行感知,除此之外,国外也已经开始出现用听觉来感知的音响商标以及用嗅觉来感知的气味商标。

我国在可用于注册的商标要素上,经历过一个变化的过程,以前,我国《商标法》不保护立体商标,即三维标志不能作为用来注册的商标的构成要素。2001年10月27日第九届全国人民代表大会常务委员会第二十四次会议通过的《关于修改〈中华人民共和国商标法〉的决定》增加三维标志为商标的构成要素,将可注册的商标的构成要素扩展到视觉可感知的要素。2013年8月30日第十二届全国人民代表大会常务委员会第四次会议通过的《关于修改〈中华人民共和国商标法〉的决定》进一步扩大商标的构成要素,"任何能够将自然人、法人或者其他组织的商品与他人的商品区别开的标志,包括文字、图形、字母、数字、三维标志、颜色组合和声音等,以及上述要素的组合,均可以作为商标申请注册"。

二、商标法概述

商标法是调整在确认、保护商标专用权和商标使用过程中发生的社会关系的法律规范的总和。商标法调整的社会关系包括:(1)商标管理机关与自然人、法人或其他组织在商标注册、使用和管理过程中所发生的关系;(2)自然人、法人或其他组织自身及其相互之间因注册商标的转让、许可使用和商标争议而发生的关系;(3)商标管理机关之间在商标管理中的关系。

（一）国外商标立法的沿革

19世纪,商标法律制度趋于完善。法国于1803年颁布了《关于工厂、制造场和作坊的法律》,是世界上最早的一部含有保护商标规定的法律,该法第16条规定首次将假冒他人商标按私自伪造文件罪论处;1804年法国颁布的《拿破仑民法典》,第一次肯定了商标权应与其他有形财产权同样受到保护;在这前后的1803年与1809年,法国还先后颁布了两个《备案商标保护法令》,后一个法令再次申明了商标权与其他有形财产权的相同地位;1857年又颁布了《关于以使用原则和不审查原则为内容的制造标记和商标的法律》,确立了商标的注册制度,此法律被称为是世界上最早的一部成文商标法。德国于1874年颁布了《商标保护法》,经多次修改才逐步完善。美国于1870年制定了《联邦商标条例》,同年8月又补充了对侵犯商标权行为适用刑事制裁的规定。1881年美国颁布了新商标法,并于1905年、1946年作了重大修改。美国现行商标法是1946年颁布的《兰哈姆法》,载于《美国法典》第15编。《兰哈姆法》

经 1962 年、1975 年、1982 年、1988 年、1995 年和 1999 年等数次修订,至今有效。其中值得一提的是 1995 年和 1999 年的两次修订。《1995 年联邦商标淡化法》修改了《兰哈姆法》第 43 条,对驰名商标的保护作出了特殊规定,禁止他人未经授权使用已经驰名的商标。而 1999 年美国国会又通过了《反域名抢注消费者保护法》,再次修订了《兰哈姆法》第 43 条及其他相应条款,对于商标和域名的保护作出了规定。英国在 1862 年颁布了《商品标记法》,1885 年又颁布了《商标注册法》,1905 年通过新的商标法。日本明治维新以后,受德国和英国商标法的影响,于 1884 年制定了以注册原则为内容的《商标条例》,后对其多次修改。现行商标法是 1981 年最后修改的《日本商标法》。苏联、东欧各国和亚非拉美等许多国家也先后制定和颁布了商标法。在当今世界上没有商标法的国家已经寥寥无几了。

商标法律制度发展至今已经形成了一系列为世界大多数国家共同遵循的原则。《保护工业产权的巴黎公约》和世贸组织《与贸易有关的知识产权协议》全面反映了这些基本原则。《商标注册马德里协定》、《商标注册条约》、《商标注册用商品和服务国际分类》等解决了商标的国际注册问题。商标权人在取得国际注册以后即可得到各缔约国的承认和保护,如同该商标直接在这些缔约国内获准注册一样。商标法律事务逐步走向国际化和现代化。

(二)我国商标立法的沿革

中国使用商标的历史虽然可以追溯到先秦,但真正系统的商标立法还是发生在清朝末期,新中国成立后一直没有专门的商标立法。改革开放后,商标立法进程加快。清朝末期,清政府迫于外来压力,开始对商标进行保护。1902 年清政府和英国政府签订《续议通商行船条例》,其中规定建立牌号注册局。1903 年清政府与美国和日本签订了《通商行船条例》,美日两国政府也提出了与英国类似的要求。1904 年清政府在外国列强的压力下,颁布了《商标注册试办章程》,这是我国历史上第一个商标成文立法,该法尽管因为清朝统治的结束而没有正式施行,但还是为后来的商标立法奠定了基础。1927 年 12 月 1 日国民政府在南京设立全国注册局,专门办理商标等注册事项。1930 年国民党政府公布了《商标法》及《商标法实施细则》,并于 1931 年 1 月 1 日起施行。

新中国成立后,废除了民国时期的商标法。1950 年 8 月 28 日,新中国颁布了第一个商标法规定《商标注册暂行条例》,随后又颁布了《商标注册暂行条例施行细则》,这个条例的基本原则和我国现行《商标法》的基本原则几乎一致,是一部符合当时国情的商标法规。1963 年,国务院颁布了《商标管理条例》和《商标管理条例施行细则》,条例采取全面注册制度,规定所有企业使用的商标都必须注册。十年"文革"期间,我国商标注册和保护基本上处于瘫痪状态。改革开放后,为了适应当时经济发展的需要,1982 年 8 月 23 日,第五届全国人民代表大会常务委员会第二十四次会议通过了《中华人民共和国商标法》,于 1983 年 3 月 1 日起施行,1993 年 2 月 22 日第七届全国人民代表大会常务委员会第三十次会议通过了对商标法第一次修改的决定,2001 年 10 月 27 日第九届全国人民代表大会常务委员会第二十四次会议对商标法作了第二次的修改。2013 年 8 月 30 日第十二届全国人民代表大会常务委员会第四次会议又对商标法作了第三次的修改。

第二节　商标权界定

商标权,也称商标专用权,是注册商标所有人对其注册商标所享有的独占使用权,这种专用权应以核准注册的商标和核定使用的商品为限。

一、商标权主体

商标权的主体是指依法享有商标权的人。在大多数国家,一般情况下只有依照法定程序注册商标才能取得商标权。所以,商标权人也称为注册商标所有人。商标权主体可以是自然人、法人和其他组织,包括商标权的原始主体和继受主体。商标权的原始主体是指商标注册人,继受主体是指依法通过注册商标的转让或者移转取得商标权的自然人、法人或者其他组织。

1. 原始主体。根据 1993 年修改的我国《商标法》第 4 条、第 9 条和 1993 年第二次修订的我国《商标法实施细则》第 2 条的规定,商标注册申请人有以下两类:第一,依法成立的企业、事业单位、社会团体、个体工商户和个人合伙;第二,符合法定条件的外国人和外国企业。鉴于当时的商标法在上述规定对我国商标注册申请人的要求过于苛刻,禁止我国自然人申请商标注册的规定已不适应社会主义市场经济的需要,且不规定商标注册申请人共同申请注册同一商标既不符合国际惯例也不符合我国的国情,因此,2001 年第二次修改的我国《商标法》对关于商标注册申请人的规定作了重要修改。

根据我国 2001 年《商标法》第 4 条第 1 款和第 2 款的规定,"自然人、法人或者其他组织对其生产、制造、加工、拣选或者经销的商品,需要取得商标专用权的,应当向商标局申请商品商标注册。自然人、法人或者其他组织对其提供的服务项目,需要取得商标专用权的,应当向商标局申请服务商标注册"。申请注册的商标被核准注册后,该商标注册申请人就成为了该注册商标的商标注册人,也就是商标权的原始主体。

根据我国2001年《商标法》第5条的规定,自然人、法人或者其他组织可以共同申请注册同一商标,商标注册申请人共同申请注册的同一商标被核准注册后,该商标注册申请人就成为了该注册商标的商标注册人,也就是商标权的共有原始主体。

当然,随着一些背离商标法立法宗旨的现象日益突出,有的注册申请并无意将其实际使用于商品或者服务,甚至就没有自己的商品或者服务,提出注册申请的目的就是待价而沽,完全将商标的注册申请变成一项投机生意。对于这种现象,主管机构认为有必要加以规制,因此,2007年2月6日国家工商行政管理总局颁发了《自然人办理商标注册申请注意事项》的规范性文件,文件第5条明确规定:"自然人提出商标注册申请的商品和服务范围,应以其在营业执照或有关登记文件核准的经营范围为限,或者以其自营的农副产品为限。"从规定来看,自然人要申请商标注册,其必须要有相关经营活动。

我国《商标法》第17条规定:"外国人或者外国企业在中国申请商标注册的,应当按照其所属国和中华人民共和国签订的协议或者共同参加的国际条约办理,或者按照对等原则办理。"也就是说,作为商标权主体的外国人或者外国企业必须具备一定的条件,即外国人或者外国企业的所属国和中华人民共和国签订的有与商标有关的协议,或者共同参加的有与商标有关的国际条约,或者按照对等原则办理中国人或者中国企业的商标注册事宜。如果外国人或者外国企业的所属国和中华人民共和国没有签订与商标有关的协议,也没有共同参加与商标有关的国际条约,也不办理中国人或者中国企业的商标注册事宜,那么,该外国人或者外国企业就不能成为我国商标权的主体。应当说明的是,这里的外国人或者外国企业是指在中国没有经常居所或者营业场所的外国人或者外国企业。

2.继受主体。商标权的原始主体可以依法转让其注册商标。作为商标权原始主体的自然人死亡后,该注册商标可以依法移转给其继承人;作为商标权原始主体的法人或者其他组织终止后,该注册商标可以依法移转给有关法人或者其他组织。自然人、法人或者其他组织依法通过注册商标的转让或者移转取得商标权后,就成为该商标权的继受主体。

二、商标权客体

商标权客体是与商标权主体相对应的概念,是指法律对商标权所保护的具体对象,是商标权的物化载体即商标。一般情况下,在我国只有注册商标的所有人才能成为商标权的主体,也只有注册商标才能是商标权的客体。未注册商标没有经过国家的确认,虽然在不违反法律规定的情况下也可以自由使用、许可和转让,但所形成的关系一般不具有法律性质。只有当未注册商标的使用侵犯了他人经国家确认和保护的注册商标权,扰乱了商标管理秩序时,才会成为商标法律关系的客体。另外,如果是驰名商标,则不管其是否注册,都可以得到商标法的保护,都是商标法律关系的客体。

（一）商标的分类

按照不同的标准,可以对商标进行不同的分类。

1.依商标形态划分有平面商标和立体商标

平面商标是指以文字、字母、数字、平面图形、颜色以及上述要素组合而成的二维标志。绝大部分的视觉商标都是平面商标。

立体商标是指以商品形状或者其容器、包装的形状构成的三维标志。立体商标纳入商标法的保护范围,时间还比较短。

2.依感知的不同划分有可视性商标和非视觉商标

可视性商标是指可以通过视觉感知的商标。人们所熟知的绝大多数商标都是可视性商标。

非视觉商标是指以音响、气味等通过听觉、嗅觉才能感知的商标。非视觉商标是没有具体形象,不能借助视觉来辨认的商标。人们无法通过视觉感受到非视觉商标的存在,而是要通过听觉、味觉等去感知它的商标,所以又可以分为听觉商标和味觉商标等。2013年8月30日修改于2014年5月1日生效的《商标法》一改以前不保护非视觉商标的做法,开始以声音作为商标注册的要素。

3.依商标标示对象划分有商品商标和服务商标

商品商标是使用于生产、制造、加工、拣选或者经销的商品上的商标。在1993年《商标法》修改前的相当长时间内,我国商标法仅保护商品商标。商品商标又可以细分为制造商标和销售商标。

服务商标是提供服务的经营者在其向社会提供的服务项目上使用的标记,也称为服务标记。这里所说的服务,指的是无形的服务,如广告业、保险业、银行业、不动产业、运输业、音像出租业、餐馆等行业提供的服务。服务并非仅限于营利性的服务,也包括非营利性的服务,例如,学校等非营利性事业单位所提供的服务。在我国,服务商标的注册保护开始于1993年7月1日。此前已有大量的服务商标实际投入使用,而用于形同或类似的服务上的统一服务标志只能有一家获得注册保护,因此,为使未获得注册的善意的商标使用人继续合法使用其商标,1995年4月实施的《商标法实施细则》第48条规定:"连续使用至1993年7月1日的服务商标,与他人在相同或者类似的服务上已注册的服务商标(公众熟知的服务商标除外)相同或者近似的,可以依照国家工商行政管理局有关规定继续使用。"2002年9月15日起实施的《商标法实施条例》第54条则规定:"连续使用至1993年7月1日的服务商标,与他人在相同或者类似的服务上已注册的服务商标相同或者近似的,可以继续使用;但是,1993年7月1日后中断使用3年以上的,不得继续使用。"

4.依商标法律状态划分有注册商标和未注册商标

注册商标是指由当事人提出申请,经国家主管机关审查核准,予以核准注册的商标。注册商标是商标法保护的对象,其所有人享有商标专用权。

未注册商标是指其使用人未申请注册或者注册申请未被核准给予注册的商标。未注册商标可以合法地在市场上使用,但其使用人一般情况下不享有商标专用权。

5.依商标具有的特殊作用划分有集体商标、证明商标、联合商标和防御商标

集体商标,是指以工商业团体、协会或者其他组织名义注册,供该组织成员在工商业活动中使用,以表明使用者在该组织中的成员资格的标志。国家工商行政管理总局于1994年12月30日发布了《集体商标、证明商标的注册和管理办法》,开始以行政法规保护集体商标,2001年修改的《商标法》以法律的形式对集体商标进行保护。

证明商标,是指由对某种商品或者服务具有检测和监督能力的组织注册,而由注册人以外的人使用于商品或者服务,用以证明该商品或者服务的原产地、原料、制造方法、质量或者其他特定品质的标志。国家工商行政管理总局于1994年12月30日发布了《集体商标、证明商标的注册和管理办法》,开始以行政法规保护证明商标,2001年修改的《商标法》以法律的形式对证明商标进行保护。

联合商标是指商标所有人在同一种商品或类似商品上注册的与主商标相近似的一系列商标。注册联合商标的目的在于保护主商标,防止他人使用或注册与主商标相近似的商标,从而影响自己商标的显著性。

防御商标是指商标所有人在与注册商标所指定的商品和服务不同的其他类别的商品或者服务上注册的同一商标。注册防御商标的目的是为了防止他

人在不同类别的商品或服务上使用其商标,从而防止混淆或者淡化其商标的作用。

我国现行《商标法》中没有设立联合商标和防御商标制度。

(二)商标的功能

1.标示来源的功能。不同经营者的商品或服务有着不同的商标,特定的商标总是和特定的经营对象联系在一起。最初,商标的出现主要是为了起到标示商品来源的功能,是为了方便消费者将某商品或服务与其他相同或相似的商品或服务区别开来。这是商标的最基础的功能。

2.保证品质的功能。商标未必标示着商品或服务的高质量,但是它却标示着一定经营对象一贯的质量水平,如果没有商标,消费者购买商品时必须弄清每种商品的性能和质量,而有了商标,经营者为了维护自己商标在消费者心目中的信誉,就要努力保证使同一商标的商品或服务的质量相同,这样,商标客观上就起到了防止商品或服务质量下降,保证其品质的功能。

3.广告宣传的功能。商标具有显著性,便于呼叫和记忆,在经营商品或者提供服务时使用商标,能够便于消费者将特定的商标和特定的商品或服务联系起来。优质的商品或服务,商标信誉好,商品或服务在市场上的竞争力就强,以商标作广告可以使用户产生好感,促使其消费。

4.彰显个性的功能。随着社会物质文化生活水平的不断提高,人们对商品的需求不仅是货真价实,而且要满足一定的精神追求,在这种情况下,商标也已经不单纯是识别商品来源的手段,它被消费者赋予了用来彰显个性风格、体现时尚品位的新功能,成为了一种显示消费者主体身份、档次和地位的一种标志。

(三)商标与邻近标志的联系与区别

商标是专用标志的一种。在商品或者服务上,除了商标这种标志外,还有其他的一些专用标志,这些标志与工商业活动密切相关,与商标十分近似。弄清商标与一些易于混淆的常见邻近标志的联系与区别,有助于正确认识商标的本质和特征。

1.商标与商品名称

商品名称,是指同一种商品的统称,如“空调”、“牙膏”、“饮料”等。商品名称能起到区别不同种类商品的作用,却不能区别同一种商品的不同经营者或生产者,也不能代表商品的质量,因而和具有识别商品来源作用并能标示商品质量的商标有着本质区别。

通常认为,商品名称分为商品通用名称和商品特有名称两大类型。商品通用名称可以由众多生产同一种商品的企业使用,因而该名称不能指示出某一具体商品由哪家企业生产,缺乏显著特征,不能作为商标使用。商品特有名称则由特定的企业最先使用。使用过程中还可能使该名称产生信誉,并能产生让购买者一看见该名称就能联想到生产该商品的特定企业的识别作用。在这种情况下,商品特有名称与商标就无本质区别,也应成为知识产权法的保护对象。对商品特有名称的保护一般是通过《商标法》或《反不正当竞争法》来保护。商标与商品名称的联系还表现为:有的商标在长期使用过程中,由于不恰当的使用等原因使商标逐渐失去显著性,从而演变成商品的通用名称。如"(JEEP)"车名、"阿司匹林(ASPIN)"等就是从商标演变而来的。

2.商标与商号

商号是指由具有显著特征的文字构成的区别不同经营者的识别标志,也称字号。它是企业名称中的核心部分,或是企业名称中最具特色的部分。根据我国《企业名称登记管理规定》,企业名称除商号外,还包括"区划"、"行业或者经营特点"以及"组织形式"等部分。此外,个体户、个人合伙也可起商号。

商号和商标都属识别性商业标志,都能起到区别商品生产者、经营者或服务提供者的作用。有的商号甚至本身直接被注册为商标使用,但二者还是有如下区别:首先,功能不同。商标是用来区别商品或者服务的,是特定的商品或服务的标志,而商号只是用来区别商品或者服务的提供者,是营业主体本身的标志。其次,构成要素不同。商标的构成可以是文字,也可以是图形等要素,甚至是用视觉以外器官感知的其他要素,而商号则只能采用文字形式。最后,保护依据不同,受保护范围也不同。在我国,商标的注册机构是唯一的,只有国家工商行政管理总局商标局才可以核准注册商标,其一旦注册,就在全国范围内受法律保护,而企业名称登记却是可以在全国各地的工商管理部门完成,作为企业名称组成部分的商号却只能在商人注册登记的区域内受到保护。

3.商标与商品装潢

商品装潢是为了说明和美化商品而在商品或包装上采用的装饰标志,起着渲染、美化、推销商品的作用,被视为商品的"外衣"。设计美观的商标通常本身就是商品装潢的一部分,也能起到商品装潢那种吸引消费者购买、扩大商品销售量的作用。

商标在实际使用时,常与商品装潢混在一起,造成商标与商品装潢常被人们混淆,有的把商标当作装潢,有的则把装潢当作商标。但商标与商品装潢有着以下区别:首先,功能不同。商标的主要功能是识别商品的来源,表明其出处,而商品装潢的主要功能是通过艺术化的文字或图形对商品进行装饰、美化和宣传;其次,构成要素不同。商标应由具有显著特征的文字、图形或其组合构成,不具有显著特征的文字或图形均不能用作商标,而组成商品装潢的文字或图形则没有显著特征的要求,只要能说明和美化商品即可。比如,直接叙述商品主要原料的鸡的图形不能用作鸡肉罐头的商标,但可以用在鸡肉罐头包装上作为其装潢。

4.商标与地理标志

地理标志,也称原产地名称,是指生产、制造、加工具有一定质量特色的商品的国家、地区或地方的地理名称。如果商品的质量和特点是由于地理环境,即气候、土质、水质等自然因素或当地传统技术这种人为因素形成的,那么,出产该商品的国家、地区或地方的地理名称就是原产地名称。如法国香槟酒中的"香槟"、中国景德镇瓷器中的"景德镇"就是原产地名称。

商标与地理标志的共同点在于:两者都属识别性商业标志,都是工业产权法保护对象,有时地理标志和商标合二为一,即把地理标志作为商标加以注册保护。我国目前也主要采用集体商标或者证明商标来保护地理标志,但是二者还是存在区别:第一,识别作用不同。商标能指示出商品的生产者或经营者,而原产地名称通常只能指示出商品的出产地域,不能表明具体的生产者或经营者。第二,构成要素上不同。商标可由文字、图形或其组合构成,而原产地名称通常是由文字构成的。第三,从权利角度看,商标权与原产地名称权有许多区别。如商标权可以转让,原产地名称权不能转让;商标权专属于特定的个别企业。

三、商标权内容

(一)使用权

商标使用权是指注册商标所有人在核定使用的商品上使用核准注册的商标的权利。商品商标的使用,是指将商标直接使用于商品、商品包装、商品容器,或者将商标间接地用于商品交易文书、商品广告宣传、展览及其他业务活动中,还可以是新的使用方式,如在软件界面上使用商标。服务商标的使用,可以在服务场所、提供服务用的器具上标示,也可以在服务产品的交易文书、广告宣传和其他活动中使用。使用权的效力范围,依《商标法》第56条规定:"注册商标的专用权,以核准注册的商标和核定使用的商品为限。"简言之,以核准注册的范围为限,在法律规定的这一范围内,注册商标所有人的使用权是排他的、受到法律保护的。

（二）禁止权

商标禁止权是指商标所有人禁止任何人未经其许可在相同或类似商品上使用与其注册商标相同或近似的商标的权利。商标权是一种独占权,权利人必然享有禁止他人使用其注册商标的权利,但是商标禁止权并非是将专用权简单地反说,而是有其独立价值。表现在:禁止权的效力范围大于使用权的效力范围,商标权利人不仅得禁止他人在核定使用的商品上使用核准注册的商标,还得禁止他人将与注册商标近似的商标用于与核定商品相类似的商品上。简言之,商标禁止权的效力扩张到核准注册范围以外。

（三）许可权

商标许可权是指注册商标所有人许可他人使用其注册商标的权利。许可他人使用注册商标是商标所有人利用商标权的一种重要方式。商标注册人可以通过签订商标使用许可合同,许可他人使用其商标。使用许可合同签订后,应当在3个月内将合同副本报送商标局备案,未经备案的,不影响该许可合同的效力。商标使用许可合同包括以下三类:普通使用许可,即商标注册人许可他人在合同范围内使用其注册商标,并可自行使用和许可他人使用该注册商标;排他使用许可,即商标注册人将该注册商标仅许可一个被许可人使用,并可自行使用,但不得另行许可他人使用该注册商标;独占使用许可,即商标注册人将该商标仅许可一个被许可人使用,不得自行使用也不得另行许可他人使用。在发生商标权被侵害时,独占使用许可合同的被许可人可以自己的名义向法院起诉或者向工商管理机关投诉;排他使用许可合同的被许可人可以和商标注册人共同起诉,也可以在商标注册人不起诉的情况下,自行提起诉讼;普通许可合同的被许可人经商标注册人明确授权,可以提出诉讼。《商标法》对使用许可合同的具体要求体现在商品质量监督方面。许可人应当监督被许可人使用其注册商标的商品质量;被许可人应当保证使用该注册商标的商品质量。被许可人还应当在使用该注册商标的商品上标明自己的名称和商品产地。

（四）转让权

商标转让权是指注册商标所有人将其注册商标转移给他人所有的权利。转让注册商标的,转让人和受让人应当签订转让协议,并共同向商标局提出申请。转让的申请手续由受让人办理。转让注册商标经核准后,发给受让人相应证明并予以公告。受让人自公告之日起享有商标专用权。转让注册商标未经核准登记的,转让合同不具有法律效力。在转让注册商标以前已经生效的商标使用许可合同继续有效,但是当事人另有约定的除外。

第十一章　商标权管理理论

第一节　商标权取得和利用

一、商标的取得

（一）商标权的取得制度

按照商标是否由取得商标权人创设,可以将商标权的取得方式分为原始取得和传来取得。其中,商标权的原始取得主要采取三种方法：

1.根据使用取得商标权。这是一种最早出现而今仍为个别国家如美国所采用的商标权的取得方式,这种做法注重的是商标的功能。没有实际的使用,商标谈不上具有区别商品和服务的功能,所以从人类开始实行商标保护制度以来,无一例外开始都是基于对商标的使用而予以保护。但随着商标数量的急剧增加,为了便于管理,目前已经很少国家采用这种取得制度。

2.根据注册取得商标权。自 1857 年法国颁布《注册商标法》,创设了商标注册制度以来,包括英国在内的普通法系国家或地区及大陆法系国家或地区纷纷颁布了各自的商标法,引进了商标注册制度。根据商标注册制度,商标权因注册而产生,新的商标权取得制度由此出现。目前,绝大多数国家的商标立法都规定了商标权经由注册取得的这一制度。我国现行商标法也是规定了商标权的注册取得制度。

3.根据使用和注册两者相结合而取得商标权。这是将原有的使用原则和注册原则相结合而产生的一种制度。与实行单一的使用制度或单一的注册制度相比,这一制度既通过传统的使用原则避免单一注册原则下有时会产生的权利分配的不公平,如危害不小的"商标抢注"现象;同时又通过注册原则解决使用原则下权利的不确定性问题。严格意义上讲,很多国家商标权取得制度都属于此。

（二）商标权的注册取得

1.商标注册的概念

商标注册是指商标使用人将使用的商标依照《商标法》规定的注册条件、程序,向管理机关提出注册申请,经商标局依法审核批准,在商标注册簿上登录,发给商标注册证,并予以公告,授予注册人以商标专用权的法律活动。

在我国,商标注册采取的是自愿注册为主、强制注册为辅的商标注册原则。除了烟草制品上面的商标必须要经过注册才能使用外,用在其他产品和服务上的商标并不一定要求注册。

2.商标注册申请人

商标注册申请人,除了可以是本国的自然人、法人或者其他组织外,还可以是符合《商标法》第17条规定的外国人或者外国企业。但是,外国人或者外国企业在中国申请商标注册和办理其他商标注册事宜的,应当委托我国认可的具有商标代理资格的组织代理。

3.商标注册的条件

（1）合法性。所谓合法性,是指构成商标的标志不得违反商标法及其他法律的要求。在中国,不具有合法性的商标不仅不能注册,而且也禁止作为未注册商标使用。按照我国《商标法》第10条的规定,下列标志不得作为商标使用:①同中华人民共和国的国家名称、国旗、国徽、国歌、军旗、军徽、军歌、勋章等相同或者近似的,以及同中央国家机关的名称、标志、所在地特定地点的名称或者标志性建筑物的名称、图形相同的;②同外国的国家名称、国旗、国徽、军旗等相同或者近似的,但经该国政府同意的除外;③同政府间国际组织的名称、旗帜、徽记等相同或者近似的,但经该组织同意或者不易误导公众的除外;④与表明实施控制、予以保证的官方标志、检验印记相同或者近似的,但经授权的除外;⑤同"红十字"、"红新月"的名称、标志相同或者近似的;⑥带有民族歧视性的;⑦带有欺骗性,容易使公众对商品的质量等特点或者产地产生误认的;⑧有害于社会主义道德风尚或者有其他不良影响的。另外,县级以上行政区划的地名或者公众知晓的外国地名,也不得作为商标。但是,地名具有其他含义或者作为集体商标、证明商标组成部分的除外;已经注册的使用地名的商标继续有效。

（2）显著性。所谓显著性,是指构成商标的标志使用在具体的商品或服务上,能够起到帮助消费者识别其特定出处的作用。我国《商标法》第9条明确规定:申请注册的商标,应当有显著特征,便于识别。第11条也规定:仅有本商品的通用名称、图形、型号的;仅直接表示商品的质量、主要原料、功能、用途、重量、数量及其他特点的；其他缺乏显著特征的标志不得作为商标注册，除非其在使用过程中已经取得显著性。以文字商标为例，按照显著性的大小，可以将文字商标分为臆造性商标、任意性商标、暗示性商标和叙述性商标，一般的叙述性商标往往因其不具备显著性而不能通过商标注册审查。

（3）非功能性。所谓非功能性，是指构成商标的标志对商品的用途或目的既不是至关重要的，同时也不会影响商品的成本或质量，如果这一标志是会影响甚至决定商品的用途或目的的要素，或者是会影响或者决定商品成本或者质量的要素，那么，这种情况下，该标志就不能被用作商标。商标的非功能性问题主要可能出现在立体商标和颜色商标上。

（4）在先性。所谓在先性，是指要用来作为商标注册的标志不得侵犯别人的在先权利。TRIPs 协议第 16 条在规定了注册赋予商标的权利之后，立即补充说，上述权利不得损害任何已有的在先权，也不得影响成员依使用而确认权利效力的可能。我国 2001 年的《商标法》也明确规定申请注册的商标不得与他人在先取得的合法权利相冲突，从而将在先性作为商标注册有效的一个必要条件。之后的商标法一直延续着该规定。在先权利指在系争商标申请日之前已经取得的，除商标权以外的其他权利，包括著作权、外观设计专利权、姓名权、肖像权等法定权利，也包括知名字号、知名商品的特有名称、包装、装潢等法定权益。

4.商标注册的方法和程序

在我国，要进行商标注册，商标申请人必须向国家工商行政管理总局商标局提交商标注册申请。按照 2001 年《商标法》规定，商标注册申请采用"一类商品、一个商标、一份申请"的原则，依照商标注册用商品和服务国际分类表规定的类别提出申请。如果商标注册申请人在不同类别的商品上申请注册同一商标的，应当按商品分类表分别提出申请。对于注册商标，如果需要扩大使用到同类其他商品上的，应当另行提出注册申请。现行《商标法》改变了这种做法，申请人可以针对一个商标标识，在一份申请中指定若干个类别的商品。

在商标申请人提交相关的申请材料后，商标局要进行审查和核准，主要涉及以下几个程序：

（1）审查。我国商标注册的审查主要包括形式审查和实质审查两个方面。形式审查又称书面审查，主要是对申请文件、申请人资格等进行的审查。对审查合格的申请编定申请号，发给《受理通知书》，予以受理。实质审查指对编定申请号的商标注册申请，由商标局就其是否具备显著性和合法性进行的审查。

（2）初步审定和公告。经初步审查，凡是符合商标法规定的，由商标局在

《商标公告》上予以公告;凡不符合法律规定的,由商标局驳回申请,不予公告。对驳回申请、不予公告的商标,商标局应当书面通知商标注册申请人。商标注册申请人不服的,可以自收到申请之日起九个月内做出决定,并书面通知申请人。有特殊情况需要延长的,经国务院工商行政管理部门批准,可以延长三个月。当事人对商标评审委员会的决定不服的,可以自收到通知之日起三十日内向人民法院起诉。

(3)异议。对初步审定的商标,自公告之日起 3 个月内,任何人均可以提出异议。商标局应该对异议进行裁定,裁定异议成立的,经初步审定的商标将不予注册;被异议人不服的,可以自收到通知之日起十五日内向商标评审委员会申请复审。商标评审委员会应当自收到申请之日起十二个月内做出复审决定,并书面通知异议人和被异议人。有特殊情况需要延长的,经国务院工商行政管理部门批准,可以延长六个月。被异议人对商标评审委员会的决定不服的,可以自收到通知之日起三十日内向人民法院起诉。人民法院应当通知异议人作为第三人参加诉讼。裁定异议不成立的商标,异议裁定生效后,予以核准注册,发给商标注册证,并予公告。异议人不服的,可以依照本法第四十四条、第四十五条的规定向商标评审委员会请求宣告该注册商标无效。

(4)核准注册。经过初步审定公告的商标,公告期满无异议的,或者有异议但经相应程序裁定异议不成立的,商标局对申请注册的商标予以核准注册。

5.商标注册的续展

注册商标的专用权具有时间性。按照我国 2001 年《商标法》的规定,注册商标有效期为 10 年,该期限从商标核准注册之日起计算。在商标的有效期满时,要延长商标专用权的,必须进行续展,续展申请应在商标有效期满前 6 个月内提出,如果因故不能及时提出的,可以给予 6 个月的宽展期。续展后的商标权期限为 10 年,续展次数法律不作限制。现行《商标法》将 6 个月的续展期延长为 12 个月。

6.商标注册的注销、撤销、无效

商标权的终止有三种情形,一种是因注册商标被注销,一种是注册商标被撤销,一种是注册商标被宣告无效。

(1)商标被注销

商标注销是指商标局根据商标注册人本人或者他人的申请,或者依职权将注册商标注销或部分注销的法律程序。按照我国现行《商标法》及其实施细则的规定,商标注销有如下三种情形:

①商标所有人自愿申请放弃其商标。商标所有人由于各种原因,如企业

转产、合并、解放、破产或商标形式陈旧等，自愿申请放弃其注册商标，经商标局核准，予以注销。商标注册人申请注销其注册商标的，应按照《商标法实施条例》第73条的规定，向商标局提出申请，注销注册商标可以是整体注销，也可以注销部分指定商品或服务项目。注销申请经商标局核准后，该注册商标专用权或该注册商标专用权在部分指定商品上的效力自注销申请之日起终止。

②注册商标有效期满，宽展期已过，而商标所有人仍未提出续展申请，或者提出续展申请而未获核准的，商标权自动终止。根据《商标法》第45条的规定，注册商标有效期满后，在法律规定的宽展期内仍未提出续展申请的，该商标予以注销。这是商标局鉴于注册商标已经失效的事实作出的注销行为，不需要任何人的申请，该注册商标专用权的效力自有效期满次日起终止。

（2）商标被撤销

包括我国在内的一些国家规定了注册商标的撤销制度。我国现行《商标法》及其实施细则规定了两类撤销注册商标的情形：

①注册商标不使用时的撤销。使用注册商标，既是商标权人的权利，也是商标权人的义务，使用商标是发挥商标作用的唯一途径，也是对商标提供法律保护的理由，因此，无论是实行注册制度的国家，还是实行使用制度的国家的现行商标法都对商标权人的使用义务作出严格的规定，我国《商标法》第49条规定：注册商标没有正当理由连续3年停止使用的，任何单位或者个人可以向商标局申请撤销该注册商标。商标局应当自收到申请之日起九个月内做出决定。有特殊情况需要延长的，经国务院工商行政管理部门批准，可以延长三个月。由此可见，在我国，如果对注册商标未使用达到一定时间后，就有可能被撤销商标注册。

②未履行法定手续或出现商品质量问题时的撤销。比如自行改变注册商标、自行改变注册商标的注册人名义、地址或者其他注册事项或者自行转让注册商标等。

（3）商标被宣告无效

注册商标无效，是使不具备注册条件的注册商标归于消灭的一项法律上的补救制度。无效宣告程序可由公众提起无效宣告请求来启动，也可以由商标主管机关依职权启动。无效宣告的裁决机关通常为行政机关与司法机关，我国实行的是第一种，在由行政裁决的大前提下，规定了不同机构的分工，由社会公众（包括在先商标权人）提起的无效宣告，归商标评审委员会裁决，其他的无效宣告则由商标局作出。注册商标被宣告无效的原因主要包括如下情形：

①基于驳回的绝对理由和相对理由，即商标本身并不具备注册条件所导致的无效。

②基于在先权利的无效。这是指因侵犯他人的在先权利所导致的注册商标的无效。

③基于其他事由的无效，主要包括未经商标权人授权，代理人或者代表人以自己名义将被代理人或者被代表人的商标进行注册；商标中有商品的地理标志，而该商品并非来源于该标志所标示的地区，误导公众的；以不正当手段将他人已经使用并有一定影响的商标抢先注册的；以欺骗手段或者其他不正当手段取得的。

二、商标权的行使

商标所有人对于商标权的行使，除了自己使用外，还可以通过商标权的许可、商标权的转让、商标权的质押等方式来完成。

（一）商标的许可

注册商标使用许可，是指注册商标所有人允许他人在一定期限、一定范围内使用其注册商标。企业许可他人使用注册商标，通常是以订立使用许可合同的方式，即发放许可证。在使用许可关系中，商标权人或授权使用商标的人为许可人，另一方为被许可人。商标使用许可合同有的是独立的许可协议，也有相当一些是包含在其他合同中的商标使用许可条款，如附随于技术转让、特许经营等合同的商标使用条款。商标的使用许可一般有三种方式：一是普通许可：即许可人允许被许可人在规定的地域范围内使用合同项下的注册商标。同时，许可人保留自己在该地区内使用该注册商标和再授予第三人使用该注册商标的权利。二是排他许可。除许可人给予被许可人使用其注册商标的权利外，被许可人还可享有排除第三人使用的权利。即许可人不得把同一许可再给予任何第三人，但许可人保留自己使用同一注册商标的权利。排他许可仅仅是排除第三方在该地域内使用该商标。三是独占许可。即在规定时间和地域范围内，被许可人对授权使用的注册商标享有独占使用权。许可人不得再将同一商标许可给第三人，许可人自己也不得在该地域内使用该商标。被许可人的法律地位相当于"准商标权人"，当在规定地域内发现商标侵权行为时，被许可人可以"利害关系人"身份直接起诉侵权者。对于商标的许可，商标权人应该做好以下工作：

1.注意对商品质量的控制

　　商标的价值在于它所享有的声誉,商标的良好声誉是要通过一个比较长的时间才能形成的,但是要毁掉它却可能只要很短时间,许可他人使用商标即意味着商标信誉寄附于被许可人的行为和其提供的商品之上。所以,商标权人在通过商标许可来获得商标权利的利益最大化的同时,也要避免在许可过程中,自己的商标声誉因为被许可人的行为而受损。因此,商标许可人在商标的许可过程中,一定要注意对被许可人所生产的商品或者所提供的服务把好质量关。当然商品质量控制对于许可人来说,首先要慎重选择合作伙伴,让那些生产能力较好、经营管理水平较高且履约能力较强的企业作为被许可人。在授予许可使用权之前,许可人应对被许可人的法人资格、生产能力、管理水平、产品质量等进行考察、测试,达不到与自己产品相同质量标准的不能授予许可证。使用许可合同订立后,许可人应密切注视被许可人的生产销售情况,防止被许可人在产品质量、售后服务方面任何有损商标信誉的现象发生。在合同期限内,许可人都有责任对被许可人的生产过程、工艺制作、产品检验和管理等方面实施必要的监督。当被许可人的产品达不到许可使用的注册商标的商品质量时,许可人应采取果断措施以阻止情势进一步发展,必要时应断然终止合同,收回商标使用许可权。

　　2.加强被许可人商标使用的监督

　　如何维护商标信誉,防止使用商标的商品质量失控而损害商标权人的利益,保护消费者权益,是企业商标管理工作的一项重要任务。对被许可人商标使用进行监督的内容包括:

　　(1)许可使用的商标必须与注册商标一致。被许可人使用注册商标和商标权人自己使用一样,以核准的注册商标和核定使用的商品为限,不得超出核定使用的商品范围,不得任意修改注册商标的文字和图形。同时,被许可人还必须按照合同规定在许可使用的商品范围内进行使用。

　　(2)被许可使用的商品上应标明被许可人的名称和商品产地。为了防止借商标许可使用而侵害商标权人及消费者正当权益的现象发生,《商标法》规定,经许可使用他人注册商标的,必须在使用该注册商标的商品上标明被许可人的名称和商品产地。作为许可人的商标权人也应当重视对被许可人商标使用的监督,防止不利于企业名声和商品信誉的事情发生。

　　3.做好使用许可合同的备案

　　商标注册人许可他人使用其注册商标,必须签订商标使用许可合同。商标使用许可合同至少应当包括下列内容:(1)许可使用的商标及其注册证号;(2)许可使用的商品范围;(3)许可使用期限;(4)许可使用商标的标识提供方式；(5)许可人对被许可人使用其注册商标的商品质量进行监督的条款；(6)在使用许可人注册商标的商品上标明被许可人的名称和商品产地的条款。商标使用许可合同自签订之日起三个月内，许可人应当将许可合同副本报送商标局备案。申请商标使用许可合同备案，应当提交下列书件：(1)商标使用许可合同备案表；(2)商标使用许可合同副本；(3)许可使用商标的注册证复印件。人用药品商标使用许可合同备案，应当同时附送被许可人取得的卫生行政管理部门的有效证明文件。卷烟、雪茄烟和有包装烟丝的商标使用许可合同备案，应当同时附送被许可人取得的国家烟草主管部门批准生产的有效证明文件。外文书件应当同时附送中文译本。申请商标使用许可合同备案，应当按照许可使用的商标数量填报商标使用许可合同备案表，并附送相应的使用许可合同副本及《商标注册证》复印件。通过一份合同许可一个被许可人使用多个商标的，许可人应当按照商标数量报送商标使用许可合同备案表及《商标注册证》复印件，但可以只报送一份使用许可合同副本。申请商标使用许可合同备案，许可人应当按照许可使用的商标数量缴纳备案费。

有下列情形之一的，商标局不予备案：(1)许可人不是被许可商标的注册人的；(2)许可使用的商标与注册商标不一致的；(3)许可使用商标的注册证号与所提供的商标注册证号不符的；(4)许可使用的期限超过该注册商标的有效期限的；(5)许可使用的商品超出了该注册商标核定使用的商品范围的；(6)商标使用许可合同缺少本办法第六条所列内容的；(7)备案申请缺少本办法第七条所列书件的；(8)未缴纳商标使用许可合同备案费的；(9)备案申请中的外文书件未附中文译本的；(10)其他不予备案的情形。有下列情形之一的，应当重新申请商标使用许可合同备案：(1)许可使用的商品范围变更的；(2)许可使用的期限变更的；(3)许可使用的商标所有权发生转移的；(4)其他应当重新申请备案的情形。

(二)商标的转让与移转

注册商标转让是指商标注册人按照法律规定的程序，将其所有的商标专用权转移给他人所有的法律行为，它是商标注册人对其商标权的一种最重要的处分方式。商标转让的法律关系中，商标注册人称为转让人，接受其注册商标的人称为受让人。

根据《商标法》第42条和《商标法实施条例》第31条以及其他的法律规定，注册商标权的转让应当遵守相应规定：

1.注册商标转让，转让人和受让人应当签订转让协议，并共同向商标局提出申请。另外，转让人用药品、卷烟、报纸杂志的注册商标，受让人应提交有关部门批准经营的有效证明文件。商标权转让属于要式法律行为,其行为的成立须依法律要求的形式。当事人自行转让注册商标,应视为无效,商标局可责令当事人限期改正或者撤销其注册商标。

2.注册商标转让,应按照法定的程序,经商标局核准后,予以公告,转让注册才能生效。未履行法定程序,注册人自行转让注册商标的,商标局有权责令其限期改正或者撤销其注册商标。

3.注册商标转让,受让人应当保证使用该注册商标的商品质量。商标受让人在商标使用中,如果商品粗制滥造,以次充好,欺骗消费者的,其转让注册可能导致被撤销。

4.注册商标转让,商标注册人对其在同一种或者类似商品上注册的相同或者近似的商标,应当一并转让;未一并转让的,由商标局通知其限期改正;期满不改正的,视为放弃转让该注册商标的申请。根据商标法的基本原则,在两个主体的相同或者类似的商品上,不能存在相同或者近似的注册商标,以免产生出处混淆,但允许同一主体在相同或者类似的商品上注册相同或者近似的商标。但假如同一主体将其在相同或者类似的商品上使用的两个注册商标中的一个转让给他人,就变成了两个不同主体在相同或者类似的商品上存在相同或者近似的注册商标,容易产生混淆。

5.注册商标转让,应该保证不会有其他有可能产生误认、混淆或者其他不良影响的情形发生。这些包括:(1)用于两种类似商品的商标,不得单独转让。(2)联合商标不能分割转让。(3)属于共同所有的商标,某一所有人未经其他共有人同意不得自行转让。注册商标属于两个或两个以上的人共有时,每个共有人如要转让属于自己的那部分权益,必须取得其他共有人的同意。(4)已经许可他人使用的商标不得随意转让。商标注册人已许可他人使用的商标,在许可期内如将其专用权转让给第三人,必须征得被许可人的同意;并且只能在解除原使用许可合同后,才能办理转让注册。

注册商标的移转是指因为转让以外的其他事由发生的商标权利转移。移转有以下几种情况:

(1)注册商标权因为继承而移转。作为商标权人的公民死亡,由其继承人按照《继承法》的有关规定继承其商标权。

(2)企业合并,其商标权由合并后产生的新企业继受。

(3)商标权因为赠与等方式发生移转。

《商标法实施条例》第 32 条规定:"注册商标专用权因转让以外的继承等其他事由发生移转的,接受该注册商标专用权的当事人应当凭有关证明文件或者法律文书到商标局办理注册商标专用权移转手续。注册商标专用权移转的,注册商标专用权人在同一种或者类似商品上注册的相同或者近似的商标,应当一并移转;未一并移转的,由商标局通知其限期改正;期满未改正的,视为放弃该移转注册商标的申请,商标局应当书面通知申请人。商标移转申请经核准的,予以公告。接受该注册商标专用权移转的当事人自公告之日起享有商标专用权。"

注册商标转让和移转,都会导致商标权利人的变化,但是二者也有明显的差异。首先,商标转让是基于双方当事人的合意,移转则是当事人合意以外的客观事由引起的;其次,商标转让以商标局核准公告之日发生法律效力,移转则是以导致商标移转的客观事实生效之日发生法律效力;最后,商标转让不具有溯及既往的效力,而移转则具有溯及既往的效力。

（三）商标的质押

商标专用权质押是指商标注册人以债务人或者担保人身份将自己所拥有的,依法可以转让的商标专用权作为债权人的担保,当债务人不履行债务时,债权人有权依照法律规定,以该商标专用权折价可以拍卖、变卖该商标专用权的价款优先受偿。

根据《担保法》第79条的规定,以依法可以转让的商标专用权出质的,出质人与质押人应当订立书面合同,并向其管理部门即国家工商行政管理局办理出质登记。

根据《担保法》第75条的规定,对商标权进行质押需要满足的条件是"依法可以转让"。商标权是否可以依法转让应注意以下几个问题:(1)出质商标应当是有效注册商标;(2)没有"限制转让"的情形存在,这些情形包括在先是否办理过质押登记或被人民法院采取了财产保全或执行措施;(3)对同一注册人在与质押商标相同或类似商品或服务上注册的相同或近似的商标,应一并办理。

根据《注册商标专用权质权登记程序规定》,质权登记申请应由质权人和出质人共同提出。质权人和出质人可以直接向商标局申请,也可以委托商标代理机构代理。在中国没有经常居所或者营业场所的外国人或者外国企业应当委托代理机构办理。申请注册商标专用权质权登记的,应提交下列文件:(1)申请人签字或者盖章的《商标专用权质权登记申请书》;(2)出质人、质权人的主体资格证明或者自然人身份证明复印件;(3)主合同和注册商标专用权质权合同;(4)直接办理的,应当提交授权委托书以及被委托人的身份证明;委托商标代理机构办理的,应当提交商标代理委托书;(5)出质注册商标的注册证复印件;(6)出质商标专用权的价值评估报告。如果质权人和出质人双方已就出质商标专用权的价值达成一致意见并提交了相关书面认可文件,申请人可不再提交;(7)其他需要提供的材料。上述文件为外文的,应当同时提交其中文译文。中文译文应当由翻译单位和翻译人员签字盖章确认。

《注册商标专用权质权登记程序规定》同时对商标专用权质押合同条款的内容作出规范,认为注册商标专用权质权合同一般应当包括以下内容:(1)出质人、质权人的姓名(名称)及住址;(2)被担保的债权种类、数额;(3)债务人履行债务的期限;(4)出质注册商标的清单(列明注册商标的注册号、类别及专用期);(5)担保的范围;(6)当事人约定的其他事项。

第二节　商标权限制和保护

一、商标权的限制

(一)商标保护的时间限制

商标权的保护期限是商标权受法律保护的有效期限。由于商标专用者及其商品经过一定时期会发生变化,世界上绝大多数国家规定了商标权的有效期,只有少数国家未规定期限。在欧洲大陆的几个国家中,包括联邦德国和法国,期限为 10 年,自申请日起计算;在美国期限为 20 年,从注册日起计算;在英国和许多仿效英国的国家中,最初期限为 7 年,但注册续展为 14 年。我国《商标法》第 39 条规定:"注册商标的有效期限为十年,自核准注册之日起计算。"外国人或外国企业在中国申请商标注册的,经审查核准的注册商标的有效期也为 10 年,自核准之日起计算。《商标法》又规定,在有效期满前可申请续展注册,每次续展注册的期限也为 10 年,续展可以无限制地重复。

(二)商标权行使范围的限制

商标专有使用权具有相对性,只能在法律规定的范围内使用。我国《商标法》第 56 条规定:"注册商标的专用权,以核准注册的商标和核定使用的商品为限。"即注册商标只能在注册时所核定的商品或者服务项目上使用,而不及于类似的商品或者服务项目;商标权人也不得擅自改变构成注册商标的标志,也不能使用与注册商标近似的商标。

（三）合理使用

所谓的合理使用，是指在某些情况下，非商标权利人的第三方善意使用与受法律保护的商标相同或者类似的标记，在不会引起混淆或者误认的前提下，构成对商标侵权的例外，商标权人不能以商标专用权排除该第三方的这种使用。

商标合理使用是商标权限制的一项核心内容。在各国的商标立法中，只要有限制商标权利的内容，一般都会有关于合理使用的规定，而且各国确定合理使用的原则、种类也大同小异。大陆法系国家以德国为例，德国《商标和其他标志保护法》第 23 条规定："只要不与善良风俗相冲突，商标或商业标志所有人应无权禁止第三方在商业活动中使用。其名称或地址与该商标或商业标志相同或近似，但与商品或服务的特征或属性，尤其是与其种类、质量、用途、价值、地理来源或商品的生产日期或服务提供日有关的标志；或者必须用该商标或商业标志表示一个产品或服务的用途，尤其是作为附件或配件。"英美法系国家以我国香港特别行政区《商标条例》为例，该条例第 34 条规定，"商标的注册不得干预任何人善意的使用自己的名称或其营业地名称或其业务的任何前任者的姓名或营业地名称，也不得干预任何人使用对其商品或服务的特性或质量所作的任何善意的说明"。[①] 合理使用制度的确立，源自于商标法的本意，并不会构成对商标权保护的破坏。目前，各国商标法一般将制止"混淆的可能"视为商标法保护的核心，商标法的立法本意在于制止消费者"混淆的可能"，避免消费者利益受损。从商标立法目的着眼，商标使用权的行使在于保证商家对消费者作如实的陈述、说明，商标禁止权的行使是为了阻止他人将商品作为商标权人的商品出售，反之，当商标的使用仅旨在明示真实情况而无通过制造混淆欺骗公众时就不应该禁止。[②]

按照使用方式的不用，合理使用从大的角度可以分为商业性合理使用和非商业性合理使用。

所谓商业性合理使用是指在法律规定的情形下，第三人因商业目的而对他人商标进行使用，而不构成商标侵权的行为。它一般包括以下几种类型：

1. 叙述性使用。由于商标法允许叙述性词汇在获得"第二含义"的情况下

---

① 王艳丽：《论商标权的限制》，载《当代法学》2002 年第 2 期。

② 陈丽娟、郑光辉：《商标合理使用制度及其立法完善》，载《福建政法管理干部学院学报》2005 年第 1 期。

注册专用，如果他人只是在该词的普通的本义上进行叙述性使用，这种情况下，商标权人就无权加以阻止。在此方面，欧共体一号指令在第 6 条规定了对商标效力的限制，即商标赋予其所有人的权利不得用来禁止第三人在商业中：(a)使用其姓名和地址；(b)使用有关商品或服务的种类、质量、数量、用途、价值、地理来源，或商品的生产年代或服务的提供年代，或商品或服务的其他特征的指示；但上述使用应符合工商业的诚实惯例。美国《兰哈姆商标法》第 33 条也明确将"并非作为商标，而是对有关当事人在自己的商业上的个人名称的使用，或者对该当事人有合法利益关系的任何人的个人名称的使用，或者对该当事人的商品或服务，或其地理产地有叙述性的名词或图形的使用，作为合理使用，当然，这种使用必须是只用于叙述该当事人的商品或服务的正当、诚实使用"[1]。我国《商标法实施条例》第 49 条规定："注册商标中含有的本商品的通用名称、图形、型号，或者直接标示商品的质量、主要原料、功能、用途、重量、数量及其他特点，或者含有地名，注册商标专用权人无权禁止他人正当使用。"

2.指示性使用。指示性使用是指第三人在贸易中为指示商品对注册商标所为的合理使用。该规则系美国联邦第九巡回上诉法院于 1992 年在 New Kids On The Block v. News America Publishing, Inc. 案中最先确立，即只要被告使用商标旨在描述原告的商品，而不是其自己的商品，在符合以下三个条件时，(被告)商业使用者有权提出指示性合理使用抗辩：首先，所涉商品或者服务不使用商标就不易识别；其次，商标的使用必须以识别商品或者服务的合理必要性为限；最后，该使用不会暗示得到了商标所有人的赞助或支持。之后美国的司法实践不断对该规则进行修正，与此同时，众多其他国家或地区的商标立法体系亦对该规则进行了规定。例如，《欧洲共同体商标条例》第 12 条规定："共同体商标所有人无权制止第三方在商业过程中使用：……(c)需要用来表明商品或服务用途的标志，特别是用来表明商品零部件用途的商标；只要上述使用符合工商业务中的诚实惯例。"第 13 条规定："共同体商标所有人无权禁止由其或经其同意，已投放共同体市场标有该商标的商品使用共同体商标。"[2]欧共体一号指令规定，为标指商品或服务的用途，尤其是作为零配件所必需时，可以使用该商标，只要使用符合工商业的诚实惯例。欧共体法院在

---

[1]　黄晖：《驰名商标和著名商标的法律保护》，法律出版社 2001 年版，第 190 页。

[2]　陈瑶瑶：《商标指示性合理使用的司法认定》，载《企业与法》2012 年第 5 期。

BMW案(C-63/97)中也肯定了这方面的使用。^① 我国商标立法中指示性合理使用尚缺乏相应的法规依据。与之相对,我国部门规章中已涉及指示性使用的部分规定,如国家工商行政管理总局于1996年6月发布的《关于禁止擅自将他人注册商标用作专卖店(专修店)企业名称及营业招牌的通知》,要求未经商标注册人允许,他人不得将其注册商标作为专卖店、专营店、专修店的企业名称或营业招牌使用。商品销售网点和提供某种服务的站点,在需说明本店经营商品及提供服务的业务范围时,可使用"本店修理××产品"、"本店销售××西服"等叙述性文字,且其字体应一致,不得突出其中商标部分。但因上述规章层级不高,且内容亦不全面,故司法审判中,对指示性合理使用的判定仍立足于对传统商标侵权理论的分析。

3.对比广告,即在广告中对某个或某些特定的竞争对手的商品或服务进行对比。美国联邦贸易委员会认为,比较广告既能鼓励竞争又能给消费者提供更多的信息,因此予以支持。美国最早的比较广告可以追溯1910年Saxlehner v. Wagner案,在该案中,美国最高法院允许被告销售矿泉水时使用原告的商标,以告诉消费者他的水与原告的水并无二致。在1968年Smith诉Chanel一案中,反映指出,如果被告不能使用原告的商标,被告就无法有效地将它所生产的香水与被告的香水品质相当,而价格仅仅为三分之一的事实告诉大家。到20世纪70年代,比较广告已经占据了美国广告的半壁江山。美国通行的观点是比较广告既然能够帮助消费者选购商品或服务,本身并没有社会可指责的,因为只要没有混淆和不实之词,无论商标所有人是如何的不愿意,都没有理由阻止比较广告。法院的逻辑是,既然不存在像专利所赋予的垄断权,任何人只要它有能力,就可以生产相同的产品,并且可以声明它们销售的是同样的产品,只要他没有将其商品说成是原告的。欧洲议会在1997年通过了放开比较广告的97/55/EC指令,规定凡是直接和间接提到竞争对手和竞争对手提供的商品或服务的广告都属于比较广告。并从八个方面进行了限制:第一,必须确保比较广告不能是误导性广告,即不能以任何方式欺骗和可能欺骗消费者,并且由于其欺骗性可能损害竞争对手和影响消费者行为。第二,比较的商品或服务必须针对通用的需要或具有同样的用途,不允许将不相干的商品或服务随便比来比去,例如将电话费与巧克力饼干进行比较。第三,必须就商品或服务的主要的、有关的、可核实的以及有代表性的特征包括价格进行比较。第四,比较广告不得在市场上产生广告主与竞争对手之间的

---

① 黄晖:《驰名商标和著名商标的法律保护》,法律出版社2001年版,第194页。

混淆,也不得产生两个公司的商标、商号或其他区别性符号及商品或服务自己安的混淆。比较广告中对竞争对手的标记的使用,只能限于指明竞争对手说必须的程度,而不能导致消费者的混淆或误认。第五,比较广告不能诋毁或贬低竞争对手的商标、商号或其他区别性符号以及商品或服务,否则将被视为不正当竞争。第六,比较广告如果涉及带有原产地名称,两种商品必须带有相同的原产地名称。第七,比较广告不得从竞争对手的商标、商号或其他区别性标志中牟取不正当的利益。第八,比较广告不得直接使用对应模仿的方式,及广告中不得使用诸如"夏奈尔类香水"这样的用语。比较广告的价值在于一些知名厂商利用品牌形成的优势攫取高额利润,尤其是在配件及耗材的价格上赚取超额的利润,后来的竞争者虽然明明有能力审查物美价廉的替代品,如果不依靠比较广告,就会被品牌的门槛挡在门外,消费者就会支付高额的费用。在我国,1994 年 10 月 27 日颁布的《广告法》也以除外规定的方式允许了比较广告的存在。[①]

而所谓的非商业性使用,主要是指在非商业性领域里对商标的合理使用。这其中,主要包括新闻报道和评论、滑稽模仿以及字典收录。这些形式的合理使用之所以能够存在,主要有如下的理由:第一,商标的基本功能主要是在商业中区分产源,而在非商业领域,对商标进行使用,一般应不会造成不良的影响;第二,商标法制定背后的公共政策,要求在商标专用权人的利益和公众获得相关信息的利益发生冲突时,适当地保护后者的利益;第三,公民拥有言论自由的基本权利,在商标专用权对公民的言论自由造成障碍时,应优先保护公民的言论自由权利。

虽然可以在以上的几种情形中允许他人合理使用商标,但是我们也要看到,对于这些合理使用,也要加以限制,不能超出其合理范围而构成对商标权人的侵害。按照国内外立法来看,构成叙述性使用一般应该具备如下构成要件:(1)使用目的方面,合理使用者在主观上并没有要将该词汇作为商标使用的意图;(2)使用是建立在诚实信用、公平的基础上的;(3)在行为后果方面,这种使用不足以造成消费者的误认或混淆。[②] 而在指示性使用中,则一般认为,需要几个构成要件:(1)第三人销售产品和提供服务,如果不使用他人的注册

---

① 黄晖:《驰名商标和著名商标的法律保护》,法律出版社 2001 年版,第 204～205 页。

② 陈丽娟、郑光辉:《商标合理使用制度及其立法完善》,载《福建政法管理干部学院学报》2005 年第 1 期。

商标,就无法表示商品和服务的来源和用途;(2)使用者并无使用该文字和图形作为主要商标的主观意图;(3)第三人使用必须在合理限度内,是为指示商品而对他人的注册商标进行了使用;(4)在客观上根本不足以表示商品的来源,消费者一般不会基于该文字和图形就混淆商品。① 作为商标合理使用的一种形式,对比广告应该符合一些要件,这些广告应该本着内容真实,不贬损被引用商标权利人的信誉,不引起商标淡化的原则,谨慎为之。对于滑稽模仿,如果掌握不好火候,尤其是同黄色、毒品相联系就非常容易演变为对商标的损害,从而构成侵权。例如,Enjoy Cocaine!(请用可卡因!),虽然是对Enjoy CocaCola!(请喝可口可乐!)的滑稽模仿,但可口可乐商标如果被人同毒品联系在一起,其声誉必然会受到损害。对于滑稽模仿的允许范围只能在其不至于引起商标的混淆、淡化标准内。对于词典中使用的情形,如果在使用中使用不当,也会造成商标的"显著性"的退化,尤其是不加任何说明将他人的商标收录词条的行为会严重误导读者认为该商标已经不受保护,可以作为通用名称使用。因此,允许商标在字典中使用的同时,也应该对此行为进行限制。《欧共体商标条例》在第 10 条特别规定:"如果共同体商标编入词典、百科全书或类似参考书,给人的印象好像成为了注册指定商品或服务的通用名称,出版社应该根据共同体商标所有人的要求,保证至少在最近再版时,注明该词为注册商标。"

(四)权利穷竭

所谓的商标权利穷竭,是指商标权所有人或者许可使用人将该商标加以利用,使用于商品并将商品销售或者已经使用在服务上,则这些人无权再禁止或者阻碍他人使用原商品上附有的注册商标。众所周知,商标的重要功能是识别功能,商标权的主要作用在于防止他人假冒注册商标。另外,商标权人通过出售附有注册商标的商品已实现了其通过商标所获得的经济利益。而且他在出售商品之后已丧失了商品的物权,他无权再对属于他人的产品进行控制,也无权干涉他人物品的流通。正如 Govaere 博士所说的:知识产权的目的在载体产品的首次出售时已经实现,否则就会导致市场的垄断。② 应该说明的

---

① 陈丽娟、郑光辉:《商标合理使用制度及其立法完善》,载《福建政法管理干部学院学报》2005 年第 1 期。

② Linge Govacre,The use and Abuse of intellectual property Rights in E. C. Law,Sweet&Maxwell LTD. 1996.

是商标权利穷竭的情况在服务商标上不会出现,其主要适用于商品商标中,而且主要是出现在商品的销售活动中。在销售中,权利人只能正常行使一次权利。一般说来,各国都承认商标权的"国内权利穷竭",即在一国范围内带有商标的产品一旦投入市场以后,对于任何人使用或销售该商品的行为,商标权人都无权控制。商标权的国内穷竭已经成为保护知识产权联合国际局颁布的《BIRPI 发展中国家示范法》中的一条强制性规定,该法第 20 条规定,"商标的注册不应授予注册所有人以排除第三人在标有注册商标的商品在本国合法销售以后在该商品上使用同一商标的权利,但以所售出的商品没有任何变化为条件"。而欧共体出于统一市场需要,将商标权权利穷竭的范围扩展到整个欧共体市场。《欧洲共同体商标条例》第 13 条规定,"共同体商标所有人无权禁止由其或其同意已投入共同体市场标有该商标的商品上使用共同体商标,除非商标所有人有合法理由反对商品继续销售的,尤其是商品在投入市场后,商品质量有变化或损坏的"。作为欧共体成员的德国、英国、法国、意大利等国的商标法中均有相同规定。如《德国商标法》第 24 条第 1 款就对商标权穷竭原则作了明确的规定,"权利人或经其同意的其他人,将使用其商标或商业标志的商品投入德国、欧洲联盟其他成员或其他欧洲经济区协定缔约国的市场之后,该商标或商业标志的权利人应无权禁止该标志在上述商品上的使用"。欧共体及其成员国的相关规定虽然对商标的权利穷竭在效力范围上有所突破,但是其仍限制在欧共体范围内,所以根本上讲,其并没有认可商标权的"国际穷竭",美国的立法也同样未认可商标权的"国际穷竭",所以,在这些国家中,平行进口是禁止的。这种做法虽然有利于加强对商标权人的利益保护,但同时也为权利人权利的绝对化提供了保障,因而有可能导致商标权人利用其对商标的专用权划分市场,从而阻碍货物的流通,不利于自由的世界贸易体系的建立。关于商标权的穷竭问题,笔者认为,商标权的穷竭就其本质而言是对商标权地域性的一种合理限制,坚持商标权的穷竭就应该承认商标权的国际穷竭。当然,坚持国际穷竭并不是对商标权人利益的一种漠视。在适用国际穷竭理论时应有严格的适用条件,相关的平行进口必须符合法律的规定。比如,第三方在销售商标产品时必须保持原商品所应有的品质。同样的,即使是对于商标权利穷竭在国内的适用,也应该要有严格的适用条件。因为坚持商标权的穷竭并不是对权利人利益的抛弃,而是一种利益平衡和选择的结果。

（五）权利滥用之禁止

关于"权利滥用"原则,有学者认为其源自英美法系中衡平法的观念,但也有学者认为大陆法系的权利滥用禁止原则渊源于古罗马的自然法理念。英美衡平法的"权利滥用"观念出现的原因是权利人在行使其权利时,并未依据正当的方式行使,反而以不公平、不适当的方式行使其权利,为了对此种不当行使权利的方式予以处罚,衡平法于是规定权利人无法完全享受其权利。在大陆法系国家,权利不得滥用原则是诚信原则的当然内容,或者说是诚信原则的反面规范,即权利之行使有违诚信原则者,是为权利滥用。"权利滥用"的实质在于权利人以不公平、不适当的方式行使其权利,不适当地扩张了其所享有的权利。关于构成权利滥用的标准,各国先后一共确立过故意损害、缺乏正当利益、选择有害的方式行使权利、损害大于所取得的利益、不顾权利存在的目的、违反侵权法的一般原则等 6 个标准,并且呈现由主观化向客观化发展(以解决主观恶意难以证明的问题)和严格化的趋势(故意的和过失的、损害已经造成和可能造成)。有的学者则认为,构成权利滥用要有四个要素:主体是正在行使权利的权利人;客体是社会的、国家的、集体的或其他公民的合法的自由和权利;主观方面是权利人存有故意的心理状态;客观方面是有危害他人权利和利益后果的行为。[1] 关于权利滥用的分析也完全适用于商标权的滥用。所谓商标权的滥用,是相对于商标权的正当行使而言的,它是指知识产权的权利人在行使其权利时超出了法律所允许的范围或者正当的界限,导致对该权利的不正当利用,损害他人利益和社会公共利益的情形。商标权在现代社会所具有的重要的经济意义,使得它容易被权利人不正当地加以利用,破坏正常的市场竞争。享有商标权并不意味着权利人可以滥用其商标权。按照制止权利滥用理论,权利的行使,必须有一定的界限。超过正当之界限而行使权利,即为权利之滥用。而权利滥用为侵权行为之一种。滥用权利作为一种特殊的侵权行为,其主要特征就在于行为人行使权利时选择了有害于他人的方式行使权利,违反了权利设定的社会目的。[2] 商标权的滥用实质上是商标权的非法扩张。商标从权利的地域范围、客体和保护力度三个方面在不断地扩张,强化商标权的效力是商标法发展的合理趋势。这种趋势是在法律的范围内合法地展开的,并非是权利滥用的结果。商标权的滥用与商标权效力的正当扩张是不能相提并论的。比如将自己的商标使用于非核准使用该商标的商品和服务上,即超过核准商标使用的商品和服务范围使用商标,就不是商标的正当使

---

[1] 王先林:《知识产权滥用及其权利规制》,载《法学》2004 年第 3 期。

[2] 谭筱清:《非正当使用自己的商标引起的侵权纠纷评析》,http://www.chinaiprlaw.cn/file/200402181166.html。

用,而是一种商标权滥用行为;这种滥用行为是商标权的非法扩张,可能产生侵犯其他商标权人的商标权的情形,这就不符合商标的基本功能——保护商标对产品或服务来源的正确区别。另外,商标权利的滥用,还表现为故意变形或组合使用自己注册的商标造成与他人的著名商标相同的效果,以便搭上著名商标的"便车"。滥用商标权,一则违背了设立商标权的法律目的,破坏了商标法律秩序;二则可能导致了商标所标示的商品和服务的提供主体或来源的混淆,损害了消费者的合理选购商品、服务的选择权和其他合法权益;三则可能导致了商标权与商标权的形式上的冲突,产生商标权人侵犯他人商标权的损害后果。对于商标权人的这些滥用商标权的行为,各国除了利用民法中的"权利滥用禁止原则"来制止外,在商标法中也进行了相应的规定。

(六)先用权人的使用

在商标法领域,先使用权是指某人在他人申请商标注册前已经在相同或者类似商品上使用与注册商标相同或近似的商标,当他人申请注册的商标被核准注册后,该先用人享有在原有的范围内继续使用其商标的权利。与上述商标的合理使用不同,先使用权人的使用是实实在在的对注册商标的使用。先使用权的立法价值在于,保护虽然没有注册但已经在市场上有一定声誉的商标在先使用人的利益,实现注册商标专用权保护和先使用权人间的利益平衡。

属于大陆法系的日本和中国台湾地区商标法强调在先使用人的主观状态,台湾地区"商标法"第23条规定,"在他人申请商标注册前,善意使用相同或者近似之商标图样于同一或类似之商品,不受他人商标专用权所拘束,但以原使用的商品为限"。[①]《日本商标法》第32条规定,"在进行注册商标申请之前,他人不是以不正当竞争为目的就已经使用相同或者近似商标在注册商标申请指定的商品或服务或者类似商品或服务上,而且作为自己商品或服务的特有标志已在消费者中驰名的,则该商标使用人有权在原商品或者服务的范围内继续使用该商标"。

作为英美法系国家的代表,英美两国法律中对于商标的在先使用权的保护方面也作了详细的规定。《英国商标法》第11条第3款规定:"先于他人注册或者使用商标,在特定范围的商业活动中不间断地使用未注册商标不构成对注册商标的侵害。"可见英美法系国家在对待在先使用权的保护上更注重是

[①] 陈武:《论近似商标共存制度》,载《知识产权》2008年第8期。

否存在先用的事实,但对于先用者的主观状态在法条中没有体现。法条中更加强调的是对在先使用权的保护措施。只要在他人注册之前已使用,即使他人注册成功仍可继续使用,甚至在美国的商标法中,还可以出现并存注册。《美国商标法》第 2 条规定,"在商业中并存合法使用而使之有权使用的商标可以准予并存注册"。产生并存注册的必要条件是,在后申请人对其商标的商业使用必须先于在先注册申请人或者注册人在美国专利商标局提出商标申请之日,否则不存在并存注册。如果有管辖权的法院终审决定一个以上的人有权在商业中使用相同或者相似的商标,可由专利商标局长准予并存注册,同时规定各商标所有人使用其注册商标的方式。[①]

就我国商标立法来说,以前对未注册的在先使用商标的权益没有详细规定,《商标法》第 32 条规定,"申请商标注册不得损害他人享有的在先权利,也不得以不正当手段抢先注册他人已经使用并有一定影响的商标"。这虽然在一定程度上解决了防止抢先注册他人拥有一定声誉的在先使用商标问题,但在维护在先使用人利益方面仍然存在不足。换言之,现行的立法规定只是在一定程度上赋予了在先使用权,而并未对在先使用权的内涵和范围作出明确规定。是否需要引进先使用权制度以及如何建立这种制度,值得深入研究。

从我国商标立法的现状看,对商标在先使用人的保护主要限于对他人申请注册方面的排除权——在申请注册商标时不得以不正当手段抢先注册他人已经使用并有一定影响的商标。这也就是间接赋予了在先使用人的优先申请权。到目前为止,《商标法》并没有赋予在先使用人以类似于专利法赋予的先使用权,即在原有范围内继续使用的权利。因此,当不同的生产经营者在相同或者类似商品上使用相同或者近似的标记后,如果一方率先申请注册了商标,即令该商标已具有一定的知名度,司法实践中往往偏向于禁止没有获得商标权的当事人继续使用该商标。同时,如果在先使用人的商标已具备一定的知名度,那么可以通过行使排除他人抢先申请注册的权利维护自己的合法权益。

二、商标权的保护

(一)商标侵权行为

商标侵权行为,是指侵害他人注册商标专用权的行为。《商标法》及其实

---

① 熊敏琴:《商标权权利限制之研究》,上海大学 2004 级硕士论文。

施条例没有直接对商标侵权行为进行定义,而是列举属于商标侵权行为的具体行为类型或者方式。不同类型或者表现形式的侵权行为的构成要件各不相同,有的行为即使没有主观过错也构成侵权,有的行为则需要存在过错甚至是故意才构成侵权。根据《商标法》第 57 条的规定以及《最高人民法院关于审理商标民事纠纷案件适用法律若干问题的解释》,商标侵权行为有如下几种:

1.未经注册商标所有人的许可,在同一种商品或者类似商品上使用与其注册商标相同或者近似的商标。

这实际上是最多的一种侵权行为。我们知道商标一经注册就享有商标专用权,这种商标专用权是商标注册人独占的,具有强烈的排他性。任何人都不能擅自在相同或类似商品上使用与注册商标相同或类似的商标,否则就是一种侵权行为。未经商标注册人的许可,是指未按商标法的规定办理许可手续,在同一种商品或者类似商品上使用与其注册商标相同或者近似的商标的行为。其具体表现形式不外乎以下几种情况:一是在同一种商品上使用与他人的注册商标相同的商标;二是在同一种商品上使用与他人的注册商标近似的商标;三是在类似商品上使用与他人的注册商标相同的商标;四是在类似商品上使用与他人的注册商标近似的商标。实施此种行为,无论是出于故意还是过失,都会造成商品出处的混淆,使消费者发生误认误购,从而损害到商标注册人的合法权益和消费者的利益,因此是一种典型的商标侵权行为。

为了帮助理解,我们再把第一种侵权行为进行分解。

(1)在同一种商品上使用与他人的注册商标相同的商标。

这是一种最明显、最直接、也最容易认定的一种侵权行为。商标法理论上称这种行为为假冒注册商标。

(2)在同一种商品上使用与注册商标近似的商标。

这种侵权行为使用的商标不是相同,而是相似,在商标近似的判断上要注意把握以下几点:①鉴定两个商标是否近似时,应当综合考虑商标的文字、图形或者其组合构成的外观以及读音所表达的意思,其中有一个方面相同或者相似,即为近似商标;只有在上述三个方面都不近似,才认为两个商标不近似。②鉴定商标相同或者近似,应当以具有普通的知识和经验的消费者为准,应以普通消费者的认识和判断能力为依据进行判断。已在普通消费者中造成误认误购,引起消费者投诉的,是认定近似商标的重要依据,但不应是唯一依据。③鉴定商标相同或者近似,应当采取包括整体观察方法、分别观察方法等方法来进行判断。所谓整体观察方法,是指在判断两个商标是否近似时,应当将每个商标作为一个整体看待,而不是就其中的某一部分进行判断,如果从整体上看,两个商标不近似,就不构成近似商标。分别观察方法是指将两个商标置于不同地方进行观察和判断,而不是将两个商标放在一起进行观察和判断。因为消费者在购买商品或者接受服务时,不会将有关商标收集起来对比观察,而是凭自己的经验或者印象加以比较和选择,所以观察方法应当是分别观察。在分别观察的情况下,如果具有普通知识和经验的消费者施以普通的方法而将两个商标混淆,那么该商标为近似商标。

(3)在类似商品上使用与注册商标相同的商标。

类似商品是一个常见的商标法律术语,是指两种或者两种以上的商品由于外观、形状、用途、功能、原料、生产企业、销售场所等诸因素容易使消费者混淆出处,误认为是同一个企业生产的商品。在商标实践中,如何判断商品类似有时也比较困难。《最高人民法院关于审理商标民事纠纷案件适用法律若干问题的解释》规定:"人民法院认定商品或者服务是否类似,应当以相关公众对商品或者服务的一般认识综合判断;《商标注册用商品和服务国际分类表》、《类似商品和服务区分表》可以作为判断类似商品或者服务的参考。"所谓相关公众的一般认识,是指相关市场的一般消费者对商品的通常认知和一般交易观念,不受限于商品本身的自然特性;所谓综合判断,是指将相关公众在个案中的一般认识,与商品交易中的具体情形,以及判断商品类似的各要素结合在一起从整体上进行比较。《国家工商行政管理局关于商标行政执法中若干问题的意见》中规定:"商品或者服务类似的判断,以普通消费者对商品或者服务的客观认识进行综合判断,《商标注册用商品和服务国际分类表》、《类似商品和服务区分表》可以作为认定类似商品或者服务的参考,但不是唯一的依据。"

根据以上规定,尽管商标注册申请必须按照分类表填写使用该商标的商品或者服务的类别,但《商标注册用商品和服务国际分类表》、《类似商品和服务区分表》不是判断商品或者服务是否类似的唯一依据。即使按照分类表属于不同类别,但商品的工艺、主要原材料、功能、用途、销售渠道等方面有共同的特点,具有一定的类似时,也可认定为类似商品。相反,商品分类表中属于同一类别的商品,但是因工艺、主要原材料、功能、用途、销售渠道截然不同,而不具有共同的特点,也可被认定为非类似商品。

(4)在类似商品上使用与注册商标近似的商标。

这是侵权行为中最难认定,分歧最多的一种侵权行为,既涉及类似商品,也涉及类似商标。这种侵权行为的隐蔽性极大。认定时商品类似还是主要查找《商品分类表》,而商标类似就要从文字、字体、图案、名称、颜色等方面综合评定。

2.销售侵犯注册商标专用权的商品的。

假冒注册商标的行为对商标权会造成较大的损害,但这种损害的发生,往往需要通过他人销售行为予以实现,同时这种销售行为往往会损害消费者的利益。因此,《商标法》规定,销售侵犯注册商标专用权的商品的,也构成侵权。

何为"侵犯注册商标专用权的商品"?《商标法》及其实施条例没有明确规定。根据《商标法》第57条以及《最高人民法院关于审理商标民事纠纷案件适用法律若干问题的解释》第1条的规定,可以被认为侵犯注册商标专用权的商品包括三类:(1)假冒或者仿冒他人注册商标的商品;(2)反向假冒的商品;(3)仿冒已注册驰名商标的不相同或者不相类似的商品。

根据原商标法的规定,对于销售假冒注册商标的商品的行为,只有销售者在主观上明知是假冒注册商标的商品而予以销售的,才构成侵权,如果销售者出于过失或者根本就不可能知道,就不构成侵权,也就不承担任何侵权责任。但是,根据修改后的《商标法》的规定,只要存在销售侵犯注册商标专用权的商品的行为,无论主观上是否具有过错,都构成侵权。当然,在销售者不知道是侵犯注册商标专用权的商品的情况下,如果能够证明该商品是自己合法取得的并说明提供者,则免除其赔偿责任。

3.伪造、擅自制造他人注册商标标识或者销售伪造、擅自制造的注册商标标识的。

所谓"伪造",是指不经他人许可而仿照他人注册商标的图样及物质实体制造出与该注册商标标识相同的商标标识;所谓"擅自制造",主要是指未经他人许可在商标印制合同规定的印数之外,又私自加印商标标识的行为。伪造与擅自制造有一个共同的特点,即都是未经商标注册人许可的行为,其区别是前者商标标识本身就是假的,而后者商标标识本身是真的。销售伪造、擅自制造的注册商标标识的行为,则是指以此种商标标识为标的进行买卖,既包括批发也包括零售,既包括内部销售也包括在市场上销售。商标标识是商标使用的重要形式。伪造、擅自制造他人注册商标标识行为的目的,在于以之用于自己或供他人用于其生产或者销售的同一种商品或者类似商品上,以便以假充真、以次充好;而销售伪造、擅自制造的注册商标标识的行为,其目的是为了获取非法利益。由于这类行为扰乱了市场经济秩序,侵犯了商标注册人的商标专用权,损害了消费者的利益,后果严重,危害极大,因此必须采取有力措施给予狠狠打击,依法追究违法者的法律责任。

4.未经商标注册人同意,更换其注册商标并将该更换商标的商品又投入市场的。

该种商标侵权行为也被称为反向假冒。假冒他人注册商标的行为最常见的方式是在自己的商品上使用他人的注册商标,但反向假冒却是在他人的商品上使用自己的商标。将反向假冒规定为侵权行为是《商标法》第二次修改中增加的内容。反向假冒行为往往是有一定知名度的厂商打击竞争对手的一种方式,它一方面造成了消费者对商品来源的误认,更重要的是这种行为使商标注册人无法实现商标固有的作用——通过注册商标提高在消费者心目中的地位,从而扩大市场占有率。

应当注意的是,如果行为人更换商标以后没有再投放市场,则不构成反向假冒。此外,反向假冒行为既可以由生产者实施,也可能由销售者实施。如果销售者未经许可将甲的商标用于乙的商品上,则构成对甲乙两个商标注册人的商标专用权的侵犯。

5.给他人的注册商标专用权造成其他损害的。

这是一项概括性规定,给他人的注册商标专用权造成其他损害的行为,主要是指除前四项之外其他损害他人注册商标专用权的行为,包括:(1)在同一种或者类似商品上,将与他人注册商标相同或者近似的标志作为商品名称或者商品装潢使用,误导公众的;(2)故意为侵犯他人注册商标专用权行为提供仓储、运输、邮寄、隐匿等便利条件的;(3)将与他人注册商标相同或者相近似的文字作为企业的字号在相同或者类似商品上突出使用,容易使相关公众产生误认的;(4)复制、摹仿、翻译他人注册的驰名商标或其主要部分在不相同或者不相类似商品上作为商标使用,误导公众,致使该驰名商标注册人的利益可能受到损害的;(5)将与他人注册商标相同或者相近似的文字注册为域名,并且通过该域名进行相关商品交易的电子商务,容易使相关公众产生误认的。

(二)商标侵权的法律救济

1.行政救济。当发生商标侵权时,商标权人可以请求工商行政管理部门处理,工商行政管理部门处理时,认定侵权行为成立的,责令立即停止侵权行为,没收、销毁侵权商品和专门用于制造侵权商品、伪造注册商标标识的工具,并可处以罚款。另外,对侵犯注册商标专用权的行为,工商行政管理部门也有权主动依法查处。县级以上工商行政管理部门根据已经取得的违法嫌疑证据或者举报,对涉嫌侵犯他人注册商标专用权的行为进行查处时,可以行使下列职权:询问有关当事人,调查与侵犯他人注册商标专用权有关的情况;查阅、复制当事人与侵权活动有关的合同、发票、账簿以及其他有关资料;对当事人涉嫌从事侵犯他人注册商标专用权活动的场所实施现场检查;检查与侵权活动有关的物品;对有证据证明是侵犯他人注册商标专用权的物品,可以查封或者扣押。除了工商行政管理部门外,按照 1995 年通过的《知识产权海关保护条例》和 2000 年修订的《中华人民共和国海关法》的相关规定,中国海关对特定的商标侵权案件也有义务采取适当措施予以救济。

2.民事救济。商标注册人或者利害关系人遭受商标侵权时,可以向人民法院起诉,要求法院判令侵权人停止侵害、消除影响或者赔偿损失,按照《商标法》的规定,侵犯商标专用权的赔偿数额,为侵权人在侵权期间因侵权所获得的利益,或者被侵权人在被侵权期间因被侵权所受到的损失,包括被侵权人为制止侵权行为所支付的合理开支。另外,侵权人因侵权所得利益,或者被侵权人因被侵权所受损失难以确定的,由人民法院根据侵权行为的情节判决给予五十万元以下的赔偿。另外,在商标注册人或者利害关系人有证据证明他人正在实施或者即将实施侵犯其注册商标专用权的行为,如不及时制止,将会使其合法权益受到难以弥补的损害的,可以在起诉前向人民法院申请采取责令停止有关行为和财产保全的措施。为制止侵权行为,在证据可能灭失或者以后难以取得的情况下,商标注册人或者利害关系人可以在起诉前向人民法院申请保全证据。

3.刑事救济。商标侵权的最高形式是假冒,即在同一种商品上故意使用相同商标。假冒商标已不仅仅是剽窃注册人商品信誉、危及商标所有人的权利的问题,它同时还构成对公众利益和社会经济秩序的严重危害,因此,各国都将假冒注册商标列入犯罪行为,对犯罪人予以刑事制裁,我国《商标法》第59 条也规定:"未经商标注册人许可,在同一种商品上使用与其注册商标相同的商标,构成犯罪的,除赔偿被侵权人的损失外,依法追究刑事责任。伪造、擅自制造他人注册商标标识或者销售伪造、擅自制造的注册商标标识,构成犯罪的,除赔偿被侵权人的损失外,依法追究刑事责任。销售明知是假冒注册商标的商品,构成犯罪的,除赔偿被侵权人的损失外,依法追究刑事责任。"

第三节　商标权行政管理

商标行政管理是指国家有关主管机关依法对商标注册、商标使用、商标代理等行为进行监督检查等活动的总称。

一、商标行政管理机构

在我国,履行商标行政管理职责的国家机关有如下几个:

（一）商标局

商标局隶属于国家工商行政管理总局,承担商标注册与管理等行政职能,具体负责全国商标注册和管理工作,依法保护商标专用权和查处商标侵权行为,处理商标争议事宜,加强驰名商标的认定和保护工作,负责特殊标志、官方标志的登记、备案和保护,研究分析并依法发布商标注册信息,为政府决策和社会公众提供信息服务,实施商标战略等工作。

（二）商标评审委员会

国家工商行政管理总局设立商标评审委员会,负责处理商标争议事宜,主要受理下列商标评审案件:不服商标局驳回商标注册申请决定申请复审;不服商标局异议裁定申请复审;对已注册商标请求裁定撤销;不服商标局撤销注册商标的决定申请复审等案件。此外,商标评审委员会可以在处理商标争议时,根据当事人的申请依法认定和保护驰名商标。

（三）各地工商行政管理机关

各省、市、县级工商行政管理局分别负责各自辖区内的商标管理工作。地方工商局主要负责管理本辖区内商标日常使用情况,同时监督商品质量。

二、商标行政管理内容

商标管理的内容主要包括商标注册管理、使用管理、商标代理管理和商标印制管理。商标使用管理又分为注册商标使用管理和未注册商标使用管理两大类。

（一）商标使用管理

1.注册商标的管理

商标经行政管理机关或经商标局核准注册,即为注册商标,商标注册人依法享有商标专用权,受法律保护。但是,商标权人在使用注册商标的过程中仍应遵守《商标法》及相关的法律法规,商标行政管理部门对注册商标的使用依法实行管理,具体内容如下:

（1）对注册商标规范使用的管理。商标注册人在使用注册商标的过程中,自行改变注册商标、注册人名义、地址或者其他注册事项的,由地方工商行政管理部门责令限期改正;期满不改正的,由商标局撤销其注册商标。注册商标成为其核定使用的商品的通用名称或者没有正当理由连续三年不使用的,任何单位或者个人可以向商标局申请撤销该注册商标。商标局应当自收到申请之日起九个月内做出决定。有特殊情况需要延长的,经国务院工商行政管理部门批准,可以延长三个月。

(2)对使用注册商标商品的质量管理。使用注册商标,其商品粗制滥造,以次充好,欺骗消费者的,由各级工商行政管理部门根据不同情况,责令限期改正,并可以予以通报或者处以罚款,或者由商标局撤销其注册商标。

(3)对已被撤销或注销的商标的管理。注册商标被撤销的或者期满不再续展的,自撤销或者注销之日起一年内,商标局对与该商标相同或者近似的商标注册申请,不予核准。

(4)对商标使用许可的管理,对商标许可合同进行备案、公告。

2.未注册商标的管理

我国原则上实行商标自愿注册原则,商标没有注册就进行使用,一般情况下是没有问题的,但是,商标的使用人,使用没有注册的商标,仍然要遵循相关的法律规定。

(1)商标的强制注册

我国《商标法》第6条规定:"法律、行政法规规定必须使用注册商标的商品,必须申请商标注册,未经核准注册的,不得在市场销售。"因此,对于法律和行政法规规定的特定商品,必须使用注册商标。

目前根据我国法律法规的规定必须使用注册商标的是烟草类商品。《烟草专卖法》第20条规定:"卷烟、雪茄烟和有包装的烟丝必须申请商标注册,未经核准注册的,不得生产、销售。禁止生产、销售假冒他人注册商标的烟草制品。"《烟草专卖法实施条例》第24条规定:"卷烟、雪茄烟和有包装的烟丝,应当使用注册商标;申请注册商标,应当持国务院烟草专卖行政主管部门的批准生产文件,依法申请注册。"《烟草专卖法》第36条同时规定:"生产、销售没有注册商标的卷烟、雪茄烟、有包装的烟丝的,由工商行政管理部门责令停止生产、销售,并处罚款。"

(2)未注册商标的规范使用

①不得违反禁用条款

按照我国《商标法》第10条规定,有若干要素不得作为商标使用,作为未注册的商标,同样不得违反该规定。

②不得冒充注册商标

冒充注册商标的主要表现形式有:第一,在未注册的商标上使用"注册商标"字样或注册标记®;第二,尽管已经向国家商标局提出注册申请,或已取得国家商标局的商标《注册申请受理通知书》,但在未取得《商标注册证》之前的使用中就加注了"注册商标"字样或注册标记®;第三,商标注册人超出了核定使用商品(或服务)的范围使用注册商标,并标明注册商标®;第四,注册商标因未办理商标续展注册手续而被注销后,或注册商标被撤销后,仍继续使用并加注"注册商标"字样或标注注册标记®;第五,注册商标使用时改变了核定的商标标志,使用的商标标志与《商标注册证》上核定的商标标志相比较存在明显视觉差异,或使用的商标标志与核定的商标标志,已不属近似商标,这种使用状况下标注注册标记,等等;第六,两个或者两个以上注册商标组合使用时仅使用一个®标记,使他人误认为是一个注册商标的,以及两个或两个以上注册商标组合使用时改变了核定的商标标志,并标注注册商标的®标记,均构成冒充注册商标的违法行为。

另外,国家工商行政管理总局商标局在对江苏省工商行政管理局《关于南通荣祥制衣有限公司是否构成冒充注册商标行为的请示》的批复中提出在未注册商标图样周围使用 K 符号,与 R 标记近似,易使人误认为该商标是注册商标,属于冒充注册商标行为。

根据《商标法》第 48 条的规定,有冒充注册商标行为的,由地方工商行政管理部门予以制止,限期改正,并可以予以通报或者处以罚款。

(二)商标代理的管理

商标代理是随着商标注册制度而产生的,在 1991 年以前,中国商标的申请注册必须经各级工商行政管理机关的核转,这种方式被称为"商标注册核转制",一直沿用了近 40 年。在核转制下,申请人申请注册商标,都必须经过其所在地区、县工商局,转市、地工商局,再转省、自治区、直辖市工商局,最后报呈国家工商行政管理总局商标局。因此从本质上说,核转制实际上也是一种代理制,是一种非民事委托的,由各级政府工商行政管理机关进行的强制代理行为。1988 年《商标法实施细则》对商标代理作出了明确规定。1994 年国家工商总局发布了《商标代理组织管理暂行办法》,就商标代理人资格的取得、职业道德及商标代理组织的设立条件、业务范围、审批程序及代理人和代理组织的违规行为的处罚等方面作了比较全面的规范。1999 年国家工商总局制定并颁布了新的《商标代理管理办法》。之后,又于 2009 年和 2010 年对该办法进行了修订,该管理有两个特点,一是全面放开,二是严格管理。

1.商标代理的行为准则

申请设立商标代理组织的,申请人向所在地县级以上工商行政管理部门申请登记,领取《企业法人营业执照》或者《营业执照》。商标代理组织不得委托其他单位和个人从事商标代办活动,并不得为从事上述活动提供任何便利。商标代理组织可以接受委托人委托,指定商标代理人办理下列代理业务:(1)

代理商标注册申请、变更、续展、转让、异议、撤销、评审、侵权投诉等有关事项；(2)提供商标法律咨询，担任商标法律顾问；(3)代理其他有关商标事务。商标代理人办理的商标注册申请书等文件，应当由商标代理人签字并加盖商标代理组织印章。商标代理组织不得接受同一商标案件中双方当事人的委托。

商标代理人应当遵守法律，恪守职业道德和执业纪律，依法开展商标代理业务，及时准确地为委托人提供良好的商标代理服务，认真维护委托人的合法权益。商标代理人应当符合以下条件：(1)具有完全的民事行为能力；(2)熟悉商标法和相关法律、法规，具备商标代理专业知识；(3)在商标代理组织中执业。商标代理人不得同时在两个以上的商标代理组织执业。商标代理人应当为委托人保守商业秘密，未经委托人同意，不得把未经公开的代理事项泄露给其他机构和个人。在明知委托人的委托事宜出于恶意或者其行为违反国家法律或者具有欺诈性的情况下，商标代理人应当拒绝接受委托。

2.商标代理中的法律责任

《商标代理管理办法》第13条规定："商标代理组织有下列行为之一的，由其所在地或者行为地县级以上工商行政管理部门予以警告或者处以一万元以下罚款；有违法所得的，处以违法所得额三倍以下，但最高不超过三万元罚款：(1)与第三方串通，损害委托人合法权益的；(2)违反本办法第五条、第七条规定的；(3)损害国家和社会公共利益或者其他代理组织合法权益的；(4)从事其他非法活动的。"第14条规定："商标代理人有下列行为之一的，由其所在地或者行为地县级以上工商行政管理部门予以警告或者处以一万元以下罚款：(1)私自接受委托，向委托人收取费用，收受委托人财物的；(2)隐瞒事实，提供虚假证据，或者威胁、诱导他人隐瞒事实，提供虚假证据的；(3)违反本办法第十条、第十一条、第十二条规定的；(4)有其他违法行为的。"第15条规定："违反本办法第四条第一款规定，未经工商行政管理部门登记即从事商标代理活动或者用欺骗手段取得登记的组织，由所在地县级以上工商行政管理部门依照有关企业登记管理的法律、法规处罚。"

2012年11月15日，国家工商行政管理总局、司法部关于印发《律师事务所从事商标代理业务管理办法》的通知，在明确律师事务所有权从事商标代理业务的同时，也对律师事务所及其律师在从事商标代理过程中的相关行为准则及法律责任作了规定。

（三）商标印制管理

对于商标的印制，国家工商行政管理总局于1983年3月23日公布了《商标印制管理规定》，两年后，国家工商行政管理总局发布了《商标印制管理暂行办法》，之后，分别于 1990 年、1996 年、1998 年和 2004 年发布和修订了《商标印制管理办法》，现行的《商标印制管理办法》明确规定了商标印制活动中应当遵循的行为准则。

1. 商标印制单位承接商标印制业务的条件

按照《商标印制管理办法》，商标印制委托人委托商标印制单位印制商标的，应当出示营业执照副本或者合法的营业证明或者身份证明。商标印制委托人委托印制注册商标的，应当出示《商标注册证》或者由注册人所在地县级工商行政管理局签章的《商标注册证》复印件，并另行提供一份复印件。签订商标使用许可合同使用他人注册商标，被许可人需印制商标的，还应当出示商标使用许可合同文本并提供一份复印件；商标注册人单独授权被许可人印制商标的，除出示由注册人所在地县级工商行政管理局签章的《商标注册证》复印件外，还应当出示授权书并提供一份复印件。

委托印制注册商标的，商标印制委托人提供的有关证明文件及商标图样应当符合下列要求：(1)所印制的商标样稿应当与《商标注册证》上的商标图样相同；(2)被许可人印制商标标识的，应有明确的授权书，或其所提供的《商标使用许可合同》含有许可人允许其印制商标标识的内容；(3)被许可人的商标标识样稿应当标明被许可人的企业名称和地址；其注册标记的使用符合《商标法实施条例》的有关规定。委托印制未注册商标的，商标印制委托人提供的商标图样应当符合下列要求：(1)所印制的商标不得违反《商标法》第十条的规定；(2)所印制的商标不得标注"注册商标"字样或者使用注册标记。商标印制单位应当对商标印制委托人提供的证明文件和商标图样进行核查。商标印制委托人未提供相应证明文件，或者其要求印制的商标标识不符合相关规定的，商标印制单位不得承接印制。

商标印制单位承印符合本办法规定的商标印制业务的，商标印制业务管理人员应当按照要求填写《商标印制业务登记表》，载明商标印制委托人所提供的证明文件的主要内容，《商标印制业务登记表》中的图样应当由商标印制单位业务主管人员加盖骑缝章。

商标标识印制完毕，商标印制单位应当在 15 天内提取标识样品，连同《商标印制业务登记表》、《商标注册证》复印件、商标使用许可合同复印件、商标印制授权书复印件等一并造册存档。

商标印制单位应当建立商标标识出入库制度，商标标识出入库应当登记台账。废次标识应当集中进行销毁，不得流入社会。商标印制档案及商标标识出入库台账应当存档备查，存查期为两年。

2.商标印制中的法律责任

商标印制单位违反《商标印制管理办法》第 7 条至第 10 条规定的,由所在地工商行政管理局责令其限期改正,并视其情节予以警告,处以非法所得额三倍以下的罚款,但最高不超过三万元,没有违法所得的,可以处以一万元以下的罚款。擅自设立商标印刷企业或者擅自从事商标印刷经营活动的,由所在地或者行为地工商行政管理局依照《印刷业管理条例》的有关规定予以处理。商标印制单位违反第 7 条规定承接印制业务,且印制的商标与他人注册商标相同或者近似的,属于《商标法实施条例》第 50 条第 2 项所述的商标侵权行为,由所在地或者行为地工商行政管理局依《商标法》的有关规定予以处理。商标印制单位的违法行为构成犯罪的,所在地或者行为地工商行政管理局应及时将案件移送司法机关追究刑事责任。

第十二章　商标权实务研究

第一节　商标权司法保护

一、未注册商标的司法保护

（一）未注册商标的定义和范围

未注册商标，是与注册商标相对而言的一个概念。注册商标，顾名思义，是指已经商标主管机关核准注册之商标，而未注册商标，则应是指未经商标主管机关核准注册之商标。未注册商标的范围是非常广泛的，凡是具有区别于其他商品或服务的功能，标示商品来源，未依商标法规定进行注册的商业标记均为未注册商标，其主要包括两种类型：一是符合商标法规定的条件，具有显著性，可申请注册但商标所有人基于各种理由没有申请，或者正处于申请程序还没被核准的商标；二是本身设计上缺乏显著性，或者根据商标法的规定，不能申请注册或者申请被驳回的商标。

（二）未注册商标受保护的法律基础

在各国现有的知识产权法体系中，商标法的内容绝大部分都是围绕注册商标而规定的，即所谓的商标法是保护注册商标的。也正是基于此，有些人得出未注册商标不受法律保护的结论。但是，我们应该知道，各国的商标注册制度也不过是在近一百多年来才建立起来的，而商标的存在及使用却远早于此，有关商标保护的法律制度应早已有之。何况，在实行商标注册制度的今天，许多国家奉行的是自愿注册或自愿注册与强制注册相结合的原则，即从法律上看也是允许未注册商标存在的。从另一个角度，就商标权的产生或获得来看，许多国家如英美国家遵循"使用原则"，注册仅仅是作为商标权利存在的一种凭证，而非商标权的产生要件。从以上事实可以推断，未注册商标在法律上是而且应该受法律保护的。实际上，给予未注册商标以法律保护，是有其内在的基础的。商标之所以能得到专用权的保护，其主要原因是由于对商标的使用，正因如此,是否对商标进行保护的标准应该是该商标是否有进行使用而非是否有进行注册。虽然,现在为了便于管理,多数国家采用注册原则,但是未注册的商标与注册商标一样,作为区别商品或服务的标记,凝结着使用者的辛勤劳动,起着和注册商标一样的作用。另外,对未注册商标不进行保护,也很容易诱发商标抢注行为,我们暂且不分析明显违反诚实信用原则的"恶意"抢注,即使是正当的商标抢注,也有可能造成正常交易秩序的混乱,因此,对未注册商标进行一定条件下的保护,就是维护公平竞争、正当交易的市场秩序,就是保护诚实经营者和广大消费者的合法正当利益。基于此,法律在极力保护注册商标的同时,也应该对在先使用的未注册商标给予一定条件的保护。

(三)世界各国对未注册商标的法律保护

1.英美法系

在英美法系国家,尤其是英联邦国家和地区,在商标权的获得上,采用依使用或依注册均可获得商标专用权的混合原则。这样,未注册商标使用人就有可能通过主张在先使用、利用使用在先的原则,请求承认和保护其未注册商标。当两个以上的厂商申请将相同或相似的商标注册于同一商品或同类商品时,英美法系国家采取了先使用主义,而不像大陆法系国家那样采取先申请主义,这也是英美法系国家在商标制定法上所提供的对于未注册商标的一点保护。另外,英美法系国家还在普通法上对未注册商标进行保护,其主要是通过与商标制定法并行的一种普通法民事诉讼——仿冒之诉(Acting for passing-off)来进行的。

2.大陆法系

大陆法系国家,多以注册主义作为其商标法律制度的基本原则,在商标权的获得上,以注册作为商标权产生要件。所以,未注册商标很难获得商标法上的保护,大陆法系国家更多的是在与其注册商标制度相协调的条件下,借助反不正当竞争的观念,通过反不正当竞争法来对未注册商标加以法律调整。但是也有例外,德国是典型的大陆法系国家,然而,与其他大陆法系国家不同的是,其在《商标法》上明文规定了对未注册商标的直接保护。

(四)未注册商标在我国的法律保护问题

1.未注册商标在我国的法律地位

1983年颁布的《商标法》奠定了我国在商标保护上采取的绝对注册保护原则,即对注册商标依法给予保护,对未注册商标则一概不予保护。2001年修改后的《商标法》虽然摒弃了原先的绝对注册保护原则,给予在先使用的未注册商标以一定条件下的保护,但是此番修改对未注册商标的保护非常有限。

修改后的《商标法》和《商标法实施细则》与使用在先的未注册商标有关的法条非常有限。具体包括如下法条,《商标法》第 9 条规定:"申请注册的商标,应当有显著特征,便于识别,并不得与他人在先取得的合法权利相冲突。"《商标法》第 13 条规定:"就相同或类似商品申请注册的商标是复制、摹仿或者翻译他人未在中国注册的驰名商标,容易导致混淆的,不予注册并禁止使用。就不相同或者对不相类似商品申请注册的商标是复制、摹仿或者翻译他人已经在中国注册的驰名商标,误导公众,致使驰名商标注册人的利益可能受到损害的,不予注册并禁止使用。"《商标法》第 31 条规定:"两个或者两个以上的商标注册人,在同一种商品或者类似商品上,以相同或者近似的商标申请注册的,初步审定并公告申请在先的商标;同一天申请的,初步审定并公告使用在先的商标,驳回其他人的申请,不予公告。"《商标法》第 32 条规定:"申请商标注册不得损害他人现有的在先权利,也不得以不正当手段抢先注册他人已经使用并有一定影响的商标。"按照目前我国商标的立法,我们可以得出,我国在立法当中,对于未注册商标是作了三种类型的划分,即未注册的驰名商标、有一定影响的未注册商标和一般的未注册商标。对于未注册的驰名商标,我国的商标立法适应入世的要求,按照《巴黎公约》和《与贸易有关的知识产权协议》的要求,给予了该商标的所有权人在同一或者类似商品上的商标专用权,对抗别人在这些商品上用相同或类似的商标来进行申请和使用。对于有一定影响的未注册商标,法律也给予其使用者一定条件下的权利,即当别人以不正当手段来抢注该商标时,未注册商标的使用者可以以此来进行抗辩,请求主管部门撤销商标注册或者驳回商标注册申请。而对于一般的未注册商标,《商标法》只给予了非常有限的申请优先权。

由于规范未注册商标的条文有限,所以关于未注册商标,特别是关于一般的未注册商标在我国的法律地位及其相关问题是有争议的。有人认为,对于一般的未注册商标,其使用者是享有一定的民事权利的,因为使用者可以对其进行一定的占有、使用、收益和处分。我国《商标法》规定是否申请注册,由申请人自己决定,自愿注册原则就决定了使用未注册商标是合法的,所以因使用而取得的未注册商标使用权也是《商标法》赋予的一项权利。尽管这种使用权不能等同于依法注册取得的商标专用权,但不能因为该权利没有依法注册,就否认其权利的存在。商标权不等同于商标专用权,后者仅仅是前者的一个组成部分。而有人则持相反态度,坚持一般的未注册商标,其使用者虽然在一定程度上可以使用该商标,但是该使用构不成权利,由于商标作为一种区别商品或者服务的提供者的信息或符号,本身不可被占有,因此,对商标的权利不能通过对商标的占有或者自行利用体现出来,只有通过与他人的对抗关系体现出来。涉及知识产权问题,判断有无权利的标准不在于权利人的作为与不作为,而在于法律是否规定了救济。凡法律有救济的,即有权利;凡法律没有救济的,即无权利可言。《商标法》并未对在相同或类似商品上使用相同或近似商标的行为向未注册商标的使用人提供任何形式的法律救济,单凭无任何对抗的使用不能说明权利的存在。① 即便是有一定影响的未注册商标,其使用者也是没有民事权利的,而仅仅是使用者在一定条件下主张撤销别人商标或者主张驳回别人商标申请的一种抗辩理由,该抗辩理由并不是权利,其性质比较接近法律规定给当事人的某种利益。② 理论界的争鸣主要是因为现有立法中出现的模糊所造成的,这种争鸣的焦点问题需要通过立法的完善来解决,当然,这种争鸣也有助于推动立法的完善。

2.未注册商标在我国进行保护的立法建议

基于未注册商标目前在我国的具体情况,借鉴国外在此方面的经验,今后在对《商标法》进行修订时,有必要加以完善。对未注册商标的保护进行完善,可以从两个方面着手,在增设对一般未注册商标的法律保护的同时,扩大对有一定影响的未注册商标的法律保护。具体可以在以下方面展开:

(1)确认未注册商标使用权为合法的在先权利

正如理论界所争论的,对于一般的未注册商标的保护,涉及一个很重要的问题,那就是,一般的未注册商标使用者的在先使用是不是可以产生一种受法律保护的在先权利,对于该问题,法律应该尽量地给予交代清楚而不应该再含混不清。我们注意到新商标法增加了这样两条涉及在先权利的条文,一条是《商标法》第 9 条"申请注册的商标,应当有显著特征,便于识别,并不得与他人在先取得的合法权利相冲突"。另外一条就是《商标法》第 32 条"申请商标注册不得损害他人现有的在先权利,也不得以不正当手段抢先注册他人已经使用并有一定影响的商标"。如果说第 9 条内容的增加是为了符合 TRIPs 协议第 16 条的规定"上述权利不得损害任何已有的在先权利,也不得影响成员依

---

① 董炳和:《商标在先使用的法律意义》,[J/QL] http://www.law-star.com/pshowtxt? keywords=& dbn=lwk&fn=012-1999-10-50. txt&upd=1.1999。

② 黄从珍:《试论在先使用未注册商标的法律性质》,载《科技与法律》2003 年第 1 期。

使用而确认权利效力的可能。"①那么该条文中所涉及的在先权利理应包括未注册商标的在先使用权,但是我们看到的商标评审委员会对合法的在先权利的解释却是:厂商名称权(商号权)、工业品外观设计专有权、著作权、已受到保护的原产地地理名称权、姓名权、肖像权等。未注册商标的在先使用权没有明确位列其中,真要适用该解释来证明未注册商标在先使用权是一种合法的在先权利,只能勉强地说其属于该解释中的"等"权利。为了减少争议,在今后的商标法修改及有关的行政法规中,应将它明确列在在先权利的范围内。只有这样,一般的未注册商标的使用者才能有相应的提起异议的理由来向商标评审委员会提出撤销别人用与之相同或者类似的商标进行注册的申请。

(2)授予未注册商标使用人在先使用权

根据《商标法》第 32 条的规定,如果有已经使用并有一定影响的商标被他人以不正当手段抢先注册的话,使用者可以提起异议,要求撤销该注册商标。但是如果他人是以正当的手段来抢注的话,在先使用者在丧失异议的同时是否可以在原有范围内继续使用该未注册商标。在此情况下,日本等国的法律是赋予了该未注册商标使用人一定条件下的继续使用权,我国《专利法》也有类似规定,明确将"在专利申请日前已经制造相同产品、使用相同方法或者已经作好制造、使用的必要准备,并且仅在原有范围内继续制造、使用的"作为不视为侵犯专利权的情形之一,可以让其继续使用。我国《商标法》没有作出明确的规定。出于公平的考虑,在保护善意的在后注册者利益的同时,应该规定在先使用者将未注册商标在原有范围内继续使用作为侵犯注册商标专用权的例外,即赋予在先使用人在先使用权,允许其继续使用。但是,我们也应该借鉴其他国家的做法,对于这种继续使用,也应该加以限制,比如使用范围,只能以原有范围为限,这种在先使用权一般也不得授权许可他人使用或者转让。另外,为了避免产生混淆,有必要在其商品或者服务上加以一定的标志。

(3)授予未注册商标使用人商标注册申请优先权

按照葡萄牙 1995 年《工业产权法》第 171 条的规定,使用未注册标志作商标,自申请日起六个月内,其使用人有注册优先权,可以在这一段时间内对第三人的注册申请予以抗辩。我国可以借鉴国外的制度,给予未注册商标使用人一定的注册优先权期限,规定使用人在这段时间内,就同一商标使用于相同或者类似商品与服务上,向商标局提出注册申请的,该使用人享有优先权。当

---

① 国务院法制办公室教科文卫司:《中华人民共和国商标法及其实施条例修改导读》,知识产权出版社 2002 年版,第 19 页。

然,这里的使用必须符合商标法律的使用标准,而且权利人在申请时必须拿出确实的证据。另外,给予的时间也不能太长,以 6 个月为宜。

(4)在其他方面对未注册商标的保护

这里所指的其他方面,可以体现在《商标法》的一些细节之处。比如,《商标法》第 49 条规定,连续三年停止使用的,任何单位或者个人可以向商标局申请撤销该注册商标。许多抢注别人未注册商标的人,注册后并没有充分地使用该商标,注册人只是在法定期限临近时为维持商标而进行临时性的广告宣传或较长期限内仅限于非商品或服务上的使用等行为。但因为其是注册商标,在此情况下法律对它的保护仍然高于在先使用的未注册商标,这样显然不尽合理。因此,有必要对《商标法实施条例》第 3 条对商标使用的定义进行合理的修改,可以借鉴美国的立法,规定使用必须是"充分的使用"(sufficient use)而非"象征的使用"(token use),"充分的使用"是指在商业活动中真实而有效地使用商标,让商标发挥其指示商品来源的作用,"象征的使用"是指有关商标的使用只是象征性的使用,而非正常商业活动中的商标使用,并没有起到指示商品来源的作用。一旦注册者连续三年未充分使用,即可撤销其注册商标,反过来,原先未注册的在先使用者被限制的权利即可得到恢复。

我国对商标的保护,遵循的是法国和日本等国家的做法,即对商标的保护不仅仅是通过一部《商标法》来完成,另外《反不正当竞争法》等相关法律也可被援引来对商标进行保护,力图通过不同的法律部门从不同的角度,互相补充,相辅相成,从整体上有效地促进商标权的保护。但是,我们应该看到,我们自从 1993 年进行《反不正当竞争法》的立法后,这么长时间都没有进行修改,而且从我国的立法来看,我国的《反不正当竞争法》中也没有关于未注册商标保护的明确的直接的规定。现行《反不正当竞争法》可以被援引来对商标进行保护的条文仅止于第 2 条的原则性规定和第 5 条的"禁止假冒注册商标"的规定,针对现实的需要,在修改现行法律时应将商标保护扩大至未注册商标,即用"禁止仿冒知名商标"之规定取代现行"禁止假冒注册商标"之规定。

二、驰名商标的司法保护

(一)驰名商标制度的起源与发展

驰名商标,是对英文"well-known mark"的意译,目前,各个国家基本上都在商标制度中确立了驰名商标保护制度。最早提出驰名商标保护问题的是在 1911 年修改《保护工业产权巴黎公约》的华盛顿外交大会上,法国率先提出的。法国当时的建议是,在原属国已经注册的商标只要在其他成员国首先使用,即使后来有人注册了这一商标,也有权继续使用。这一建议由于两个只保护注册商标的国家反对,最后未获通过。时隔14年,在1925年海牙外交大会上,荷兰和保护工业产权联合国际局再次提出保护驰名商标的建议,经过激烈讨论,终于在公约中增补了专门保护驰名商标的第6条之二款,该条款的基本思路是,尽管有些商标没有在要求保护的国家注册,但如果事实上已经广为人知,经过该国主管机关的认定,该驰名商标的所有人,对在它之前申请或注册的其他相同或近似的商标,就可以要求拒绝或撤销。尽管《巴黎公约》在驰名商标的保护上走出了决定性的一步,但仍然遗留了众多的问题,1994年签定的《与贸易有关的知识产权协议》对驰名商标的保护进行了加强与突破,协定一方面将驰名商标的保护从商品商标延伸到服务商标上;另一方面,将注册的驰名商标的保护范围扩展到非类似的商品和服务上。1999年9月保护工业产权巴黎联盟及世界知识产权组织大会通过了《关于驰名商标保护规定的联合建议》,又对驰名商标的保护问题作了一些明确。对于驰名商标,《巴黎条约》和《与贸易有关的知识产权协议》都未给出一个明确的定义,很多国家也在此方面采取一个比较模糊的立法,一般不直接对驰名商标作出明确定义。在这点上,我国比较例外,我国《商标法》和《商标法实施条例》以及最高人民法院的《关于审理商标民事纠纷案件适用法律若干问题的解释》都未对此作出明确的定义,但是由工商行政管理总局先后出台的《驰名商标认定和管理暂行规定》和《驰名商标认定和保护规定》则对此作出了明确的定义,按照后面出台的《驰名商标认定和保护规定》,驰名商标是指在中国为相关公众广为知晓并享有较高声誉的商标。

(二)驰名商标的认定

驰名商标的认定是对驰名商标提供特殊保护的前提。它涉及认定主体、认定标准和认定方式三个方面的内容。

1.认定主体

驰名商标的认定主体一般包括社会团体、行政机关和司法机关等三类。社会团体认定的优点在于能充分调动社会成员的积极性和参与意识,实现对驰名商标的社会监督,但因社会认定往往不具备严格的监督机制,随意性较大,导致认定结果缺乏权威性和公正性,现在已很少采用。行政机关认定的优点在于行政主管机关专业性强,有利于提高认定结果的合理性和准确度,日本等国就采取这种办法。但单一的行政认定因其排除了司法最终审查权而显露出专制的痕迹,不符合现代法制文明中司法权神圣的原则。因此国际惯例一般将行政机关和司法机关同时作为驰名商标的认定主体。

我国传统的驰名商标认定主体仅限于行政机关,《驰名商标认定和管理暂行规定》第 3 条明文规定,对驰名商标的认定机构是国家工商行政管理总局,其他任何组织不得认定或采取其他变相方式认定驰名商标。这种由行政机关垄断驰名商标认定的规定一方面与国际公约相违背,因为 TRIPs 协议第 41—4 条明文要求"对于行政部门的终局决定或裁决,在任何情况下,都应使当事人有机会要求司法审查"。另一方面,也与国内的司法实践相矛盾,因为最高人民法院《关于审理商标民事纠纷案件适用法律若干问题的解释》第 22 条规定:"人民法院在审理商标纠纷案件中,根据当事人的请求和案件的具体情况,可以对涉及的注册商标是否驰名依法作出认定。"基于以上的矛盾和问题,《驰名商标认定和保护规定》删除了上述对认定机构作出的限制性规定,取消了认定主体的一元化,为我国司法机关享有驰名商标的认定权扫清了法律障碍。

2.认定标准

驰名商标的认定标准,基本上可分为:质的标准与量的标准。

质的标准是商标驰名与否的内在限定,是人们在观念上的一种把握,即商标在消费者的认知上必须"驰名",这又可分为地域标准与相关公众标准。按照我国《驰名商标认定和保护规定》,我国在地域方面采取在中国国内为标准。其他国家和地区在立法和司法上基本上也采取以本国或者本地区为单位的地域标准。而对于相关公众的认定,我国《驰名商标认定和保护规定》第 2 条第 2 款规定为:"相关公众包括与使用商标所标示的某类商品或者服务有关的消费者,生产前述商品或者提供服务的其他经营者以及经销渠道中所涉及的销售者和相关人员等。"我国最高人民法院《关于审理商标民事纠纷案件适用法律若干问题的解释》第 8 条则规定商标法所称相关公众,是指与商标所标识的某类商品或者服务有关的消费者和与前述商品或者服务的营销有密切关系的其他经营者。

量的标准是各国(地区)在实务中具体认定个案的参照因素,它是判定某一商标经过量化处理在何种程度上可达法定的驰名要件,是在调查举证基础上对某一商标在交易上所具有的知名度的考察,商标知名度的判定,必须依靠一定的数量分析才能凸显。在量的标准方面,我国的立法和司法实践还触及不多,不过《中华人民共和国商标法》第 14 条在认定驰名商标应当考虑的因素中也有所体现,比如要参考商标使用的持续时间、该商标的任何宣传工作的持续时间、程度和地理范围以及该商标作为驰名商标受保护的记录,但是还有待通过实践加以细化。

3.认定方式

驰名商标的认定方式有两种基本模式:被动认定和主动认定。

被动认定方式,又称事后认定,是在商标所有人主张权利时,也即存在实际的权利纠纷的情况下,应商标所有人的请求,有关部门对其商标是否驰名,能否给予扩大范围的保护进行认定。目前西方国家大多采用此种认定方式,被视为国际惯例。主动认定方式,又称事前认定,是在并不存在实际权利纠纷的情况下,有关部门出于预防将来可能发生权利纠纷的目的,应商标所有人的请求,对商标是否驰名进行认定。现行实践中,行政机关和法院采用的都是被动认定方式。

在驰名商标的认定上,我国法律还确立了按需认定的原则,《商标法》第14条明确规定:"在商标注册审查、工商行政管理部门查处商标违法案件过程中,当事人依照本法第十三条规定主张权利的,商标局根据审查、处理案件的需要,可以对商标驰名情况作出认定。在商标争议处理过程中,当事人依照本法第十三条规定主张权利的,商标评审委员会根据处理案件的需要,可以对商标驰名情况作出认定。在商标民事、行政案件审理过程中,当事人依照本法第十三条规定主张权利的,最高人民法院指定的人民法院根据审理案件的需要,可以对商标驰名情况作出认定。"

(三)驰名商标的保护

随着驰名商标具有越来越重要的经济意义,对它的保护成为国际社会所关注的热点问题。在国际范围内协调对驰名商标的法律保护,成为有关国家组织的工作重点。对驰名商标保护进行规定的最早的国际条约是《巴黎公约》,一个世纪以后,《与贸易有关的知识产权协议》将对驰名商标的保护提高到一个新的水平。这主要表现在如下两个方面:一是在《巴黎公约》规定对驰名商品商标提供保护的基础上,将保护扩大到驰名的服务商标上;二是把保护范围从《巴黎公约》的相同或类似商品扩大到非类似的商品或服务上。在各国的保护实践中,不仅基本上达到了《与贸易有关的知识产权协议》所要求的标准,而且有些国家对驰名商标的保护是越来越周密,包括禁止将驰名商标作为企业名称登记和禁止将与驰名商标相同或者近似的文字注册成为域名,等等。在对驰名商标侵权的认定标准上,已经超出了一般的混淆标准,而采取了更为严格的淡化标准,只要造成驰名商标的弱化、丑化或者退化,就可能被认定侵犯驰名商标的权利。

我国自加入《巴黎公约》之后,已在实践中对驰名商标予以保护。而为加入世贸而进行的《商标法》的修订也加入了相关的规定,《商标法》第13条规定："就相同或者类似商品申请注册的商标是复制、摹仿或者翻译他人未在中国注册的驰名商标，容易导致混淆的，不予注册并禁止使用。就不相同或者不相类似商品申请注册的商标是复制、摹仿或者翻译他人已经在中国注册的驰名商标，误导公众，致使该驰名商标注册人的利益可能受到损害的，不予注册并禁止使用。"这一规定已经和《与贸易有关的知识产权协议》所要求的标准相一致。

（四）驰名商标保护的限制

1. 驰名商标保护的扩大化

纵观驰名商标的产生与发展，我们已经发现驰名商标制度在发展的过程中，其保护范围已经越来越大，保护措施也越来越强，已经形成了一套非常严格的保护体系。

（1）保护范围越来越大

驰名商标制度主要是通过几个重要的国际公约率先确立的。在 1925 年的《巴黎公约》中，对驰名商标的保护对象还主要是在商品商标上，保护的范围主要是不允许跟在先使用的未注册商标相同或类似的标记，而到了《与贸易有关的知识产权协议》中，驰名商标保护制度已经扩展到服务商标上。另外，刚开始，受保护的只能是注册的驰名商标，而后来，则扩展到未注册的驰名商标上。另外，在这几年来，对驰名商标的保护范围也慢慢延伸到网络空间。

（2）保护措施越来越强

对于驰名商标的保护措施，也是越来越强。从正面角度来看，各国的商标法中都对驰名商标规定了很多的保护措施。而从反面看，对于驰名商标保护措施的加强，主要是体现在对于侵犯驰名商标权的行为的认定和打击上。对于后者，我们说一般商标的侵权行为，在认定上，我们采取的是混淆理论，即只有当一个人的行为造成了消费者的混淆，才有可能被认定为对商标权的侵犯。而在驰名商标领域，对于驰名商标的侵权，现在发展出来的是淡化理论。按照美国法学家斯科特教授的淡化理论，一个行为并不一定要使得消费者混淆，其也有可能会被认定为对驰名商标的侵犯，按照美国《联邦商标反淡化法》，驰名商标的淡化行为主要有弱化、丑化和退化三种。

2. 驰名商标保护限制的必要性

对于驰名商标的保护，其本意是在于对驰名商标人辛苦打拼创立驰名商标行为的鼓励和奖赏，但是，我们也看到，现在的状况是正如前面所述，对驰名商标的保护已经达到近乎完备的境地，而广大公众的合法权益空间却已经被压缩到了极限，在此情况下，若还只是对驰名商标单方面地加以绝对保护而不进行任何的限制,就会使在这种冲突权衡中因过于向个人利益倾斜而出现保护过当的倾向,从而阻碍正当市场竞争。

对于驰名商标的保护不能背离商标立法的目的和宗旨,商标立法的目的和宗旨是保护消费者和生产、经营者的合法、合理的利益,进而推动经济的发展。驰名商标的特殊保护也必须遵循《商标法》的立法宗旨并限制其范围。①驰名商标权利更是不能被滥用,纵容对驰名商标权利的滥用,最终会导致市场经济环境中各方利益的失衡。

3. 驰名商标保护所应有的限制

商标不论是否驰名,其权利都要受到一定的限制,驰名商标,也要受到一些跟普通商标一样的限制,这些限制主要表现在:驰名商标只能在核准注册的范围和核定使用的商品范围内使用,不得随意扩大商品和服务范围;未经法定许可不得随便改变商标标识;还有,驰名商标也要遵循商标权用尽原则,对于别人的合理使用,驰名商标所有人也要容忍,特别是那些本身是具有第二含义的说明性文字、图形或记号,经过后天努力后被认定为驰名商标的,不能因为其成为驰名商标而去阻止他人以第一含义的方式使用该文字、图形或记号,或主张自己的专属权以排除他人的使用。还有,对于善意侵权者,只要本人确实不知道自己销售的是侵犯商标专用权的商品,并且能证明商品属于合法来源的,就不承担赔偿责任,不能因为是驰名商标就一定要求别人赔偿。还有,对于一般商标权所有人的权利滥用的禁止也适用于驰名商标所有人身上,驰名商标的保护比较特别,所以,驰名商标所有人在平时滥用其权利的可能性更大,危害也更大,比如较常见到的驰名商标对域名的反向劫持问题,就有必要加以规制。另外,对于商标权利保护的相对地域性特征,也在一定程度上适用于驰名商标上。虽然按照《巴黎公约》的规定,被一国认定的驰名商标在其他《巴黎公约》成员国也受到特殊保护。但是商标在一个国家所受的保护毕竟与国家主权有关,所以该规定中还有其本国法律允许的情况下的特别声明。虽然发达国家与发展中国家对驰名商标的认定,以及在什么范围内进行特殊保护的看法有很大的差别,但驰名商标的保护有地域性还是十分明显的,比如日本松下电器公司使用的商标 National,在某些英语国家是禁止将其当作商标

---

① 肖云、方海平:《论驰名商标特殊保护的扩大与限制》,载《重庆大学学报》2004 年第 5 期。

使用的,更不用说将其认定为驰名商标进行特殊保护了。[①] 所以该公司不得不将 National 改成 Panasonic。因此若不加限制地对别国依其标准认定的驰名商标予以保护,就会令其享受超国民待遇,也就违背了 TRIPs 协议所确定的国民待遇原则[②],这与驰名商标特殊保护的初衷相去甚远,脱离了在相关地域及特定消费群体中达到驰名标准的事实,对驰名商标的特殊保护便成了无本之木、无源之水。事实上,WIPO 的驰名商标问题专家委员会曾讨论:驰名商标的特殊保护应以该商标在主张享受此种保护的缔约方领土范围内的相关公众领域驰名为条件。

除此之外,由于驰名商标受到了特殊保护,所以针对它所取得的特殊保护情况,我们也有必要对其进行一些特殊的限制:在这些特殊的限制中,我们觉得主要的驰名商标要受其显著性大小的限制。因为,驰名商标之所以受到特殊保护,归根结底,就是因为其有比一般商标更高的知名度,而这如果从商标的显著性角度来讲,就是拥有较高的显著性,所以,反过来,驰名商标也要因为其显著性的不同而有不同的待遇,我们所说的驰名商标,是对"well-known mark"的翻译,对于"well-known"这个单词,按照《牛津高阶英汉双解词典》的解释,它的词义有三层意思,即"known to many people"(众所周知)、"familiar"(熟知的)、"famous"(著名的)。尽管这里"famous"解释了"well-known",但该词典在解释"famous"时,是指"known to very many people",显然,其知名度大于"well-known"。虽然《巴黎公约》和 TRIPs 协议中用的都是"well-known mark",但是我们却有理由认为这两者的意思应该是不一样的,由于《巴黎公约》旨在防止"未注册"的驰名商标在他国遭受抢注,只要求有关商标在请求国曾使用和驰名即可。因此这里的"驰名"应是包括了以上三种意思,即只要具备任何一种意义上的商标都可能获得保护。但是 TRIPs 协议由于提供的是跨类保护,因此它规定了不同于《巴黎公约》的三个条件:一是商标是注册商标;二是暗示使用有关商标的商品或服务与注册商标所有人之间存在某种联系;三是有可能使注册商标所有人的利益受到损害。显然,TRIPs 协议的要求高于《巴黎公约》。从商标的特性来看,如前所述,《巴黎公约》只要求商标具有相对显著性;而 TRIPs 协议要求商标具有绝对显著性。因此,可以说,能获得 TRIPs 协议保护的商标是"well-known"中的"famous mark"。

---

① 俞晓霞:《在 WTO 法境下看驰名商标保护的八大误区》,载《人民司法》2001 年第 12 期。

② 何敏:《企业知识产权保护与管理实务》,法律出版社 2002 年版,第 54 页。

两个条约之所以都采用同一个英文单词来表达,可能是出于约定俗成的考虑,更大的可能性是,从《巴黎公约》规定"驰名商标"之始,公约就一直将其作为一种指称商标保护方法的统称,并不是需要在学理上严格区分的法律概念。根据这样的分析,笔者认为虽然都是"驰名商标",但是其保护程度应该是不一样的,并不是所有的驰名商标都可以受到跨类的保护,我们认为应该是那种"famous mark"才能享有这种待遇,如果从商标的显著性角度讲,我们认为只有那种具有绝对显著性的驰名商标才有可能受到跨类的保护,而对于只有相对显著性的驰名商标,则不能享受此特殊待遇。当然,这种显著性可以是先天形成的显著性,比如像"海尔""柯达"等商标,因为其属于臆造性商标而使其本身一开始就有较强的显著性,之后再通过使用和宣传而获得绝对显著性;也可以是那种后天形成的显著性,比如像"可口可乐"商标,虽然先天不足,但是在后天的使用宣传中获得了绝对的显著性。这样的商标,之所以说其具有绝对显著性,是因为一提及该商标,我们马上就会跟特定的商品联系起来,决不会有其他的联系,所以才能受到跨类的保护,而对于只具有相对显著性的商标,就不能享受跨类的保护。在这点上,德国的立法就有体现,德国把商标按知名度的大小分为普通驰名商标和高度著名的驰名商标,只对后者给予跨类的反淡化保护,而对于前者,则不适用。另外,我们说驰名商标保护要受其显著性大小的限制,还有另外一层意思,就是商标的显著性也是处于一个动态的变化中的,或者说其驰名度是在动态的变化中的,商品的质量、竞争等诸多因素都可以影响其驰名度,从而影响其是否受特殊保护以及受特殊保护的程度。另外,驰名商标因其所有人管理不善或对第三人淡化行为的忽视,导致驰名商标所具有的显著性完全丧失时,就会造成驰名商标的退化,驰名商标退化后,其就不应再得到特殊保护。在商标使用过程中,无论其驰名度如何高,一旦其显著性丧失,如若仍给予驰名商标的特殊保护,势必会影响到广大相对权利人的利益。所以在驰名商标的显著性已完全丧失的情形下,法律没有理由再对该商标予以特殊保护。

4.我国驰名商标保护所应有的限制

应该说,通过这几年的立法完善和执法、司法配套措施的出台,我国已基本形成了对驰名商标的交叉重叠保护,驰名商标权人的私益受到了很高的保护。但是,对于驰名商标权利特殊保护的限制却很少涉及。而且,我们发现,在这些对驰名商标进行特殊保护的立法规范中,有一些规定也明显不合法律一般规律。比如,对于恶意注册他人驰名商标者,驰名商标所有人行使撤销权不受时间限制的规定,虽然它源于《巴黎公约》第6条的相关规定,即:对于以不诚实手段取得注册或使用驰名商标提出取消注册或禁止使用的要求的,不受时间限制。很多国家也都采取同样立场。但是,这条规定却存在着以下的缺陷:(1)依一般民法原理来看,撤销权系形成权之一种,而形成权的行使一般均要受时间的限制,即对大部分形成权都要规定有除斥期间,而且不考虑相对人主观状态。商标法的规定显然违背了民法的一般理论。(2)对恶意注册不规定撤销期,在现实中也会有很大缺陷,容易带来整个注册秩序的不稳定,而且也有可能助长驰名商标所有人的恶意,即对恶意注册暂且不管,待注册者努力提升驰名商标的知名度后,再主张撤销,坐收渔利。①

　　另外,2005 年,我国发生的一系列的产品质量事件,也引起了我们对驰名商标认定标准的反思。在这一系列事件中,主角大部分都是标有驰名商标的产品。例如,苏丹红事件中的肯德基和麦当劳,碘超标事件中的雀巢,出现"早产奶"和"回产奶"问题的光明牛奶,含有致癌物质的高露洁牙膏,含有特氟龙问题的宝洁 SK-II 化妆品。这一连串驰名商标产品的质量问题使得人们对驰名商标产生了信任危机。对于这一问题,我们又有必要涉及有关驰名商标的定义,在前面我们讨论过,对于驰名商标的定义,国际上并没有出现一个很具体的定义,而对于驰名商标的英语单词的解读,我们又觉得《巴黎公约》和TRIPs 协定中的驰名商标甚至具有不一样的要求。对于什么是驰名商标,我国《商标法》未曾给过具体确定的含义,但是在工商总局商标局出台的《驰名商标认定和管理暂行规定》和《驰名商标认定和保护规定》中,却有了比较具体的定义,前后两个定义虽然有所变化,但是确有一项是没有变化的,即驰名商标除了公众所熟知外,还要具有较高声誉,而商标具有较高声誉一般意味着该商标所表征的商品要有较高的质量。也就是说,从我国两个规定中的定义来看,我们在对驰名商标的认定上,除了注重商标的熟知度外,该商品还要有较高的质量。对于该问题,有人曾经认为这是对国际公约的有关"well-known mark"的误译,因而不完美。②但是,笔者却认为,这个不是很完美的误译,却是一个对驰名商标的最合理的解读,特别是在今天,在驰名商标保护日益扩大化的今天,对驰名商标的认定标准也应该更高,不能只是简单地参照其知名度。所以,笔者认为我国对驰名商标的定义在这一方面是非常科学合理的。但是可

　　①　张玉敏、黄汇:《我国驰名商标保护中存在的几个问题及其完善》,载《甘肃政法学院学报》2003 年第 8 期。
　　②　高光伟:《"驰名商标"不完美》,载《中华商标》2004 年第 12 期。

惜的是,定义中对于驰名商标的认定标准,却没有在其他方面得以体现,我国《商标法》第14条中规定的可以作为在驰名商标认定中的考虑因素却没有这一方面的明确规定,如果要牵强地说,只能说该条第5项中所说的"其他因素"可以包括这种情况。由于立法中的不完善,在实践中,对于驰名商标的认定,我们更多的还是采取单一的标准模式,即主要关注其知名度,而不是非常关注其产品的质量,所以在这种认定模式下,一些靠广告战术的厂商,其生产的产品即使质量很一般,其商标也有可能因为大量广告投入而被相关公众所熟知进而被认定为驰名商标。获得驰名商标的特殊保护的商品却是质量一般的商品,这是不大合理的,而如果这些商品的质量还达不到一般的情况下,那更是对消费者权利的侵害,所以,笔者认为,对于驰名商标的认定标准,应该采取两重标准,要把产品质量纳入认定体系。

除了出于利益平衡的需要,在对享有特殊保护的驰名商标的认定标准上采取更高的标准外,对于已经认定的驰名商标,也要进行较为严格的监督和管理。防止类似拥有"雕"牌商标和"格兰仕"商标的厂家的权力滥用。[1] 对于这种滥用权利的行为,我们有必要进行处罚。另外,对于驰名商标的授权许可使用和转让,也应该要有比一般商标更严格的条件,要确保许可使用者或者受让者的产品质量达到与驰名商标商品相当的程度。

在驰名商标的保护上,我们还需要有一个科学的认识,驰名商标只是解决某种特殊商标冲突的技术手段的副产品,其存在的全部意义就在于解决这一特殊的商标冲突。驰名商标不能异化为一种荣誉,不能用来作为宣传推广的招牌。《商标法》第14条明确规定:"生产、经营者不得将'驰名商标'字样用于商品、商品包装或者容器上,或者用于广告宣传、展览以及其他商业活动中。"

总之,对驰名商标应当平衡保护而不失偏颇,实现特殊保护的合理化,其保护的标准,在价值层面上,应当不折不扣地体现出既从社会整体利益出发,又最大限度地保护个体利益,追求社会整体利益与个体利益的协调与平衡这一现代法的价值观。

第二节　商标权企业管理

商标的企业管理,是指企业对于自身的商标进行控制、使用、维护,降低商

---

[1]　郭宝明:《驰名商标与社会公众的利益平衡》,载《理论研究》2002年第8期。

标在使用过程中的风险,增加商标这种企业无形资产的积累,提升企业的品牌价值。

一、商标企业管理的必要性

现代激烈的市场竞争下,商标是企业生存和发展的一项强有力的武器,企业必须下力气做好商标管理,加强企业商标管理,对梳理企业形象,提高企业经济效益具有重要意义,首先,商标管理工作是现代企业在市场发展中的根本保证;其次,加强企业商标管理有利于提高企业的经济效益;第三,加强企业商标管理,有利于企业参与国际市场的竞争。[①]

二、我国商标企业管理的现状

（一）商标意识缺乏

很多企业只注重产品的研发和市场的开拓,而对于商标和品牌的培育和保护,却不注重,没有及时将企业使用的商标标识加以注册。不愿意花大力气对商标进行宣传和推广。不会运用商标法规去从事生产经营,不懂运用商标战略去开拓国内外市场。

（二）对商标管理和保护不重视

企业内部普遍没有设立专门的管理机构,没有配置专门的人员,也没有制定相关的商标管理制度,或者虽有制定,但是形同虚设。对商标这种无形资产的作用认识不足。

（三）设计不慎重

对商标标识的设计和选择随意性太强,不够重视商标标识的显著性。忽略商标注册的有效期限,没有及时对商标进行续展。

（四）使用不规范

对注册商标的使用不规范,擅自改变注册商标,将注册商标使用在商标注册证核定使用的商品类别之外的商品上。没有将商标及时地进行使用。商标注册人许可他人使用其注册商标,签订的商标使用许可合同没有到商标局备案。自行将注册商标转让给他人,没有向商标局提出申请并经商标局核准。

---

① 张琪:《论市场经济下的企业商标管理》,载《中央财经大学学报》2002 年第 4 期。

（五）保护不积极

对注册商标的保护不够重视，对市场上出现的侵权假冒商标的行为置之不理，不积极主动向有关部门投诉，不积极主动地对市场上的商标侵权行为进行打击。大多数企业没有设立专门的维权机构，也没有相应的维权人员和经费。

三、商标企业管理的完善

商标等企业的品牌，作为企业非常重要的无形资产，能够为企业带来良好的收益，对于这一资产，企业要重视，要根据企业的实际情况，成立专门的机构，配备专门的人员对其进行管理，专门负责处理商标事务。除此之外，企业对于包括商标在内的知识产权管理，要建立健全相应的管理制度。企业对于商标的管理，可以从商标注册、商标使用、商标保护等方面入手，相应的，也应该在上述方面建立完备的管理体系。"其中商标申请在管理应当包含商标设计、商标储备、申请及注册以及商标转让、续展等内容；商标使用的管理应当包括商标印制、商标宣传、商标标识管理、商标许可以及商标权质押等内容；商标保护应当包括商标监测、调查取证、海关备案、行政投诉以及司法诉讼等内容。"①商标管理的完善，也同样要在这几个方面展开。

（一）企业商标注册的管理

虽然目前我国实行的是自愿注册的原则，要获得保护，获得商标专用权，很大程度上还是需要通过注册来完成。作为识别企业商品或者服务标志，企业在商标的注册方面，要做好相关的管理工作。

对于商标注册的管理，首先要从商标设计开始。商标的设计在满足艺术美感、体现企业文化的同时，最主要的还是要考虑设计方案要满足商标法律的要求，能够加以注册。一般地，一个好的商标标识应该从以下几点入手：一是商标标识要易读、易记，有寓意；二是要注意政治、宗教、民族习惯以及语言等因素；三是商标构成要素要符合法律的规定，要具有显著性，不能使用《商标法》所禁用的文字和图形。

设计好一个商标标志后，要及时对商标进行注册。包括我国在内的大多数国家，商标权利主要还是通过商标注册才能取得，所以，要及时对商标进行注册，而且对商标的注册，甚至要有超前意识，当一种商品尚在研制过程中，就

---

① 中华全国律师协会知识产权专业委员会：《商标业务指南》，中国法制出版社 2007年版，第313~314页。

应该提前注册商标,另外,要考虑商品可能的投向,提前布点,在相关国家和地区进行商标注册,如果商标被其他企业恶意抢注,不仅已经使用的商标在市场上的使用会受到限制,其后无论是同构更换商标或者高价回购商标或者通过法律程序撤销被抢注的商标,都会增加企业的经营成本,更严重的是会延缓其商品进入市场的步伐,给企业利益造成巨大损失。

我国《商标法》第 39 条规定,注册商标的有效期为十年,自核准注册之日起计算。第 40 条规定,注册商标有效期满,需要继续使用的,应当在期满前十二个月内按照规定办理续展手续;在此期间未能办理的,可以给予六个月的宽展期。每次续展注册的有效期为十年,自该商标上一届有效期满次日起计算。期满未办理续展手续的,注销其注册商标。

（二）企业商标使用的管理

商标通过合法注册后,企业拥有注册商标的专用权。企业要沿革按照《商标法》的有关规定正确使用注册商标,不要自行改变注册商标的文字、图形、颜色及其组合等要素;不要随意扩大商标的使用范围,当注册商标的注册人名义、地址或者其他注册事项发生变化后,要及时报商标局进行相应变更;要转让注册商标时,转让合同要报商标局进行核准。另外,企业对于注册的商标,要及时进行使用,对于一些注册来作为储备的商标,要在三年内对储备商标进行适当的广告宣传;企业要避免因错误的使用而导致商标被撤销。

企业在使用商标许可来进行商标的投资利用时,要依法律规定进行,要适当选择合适的许可方式。在对被许可企业上,要慎重选择,要对被许可人的主体资格、资金信用、技术力量、经营范围、发展前景以及质量保证体系等事项进行严格的考察,并通过在许可协议中增加具体的针对生产销售环节的可操作的质量保证措施,进而对其使用注册商标的商品质量进行监督,以维护商标的声誉和企业的形象。

企业对商标标识的印制要严格管理,要建立商标标识管理的相关制度,商标标识的使用必须按企业下达的计划生产,按规定程序领取,未经批准不得擅自发放。商标标识应由专人保管,并建立出入库台账,对废次商标的销毁要有记录,由企业主管领导签字后交由商标管理人员处理。[①] 商标标识要交给有资质的印刷企业进行印制,要加强对商标印制厂家的监督管理,企业要通过合

---

① 周晓生:《论企业商标管理制度的完善》,载《哈尔滨商业大学学报》(社会科学版)2008 年第 6 期。

同的责任条款和违约条款来约束印刷厂家。在商标被许可使用的情况下,许可人也要加强对被许可企业在商标标识的印制方面的管理,要定期或不定期地对商标标识进行检查,防止注册商标标识外流。

（三）企业商标保护的管理

企业采取商标监测手段,适时地对在商标注册环节和商标使用环节上有可能对自己注册的商标权利造成伤害的行为进行把握。对商标注册环节的监测,主要是通过监测商标局出版的《商标公告》来发现是否存在他人在相同或类似商品上申请注册相同或近似的商标或者他人在非类似商品上申请注册相同或近似的商标。通过定期监测《商标公告》,发现可能给企业注册商标造成不利的商标注册申请,应当及时地将情况反馈给企业法务部门,及时启动异议和争议程序,阻止该申请获得注册或撤销该注册商标。对使用环节的监测,主要是通过在市场上监测他人是否有在同一种商品或类似商品上使用与本企业注册商标相同或者近似的商标的行为,是否有将自己企业的商标登记作为企业商号使用等。一旦发现有涉嫌侵犯企业注册商标专用权的行为,应当及时通知企业法务部门,组织人员采取措施进行调查取证,为下一步的维权做好准备。在取证上,可以采取委托律师调查取证、申请公证机关进行证据保全、向行政机关举报取证、申请法院进行诉前证据保全等方式。

在维权的手段上面,企业应当依据我国现有的民法、行政法、刑法等相关法律的规定,采用向工商行政管理部门投诉、向海关备案、向法院起诉等方式,通过运用法律武器,保护自己的合法权益不受侵犯。

第三节 商标权难点热点问题探讨

一、商标与通用名称

基本案情:1999 年 9 月,王守义集团申请注册"十三香"并拥有了商标所有权。当时,同样是生产"十三香"调味品的山东定陶永兴调味品厂提出异议,他们指出"十三香"是 13 种天然香料研磨而成。"十三香"同"五香粉"一样是调味品的通用名称,不能注册。随即向国家商标局提出异议。国家商标局受理并进行审查,最终驳回异议申请。该调味品厂又向国家商评委提出复审,国家商评委裁定其所提复审理由不成立,认为可以将"十三香"作为商标进行注册。定陶县永兴调味品厂不服该裁定,将国家商评委告上北京市一中院。北京市一中院审理认为：王守义集团公司长期生产、使用"王守义十三香"调味品，已经拥有较高的知名度，具备商标的显著性。而定陶县永兴调味品厂列举的有关厂家使用"十三香"作为调味品名称的时间均晚于第三人的使用时间，且多数发生在第三人"十三香"调味品取得一定知名度之后。最终，北京市第一中级人民法院支持国家商评委的裁定，王守义集团公司拥有"十三香"商标权。永兴调味品厂不服一审法院判决，向北京市高级人民法院提起上诉，最终，北京市高级人民法院驳回永兴调味品厂的上诉，维持一审判决。

法院判决：根据《中华人民共和国商标法》的规定，申请注册的商标，应当具有显著特征，便于识别。商标评审委员会根据十三香调味品集团有限公司长期生产经营调味品，并在先使用"十三香"作为调味品商品名称的事实，认定十三香调味品集团有限公司通过大量联合使用、宣传注册商标"龙亭"、"王守义"和商品名称"十三香"，使"龙亭"、"王守义"成为知名品牌，"十三香"在消费者中具有了较高的知名度，成为消费者识别该公司商品的标志，已具备商标的显著性。商标评审委员会据此作出的第1264号复审裁定认定事实清楚，适用法律正确，行政程序合法。一审判决正确，应予维持。《商标评审规则》第36条规定，商标评审委员会审理不服商标局异议裁定的复审案件，应当针对当事人的复审申请和答辩的事实、理由及请求进行评审。《商标评审规则》第73条规定，当事人对自己提出的评审请求所依据的事实有责任提供证据加以证明。没有证据或证据不足以证明当事人的事实主张的，由负有举证责任的当事人承担不利后果。永兴调味品厂在商标异议复审程序中，未能就"十三香"作为调味品商品通用名称的主张提供足够的证据进行证明；其认为"十三香"属于仅仅直接表示商品的质量、主要原料、功能、用途、重量、数量及其他特点的标志的主张亦缺乏证据支持。上诉人永兴调味品厂的上诉请求不能成立，本院不予支持。综上依照《中华人民共和国行政诉讼法》第61条第1项之规定，判决如下：驳回上诉，维持一审判决。

评析：这个案件是关于商标与通用名称如何认定的问题。商标是商品或服务的提供者为了将自己的商品或服务与他人提供的同种或类似的商品或服务相区别而使用的标记。而根据我国《商标审查及审理标准》中关于通用名称的规定，商标法中的通用名称是指国家标准、行业标准规定的或者约定俗成的商品的名称，包括全称、简称、缩写、俗称。

通用名称一般不能注册为商标，《商标法》第11条规定，仅有本商品的通用名称、图形、型号的标志不得作为商标注册；仅仅直接表示商品的质量、主要原料、功能、用途、重量、数量及其他特点的标志，不得作为商标注册。但是如果其通过使用获得显著性,则可以获得注册。在"一卡通"和"小肥羊"案中,前者商评委复审认定,虽然"一卡通"文字对其指定使用的"金融服务、储蓄银行、信用卡服务"等服务项目的特点有一定的叙述性描述,但经过申请人的长期使用与广泛宣传,"一卡通"文字与申请人之间已建立了紧密的联系,该文字已经起到了识别服务来源的作用,而且,目前尚无证据表明其他的金融机构也在使用"一卡通"文字。而在"小肥羊"案中,法院认定,通过大规模的使用与宣传,"小肥羊"具备了商标应有的显著性,与内蒙古小肥羊公司联系在一起所代表的不是一两岁小羊的通用名称[该案有关情况可参见北京市高级人民法院行政判决书(2006)高行终字第 92 号]。通用名称通过使用获得显著性而导致其可以获得注册的典型例子还有"酸酸乳"、"商务通"等商标案例。另外,商标如果太过驰名,也有可能变成通用名称。退化为商品的通用名称而失去专有权,例如"阿司匹林"、"优盘"、"百毒杀"等商标案例。由此不难看出,商标与通用名称之间会由于显著性的得失而发生转化。判定一个符号是属于商品通用名称还是属于商标,其背后反映了企业个体与行业整体的利益博弈,上述案件中案件输赢的关键点在于能够举证证明"十三香"是否是通用名称,这涉及通用名称的认定问题。通用名称的认定,主要涉及认定主体和认定标准问题。

通用名称的认定主体方面,根据我国《商标法》的规定,获得注册商标专用权要向商标局提出申请,由商标局初步审定,并予以公告,在申请过程中,第三人可以对商标注册申请提出异议,由商标局进行审查。当事人或者第三人如果对商标局的决定不服,均可以向商标评审委员会提出复审请求,由商评委作出裁定。另外,根据我国《商标法》中注册商标争议的裁定的相关规定,如果仅仅含有本商品的通用名称、图形、型号的,可以由商标局或商标评审委员会撤销该注册商标。由此可以看出在我国商标局和商标评审委员会是认定通用名称的主体之一。而《商标法》还规定,对商评委的复审不服的,可以向相关法院提起诉讼,《最高人民法院关于审理商标授权确权行政案件若干问题的意见》第 7 条也明确授予人民法院在审理商标授权确权行政案件中对涉案标识是否属于通用名称进行认定,因此,法院也是认定通用名称的一个主体。目前的情况下,有权审理商标授权确权行政案件的法院主要指北京市第一人民法院、北京市高级人民法院以及最高人民法院。上述主体的认定主要集中在商标确权过程中,但是在纠纷更多的商标侵权案件中,法院并没有得到像认定驰名商标和知名商品那样对通用名称认定的明确授权。同时,由于行使商标撤销权的主体是商标局,法院无法通过商标侵权诉讼的个案审理启动商标撤销程序,这也

成为许多法院回避对涉案商标本身是否构成通用名称进行认定的制度原因。^①

通用名称的认定标准方面，《商标法》没有规定，相关内容可以从司法解释和判例中得出。《最高人民法院关于审理商标授权确权行政案件若干问题的意见》第7条指出："人民法院在判断诉争商标是否为通用名称时，应当审查其是否属于法定的或者约定俗成的商品名称。依据法律规定或者国家标准、行业标准属于商品通用名称的，应当认定为通用名称。相关公众普遍认为某一名称能够指代一类商品的，应当认定该名称为约定俗成的通用名称。被专业工具书、辞典列为商品名称的，可以作为认定约定俗成的通用名称的参考。"约定俗成的通用名称一般以全国范围内相关公众的通常认识为判断标准。对于由于历史传统、风土人情、地理环境等原因形成的相关市场较为固定的商品，在该相关市场内通用的称谓，可以认定为通用名称。申请人明知或者应知其申请注册的商标为部分区域内约定俗成的商品名称的，应视其申请注册的商标为通用名称。我国司法判例解释该概念时也指出，判断通用名称时，不仅国家或者行业标准以及专业工具书、辞典中已经收录或记载的商品名称可以认定为通用名称，而且对于已为同行业经营者约定俗成、普遍使用的表示某类商品的名词，也可以认定为该商品的通用名称。因此，对于公众在生产、生活中约定俗成的商品的通用名称，无须履行相关部门的审批、注册登记等认定手续。^②

按照上述规定，商品的通用名称分为法定名称与约定名称两类。前者为国家或行业公用的名称，具有广泛性和规范性；后者为约定俗成并被普遍使用的名称。在通用名称的认定标准问题上，主要涉及的是约定俗成的通用名称的认定，上述司法解释确定了两个标准，一是"相关公众"标准，二是地域标准。

"相关公众"标准中，相关公众，一般认为应当指涉案商标所标识的商品的生产者或服务的提供者、商标所标识的商品或服务的消费者以及商标所标识的商品或服务在经销渠道所涉及的经营者和相关人员等。但是对于是否满足上述三者中的一部分还是要全部满足，如果只满足一部分的情况下，消费者的观点重要还是交易者的观点重要，存有不同的观点，有学说认为，该商品或者服务的交易者将该商标作为通用名称使用的过程中，必须达到业界已经将该商标作为通用名称来认知的条件，一般的消费者即使将某种特定名称作为该

①　林楠：《商标侵权诉讼中通用名称的认定和处理》，载《中华商标》2011年第11期。

②　参见北京市高级人民法院行政判决书(2006)高行终字第188号。

商品或者服务的一般名称来认知,也不能认为是通用名称,关键是特定业界的意识问题,也就是说,行业交易者是判断商标通用名称化的主体。也有学者认为,判断商标的通用名称化,必须以行业交易者之间以及消费者双方的认知作为判断基准。[①] 从比较法的视野来看,美国在通用名称化的判断上比较重视一般消费者的认知,即使该标识在行业间发挥着通用名称的机能,如果一般消费者并没有将其作为通用名称来看待,也应作为记述表示的商标受到保护。[②]

地域标准方面,上述解释中,对于通用名称的地域性有了一个初步的界定,但在关于地域范围的具体量化上,没有相关量化规定,更多的得依靠个案的具体情况把握。如在河南省柘城县豫丰种业有限责任公司(简称豫丰公司)与国家工商行政管理总局商标评审委员会(简称商标评审委员会)商标行政纠纷案中,尽管有证据表明,在河南省柘城县有一种形状像子弹头的辣椒,当地通称其为"子弹头"。但法院认为,辣椒是我国一种常见的农业作物,在我国许多省份都有广泛的种植,没有证据证明在我国其他辣椒产区有将"子弹头"作为辣椒俗称的情形。因此,"子弹头"已经在国家或者本行业中成为广泛使用的商品名称的立论并不成立。[③] 在"兰贵人"商标案件中,北京高院依据双方提交的证据确认,"兰贵人"茶的生产、销售多见于海南、福建、云南、广西等地的茶叶市场,因此上述省份的茶叶生产者、销售者以及由其参加或组成的茶叶协会、学会等组织属于判定"兰贵人"是否构成通用名称的相关公众。而对于万昌茶场提供的四川茶叶学会、天津茶叶协会等出具的证明"兰贵人"非茶叶通用名称的材料,北京高院认为,四川、天津、徐州等地不生产"兰贵人"茶,即使销售也仅销售万昌茶场的"椰仙兰贵人"茶,对"兰贵人"名称的使用情况缺乏了解,因此对四川、天津等地协会出具的证据未予采信。因此认定"兰贵人"是一种拼配茶的通用名称。[④] 在"ひじき(羊栖菜)"商标案中,二审法院认为温州佳海食品有限公司提交的证据可以证明:洞头县系中国唯一的羊栖菜养殖、加工和出口基地,享有"羊栖菜之乡"美誉,当地自 1982 年开始加工羊栖菜,其产品 90% 出口日本,羊栖菜的终端消费者主要在日本。羊栖菜作为中

---

① 刘斌斌:《比较法视角下商标的通用名称化及其救济》,载《甘肃社会科学》2012 年第 1 期。

② 刘斌斌:《比较法视角下商标的通用名称化及其救济》,载《甘肃社会科学》2012 年第 1 期。

③ 参见北京市高级人民法院行政判决书(2006)高行终字第 188 号。

④ 参见北京市高级人民法院行政判决书(2009)高行终字第 330 号。

国特定地区主要供出口日本的产品,其养殖、加工、销售出口涉及中国境内的市场区域系以浙江省温州市洞头县为主的特定地域范围,相关市场较为固定,"相关公众"主要应指上述区域内的羊栖菜加工出口企业。因此,判定争议商标是否是通用名称应该考虑当地羊栖菜行业的生产者、经营者。[①] 山东"鲁锦"案中,主审法官认为对于具有地域性特点的商品,其广泛性的判断应以其特定地区相关公众为标准,而不应以全国相关公众为标准。与之相反,在"水鸟被"案中,广东省高院认为水鸟被是否属于商品通用名称,不能仅以广东省的情况为准,因为注册商标是在全国有效,需要据全国相关公众的认识作出判断。

此外,通用名称的认定还牵涉到一个时间点的问题,一个标志是否属于通用名称并不是一成不变的,它会随着时间的变化而变化,所以在认定上要把握几个时间点,按照《最高人民法院关于审理商标授权确权行政案件若干问题的意见》第8条的意见,人民法院审查判断诉争商标是否属于通用名称,一般以提出商标注册申请时的事实状态为准;如果申请时不属于通用名称,但在核准注册时诉争商标已经成为通用名称的,仍应认定其属于本商品的通用名称;虽在申请时属于本商品的通用名称,但在核准注册时已经不是通用名称的,则不妨碍其取得注册。

二、商标三年不"使用"中的使用的认定

基本案情:"卡斯特"商标(即争议商标)系1998年9月7日申请、2000年3月7日被核准注册,指定使用在第33类"果酒(含酒精)"等商品上,商标权人为李道之。2005年7月,卡斯特公司以连续3年停止使用为由,向商标局申请撤销争议商标。国家工商行政管理总局商标局(以下简称商标局)以李道之未在法定期间内提交其使用争议商标的证据材料为由,决定撤销争议商标。李道之不服,向商标评审委员会申请复审,并提交了商标使用许可合同和被许可人上海班提酒业有限公司(以下简称班提公司)销售卡斯特干红葡萄酒的增值税发票2张等使用证据。商标评审委员会经审查认为,争议商标的前述使用事实符合商标法实施条例第3条及第39条第3款关于商标使用的规定,不符合商标法第44条所指的连续3年停止使用应予撤销的情形,遂维持争议商标的注册。卡斯特公司不服,提起行政诉讼。北京市第一中级人民法院和北

---

① 参见北京市高级人民法院行政判决书(2012)高行终字第668号。

京市高级人民法院先后维持了商标评审委员会的决定。卡斯特公司不服,向最高人民法院申请再审,认为争议商标仅有形式使用、象征性使用,而且违反了葡萄酒商品进口、销售等方面的法律法规,属于违法使用,应予撤销。最高人民法院于 2011 年 12 月 17 日裁定驳回了卡斯特公司的再审申请。

法院判决:最高人民法院审查认为:注册商标长期搁置不用,该商标不仅不会发挥商标功能和作用,而且还会妨碍他人注册、使用,从而影响商标制度的良好运转。因此商标法第 44 条第 4 项规定,注册商标连续 3 年停止使用的,由商标局责令限期改正或者撤销其注册商标。应当注意的是,该条款的立法目的在于激活商标资源,清理闲置商标,撤销只是手段,而不是目的。因此只要在商业活动中公开、真实的使用了注册商标,且注册商标的使用行为本身没有违反商标法律规定,则注册商标权利人已经尽到法律规定的使用义务,不宜认定注册商标违反该项规定。本案中,李道之在评审程序中提交了许可班提公司使用争议商标的合同和班提公司销售卡斯特干红葡萄酒的增值税发票,在申请再审审查期间又补充提交了 30 余张销售发票和进口卡斯特干红葡萄酒的相关材料。综合上述证据,可以证明班提公司在商业活动中对争议商标进行公开、真实的使用,争议商标不属于商标法第 44 条第 4 项规定连续 3 年停止使用、应由商标局责令限期改正或者撤销的情形。至于班提公司使用争议商标有关的其他经营活动中是否违反进口、销售等方面的法律规定,并非商标法第 44 条第 4 项所要规范和调整的问题。卡斯特公司关于班提公司违反了《中华人民共和国进出口商品检验法》等法律规定,由此争议商标违反商标法第 44 条第 4 项规定,应予以撤销的主张没有法律依据。据此裁定驳回法国卡斯特兄弟股份有限公司的再审申请。①

案件评析:本案是有关商标连续三年不使用被撤销制度的一个具体案例,所谓的"连续三年不使用被撤销"具体指我国的商标法第 44 条第 1 款第 4 项的规定:使用注册商标,有下列行为之一的,由商标局责令限期改正或者撤销其注册商标:(四)连续三年停止使用的。美国、德国、日本等国家的相关商标法律都有此规定。② 注册商标连续三年不使用撤销制度的立法目的就在于促使商标所有人真实地使用商标,及时地清除没有使用的闲置商标,并间接达到

---

① 详细案情参见最高人民法院行政裁定书(2010)知行字第 55 号。

② 《日本商标法》第 50 条、德国商标法第 49 条、《英国商标法》第 46 条、《法国商标法》第 L714-5 条,我国台湾地区商标法第 57 条。

抑制商标抢注和囤积的目的。北京一中院在"康王"商标撤销案中明确指出"商标法中注册商标连续三年不使用可以予以撤销的这一规定的立法目的在于使注册商标在商业活动中得到实际应用。"①最高人民法院在卡斯特的再审案件中也认为:"注册商标长期搁置不用,该商标不仅不会发挥商标的功能和作用,而且还会妨碍他人注册、使用,从而影响商标制度的良好运转。"②

　　案件经由商标局、商评委、北京市一中院、北京市高院、最高人民法院,主要的争议点在于该该制度中商标不使用中的使用的认定问题,在具体点,主要涉及商标合法使用如何认定的问题。注册商标使用如果没有违反商标法的相关规定,但是违反了商标法外的其他法律法规的规定,比如本案中违反了葡萄酒商品进口、销售等方面的法律法规,是否属于违法的使用。与本案类似的还有"康王"案件,也是涉及到违反化妆品生产许可证和卫生许可证的情况下的商标使用是否属于违法使用。两个案件问题相似,商标局和商评委在两个案件中的决定也一致,商标局都作出撤销的决定,而商评委作出了维持争议商标注册。不同点在于"康王"案件中,一二审法院都认为上述违背行政法规的商标使用行为也属于不合法的使用,因而不属于商标使用,所以满足三年不使用被撤销的条件,而"卡斯特"商标案中,一二审法院采取了完全相反的认定,认为违反进口、销售等方面的法律规定,并非商标法第 44 条第 4 项所要规范和调整的问题。另外,本案中也涉及商标连续三年不使用被撤销中使用认定的其他问题,下面,就商标连续三年不使用被撤销制度进行整体的梳理,以便更完整地了解整个制度。

　　关于商标使用,《商标法》第 48 条规定:"本法所称商标的使用,是指将商标用于商品、商品包装或者容器以及商品交易文书上,或者将商标用于广告宣传、展览以及其他商业活动中,用于识别商品来源的行为。"对于商品商标而言,商标的使用,最直接和最常见的方式是将商标用于商品、商品的包装或 者容器上。这种方式使消费者在购买商品的时候直接通过商标而识别商品及其生产者。此外,将商标使用于买卖合同等商品交易文书上,也是对商标的使用。将商标用于广告宣传、展览以及其他商业活动中,是生产者在实践中广泛应用的使消费者认知其商标的一种途径,也是对商标的使用。

　　国家工商行政管理总局《商标审理标准》中则有商标使用的进一步细化规

---

① 　参见北京市第一中级人民法院(2006)一中行初字第 1052 号判决书。
② 　参见最高院(2010)知行字第 55 号裁定书。

定,商标使用在指定商品上的具体表现形式有:(1)采取直接贴附、刻印、烙印或者编织等方式将商标附着在商品、商品包装、容器、标签等上,或者使用在商品附加标牌、产品说明书、介绍手册、价目表等上;(2)商标使用在与商品销售有联系的交易文书上,包括使用在商品销售合同、发票、票据、收据、商品进出口检验检疫证明、报关单据等上;(3)商标使用在广播、电视等媒体上,或者在公开发行的出版物中发布,以及以广告牌、邮寄广告或者其他广告方式为商标或者使用商标的商品进行的广告宣传;(4)商标在展览会、博览会上使用,包括在展览会、博览会上提供的使用该商标的印刷品以及其他资料;(5)其他符合法律规定的商标使用形式。商标使用在指定服务上的具体表现形式有:(1)商标直接使用于服务场所,包括使用于服务的介绍手册、服务场所招牌、店堂装饰、工作人员服饰、招贴、菜单、价目表、奖券、办公文具、信笺以及其他与指定服务相关的用品上;(2)商标使用于和服务有联系的文件资料上,如发票、汇款单据、提供服务协议、维修维护证明等;(3)商标使用在广播、电视等媒体上,或者在公开发行的出版物中发布,以及以广告牌、邮寄广告或者其他广告方式为商标或者使用商标的服务进行的广告宣传;(4)商标在展览会、博览会上使用,包括在展览会、博览会上提供的使用该商标的印刷品及其他资料;(5)其他符合法律规定的商标使用形式。《北京市高级人民法院关于审理商标民事纠纷案件若干问题的解答》第 2 条指出,商标使用方式还包括"在音像、电子媒体、网络等平面或立体媒介上使用商标标识。"

上述规定,具体阐述了商标使用的各自形式,但是涉及连续三年不使用的使用的认定上,还要具备以下要件。

(一)必须是商标权人的使用或者在商标权利人的统一后者授权下的使用

单纯许可、转让注册商标的行为不能视为注册商标的商业性使用。在"GNC"案中,北京市高级人民法院认为"这些行为仅是许可人或者转让人与被许可或者受让人之间的行为,不具有面向消费者昭示商标的识别功能,因此商标权人对涉案商标的许可他人使用以及其后的转让行为均不属于商标的使用。"[①]

无权使用者的使用是否属于注册商标的使用,这种情形主要出现在注册商标撤销程序中,如果商标权人说服无权使用者与自己达成了许可协议,商标局是否应当承认无权使用者的使用属于商标权人的使用,从而不再撤销其注

---

① 参见北京高院(2006)高行终字第 78 号行政判决书。

册商标？实践中，"康王"案件中，云南滇红公司许可昆明滇红公司使用涉案商标"康王"的行为，就属于违反和原注册商标权人康丽雅公司之间的许可合同的约定范围许可第三人使用注册商标而发生的无权使用。北京市第一中级人民法院和北京市高级人民法院都认为无权使用者的使用不属于注册商标权人对注册商标的使用。

（二）必须是公开、真实、合法、规范的商业性使用

1. 公开使用

公开使用是指商标的使用并非内部使用，应当以相关公众为识别群体。商标在公开的商业领域进行了使用，尤其是在商业的流通领域及其相关领域有所使用，使得相关公众能够知晓商标的存在。而内部的使用，例如内部办公文具、标示、办公场所的 logo 等一般不宜认为是公开使用。因此公开的使用，是以相关公众为识别群体而知晓商标的存在并且通过该商标将不同的商标和商品或者服务联系起来，起到了商标区分商品不同来源的功效，才能视为公开的使用。

2. 真实使用

所谓商标的真实使用，英国《商标法》称之为"善意使用"，德国学说上则称之为"真实与严肃之使用"[①]，这是对商标使用的主观的要求，是指应该在商标注册核准的商品范围内实质地和广泛地进行使用，而不是象征性、应付性地使用。倘于注册后，并未为善意之交易行为或使用之事实，如仅为避免商标权因商标之未使用或继续使用而构成被撤销之事由而为小广告，恐易招致商标黄牛或商标客等投机取巧之徒而妨碍他人之商标使用抹杀商标固有之功能[②]。而不是为了维持注册商标而应付性、象征性地使用。以"商标使用在商品上"作为直接证据认定商标使用的事实，这是国际商标界的共识。在"华艺HUAYI 及图形"商标撤销案中，北京市高级法院明确提出了这样的要求，并因注册商标所有人欠缺"商标使用在商品上"的直接证据，判定其败诉[③]。

3. 合法使用

关于何为合法使用，一直以来，都存在一定的争议，一种观点是商标的使用如果没有违反商标法强制性、禁止性规定，就可定为合法使用，至于商标使

---

① 曾陈明汝：《商标法原理》，中国人民大学出版社 2003 年版，第 140 页。

② 曾陈明汝：《商标法原理》，中国人民大学出版社 2003 年版，第 138 页。

③ 李静冰：《注册商标不使用撤销诉讼中的证明责任》，载《中华商标》2011 年第 2 期。

用过程中的其他违法行为,受其他法律的调整约束而承担相应的责任,但并不影响商标的使用界定为合法使用。另一种观点是商标的使用如果违法了法律法规,就应当判定为非法使用,不构成合法使用。正如开始案例所涉及的,现在在理论实务界,更多的是采用第一种观点。

4. 规范使用

(1)必须在注册指定的商品或服务上使用。

如果将注册商标使用在注册时指定的商品或者服务之外,那么这种使用就不属于商标法所规定的注册商标的使用,不能产生维持商标注册的效力,即使使用的商品或服务与核定的商品或服务类似。在"GNC"商标撤销案中,GNC 商标核定使用的商品为第 30 类中的"非医用营养鱼油",商标所有人将该商标使用于蜂蜜等蜜蜂产品上,第三人请求撤销该注册商标,北京高院认为案件中 GNC 商标的使用均是在蜂蜜等蜂产品上的使用,并非用在涉案商标核定使用的商品——非医用营养鱼油上的使用,不属于商标法意义上的商标使用,并因此撤销北京市一中院的一审判决,一中院的判决是支持商评委作出的维持商标注册裁定。

一个商标在多个商品或者服务类别上核定使用,在其指定的部分类别商品或者服务上的使用,是否可以被认定为在其他类别商品或者服务上也尽到使用义务?在实践中对于一个商标标识进行多类注册甚至全类注册的情况时有发生,但是这些商标权人并没有真正想在多个或者所有的商品或者服务类别上使用该商标,只是想避免被别人搭便车,起到类似于防御商标的作用,但是我国并没有防御商标制度,所以理论上,不能因为在一类商品或者服务上的使用就能被认定为在其他类中也使用从而避免其他类中的商标被撤销。而且《商标法实施条例》第 68 条也规定:"商标局、商标评审委员会撤销注册商标或者宣告注册商标无效,撤销或者宣告无效的理由仅及于部分指定商品的,对在该部分指定商品上使用的商标注册予以撤销或者宣告无效。"按照此规定,似乎也可以理解为在上述情形下,没有实际使用到的商品或者服务类别上的商标应该不能算使用过,因此应该被撤销。学者对此则有不同的意见,有学者认为,"这种状况一方面大大增加了注册机关的工作量,浪费了纳税人的钱;另一方面严重妨碍了他人选择和注册商标的自由,对提高国货的商标知名度却没有多少积极意义,从立法政策上讲,应该对此类行为进行抑制"。《商标法实施条例》第 68 条的规定体现了这种立法政策,应予肯定。① 但是也有人认为不能一概而论,驰名商标所有人持有的不同类别的相同或者近似商标不适用未使用的撤销原则。对连续三年不使用商标撤销权在驰名商标中的限制使用,是防止他人滥用权利,正确执行对驰名商标给予的特殊保护的原则。② 对于以上两种观点,笔者更赞同前者,笔者认为,驰名商标制度本身,已经赋予该商标更多的权利来有效避免别人搭便车等行为,驰名商标完全可以通过其被认定为驰名的事实而得到跨类的保护,完全没必要注册那么多没打算使用的商标。而对于没有使用的商标,被撤销,也不会影响到驰名商标在该类商品或服务上的保护。实践中,"北极星"曾为钟表上的驰名商标,商标所有人在第 6 类"金属建筑材料、钢丝"等商品上注册的第 561008 号"北极星"商标因连续 3 年未使用而被撤销。③

一个商标如果在申请过程中指定在一类商品或服务中的多种商品或者服务上使用,如果仅在某种商品或者服务上使用,是否可以被认定为在其他商品或者服务上也尽到使用义务? 我国 2001 年《商标法》第 20 条的规定,采用的是"一标一类"的注册方法,即一个商标申请所指定的商品或者服务职能限于商品分类表中的一类,而不能指定多类商品或者服务。但是对于一类中,可以指定使用在多种商品或者服务上。在此情况下,如果只在该类的一种商品或者服务上使用,能否被认定为在同一类上的其他商品或服务上也已经使用呢? 理论上有不同的见解,有认为可以,有认为不可以,也有认为不能一刀切。实践中,"博奥 BOAO 及图形"商标撤销案件中,商评委的意见就采取第三者观点。④ 笔者认为区分不同情形进行处理比较合理。如果商标已使用的商品或服务与其他同类上的其他未使用的商品或服务相类似,其他商品或服务上也认定为使用比较合适,如果不类似,则不宜认定为已经使用。

(2)必须使用核准注册的商标标识

商标权利人对商标的使用必须依照核准注册的商标标识来使用,按照《商标法》第 56 条的规定,注册商标专用权,以核准注册的商标和核定使用的商品

---

① 田晓玲:《注册商标三年不使用撤销制度研究》,载《学术论坛》2010 年第 3 期。

② 王磊:《三年不使用撤销的例外——驰名商标的类似商标》,载《中华商标》2006 年第 7 期。

③ 孔祥俊:《商标与不正当竞争法原理与判例》,法律出版社 2009 年版,第 90 页。

④ 参见商评字[2007]第 1679 号《关于第 1294337 号"博奥 BOAO 及图形"商标撤销复审决定书》。

为限,只有按照核准注册的图形或者文字来对商标进行使用,才是商标法意义上的使用。如果要改变商标标识,那么依照《商标法》的规定,必须重新提出申请,如果自行改变注册商标标识的,按照《商标法》第49条的规定,也有可能被商标局限期改正或者撤销。《商标审查及审理标准》规定:自行改变注册商标,是指商标注册人或者被许可使用人在实际使用注册商标时,擅自改变该商标的文字、图形、字母、数字、立体形状、颜色组合等,导致原注册商标的主要部分和显著特征发生变化。改变后的标志同原注册商标相比,易被认为不具有同一性。按照上述标准,在连续三年不使用被撤销的制度中,对与核准注册的商标标识不同的商标进行使用,一般是不能作为已经使用商标的证据的。但是如果这种改变,并没有改变显著性和主要部分,则应该作为使用的证据。北京市高级人民法院《关于审理商标民事纠纷案件若干问题的解答》第6条也规定:实际使用的商标未改变注册商标的显著特征的,视为对注册商标的使用,否则,不能认定是对注册商标的使用。

5. 商业性使用

《商标法》所讲的商标在商业活动中的使用,是指商标或者说带有商标的商品在商业渠道中的使用,而不以最后商品买卖关系的实际发生为要件,因此,在商业渠道中的展览、广告都是商业使用。① 当然,也有观点认为仅仅在广告上使用注册商标,不能视为商标使用行为。

(三)不使用的起算点

连续三年不使用是一个连续、不间断的不使用状态。对于不使用的时间起算点,理论上曾存有两种不同认识:一种是认为应当自申请撤销注册商标之日起算,向前推算3年,一种是认为应当由申请人主张起算点,只要在其主张的起算点往前推有存在一个连续3年不使用的状态即可。笔者赞同前一种观点,笔者认为,撤销连续三年不使用商标制度的本意在于防止商标闲置不用而浪费,即使一个商标之前存在过三年连续不使用的状态,但是在商标申请撤销前已经恢复使用,那么再对此类商标予以撤销就不符合制度的本意了。实践中,商标局和商评委的观点也是赞同前者,国家工商总局商标局和商评委于2005年12月颁布的《商标审查及审理标准》中明确规定:连续三年停止使用注册商标的时间起算,应当自申请人向商标局申请撤销该注册商标之日起,向前推算三年。最高院知识产权庭庭长孔祥俊也赞同此观点。

---

① 程永顺:《知识产权疑难问题专家论证3》,法律出版社2013年版,第11页。

（四）商标连续三年不使用撤销的主体和程序

《商标法》第 49 条规定：注册商标成为其核定使用的商品的通用名称或者没有正当理由连续三年不使用的，任何单位或者个人可以向商标局申请撤销该注册商标。商标局应当自收到申请之日起九个月内做出决定。有特殊情况需要延长的，经国务院工商行政管理部门批准，可以延长三个月。

按照上述商标法律的规定，商标连续三年不使用撤销程序的启动主体并没有限制，任何单位和个人都可以提出申请，但是商标局不能依职权启动。

程序方面，《商标法》也有相应规定，《商标法》第 54 条规定："对商标局撤销或者不予撤销注册商标的决定，当事人不服的，可以自收到通知之日起十五日内向商标评审委员会申请复审。商标评审委员会应当自收到申请之日起九个月内做出决定，并书面通知当事人。有特殊情况需要延长的，经国务院工商行政管理部门批准，可以延长三个月。当事人对商标评审委员会的决定不服的，可以自收到通知之日起三十日内向人民法院起诉。"

（五）法律效果

关于商标连续三年不使用的后果，存在着不同的观点，一种观点认为，2001 年《商标法》第 44 条规定："使用注册商标，有下列行为之一的，由商标局责令限期改正或者撤销其注册商标。"按照上述规定，商标连续三年不使用，并不一定被撤销，也有可能被责令限期修正；而另外一种观点认为，2002 年《商标法实施条例》第 39 条规定："不能提供使用的证据材料或者证据材料无效并没有正当理由的，由商标局撤销其注册商标。"按照该条例规定，注册商标连续三年不使用，将直接被撤销，没有责令改正的处理方式。而且，从立法目的看，该条款是为了促使商标权人真实使用商标，如果他人申请撤销时该商标已经连续三年停止使用且处于不使用状态，还采用责令限期改正的方式，则立法目的的实现将大打折扣。[①] 新的商标法第 49 条规定："注册商标成为其核定使用的商品的通用名称或者没有正当理由连续三年不使用的，任何单位或者个人可以向商标局申请撤销该注册商标。商标局应当自收到申请之日起九个月内做出决定。有特殊情况需要延长的，经国务院工商行政管理部门批准，可以延长三个月。"该规定仍然没有对连续三年不使用的后果明确化。但是，笔者认为，按照 2001 年《商标法》第 44 条的规定，由商标局根

---

① 北京市第一中级人民法院知识产权庭：《商标确权行政审判疑难问题研究》，知识产权出版社 2008 年版，第 181 页。

据具体的情况采用责令限期改正或者直接撤销注册商标,应该是一种比较合理的做法。

（六）不使用的抗辩理由

并不是所有没有使用的注册商标被提起连续三年停止使用撤销程序后都会被撤销。如果注册人能够说明该商标不使用的正当理由,该商标仍然可以被维持有效。那么,什么是不使用的正当理由呢?实践中,法院认为未使用商标的正当理由是指不可抗力、因政府政策性限制停止使用、因破产清算停止使用或其他不可归责于商标注册人的正当事由。①

本编思考题：

1. 什么是商标？其有哪些功能？

2. 商标注册需要满足哪些要件？

3. 商标权利有哪些内容？

4. 商标注销、撤销与无效有哪些区别？

5. 商标权的限制有哪些情形？

6. 我国企业的商标管理存在哪些不足,如何完善？

7. 如何完善我国未注册商标制度？

8. 如何看待驰名商标保护制度？

9. 认定通用名称应该考虑哪些因素？

10. 商标三年不使用的"使用"如何认定？

---

① 参见北京市第一中级人民法院(2007)一中行初字第 83 号判决书。

参考书目

1. 郑成思：《版权法》修订本，中国人民大学出版社 1997 年版。

2. 郑成思：《WTO 知识产权协议逐条讲解》，中国方正出版社 2001 年版。

3. 郑成思：《知识产权论》（修订本），法律出版社 2001 年版。

4. 刘春田：《知识产权法（第三版）》，高等教育出版社 2007 年版。

5. 吴汉东：《知识产权法（第三版）》，法律出版社 2009 年版。

6. 李明德：《美国知识产权法》，法律出版社 2003 年版。

7. 张乃根、符望：《全球电子商务的知识产权法》，上海交通大学出版社 2004 年版。

8. 冯晓青、杨利华：《知识产权法热点问题研究》，中国人民公安大学出版社 2004 年版，第 123 页。

9. ［美］威廉·M. 兰德斯、理查德·A. 波斯纳编著，金海军译，《知识产权法的经济结构》，北京大学出版社 2005 年版。

10. 任自力、曹文泽：《著作权法——原理·规则·案例》，清华大学出版社 2006 年版。

11. 张革新：《现代著作权法》，中国法制出版社 2006 年版。

12. 王清：《著作权限制制度比较研究》，人民出版社 2007 年版。

13. 胡朝阳：《知识产权的正当性分析——法理和人权法的视角》，人民出版社 2007 年版。

14. 石娟：《开放源代码及相关知识产权法理刍论》，西南政法大学 2007 级硕士学位论文

15. 冯军、黄宝忠：《版权保护法制的完善与发展》，社会科学文献出版社 2008 年版。

16. 秦珂：《期刊的著作权问题》，知识产权出版社 2008 年版。

17. 吴汉东：《知识产权制度—基础理论研究》，知识产权出版社 2009 年版。

18. 宋伟：《知识产权管理》，中国科学技术大学出版社 2010 年版。

19. 陈明涛：《网络服务提供商版权责任研究》，知识产权出版社 2011 年版。

20. 王亮、刘晓丹：《数字版权管理导论》，经济管理出版社 2011 年版。

21. 何敏：《知识产权基本理论》，法律出版社 2011 年版。

22. ［德］荣汉斯、［德］利维著，宋伟等译：《知识产权管理指南》，中国科学技术大学出版社 2011 年版。

23. 游劝荣：《知识产权保护法律制度比较研究》，人民法院出版社 2012 年版。

24. 宋伟：《知识产权管理》，中国科学技术出版社 2010 年版。

25. 曾德国、乔永忠：《知识产权管理》，知识产权出版社 2012 年版。

26. 马海群：《现代知识产权管理》，科学出版社 2009 年版。

27. 黄晖:《商标法》,法律出版社 2005 年版。

28. 黄晖:《驰名商标和著名商标的法律保护》,法律出版社 2001 年版。

29. 王先林等:《知识产权滥用及其法律规制》,中国法制出版社 2008 年版。

30. 曾陈明汝:《商标法原理》,中国人民大学出版社 2003 年版。

31. 孔祥俊:《商标与不正当竞争法原理与判例》,法律出版社 2009 年版。

32. 程永顺:《知识产权一栏问题专家论证 3》,法律出版社 2013 年版。

33. 北京市第一中级人民法院知识产权庭:《商标确权行政审判疑难问题研究》,知识产权出版社 2008 年版。

34. [美]P. D. 罗森堡:《专利法基础》,郑成思译,对外贸易出版社 1982 年版。

35. 江镇华:《英文专利文献阅读入门》,专利文献出版社 1984 年版。

36. 汤宗舜:《专利权教程》,法律出版社 1988 年版。

37. 龚维新、蒋德明:《国际技术转让的理论与实务》,上海人民出版社 1990 年版。

38. 世界知识产权组织:《知识产权法教程》,高卢麟等译,专利文献出版社 1990 年版。

39. 白映福、黄瑞:《国际技术转让法》,武汉大学出版社 1995 年版。

40. 李济群:《专利学概论》,中国纺织出版社 1999 年版。

41. 吴汉东、胡开忠:《无形财产制度研究》,法律出版社 2001 年版。

42. 张晓都:《专利实质条件》,法律出版社 2002 年版。

43. 郑成思:《知识产权论》,法律出版社 2003 年版。

44. [美]Jay Dratler. Jr:《知识产权许可》(上册),王春燕等译,清华大学出版社 2003 年版。

45. 回沪明、孔祥俊:《反不正当竞争法及配套规定新释新解》,人民法院出版社 2004 年版。

46. 王玉清、赵承壁:《国际技术贸易》,对外经济贸易大学出版社 2006 年版。

47. 胡佐超、余平:《企业专利管理》,北京理工大学出版社 2008 年版。

48. 朱雪忠:《知识产权管理》,高等教育出版社 2010 年版。

参考期刊

1. 吴汉东:《论合理使用》,载《法学研究》1995 年第 4 期。

2. 吴汉东:《合理使用法律价值分析》,载《法律科学》(西北政法大学学报)1996 年第 3 期。

3. 杜占山:《论著作权的转让》,载《知识产权》1999 年第 1 期。

4. 梁成意、周念军:《著作权利用制度的比较研究》,载《广西社会科学》2001 年第 4 期。

5. 宋玉萍:《计算机软件的知识产权保护》,载《河南省政法管理干部学院学报》2003 年第 3 期。

6. 徐剑:《版权开放:Copyleft 的法学释义》,载《上海交通大学学报》(哲学社会科学版)2003 年第 3 期第 11 卷。

7. 曹胜亮、段藏:《著作权限制制度的比较研究》,载《西南民族大学学报》(人文社科版)2004 年第 7 期。

8. 吴汉东:《知识产权国际保护制度的变革与发展》,载《法学研究》2005 年第 3 期。

9. 刘亚平:《协作性公共管理:现状与前景》,载《武汉大学学报》(哲学社会科学版)2010 年第 4 期。

10. 孙远钊:《初探"云计算"的著作权问题》,载《科技与法律》2010 年第 5 期。

11. 陈标:《计算机字库产业的发展和保护》,载《电子知识产权》2011 年第 4 期。

12. 代水平:《试论中国著作权集体管理模式的选择》,载《西北政法大学学报》2010 年第 1 期。

13. 张涛、李刚:《企业知识产权价值及其评价研究》,载《改革与战略》2006 年第 8 期。

14. 李永民、吕益林:《论知识产权之公权性质——"对知识产权属于私权的补充"》,载《民商法学》2004 年第 4 期。

15. 范在峰:《企业知识产权战略论要》,载《河北法学》2004 年第 6 期。

16. 吴仪:《加快建立企业知识产权管理制度》,《中华工商时报》2006 年 3 月 24 日第 002 版。

17. 林小爱、林小利:《欧盟知识产权战略新进展及其对我国的启示》,载《电子知识产权》2008 年第 9 期。

18. 贺尚武:《西安市知识产权保护现状及对策研究》,载国家知识产权局办公室编:《优秀调查研究报告》,知识产权出版社 2000 年版。

19. 盛大铨:《论集成电路及其布图设计的法律保护》,载《南京邮电学院学报》(社会科学版)2002 年第 4 期。

20. 李玉剑、宣国良:《专利联盟:战略联盟研究的新领域》,载《中国工业经济》2004 年第 2 期。

21. 何燕华:《论专有技术的国际保护》,载《重庆教育学院学报》2004 年第 5 期。

22. 郭禾:《半导体集成电路知识产权的法律保护》,载《中国人民大学学报》2004 年第 1 期。

23. 冯晓青:《试论以利益平衡理论为基础的知识产权制度》,载《江苏社会科学》2004 年第 1 期。

24. 张传:《论知识产权滥用在反垄断法领域的规制——兼评我国的相关立法问题》,载《政治与法律》2004 年第 5 期。

25. 张勇、朱雪忠:《专利实用性要件的国际协调研究》,载《政法论丛》2005 年第 4 期。

26. 胡坚:《专利合理使用原则及其在软件市场的应用》,载《电子知识产权》2005 年第 8 期。

27. 杨为国、李品娜、薛佳佳:《专利权出资的法律问题》,载《电子知识产权》2006 年第 9 期。

28. 岳贤平、顾海英:《专利联盟的微观机理研究》,载《情报科学》2006 年第 5 期。

29. 张平:《专利联营之反垄断规制分析》,载《现代法学》2007 年第 3 期。

30. 冯晓青:《企业专利管理略论》,载《现代管理科学》2007 年第 4 期。

31. 孙建国:《企业专利管理与战略制定》,载《现代管理科学》2007 年第 4 期。

32. 杨端光、冯晓青:《企业专利战略制定的若干问题探讨》,载《科学进步与对策》2007 年第 11 期。

33. 张冬:《专利请求权和保护期滥用争议的认定范围》,载《河北法学》2009 年第 3 期。

34. 涂靖:《对发明专利创造性要件的考察》,载《中国发明与专利》2009 年第 3 期。

35. 张冬、范桂荣:《评述专利权用尽原则适用范围的发展问题》,载《学术交流》2010 年第 9 期。

36. 王凌红:《先用权制度探析》,载《电子知识产权》2010 年第 11 期。

37. 郑辉:《专利权质押合同效力解析》,载《电子知识产权》2010 年第 12 期。

38. 王超、葛晓巍:《专利新颖性标准与利益平衡》,载《山西省政法管理干部学院学报》2010 年第 3 期。

39. 叶盛荣、周训芳:《国际植物新品种保护的趋势及我国的对策》,载《湘潭大学学报》(哲学社会科学版)2010 年第 3 期。

40. 徐海燕:《近代专利制度的起源与建立》,载《科学文化评论》2010 年第 2 期。

41. 刘宇晖:《论专利强制许可制度—兼评〈专利法〉第三次修订的相关条款》,载《河北法学》2010 年第 4 期。

42. 孔祥俊、王永昌、李剑:《〈最高人民法院关于审理侵犯专利权纠纷案件应用法律若干问题的解释〉适用的若干问题》,载《电子知识产权》2010 年第 2 期。

43. 黑小兵:《论等同原则的法律适用》,载《重庆工商大学学报》(社会科学版)2010 年第 5 期。

44.于雪霞:《现代企业专利管理模式的要素与结构分析》,载《现代管理科学》2010 年第 5 期。

45.卢进勇、郜志雄:《跨国公司在华知识产权收费问题的研究》,载《国际贸易》2010 年第 2 期。

46.卢进勇、郜志雄:《跨国公司在华 DVD 专利收费研究》,载《国际商务》(对外经济贸易大学学报)2010 年第 3 期。

47.刘洋、熊国富、闫殿海:《植物新品种保护概述》,载《青海科技》2011 年第 6 期。

48.武合讲:《植物新品种权和发明专利权的区别》,载《中国种业》2011 年第 6 期。

49.吴离离:《专利优先权制度的作用和对它的认识误区——解读优先权制度与先申请原则的关系》,载《中国发明与专利》2011 年第 6 期。

50.冀瑜、李建民:《试论我国专利侵权纠纷行政处理机制及其完善》,载《知识产权》2011 年第 7 期。

51.王玉梅:《专利池滥用的反垄断法规制问题研究》,载《知识产权》2011 年第 2 期。

52.左玉茹:《美国发明法案中"发明人先申请制"研究》,载《电子知识产权》2012 年第 11 期。

53.曲燕、艾变开、王大鹏:《日本新颖性宽限期制度研究》,载《电子知识产权》2012 年第 10 期。

54.马俊凤、王佳:《谈谈专利权的客体》,载《中国航天》2012 年第 6 期。

55.马文斌、张海滨:《企业专利战略初探》,载《科技创新与生产力》2012 年第 9 期。

56.张建华、胡泽保:《专利池制度运用对策及建议》,载《中国发明与专利》2012 年第 4 期。

57.向凌:《我国专利权限制制度的革新路径——基于比较法的分析》,载《知识产权》2013 年第 2 期。

58.谢小东:《专利信息管理及在企业技术创新中的应用》,载《电力机车与城轨车辆》2013 年第 3 期。

图书在版编目(CIP)数据

知识产权管理/官玉琴等著.—厦门:厦门大学出版社,2014.6(2017.3 重印)
ISBN 978-7-5615-4902-5

Ⅰ.①知…　Ⅱ.①官…　Ⅲ.①知识产权-管理-研究-中国　Ⅳ.①D923.404

中国版本图书馆 CIP 数据核字(2013)第 300207 号

出 版 人	蒋东明
责任编辑	甘世恒　邓　臻
封面设计	蒋卓群
责任印制	许克华

出版发行 厦门大学出版社

社　　　址	厦门市软件园二期望海路 39 路
邮政编码	361008
总 编 办	0592-2182177　0592-2181406(传真)
营销中心	0592-2184458　0592-2181365
网　　　址	http://www.xmupress.com
邮　　　箱	xmupress@126.com
印　　　刷	厦门集大印刷厂

开本	720mm×970mm　1/16
印张	19.5
插页	2
字数	340 千字
版次	2014 年 6 月第 1 版
印次	2017 年 3 月第 2 次印刷
定价	59.00 元

厦门大学出版社
微信二维码

厦门大学出版社
微博二维码